James R. Averill · Elma P. Nunley
Die Entdeckung der Gefühle

James R. Averill und Elma P. Nunley

Die Entdeckung
der Gefühle

Ursprung und Entwicklung
unserer Emotionen

Aus dem Amerikanischen
von Anni Pott

Kabel

Titel der amerikanischen Originalausgabe:
VOYAGES OF THE HEART
Living an emotionally creative life
The Free Press / Macmillan Publishing Company, New York

Unseren Eltern
Dupree und Rosalie Averill
Howard und Gwendolene Peacock
in Liebe und liebevollem Gedenken

Umschlag: Theodor Bayer-Eynck
Satz: Clausen & Bosse, Leck
Druck & Bindung: Wiener Verlag, Himberg/Österreich
Printed in Austria
ISBN 3-8225-0239-1

1 3 5 7 9 10 8 6 4 2

Inhalt

Teil V: Der Weg zu emotionaler Kreativität

Die längste Reise
ist die Reise nach innen.
Wer sein Los gewählt hat,
wer die Fahrt begann
zu seiner eigenen Tiefe
(gibt es denn Tiefe?) –

Dag Hammarskjöld,
Zeichen am Weg

Vorwort

Das Herz ist das traditionelle Symbol der Emotionen. Exkursionen des Herzens sind somit Forschungsreisen in den Bereich der Emotionen. Emotionen sind jedoch keine statischen Gebilde, wie Inseln in noch unbekannten Meeren, die ihrer Entdeckung harren. Sie sind eher wie Kunstwerke – sie müssen geschaffen, kreiert werden. Bei Exkursionen des Herzens geht es somit um die Erforschung der emotionalen Kreativität.

Die Zahl der Bücher, die Wege und Möglichkeiten zu einem befriedigenderen emotionalen Leben aufzeigen, ist groß. Im Kern zielen die meisten auf Veränderungen der Einstellungen und Überzeugungen oder eine Korrektur des Verhaltens ab. So reduziert sich zum Beispiel mit einer positiveren Haltung, die man gegenüber einem alten Gegner einnimmt, die Wahrscheinlichkeit, Wut zu erfahren; und mit der Kontrolle über den Impuls, vor einer gefährlichen Situation zu fliehen, reduziert sich die Wahrscheinlichkeit, Angst zu erfahren. Veränderungen der Einstellungen und Überzeugungen und Korrekturen des Verhaltens sind zweifelsohne wichtig, sie bedingen aber nicht per se, daß sich auch die Emotionen verändern. Wut bleibt Wut und Angst bleibt Angst, nur, daß sie jetzt in produktivere Kanäle geleitet werden. Wenn wir von emotionaler Kreativität sprechen, so meinen wir etwas Grundsätzlicheres als die Umleitung wohlvertrauter und bekannter emotionaler Reaktionen. Worum es uns geht, ist die Veränderung der den Emotionen zugrundeliegenden Struktur.

Gegenwärtig beherrschen vor allem zwei Sichtweisen der Emotionen die wissenschaftliche und populäre Literatur. Keine von beiden ist mit dem Konzept der emotionalen Kreativität vereinbar. Dem ersten Ansatz zufolge, einem Ableger des Rationalismus, sind Emotionen primitive, intuitive Reaktionen (»triebhafte«, »Bauch«-Reaktionen), die wir, sofern sie nicht vernunftmäßig begründet auftreten, kontrollieren müssen. Drastischer ausgedrückt: Für Rationalisten sind Emotionen das Animalische in der Natur des Menschen – mit der Konsequenz, daß ein reifes und zivilisiertes Verhalten praktisch ein »Zähmen« der Emotionen voraussetzt.

Der zweite Ansatz geht auf die Romantik zurück. Die Anhänger dieser Theorie verfolgen jeden Versuch, Emotionen eingrenzen, disziplinieren oder auch nur verstehen zu wollen, mit Argwohn. Emotionshemmungen sind für sie die Wurzel vieler Krankheiten – im wahrsten Sinne des Wortes wie im übertragenen Sinn. Für den Romantiker ist jede rationale Analyse fast ebenso verwerflich wie die Hemmung, da das intellektuelle Sezieren der Emotion bedeute, daß man sie abtötet. Das Problem an dieser romantischen Sicht ist, daß emotionale Kreativität, wie jede andere Form der Kreativität, ein hohes Maß an Disziplin und Verständnis voraussetzt. »Alles rauslassen« ist so denn auch häufig weniger ein Zeichen von Kreativität als von derber Plattheit.

Im Gegensatz zu der rationalistischen und der romantischen Sicht plädieren wir für ein *konstruktivistisches* Konzept der Emotionen. Was wir unter diesem Begriff verstehen, möchten wir mit einer Analogie veranschaulichen. Ähnlich wie die Sprache ein Konstrukt ist, so sind Emotionen Konstrukte. Jeder verfügt über die Fähigkeit der Sprache; sie ist Teil unseres biologischen Erbes. Aber jede spezifische Sprache, sei es Englisch oder Chinesisch, ist ein Produkt der jeweiligen sozialen und nicht der biologischen Evolution. Und jede Sprache bietet reichlich Spielraum für individuelle Kreativität, wie sie etwa in der Poesie oder Literatur zum Ausdruck kommt. Analog haben wir der Biologie die Fähigkeit – in Wirklichkeit eine Vielzahl verschiedener Fähigkeiten – zur Emotion zu verdanken. Wie die Fähigkeiten genutzt und umgesetzt werden, ist eine Frage der sozialen und individuellen Entwicklung. Unter dem Strich *sind wir selbst die Urheber, die Schöpfer unserer Emotionen.*

Seit Jahrzehnten werden erhebliche Kapazitäten in die wissenschaftliche Erforschung der Emotionen wie auch der Kreativität investiert. Von den vorliegenden Ergebnissen haben wir die in unseren Augen theoretisch interessantesten und praktisch nützlichsten herausgesucht. Ein Sondierungsprozeß, der uns nicht immer leichtfiel. So verzichten wir zum Beispiel darauf, ausführlicher auf die Gehirnmechanismen als Vermittler der Emotionen einzugehen, da die Erkenntnisse auf diesem Gebiet rapide wachsen und deshalb rasch überholt sind. Im Gegensatz dazu sind viele Themen – aus der Biologie, Geschichte, Anthropologie, Psychopathologie, Ästhetik und selbst dem Mystizismus – für die Frage der emotionalen Kreativität von bleibender Bedeutung. Was denn auch bedingt, daß wir für unsere Arbeit sowohl auf den Forschungsfundus verschiedenster wissenschaftlicher Fachbereiche als auch auf klinische Erfahrungen zurückgreifen.

Die emotionale Kreativität ist eine Frage, die bei einer Vielzahl aktueller Themenstellungen zum Tragen kommt. Um nur einige zu nennen: der Konflikt zwischen dem Bedürfnis, allein zu sein auf der einen und nach Intimität in menschlichen Beziehungen auf der anderen Seite; etwaige Geschlechtsunterschiede im Bereich der Emotionalität und Kreativität; die Rolle der Lust (Hedonismus) in einem sinnerfüllten Leben; die Anziehungskraft von Masochismus und Askese; post-traumatische Beschwerden und Nahtod-Erfahrungen; der Wesensgehalt der Ästhetik; die Rolle der Katharsis in der Kunst und Therapie; oder die Grenzen der Freiheit. Auf diese und andere Fragen, die für das emotionale Leben des Individuums relevant sind, möchten wir in der Folge eingehen.

Angesichts der Vielzahl und Verschiedenartigkeit der für die emotionale Kreativität relevanten Themen haben wir uns bei der Konzeption dieses Buches für viele kurze, insbesondere in Teil IV (»Emotionale Kreativität: Voraussetzungen und Komponenten«), statt für wenige lange Kapitel entschieden. Soweit möglich, waren wir bemüht, jedes Kapitel im Sinne eines thematisch mehr oder weniger abgegrenzten, eigenständigen Essays zu verfassen, um Ihnen so die Möglichkeit zu geben, einzelne für Sie interessante Frage- und Problemstellungen herauszugreifen.

Einst wurden wissenschaftlich fundierte Bücher nicht nur für den Kreis der Fachkollegen, sondern auch für die breite Öffentlichkeit geschrieben. Unser Wunsch wäre es, dieses Buch in jener Tradition zu sehen. Und wir hoffen, damit drei Leserkreise anzusprechen: Erstens akademische Psychologen, Soziologen und andere an der Untersuchung von Emotionen Interessierte sowie deren Studenten und Studentinnen; zweitens den praktizierenden Therapeuten (Psychiater, Psychologen, Sozialarbeiter, professionellen Berater), der detaillierter die Natur der Emotion und Kreativität erforschen möchte; und drittens interessierte Laien, die ihr emotionales Leben besser verstehen, es verbessern und bereichern möchten.

Keine leichte Aufgabe, ein zugleich wissenschaftlich fundiertes und leicht lesbares Buch zu schreiben und eine Leserschaft mit so unterschiedlichem Hintergrund zu erreichen. Wir haben es versucht und sind vielleicht häufiger, als wir es wahrhaben wollen, gescheitert. Kein Buch kann, ebensowenig wie das Leben, durchgängig interessant sein. Es muß langweilige, träge und schwierige, wie auch aufregende und inspirierende Augenblicke haben.

Unser Ziel ist es, anhand konkreter Beispiele kreative emotionale Reaktionen aufzuzeigen und die ihnen zugrundeliegenden Voraussetzungen und Komponenten zu untersuchen. Dieses Buch ist kein Ratgeber. Emotionale Kreativität ist nicht minder schwierig und kompliziert als die Kreativität auf anderen Gebieten. Sie ist nicht auf simplifizierende Formeln und Ein-Minuten-Übungen reduzierbar. Dennoch, mit einem Verständnis der spezifischen Prozesse und der Bereitschaft, Verantwortung für unser Leben zu übernehmen, ist die emotionale Kreativität ein für jeden von uns erreichbares Ziel. Der Weg ist ein Abenteuer. Ein Abenteuer ohne Ende. Denn das Herz geht erst mit dem Tod vor Anker.

Teil I

Emotionale Kreativität: Bilder, Symbole, Metaphern

*Wenn ein Mensch ein angeborenes Genie
für bestimmte Emotionen hat,
unterscheidet sich sein Leben auffallend
von dem gewöhnlicher Leute.*

William James,
Die Vielfalt religiöser Erfahrung

Kapitel 1

Emotionen und Kreativität

Doch soll man vom Paradox nichts Übles denken;
denn das Paradox ist des Gedankens Leidenschaft,
und der Denker, der ohne das Paradox ist,
er ist dem Liebenden gleich,
welcher ohne Leidenschaft ist:
ein mäßiger Patron.

Sören Kierkegaard,
Philosophische Brocken

Die Idee der emotionalen Kreativität stellt als solche bereits so etwas wie ein Paradox dar. Man braucht nur einerseits eine typisch emotionale Episode zu nehmen – eine angsterregende Erfahrung, einen Wutanfall oder selbst eine Zeit, in der man »irre verliebt« war. Und ihr andererseits eine kreative Episode gegenüberzustellen – eine Situation, in der man versuchte, ein besonders schwieriges Problem zu lösen. Sind beide Bilder miteinander vereinbar? Wahrscheinlich nicht. Die Person, die Angst hat, möchte fliehen oder sich verstecken; die Person, die wütend ist, möchte angreifen; die Person, die verliebt ist, möchte mit dem geliebten Menschen zusammensein. Gefangen in diesen emotionalen Zuständen, ist die Sicht der betreffenden Person im allgemeinen stark eingeengt (»Tunnelsicht«), und entsprechend sind ihre Reaktionen in der Regel stereotyp und möglicherweise auch unkoordiniert (»irre«). Im Vergleich dazu setzt Kreativität voraus, daß das Individuum offen für Erfahrungen, flexibel in der Reaktion und im Ergebnis effektiv ist.

Es gibt noch andere Gegensätze, die das Konzept der emotionalen Kreativität paradox, sogar in sich widersprüchlich, erscheinen lassen. Viele Emotionen werden zum Beispiel als negativ betrachtet – Angst, Wut, Neid, Eifersucht und ähnliches sind Zustände, die wir am liebsten meiden. Kreativität ist demgegenüber etwas höchst Löbliches, etwas, das unterstützt, nicht gemieden werden

15

sollte. Zudem werden Emotionen oft als primitive und intuitive (»instinktive«, »animalische«, »Bauch«-)Reaktionen, und Kreativität demgegenüber als einer der höchsten unserer »höheren« Gedankenprozesse gesehen.

Emotionen und Kreativität sind aber dennoch enger miteinander verwandt, als diese gängigen Stereotypen vielleicht vermuten lassen. So eng, daß es mitunter sogar schwierig ist, eine emotionale Episode von einer kreativen zu unterscheiden. Die Erfahrung, die Lynn, eine 40jährige berufstätige Frau, machte, mag diesen Punkt verdeutlichen. Lynn war wieder zur Universität gegangen, um ihren Abschluß zu machen. Die Daten für die Thesen ihrer Arbeit hatte sie zusammen, als es aber darum ging, diese zu analysieren und zu Ergebnissen zu kommen, war sie völlig aufgeschmissen. Es gab zu viele Dinge, die sie ablenkten und ihre Zeit in Anspruch nahmen. In ihrer Verzweiflung zog sie sich in eine einsam gelegene Hütte an einem See zurück, die einem Freund gehörte. Jetzt, im Winter (Ende Februar), war die Gegend fast menschenleer. Endlose Tage lang hörte sie niemanden, sprach mit niemandem. Ihre Erfahrung beschrieb sie später wie folgt:

Ich hatte vorher bereits an ähnlichen Forschungsprojekten gearbeitet. Aber dieses Mal wollten die Antworten einfach nicht kommen. Ich hatte einen gewaltigen Berg an Daten, und ich wußte, irgendwo war da was. Es kam aber nichts. Ich fertigte Diagramm nach Diagramm und Tabelle nach Tabelle an. Ich aß oder schlief kaum. Ich verlor jedes Zeit- und Ortsgefühl. Ich hatte das Gefühl, als hinge irgendwie meine ganze Zukunft davon ab, daß ich die Antwort fände.

Eines Tages, nach mehreren frustrierenden Stunden Arbeit und kaum irgendwelchen Fortschritten, entschloß ich mich, einen Spaziergang zu machen. Obwohl das Gelände flach und der Tag frisch und klar war, hatte ich das Gefühl, als stiege ich bei Nebel auf einen Berg. Ich konnte weder über mir noch unter mir etwas sehen. Plötzlich begann die Masse von Daten, die ich gesammelt hatte, einen Sinn zu machen. Plötzlich paßte alles. Ich wußte, was ich hatte! Eine unglaubliche Freude übermannte mich. Ich war jetzt auf der Spitze des Berges, und die Nebelschwaden hatten sich gehoben. Ich begann zu singen und zu tanzen. Im nachhinein kommt es mir etwas albern vor, aber das war es, was ich tatsächlich tat – singen und tanzen. Ich bin sicher, wenn jemand zugeschaut hätte, er hätte geglaubt, eine verrückte Frau vor sich zu haben.

Als ich die Hütte bezogen hatte, war es Winter. Jetzt merkte ich zum erstenmal, daß das Gras grün wurde, die Bäume ausschlugen und Blumen blühten. Der Frühling hatte begonnen. Seit über einem Monat war ich so mit meiner Arbeit beschäftigt gewesen, daß ich die allmähliche Änderung des Wetters nicht wahrgenommen hatte. Eine Jahreszeit war vorbeigegangen, ohne daß ich mir dessen bewußt geworden war.

An jenem Tag erfuhr ich Emotionen, die ich nie zuvor erlebt hatte. Es ist schwer zu erklären, in Worten auszudrücken. Zuerst erlebte ich ein richtiges Hoch. Wie ein mystisches Erlebnis. Ich hatte das Gefühl, von Licht erfüllt zu sein, erleuchtet. Ich weiß, das macht kaum Sinn, aber so fühlte ich mich — buchstäblich strahlend. Dieses Gefühl hielt mehrere Stunden an. Dann machte sich eine etwas friedlichere Freude in mir breit. Ich empfand eine gelassene Heiterkeit und war dennoch voller Energie. Als ich in die Hütte zurückkam, arbeitete ich fast ohne Unterbrechung bis tief in die Nacht. Es war aufregend. Zum erstenmal wußte ich, was die Worte Selbstvertrauen und Selbstachtung bedeuteten, ebenso Mut, Würde und Integrität. Ich empfand Zärtlichkeit und Freundlichkeit für mich selbst und Dankbarkeit für meine Stärke.

Rückblickend ist es, als hätte ich einen »Initiationsritus« erlebt. Riten, wie sie die amerikanischen Indianer als Zeichen des Übergangs von der Kindheit zur Erwachsenenreife pflegten. Sie zogen aus, um auf sich selbst gestellt zu überleben, und kamen gewandelt, sogar mit einem neuen Namen, zurück. Genauso fühlte ich mich. Ich hatte gelitten und durchgehalten, und ich hatte eine neue Reife erreicht. Ich war verändert und wußte, ich würde nie wieder die gleiche sein.

Keine Frage, daß dies nicht nur eine intellektuell kreative, sondern auch eine höchst emotionale Episode war. Aus analytischen Gründen ist es sinnvoll, diese Episode in drei Phasen zu unterteilen. Die erste Phase war durch beachtliche Anstrengungen und hartes Arbeiten am Projekt bestimmt. Eine Lösung blieb jedoch aus. In dieser Anfangsphase erfuhr Lynn ein hohes Maß an Frustrationen, Angst und Verzweiflung. Sie war wie besessen und unfähig, zu essen oder zu schlafen. Ihre Zukunft schien gefährdet.

Die zweite Phase setzte recht plötzlich während eines Spaziergangs ein. Plötzlich kristallisierte sich eine Lösung des Problems heraus. Lynn wurde jetzt von Freude überwältigt, sie tanzte und sang und gebärdete sich wie eine »Verrückte«. Die dritte Phase war das, was danach kam. Das Problem, mit dem Lynn beschäftigt war, läßt sich am treffendsten als ein intellektuelles beschreiben. Streng genommen handelte es sich in ihrem Fall also um einen Akt der intellektuellen Kreativität. Angesichts ihrer Lebensumstände war es aber wesentlich mehr. Es war auch, wie sie es nannte, ein »Initiationsritus«. Sie selbst war verändert, und in ihr waren Emotionen geweckt worden, die sie nie zuvor erfahren hatte und die sie mit normalen Worten kaum beschreiben konnte. Ihr Fall war auch (obgleich eher zufällig) ein Akt der emotionalen Kreativität.

Wie das Beispiel Lynns veranschaulicht, können Emotionen 1. zu den Vorläufern oder Vorboten der Kreativität gehören; 2. Kreativität begleiten und 3. eigenständige kreative Produkte sein. Uns geht es in diesem Buch in erster Linie um eben jene Emotionen als kreative Produkte, das heißt, um die Entwicklung neuer emotionaler Reaktionen, die anpassungsfähiger und authentischer sind. Um dieses Anliegen klarer zu skizzieren, möchten wir als erstes auf einige Beispiele eingehen, wo Emotionen Vorboten und Begleiterscheinungen kreativer Anstrengungen sind.

Emotionale Vorboten von Kreativität

Als Vorboten oder Vorläufer können Emotionen Kreativität sowohl hemmen als auch erleichtern. Insbesondere sind positive Emotionen dazu angetan, Kreativität zu erleichtern, vorausgesetzt, sie führen nicht zu Selbstgefälligkeit und Zerstreutheit. Angst gehört demgegenüber zu den stärksten Inhibitoren von Kreativität. Aber selbst Angst kann, wie folgender Vorgang zeigt, positive, Kreativität begünstigende Effekte haben:

Karla, eine Frau in den Dreißigern, lebte allein. Eines Morgens in der Frühe drang ein Mann in ihre Wohnung ein, zog ein Messer und hielt es ihr an die Kehle. Er drohte, sie umzubringen, falls sie sich bewegte. Zunächst war sie wie gelähmt vor Angst; ihr einziger Gedanke war, am Leben zu bleiben. Der

Mann sagte, er wolle sie nicht vergewaltigen, er wolle nur Geld. Dann fing er jedoch an, sie durch den Flur in Richtung Schlafzimmer zu zerren. Was passierte, beschrieb sie später folgendermaßen: »Ich wußte, ich hatte nicht einmal zehn Dollar. Ich wußte auch, wenn es ihm gelingen sollte, mich ins Schlafzimmer zu schleppen, war es mit mir vorbei. Etwas in mir wurde wachgerufen. Ich wußte, ich mußte um mein Leben kämpfen, und genau das tat ich. Ich mobilisierte alle Mittel und Kräfte, die ich nur hatte. Es war, als seien all die Dinge, die ich jemals gehört, gelesen oder im Fernsehen gesehen hatte, in mir wach geworden.« *Trotz ihrer kleinen Statur konnte Karla den Mann abwehren und kam mit geringfügigen Schnittwunden davon.*

Wir sind es nicht gewohnt, Selbstverteidigung mit einer Form der Kreativität zu assoziieren. Einer der Punkte, die wir jedoch hervorheben möchten, ist, daß Kreativität sich in vielfältigster und verschiedenster Weise äußern und manifestieren kann. Jenen Vorfall hätten auch nur wenige professionelle Athleten und Ballettänzer mit größerem Geschick und mehr Kreativität als Karla meistern können. Der wesentliche Punkt, den wir verdeutlichen möchten, ist, daß Angst, Wut, Liebe und andere Emotionen, positive wie negative, eine Person motivieren können, neue Ansätze zu erkunden, neue Optionen zu erwägen – mit einem Wort: schöpferisch zu sein – in dem Bemühen, eine Situation zu ändern oder ein gewünschtes Ziel zu erreichen.

Emotionen als Begleiter der Kreativität

Kreative Anstrengungen sind oft emotions-geladen, wie wir im Falle Lynns sehen konnten. Ihre Erfahrung ist mitnichten einzigartig. Ein anderes Beispiel ist etwa die Beschreibung, die Friedrich Nietzsche zu seinen emotionalen Wechselbädern lieferte, die er im Zuge des Entstehens von *Also sprach Zarathustra* erfuhr:

Eine Entzückung, deren ungeheure Spannung sich mitunter in einen Tränenstrom auflöst, bei der der Schritt unwillkürlich bald stürmt, bald langsam wird; ein unvollkommnes Außer-sich-sein mit dem distinktesten Bewußtsein einer Unzahl fei-

ner Schauder und Überrieselungen bis in die Fußzehen; eine
Glückstiefe, in der das Schmerzlichste und Düsterste nicht als
Gegensatz wirkt, sondern als bedingt, als herausgefordert, als
eine notwendige *Farbe innerhalb eines solchen Lichtüberflus-*
ses; ein Instinkt rhythmischer Verhältnisse, der weite Räume
von Formen überspannt – die Länge, das Bedürfnis nach einem
weitgespannten *Rhythmus ist beinahe das Maß für die Gewalt*
der Inspiration, eine Art Ausgleich gegen deren Druck und
Spannung... Alles geschieht im höchsten Grade unfreiwillig,
aber wie in einem Sturme von Freiheits-Gefühl, von Unbe-
dingt-sein, von Macht, von Göttlichkeit...[1]

Die Art der Emotion, die auftritt, hängt oft von der jeweiligen
Phase ab (Anfang, Mitte oder Ende), in der sich eine kreative Anstrengung befindet. Die meisten Akte der Kreativität bedingen
neue Reaktionen – zumindest für das Individuum. Damit das
Neue sich durchsetzen kann, müssen alte und wohlvertraute Reaktionen möglicherweise aufgegeben werden. So überrascht es
denn auch nicht, daß die Frühphasen einer kreativen Bemühung
oft mit Gefühlen von Verlust, Angst und Traurigkeit assoziiert
werden. Wenn eine Lösung nicht machbar erscheint, entwickelt
sich allzugerne die verengte Tunnelsicht; das heißt, die betreffende Person bedient sich weiterhin der alten und ineffektiven
Methoden und versäumt es, alternative Ansätze überhaupt zur
Kenntnis zu nehmen. Die Konsequenz können Depressionen und
Verzweiflung sein. Sofern jedoch eine neue Lösung, oft plötzlich,
auftaucht, weichen Angst und Depression einem intensiven Gefühl der Freude und Lebendigkeit.

Emotionen als kreative Produkte

Eine Emotion kann in dreierlei Hinsicht ein kreatives Produkt
sein, wobei jede Form ein jeweils höheres Maß an Kreativität verlangt. Wir sprechen bei diesen Formen von der Akquisition (Erwerb), dem Raffinement (Korrektur, Vervollkommnung) und der
Transformation (Wandel) der Emotionen – kurz, von der ART,
der Kunst der Emotionen.

Dies ist die üblichste Form der emotionalen Kreativität. Hierunter fällt die Entwicklung, Kultivierung oder Beherrschung einer Emotion, die sich innerhalb der jeweiligen Kultur bereits als Norm durchgesetzt hat. Eine Form, in der wir alle während unseres Heranwachsens kreativ waren. So ist das erste romantische Verlieben beispielsweise für die meisten Heranwachsenden eine höchst neuartige Erfahrung, die, will man effizient damit umgehen, ein beachtliches Maß an Kreativität erfordert. Die Märchen in der Kindheit (Aschenbrödel, Die Schöne und das Biest, Schneewittchen usw.), Schlager, Liebesromane und ähnliches mögen einiges an Informationen über die Liebe geliefert haben, aber wie soll man wissen, ob das, was man fühlt, *wirklich* Liebe ist? Und wie soll man sich verhalten, wenn man verliebt ist? Die Liebe gehört nicht zu den Dingen, die sich auf »natürliche« Weise einfach ergeben, sie muß gelernt werden. Und jede neue Lernerfahrung ist ein Akt der Kreativität.

Leider hören viele von uns irgendwann auf, emotional zu wachsen, weil wir uns nun vermeintlich als »reif« und emotionale Äußerungen vielleicht sogar als kindisch betrachten. Aber fragen Sie sich selbst: Wie viele von den Hunderten von Emotionen, die sprachlich offiziell erfaßt sind, können Sie tatsächlich nennen, geschweige denn selbst erfahren? Wie versiert sind Sie emotional? Können Sie, zum Beispiel, Liebe von sexueller Lust unterscheiden, Eifersucht von Neid oder Empörung von Wut?

Manche Menschen können nur ein engbegrenztes Spektrum an Emotionen erfahren. Als Ergebnis eines sterilen emotionalen Umfeldes oder zu vieler Schmerzen und zu vieler Enttäuschungen, die er in der Kindheit erfahren hat, gelingt es manch einem nicht, ein normales emotionales Repertoire zu entwickeln. In der Konsequenz kann ein erhebliches Maß an Anstrengung und Kreativität vonnöten sein, um dann als Erwachsener selbst allgemein übliche Emotionen zu erwerben.

Raffinement

Ist eine Emotion einmal erworben, so kann die betreffende Person lernen, sie in neuartiger Weise oder in neuen und ungewöhnlichen Situationen einzusetzen. Die Emotion wird, wenn man so will, personalisiert – sie wird zum Spezifikum des Individuums. Anfänglich mögen dazu wenig mehr als feine Unterscheidungen im Umgang mit engverwandten Emotionen erforderlich sein – zum Beispiel zwischen Wut, Ressentiment und Feindseligkeit oder Furcht, Angst und Panik. In fortgeschritteneren Stadien wird die Emotion verfeinert und vervollkommnet und innovativ eingesetzt, um Ziele zu erreichen, die über das Übliche hinausgehen und von der Gesellschaft bewundert oder auch verurteilt (und gelegentlich beides) werden können. Don Juan, der legendäre Liebhaber, ist dafür ein gutes Beispiel. Er perfektionierte die Kunst der Liebe in einer Weise, daß er allein in Spanien, so wird behauptet, 1003 Frauen verführte. Es gibt auch Don Juans der Wut, Furcht, Trauer, Eifersucht und anderer Emotionen. Personen also, die andere bezaubern, einschüchtern, überzeugen, ihnen schmeicheln, aber nicht mit dem Mittel rationaler Argumente, sondern durch den Ausdruck von Emotionen. Finden diese Personen unseren Beifall und unser Wohlgefallen, bezeichnen wir sie als charismatisch und wählen sie mitunter sogar als Führer; sind wir aber, im Gegenteil, nicht mit ihnen einverstanden, so sprechen wir von einem theatralischen Getue und lehnen sie als verrückt, unreif oder gar neurotisch ab.

Transformation

Die Transformation stellt die höchste Form der emotionalen Kreativität dar, da sie die Entwicklung neuer und andersartiger Typen von Emotionen erfordert, die nicht dem jeweiligen kulturellen Standard entsprechen. Bei dieser neuen Emotion kann es sich um die Metamorphose einer Standardemotion, um die Verschmelzung (Vermischung oder Fusion) verschiedener unterschiedlicher und vermeintlich miteinander unvereinbarer Emotionen oder, sozusagen, um etwas völlig aus der Luft Gegriffenes, neu Erfundenes handeln, mit nur wenigen identifizierbaren Vorläufern aus dem Spektrum der Standardemotionen. Ausschlaggebend für die transformierte Emotion ist, daß sie gegenüber den üblichen Gepflogenheiten einen innovativen Bruch oder eine evolutionäre Abkehr darstellt.

Die Transformation ist zugleich die Form emotionaler Kreativität, die sich am schwierigsten mit wenigen Worten umreißen läßt; so daß es in diesem Buch denn auch in weiten Teilen um die Erklärung eben dieser Transformation geht. Dennoch ist die Transformation keineswegs ein unbekanntes Phänomen. In der klinischen Praxis sprechen Klienten immer und immer wieder von Erfahrungen, die ihr Leben veränderten und bereicherten. Werden sie gebeten, sie zu erklären, ist die Antwort oft: »Ich kann es nicht. Mir fehlen einfach die Worte.« Nach weiterem Bohren kristallisiert sich dann häufig heraus, daß es sich bei den Erfahrungen, die sie nicht erklären können, um neue Emotionen handelt, für die in der normierten Sprache die Worte fehlen. Klienten in der Psychotherapie sind in dieser Hinsicht keine Ausnahmeerscheinung. Dichter, Künstler, Musiker, sie alle versuchen, in symbolischer Form emotionale Erfahrungen, die über die normierten Grenzen hinausgehen, zum Ausdruck zu bringen.

Der Komplex der emotionalen Transformation läßt sich am besten anhand von Beispielen aus der Geschichte und verschiedenen Kulturen aufzeigen. Damit beschäftigen sich die Kapitel 2 und 3. Emotionen, die wir in unserer heutigen Gesellschaft als Norm betrachten, waren einst neu und innovativ; und Emotionen, die in der einen Gesellschaft als »elementar« gelten, können in einer anderen völlig unbekannt sein. Emotionale Transformationen sind also auf der soziokulturellen Ebene »festgeschrieben«, so daß sie sich hier besonders einfach demonstrieren lassen. Zuvor halten wir es jedoch für geboten, kurz den entsprechenden historischen und kulturellen Rahmen zu erläutern, in dem unser Ansatz der emotionalen Kreativität steht.

Emotionen, das Selbst und die Gesellschaft

Die Emotionen sind sowohl im Selbstgefühl eines Menschen als auch gesellschaftlich verankert. Liebe geht zum Beispiel über die Grenzen des Selbst hinaus und bezieht Glücklichsein und Wohlbefinden eines anderen Menschen mit ein; Wut verteidigt das Selbst gegen Verletzungen und Kränkungen durch andere, und

Furcht schützt das Selbst vor Gefahren. So dienen Emotionen zwar dem Selbst, gleichzeitig aber auch der Gesellschaft. Liebe liefert die rationale Grundlage für die Ehe, eine der elementarsten Institutionen der Gesellschaft; Wut gewährleistet den Erhalt von Gruppennormen, indem sie diejenigen bestraft, die sie verletzen; und Furcht bestätigt die eigene Zugehörigkeit zu einer Gruppe, indem sie gesellschaftlich definierte Gefahren, seien sie real oder symbolisch, bestätigt. Das letztgenannte Beispiel der Furcht ist nicht so offensichtlich, von daher aber um so besser geeignet, das Problem zu veranschaulichen. Wir fürchten oft unbestimmte Dinge oder Ereignisse, Höhen, Schlangen oder Geräusche in der Nacht. Solange derartige Ängste keine extremen Formen, wie etwa bei phobischen Reaktionen, annehmen, haben sie kaum irgendwelche persönlichen oder gesellschaftlichen Konsequenzen. Viele Ängste sind allerdings nicht so trivial. Ein guter Christ liebt Gott nicht nur, er fürchtet ihn auch; ein Mitglied der »Grünen« fürchtet die Atomenergie, Konservative fürchten die Gegenkultur; Hippies fürchten das Establishment; und diese Liste läßt sich beliebig fortsetzen. Derartige Ängste haben wenig mit konkreten Gefahren zu tun; sie dienen funktional dem Erhalt der Gruppe, nicht dem des Selbst.

Kurz: Emotionen helfen definieren, was wir als Individuen und als Mitglieder einer Gesellschaft sind. Das zumindest ist eine der zentralen Thesen dieses Buches. Es gibt auch andere Sichtweisen, was die Relation von Emotionen zum Selbst und zur Gesellschaft angeht. So zeichnete Potter etwa ein völlig anderes Bild der Emotionen von Dorfbewohnern in Zentralchina.[2] Demzufolge leitet sich das Selbstgefühl des Individuums vom sozialen Kontext, nicht von den inneren Gefühlen ab. Fragt man einen Dorfbewohner oder eine Dorfbewohnerin, was sie in bezug auf ein bestimmtes Vorkommnis empfinden, so begegnen sie der Frage mit einer seltsamen Gleichgültigkeit. »Wie ich mich fühle, spielt keine Rolle«, ist etwa eine typische Antwort. Potter spricht bei dieser chinesischen Sicht von der »Vorstellung vom irrelevanten Affekt«. Eine solche Vorstellung bedingt nicht die Unterdrückung oder einen Mangel von Emotionen. Im Gegenteil, da die individuellen Eigenarten persönlicher Gefühle kaum mit Konsequenzen verbunden sind, können Emotionen in ungehemmter Form zum Ausdruck gebracht werden. Eine Ausnahme ist die »Liebe«. Das öffentliche Zurschaustellen von Liebe und Zuneigung (nicht nur zwischen Mann und Frau, sondern auch zwischen Eltern und Kind) gilt als unangemessen und potentiell zerrüttend. Gesellschaftlich etablierte Beziehungen verlangen, daß zwischen den Partnern eine adäquate Distanz gewahrt bleibt. Die Lauterkeit einer Beziehung wird somit nicht am Maßstab innerer Gefühle, sondern am Maßstab des zivilen Verhaltens und der Bereitschaft gemessen, sich selbstlos zum Wohle der anderen einzufügen.

Wir im Westen empfinden die Chinesen im allgemeinen als unergründlich, teils wohl auch vor dem Hintergrund ihrer vermeintlichen Gleichgültigkeit gegenüber persönlichen Gefühlen. Es überrascht nicht, daß es den Chinesen ähnlich schwerfällt, westliche Haltungen zu verstehen. »Die Welt der Menschen, die von Emotionen sprechen, um damit zwischenmenschliche Beziehungen zu symbolisieren und zu bestätigen, ist eine für die Chinesen exotische, fremde Welt; es ist eine Welt, die sich auf etwas stützt, das sie als triviale Grundlage betrachten.«[3]

Wenn wir in diesem Buch von Emotionen als Schlüsselfaktoren des Selbst und der Gesellschaft sprechen, so sei, um Mißverständnisse auszuräumen, angemerkt, daß wir uns dabei im Rahmen der westlichen kulturellen Tradition bewegen. Eine Tradition, die sich mindestens dreitausend Jahre, bis zu den alten Griechen und den Hebräern zurückverfolgen läßt und die wir im Sinne einer Einleitung kurz skizzieren möchten.[4]

Die Griechen der homerischen Zeit (etwa um das 9. Jahrhundert v. Chr.) hatten offenbar kein einheitliches Konzept des Selbst. In Werken wie den Heldenepen *Ilias* und *Odyssee* wurden eine Vielzahl verschiedener Begriffe zur Bezeichnung psychologischer und physiologischer Funktionen verwendet. Was nicht bedeutet, daß die Griechen kein persönliches Identitätsgefühl hatten. Nach ihrem Verständnis war das Individuum jedoch eine Kakophonie aus Teilen und Reaktionen, die nachhaltig einer unmittelbaren Reizkontrolle und der direkten Intervention durch die Götter unterworfen waren.

Aus heutiger Sicht ist eine Gesellschaft ohne ein einheitliches Verständnis des Selbst kaum vorstellbar. Es gibt jedoch viele Möglichkeiten, ein Gefühl der Zusammengehörigkeit und Vorhersehbarkeit, der Kalkulierbarkeit im Leben herzustellen. Soweit die äußere Welt oder die Gesellschaft Strukturen liefern, ergibt sich kaum die Notwendigkeit eines inneren »Leims« – symbolisiert als das Selbst –, um den Zusammenhalt zu wahren.

In der Zeit der klassischen griechischen Antike (etwa im 5. und 4. Jahrhundert v. Chr.) setzte sich dann, insbesondere in den Werken Platons und Aristoteles', ein einheitliches Konzept des Selbst oder der *Psyche* durch. Aber weder Platon noch Aristoteles waren sonderlich an der *Psyche* des Individuums interessiert. Die Vernunft war in ihren Augen das, was den Menschen auszeichnete und ihn von den Tieren als den niedriger stehenden Lebewesen – nicht aber den einen Menschen vom anderen – unterschied. Mit den gleichen Informationen und der Fähigkeit, logisch zu denken, sollten alle vernunftbegabten Wesen zu gleichgelagerten Schlußfolgerungen gelangen. Daraus folgt, daß es nicht die Vernunft ist, die das Selbst von anderen unterscheidet und Individualität herstellt. Es ist das Nichtrationale, das Emotionale, das der Erfahrung die individuelle Bedeutung gibt.

Mit der Integration des griechischen Gedankengutes in die jüdisch-christliche Tradition wurde der *Psyche*, der Seele, eine der klassischen griechischen Kultur fremde, theologische Bedeutung beigemessen. Entsprechend verschob sich die Schwerpunktsetzung von der Erkenntnistheorie zur Ethik, von »Wie erwerbe ich Wissen?« zu »Wie rette ich meine Seele?« Und dennoch spielte das individuelle Selbst, sowohl aus intellektuellen als auch aus gesellschaftlichen Gründen, kaum eine Rolle. Die Seele, als »das Abbild« und »Ebenbild Gottes« gemacht, wies von Mensch zu Mensch ebensowenig Unterschiede auf, wie es das Vernunft-Selbst nach dem Verständnis der Griechen tat. Mittelalterliche Hagiographien (die idealisierten Lebensgeschichten der Heiligen) schenkten den Idiosynkrasien individueller Leben kaum Beachtung. Sie sollten christliche Ideale vertiefen helfen, und so fühlten die Biographen des Mittelalters sich legitimiert, Anekdoten aus dem Leben eines Heiligen zu borgen, um damit das Leben eines anderen auszuschmücken. Soweit den Unterschieden zwischen Personen überhaupt irgendwelche Bedeutung zugestanden wurde, entsprachen sie den etablierten regionalen, klassen- und geschlechtsspezifischen Erwartungshaltungen. Eine Person wurde in eine bestimmte gesellschaftliche Stellung hineingeboren (als Adeliger zum Beispiel, oder als Sklave), das war ihr Platz, und dieser Platz bestimmte den Sinn ihres Lebens.

Zu dieser religiösen Orthodoxie und vorgegebenen Gesellschaftsordnung kam hinzu, daß eine Intim- oder Privatsphäre im modernen Sinne in weiten Teilen des Mittelalters so gut wie unbekannt war. Die Säle standen Personen aus allen Schichten offen, das Essen wurde mit nur wenig Eßbesteck in gemeinsamen Schüsseln serviert, und Fremde, die in Gasthäusern übernachteten, teilten dasselbe Bett. Angesichts fehlender Privatsphäre zählten persönliche Gefühle und Wünsche im Vergleich zur sozialen Stellung und zu den öffentlichen Ritualen kaum. Emotionen wurden nicht gehemmt, ihnen wurde aber auch keine große Bedeutung beigemessen, ausgenommen solche, die die Tugenden und Laster christlicher Ethik widerspiegelten. In dieser Hinsicht gibt es durchaus gewisse Parallelen zwischen der mittelalterlichen Einstellung zu Emotionen und dem Selbst und der heute in China vorherrschenden Haltung, wie Potter sie beschrieb. Parallelen, die allerdings nicht überinterpretiert werden sollten, da es zwischen der zur Bedeutung und Gewichtung der Emotionen und des Selbst beitragenden Gesellschaftsstruktur und -ideologie im feudalen Europa jener Tage auf der einen und dem modernen China auf der anderen Seite krasse Unterschiede gibt.

Mit der Industrialisierung und Urbanisierung wuchsen in Europa auch die Möglichkeiten, Privatsphäre und Anonymität zu finden. Und mit dem Zusammenbruch des Feudalsystems und der geminderten Autorität der Kirche setzte sich eine stärkere Gewichtung des individuellen Selbst durch. Ein langsamer, aber sich stetig beschleunigender Prozeß kam in Gang. Vom 12. bis zum 16. Jahrhundert kristallisierte sich die heute bekannte Unterscheidung zwischen dem privaten und dem öffentlichen Selbst heraus, und mit dieser allmählich gewachsenen Anerkennung tauchte eine neue Frage auf: Wie konnte man sicher sein, was hinter den Masken steckte, die andere Menschen in der Öffentlichkeit zeigten? Es ist nur ein kurzer Schritt vom Zweifel an der Aufrichtigkeit anderer zum Zweifel an der eigenen Aufrichtigkeit: Wie kann ich sicher sein, daß das, was ich bewußt erfahre, tatsächlich genau meine wahren Gefühle und Wünsche reflektiert? Die Vorstellung vom unterdrückten (unbewußten) Selbst, das sogar dem eigenen (bewußten) Selbst verborgen ist, erreichte in der »Tiefen«-Psychologie des 20. Jahrhunderts ihren Höhepunkt. Freud wird gelegentlich nachgesagt, er habe das Unbewußte entdeckt. Was ihm zugutegehalten wird, war jedoch weniger eine Entdeckung als vielmehr die Kulmination einer langen kulturellen Entwicklung.

»Komm mit deinen Gefühlen in Kontakt.« / »Sei authentisch.« / »Hör auf, eine Rolle zu spielen.« / »Du kannst erst dann intim mit jemandem sein, wenn du intim mit dir selbst bist.« So und ähnlich lauten die Schlagworte der aktuellen Populärpsychologie. Es wäre ein Leichtes, sie als abgedroschene Phrasen abzutun, die kaum wirkliche Bedeutung haben. Eine Äußerung wird aber nur dadurch abgedroschen, daß sie viel verwendet wird; und viel verwendet wird sie nur durch den Umstand, daß sie ein reales Anliegen vieler Personen reflektiert. Befreit von ihren sozialen Verankerungen können sowohl Emotionen als auch das Selbst irreale Dimensionen annehmen. Was darunter zu verstehen ist, formulierte Richard Rorty treffend:

> »...daß wir einmal, vor langer Zeit, das Bedürfnis hatten, etwas zu verehren, das jenseits der sichtbaren Welt lag. Seit dem siebzehnten Jahrhundert versuchten wir, anstelle der Liebe zu Gott die Liebe zur Wahrheit zu setzen, und behandelten die Welt, die die Naturwissenschaft beschrieb, wie eine Gottheit. Seit dem Ende des achtzehnten Jahrhunderts versuchten wir, anstelle der Liebe zur wissenschaftlichen Wahrheit die Liebe zu uns selbst zu setzen, eine Verehrung unserer tiefinneren geistigen oder poetischen Natur, die wir als eine neue Quasi-Gottheit behandelten.«[5]

In einer säkularen, psychologisch orientierten Gesellschaft können die Verehrung des »inneren« Selbst leicht zu einer Ersatzreligion und Emotionen, ähnlich wie die Orakel bei den alten Griechen, als Boten von Wahrheiten betrachtet werden, die tiefer oder fundamentaler als die durch den gewöhnlichen Verstand oder die sozialen Gepflogenheiten aufgedeckten Wahrheiten sind. Daß wir mit der Idee des potentiellen Wertes, den ein emotionsreiches Leben hat, sympathisieren, ist wohl offensichtlich. Emotionen *können* eine spirituelle Kraft zur Verbesserung des menschlichen Daseins sein. Wären wir nicht dieser Ansicht, hätten wir dieses Buch nicht geschrieben. Aber gleich zu Anfang möchten wir vor einem bestimmten Trend in der modernen Gesellschaft warnen, nämlich vor einer unkritischen Glorifizierung der Emotionen, einer Laß-alles-raus-Einstellung. Wie zuvor skizziert, erhielten Emotionen im Laufe der langen westlichen Geschichte den Stellenwert eines Bindegliedes zwischen Individuum und der vorherrschenden moralischen Ordnung. Eine auf eine langfristige Verbesserung für beide Seiten, das Selbst und die Gesellschaft, abzielende emotionale Kreativität erfordert somit ein gesundes Urteilsvermögen und Besonnenheit sowie Innovationsbereitschaft und den Mut, Ablehnung zu riskieren. Emotionale Kreativität kann nicht als Entschuldigung für unbedachte emotionale Eskapaden herangezogen werden.

Zum Inhalt dieses Buches

Die allgemeine These dieses Buches könnte in etwa lauten: *Um unser Potential voll auszuschöpfen, unser einmaliges und wahres Selbst zu verwirklichen, müssen wir in emotionalen Bereichen ebenso offen sein für Entdeckungen, Erforschungen und Herausforderungen wie in intellektuellen Bereichen.* Obwohl die Fähigkeit zu emotionaler Kreativität ein universeller, fundamentaler Bestandteil der menschlichen Natur ist, gibt es dennoch von Kultur zu Kultur Unterschiede, wie diese Fähigkeit genutzt und verwirklicht wird. In jedem Bereich muß Kreativität auf vorangegangenen Leistungen aufbauen. Das heißt im Falle der emotionalen Kreativität, daß wir auf den Emotionen aufbauen müssen, wie sie gegenwärtig in unserer Kultur vorgegeben sind. Die Emotionen, wie wir sie heute erfahren, sind, wie zuvor beschrieben, die Produkte jenes kulturellen Erbes, das bis ins alte Israel, Griechenland und Rom und ins mittelalterliche Europa zurückreicht. Es gibt natürlich andere Wurzeln, in Afrika, Asien und bei den Indianern Amerikas, aber die wesentlichen Wurzeln liegen in Europa. Das ist kein Werturteil, sondern eine einfache Feststellung der Tatsachen.

Dieses Buch ist in fünf Teile untergliedert. Teil I beinhaltet dieses einleitende Kapitel sowie zwei weitere Kapitel, in denen die Frage der emotionalen Kreativität auf einer breiten soziokulturellen Ebene veranschaulicht wird. Kapitel 2 behandelt speziell die Evolution der romantischen Liebe in den westlichen Kulturen, und Kapitel 3 verdeutlicht ein weites Spektrum wutähnlicher Reaktionen, die in unterschiedlichsten Kulturen beobachtet wurden.

Liebe wird oft als eine der fundamentalsten Emotionen gesehen; sie ist es, was bewirkt, »daß die Erde sich dreht«. Dennoch unterscheidet sich die Liebe heute kraß von der vergangener Zeiten. Das Hohelied Salomos in der Bibel wird oft als eine der größten literarischen Darstellungen der Liebe angeführt. Salomo hatte eine Menge zu besingen – siebenhundert Ehefrauen und dreihundert Konkubinen. Sein Liebesideal war offenkundig ein völlig anderes als das heute vorherrschende. Wie kam es zu diesem Wandel? Das ist die Frage, der wir in Kapitel 2 nachgehen. Oder versuchen Sie, sich folgendes vorzustellen: Sie schlendern an einem Flußufer entlang und treffen auf eine junge Frau, der Sie nie zuvor begegnet sind. Sie schneiden ihr den Kopf ab und werfen ihn in ausgelassener Heiterkeit zu Boden. Zurück in Ihrem Dorf, feiern Sie die Großtat mit Gesang und Tanz. Eine neue und andere Art der emotionalen Erfahrung? Für Sie vielleicht, aber nicht für die Ilongot, einen als Kopfjäger bekannten Stamm auf den Philippinen, wie in Kapitel 3 gezeigt wird.

Die vorgenannten Beispiele demonstrieren, wie unterschiedlich Emotionen, je nach Zeit und Ort, sich äußern können und sich äußern. Solche Unterschiede auf der sozialen Ebene wären nicht möglich, sofern Emotionen nicht auch auf der individuellen Ebene Innovationen und Veränderungen unterworfen wären. Durchgängig werden wir in diesem Buch immer wieder auf diese und andere in den Kapiteln 2 und 3 besprochene Beispiele zurückgreifen, um Frage- und Problemstellungen zu verdeutlichen, die ansonsten möglicherweise abstrakt und abgehoben von der Alltagsrealität erscheinen könnten.

Um auf einem bestimmten Gebiet kreativ zu sein, muß die betreffende Person die Grundlagen des jeweiligen Gebietes verstehen. Um ein kreativer Mathematiker zu sein, muß man zum Beispiel mit den Grundlagen der Mathematik vertraut sein; und um ein kreativer Maler zu sein, muß man die Prinzipien des Zeichnens und der Farben verstehen. Teil II, der aus sechs Kapiteln besteht, liefert die zum Verständnis der emotionalen Kreativität notwendigen theoretischen Grundlagen.

Intuitiv wissen wir alle, was wir mit Emotion meinen; Intuition genügt aber nicht. In Kapitel 4 bieten wir eine grundlegende Definition von Emotionen; wir stellen Emotionen in Relation zu Gefühlen und Ausdrucksweisen und untersuchen die biologischen, sozialen und psychologischen Determinanten von Emotionen. Besonders hervorgehoben werden jene gesellschaftlichen und persönlichen »Regeln«, die bei der Konstruktion (und gelegentlichen Fehlkonstruktion) emotionaler Reaktionen helfen. In Kapitel 5 werden neun ebenso falsche wie weitverbreitete Vorstellungen (»Mythen«) über Emotionen aufgedeckt. Zuvorderst in der Reihe dieser Mythen steht die Vorstellung, Emotionen seien leidenschaftliche Gefühlsausbrüche – primitive, animalische Reaktionen, die wir kaum kontrollieren können. Die Möglichkeiten emotionaler Kreativität eröffnen sich mit dem Wissen, daß unsere Emotionen selbstgemacht und daß sie Veränderungen – nicht nur oberflächlicher, sondern »essentieller« Natur – unterworfen sind.

Kapitel 6 untersucht die Kriterien – das Neue, die Effizienz und Authentizität – für die Bewertung kreativer Produkte, ob es sich bei dem Produkt um eine wissenschaftliche Innovation, ein Kunstwerk oder eine emotionale Reaktion handelt. Einbezogen in dieses Kapitel ist darüber hinaus ein Kurzabriß des Forschungsstandes zu den Charakteristika kreativer Personen und den psychologischen Prozessen, die Kreativität ermöglichen. Kapitel 7 räumt mit einigen allgemeinen Mißverständnissen in bezug auf Kreativität auf, darunter beispielsweise die Annahme, daß Kreativität ohne Regeln auskomme, daß sie kaum irgendwelche Anstrengungen erfordere und daß sie einigen wenigen begnadeten Individuen vorbehalten sei.

In Kapitel 8 untersuchen wir, inwieweit Emotionen den Kriterien der Kreativität entsprechen oder auch nicht entsprechen können. In Kapitel 9 soll möglichen Fehlinterpretationen der emotionalen Kreativität vorgebeugt werden. Zum Beispiel, daß emotionale Kreativität mehr als emotionale Reaktivität ist und mehr mit der Qualität der Reaktion als mit deren Häufigkeit oder Intensität zu tun hat.

Teil III (Kapitel 10–13) beschäftigt sich mit der Relation der emotionalen Kreativität zu den innersten Aspekten des menschlichen Seins. Ein Grund dafür, daß emotionale Kreativität so schwer faßbar und erst recht realisierbar ist, liegt darin, daß Emotionen eng mit dem Selbstgefühl eines Menschen verknüpft sind. Möchten Sie wissen, wie jemand ist? Finden Sie heraus, was ihn wütend, hoffnungsvoll, ängstlich, beschämt, traurig und fröhlich macht. Ändern Sie die Emotionen, und Sie ändern das Selbst (Kapitel 10). Ein zentraler Aspekt des Selbstgefühls eines jeden Menschen ist seine Geschlechtsidentität. Frauen sind, so wird oft behauptet, emotionaler als Männer, aber weniger kreativ (zumindest im Bereich der Kunst und Wissenschaften). Die Grundlagen dieser Stereotypen kommen in Kapitel 11 auf den Prüfstand, und es werden etwaige Geschlechtsunterschiede im Bereich der emotionalen Kreativität unter die Lupe genommen. Kapitel 12 setzt sich mit einem der wichtigsten Ausdrucksmittel auseinander, mit dem sowohl Emotionen als auch das Selbst (als konzeptuelle Einheit) geschaffen und modifiziert werden: der Sprache. In Kapitel 13 gehen wir der Relation zwischen emotionaler Kreativität und Psychopathologie nach. Wenn emotionale Innovation und Veränderung erfolgreich anwendbar ist, so ist sie kreativ; stellt sie sich jedoch als Fehlanpassung heraus, so ist sie psychopathologisch. Psychotherapie ist im Grunde in weiten Teilen eine Übung der emotionalen Kreativität.

Teil IV (Kapitel 14–22) enthält eine Reihe kurzer Aufsätze zu spezifischen (situativen und persönlichen) Problemstellungen, die emotionale Kreativität verlangen, herausfordern oder auch einfach erleichtern. Obwohl diese Kapitel in einem gewissen Sinne aufeinander aufbauen, können sie durchaus in fast jeder beliebigen Reihenfolge gelesen werden. Unter anderem werden Themen wie Herausforderungen, Freude und Schmerz, Tod und Sterben, Einsamkeit, Intimität, Autonomie, Freiheit, Imagination und die Künste behandelt.

Die letzten drei Kapitel des Buches (Teil V) sind der Realisierung der emotionalen Kreativität gewidmet. In Kapitel 23, über die ART der Emotionen als Akronym für Akquisition, Raffinement und Transformation emotionaler Reaktionen hinausgehend, betrachten wir Emotionen als eine eigenständige Form der Kunst. Der Dichter William Wordsworth definierte Poesie im Sinne eines spontanen Überquellens mächtiger, in Phasen der Ruhe angesammelter Gefühle.[6] Das gleiche ließe sich mit Blick auf andere Formen der Kunst sagen – die Malerei, Musik und ähnliches. Soweit dies zutrifft, können wir aus der Beschäftigung mit der Kunst eine Menge über Emotionen lernen – und umgekehrt.

In Kapitel 24 diskutieren wir, inwieweit die Gesellschaft emotionale Innovation und Veränderung fördern und bisweilen hemmen kann. Besonders in einer Gesellschaft wie der unseren, wo soziale Beziehungen verschiedenster Art durch Verweis auf persönliche Gefühle verstärkt und legitimiert werden, kann jede Veränderung der Bedeutung und Struktur unserer Emotionen mit weitreichenden Folgen verbunden sein. Folgen, die, kurzfristig zumindest, die Ablehnung durch Personen bedeuten können, die uns in unserem Leben wichtig sind und die wir achten und schätzen. Emotionale Kreativität setzt ein aufrichtiges Bemühen um das Wohlergehen anderer ebenso voraus wie das Streben nach persönlicher Erfüllung.

In Kapitel 25 erläutern wir schließlich jene konkreten Schritte, die für die Verwirklichung eines kreativeren emotionalen Lebens unternommen werden können. Emotionale Kreativität ist nicht leichter als die Kreativität in anderen Bereichen; aber sie liegt im Rahmen unserer Fähigkeiten und Möglichkeiten, wenn wir willens und bereit sind, entsprechende Mühen zu investieren und Verantwortung für unser Gefühlsleben zu übernehmen. Manche Menschen haben Angst vor ihren Emotionen, sind gefangen und gehemmt aus Sorge, was ihre Emotionen ihnen »antun« könnten; andere fühlen sich innerlich leer, bar jedweder Emotionen. In diesem wie in jenem Falle werden die Potentiale, die das Leben bereithält, nicht voll ausgeschöpft. Aber auch diejenigen, deren Gefühlsleben befriedigend ist, können aus einem umfassenderen Verständnis der Emotionen großen Nutzen ziehen. Ein reiches, volles Leben bedeutet ein emotional kreatives Leben.

Kapitel 2

Romantische Liebe

Mit der wahren Liebe ist es
wie mit Gespenstererscheinungen:
alle Welt spricht davon,
aber wenige haben sie gesehen.

La Rochefoucauld,
Maximen und Reflexionen

Kreativität und Liebe werden seit Urgedenken miteinander assoziiert. Teilweise ist das wohl auf den Umstand zurückzuführen, daß Liebe mit biologischer Kreation, Schöpfung, also Zeugung assoziiert wird. Ein sehr kreativer Mensch gilt oft als Genie. Die Wörter »Genie« und »genital« haben die gleiche lateinische Wurzel. Den alten Römern zufolge verfügte jeder über eine geniale Schöpferkraft, die im Kopf, oder präziser, im Gehirn angesiedelt war. Sie glaubten darüber hinaus, daß das Gehirn über das Rückenmark und die Rückenmarksflüssigkeit mit den Genitalien verbunden sei. Ein Orgasmus wurde scherzhaft mit einem Niesen verglichen – nur, daß er mehr Spaß mache. Für die Römer war diese Verbindung dennoch mehr als nur ein Scherz. Nach dieser Auffassung wurde ein Teil des menschlichen Genies sowohl während des Niesens als auch während eines Orgasmus ausgestoßen.

Liebe ist nicht auf die biologische »Kreation«, auf die Zeugung begrenzt; sie ist gleichzeitig auch die Inspiration für viele Kunstwerke, Musik, Literatur und selbst die Philosophie. In diesem Kapitel wollen wir uns jedoch weder mit Niesen noch mit Orgasmus noch mit der Liebe als Quelle der Inspiration für Kreativität beschäftigen, sondern mit der Frage der Liebe als eigenständigem kreativem Produkt. Um die Frage noch weiter einzugrenzen: Es geht uns nicht um die Liebe im allgemeinen, sondern vielmehr um die romantische Liebe sowie deren Vorläufer, die höfische Liebe im Mittelalter.

Wenn wir die gesellschaftliche Entwicklung der romantischen Liebe zurückverfolgen, wird deutlich, wie Emotionen geschaffen, »kreiert« werden. Eine Demonstration, die sich auf der gesellschaftlichen Ebene leichter und anschaulicher als auf der individuellen Ebene durchführen läßt. Nichtsdestotrotz sind beide Ebenen eng miteinander verknüpft. Die kreativen Akte von Individuen bringen jene Verhaltensänderungen hervor, von denen die soziale Evolution abhängt. Um ein unemotionales Beispiel zu nennen: Die wissenschaftliche Revolution, die im 16. und 17. Jahrhundert einsetzte, repräsentiert die kreativen Akte vieler einzelner Wissenschaftler – von Kopernikus (1473–1543) bis Newton (1642–1727) –, und sie dauert bis heute an. Das gleiche gilt für die Revolution in den sexuellen Beziehungen, die, beginnend mit der höfischen Liebe des 11. Jahrhunderts, in der romantischen Liebe, wie wir sie kennen, mündete.

Die romantische Liebe ist so sehr mit den Mustern unserer heutigen Gesellschaft verwoben, daß wir gemeinhin dazu neigen, sie als grundlegendes biologisches Bedürfnis, fast gleichrangig mit Hunger und Durst, zu sehen. Es fällt uns schwer, uns vorzustellen, daß die Liebe zwischen Sexualpartnern im wesentlichen nicht seit eh und je und überall in ebendieser Form existierte. Diese Auffassung von der Universalität der romantischen Liebe wird im übrigen durch den Umstand verstärkt, daß die Liebesgeschichten aus anderen Kulturen und anderen Zeiten (z. B. die biblische Geschichte von David und Batseba oder die Hindu-Geschichte von Schiwa und Parwati) im allgemeinen vor dem Hintergrund unserer eigenen romantischen Idealvorstellungen interpretiert werden. So übersehen wir die Tatsache, daß die romantische Liebe das Produkt eines langen gesellschaftlichen Innovations- und Veränderungsprozesses ist.

Die gesellschaftlichen Ursprünge und Funktionen der romantischen Liebe

Die Geschichte der romantischen Liebe wurde schon oft erzählt. Morton Hunt beschrieb ihre Ursprünge wie folgt:

»Gegen Ende des 11. Jahrhunderts heckte eine Handvoll Dichter und Adliger in Südfrankreich eine Sammlung von Liebesgefühlen aus, die in der westlichen Zivilisation ohne Vorgänger waren, und konstruierte daraus eine neue und völlig originelle Beziehung zwischen Mann und Frau, die als *l'amour courtois* oder höfische Liebe bekannt wurde. *Cortezia, courtesie* oder Frauendienst, wie man sie noch nannte, begann als Spiel und literarischer Begriff, aber unversehens wurde daraus eine gesellschaftliche Philosophie, die Sitten und Gebräuche des Westens formte. Was als spielerische Übung in Schmeichelei angefangen hatte, dirigierte schließlich den Geist der Schmeichler; ein privater Sport der feudalen Aristokratie wurde zum Ideal der Mittelklasse... und Männer und Frauen der westlichen Welt leben heute noch nach ihren Hauptbegriffen und glauben an sie.«[1]

Es braucht wohl nicht eigens erwähnt zu werden, daß die höfische (romantische) Liebe nicht *ex nihilo* den Köpfen und Herzen »einer Handvoll Dichter und Adliger« entsprang. Vor jener Zeit stellte man sich unter Liebe im wesentlichen Begriffe des sexuellen Begehrens *(eros)*, der brüderlichen Liebe *(philia)*, der Zärtlichkeit *(storge)* oder, in ihrer reinsten Form, der altruistischen, gottähnlichen Liebe *(agape)* vor. Diese Formen der Liebe waren den Feudalstrukturen jener Zeit angepaßt, als Eheschließungen aus politischen und wirtschaftlichen Gründen arrangiert wurden und die individuelle Identität den vorbestimmten Rollen im Leben nachgeordnet war. Im Gegensatz dazu verlagerte die höfische Liebe die Akzentsetzung zum Individuum; sie betonte die Bedeutung und Gültigkeit der eigenen individuellen Erfahrungen als Quelle von Wertmaßstäben und Grundlage für Entscheidungen in der Frage zwischenmenschlicher Beziehungen.

In den Regalen fast jeder Buchhandlung finden sich heute zahlreiche »Ratgeber« zur Kunst der Liebe. Sie sind mitnichten ein neues Phänomen. Bereits im 12. Jahrhundert schrieb der Kleriker Andreas Capellanus einen »Ratgeber« zur Kunst der höfischen Liebe. An einer Stelle fragt ein Mann eine erfahrenere Frau: »Da ich nun sehe, wie wohlunterrichtet Ihr in der Liebeskunst seid, bitte ich um gnädige Belehrung, welche edlen Taten in den Augen der Liebe ehrenvoll sind, den Täter der Liebe am meisten würdig machen. Ich muß dies wissen, denn nur wenn ich es weiß, kann ich mich vor falschen Taten hüten oder bin um ihrer willen nicht zu entschuldigen.«[2] Daraufhin gibt die Frau ihm eine Liste von Verhaltensweisen und Merkmalen, die einen Liebhaber höchst begehrenswert machen. Unter anderem mußte ein Mann großzügig gegenüber anderen und völlig frei von Geiz und Habsucht sein; er sollte Gott nie lästern; er sollte weder schlecht von einem Mitmenschen reden noch falsches Lob verbreiten; er sollte sich nie über vom Glück Benachteiligte belustigen; er sollte keine voreiligen Versprechungen machen; er sollte im Kampf mutig sein und gemäßigt und klug bei allem, was er tat; insbesondere sollte er taktvoll und verschwiegen in seiner Liebe sein und nur eine Frau lieben, und in ihrem Namen sollte er hingebungsvoll allen Frauen dienstbar sein.

Was Andreas Capellanus schrieb, war selbstredend kein Buch über die »Freude am Sex«. Die Freuden der höfischen Liebe, in ihrer reinsten Form, waren mehr geistiger und seelischer als körperlicher Natur. Andreas Capellanus beschrieb die höfische Liebe folgendermaßen:

»Die Liebe ist keusch, bei der die Liebenden aus tiefer Leidenschaft einander mit Geist und Seele gehören. Hier gehen die Liebenden nicht weiter, als sich zu küssen, zu umarmen, nackt zu liebkosen. Zur Hingabe kommt es aber nicht, weil die keusche Liebe das verbietet. Diese Liebe sich zu gewinnen, sollte jeder Mensch entschlossen sein. Denn solche Liebe ist dauernd im wachsen und noch niemals hat sie Reue aufkommen lassen.«[3]

Dennoch predigte Andreas Capellanus keine Prüderie. Der reinen Liebe an Wertigkeit am nächsten rangierte die »unreine Liebe«, die gekennzeichnet ist »durch die körperliche Hingabe, durch jede Erfüllung der Venusweihe«.[4]

Jeder habe, so Capellanus, die Pflicht, jemanden zu lieben. Einige der schlimmsten Foltern waren nach seinem Verständnis der Hölle den Frauen vorbehalten, die sich weigerten zu lieben, denn der Liebesentzug war sogar schlimmer als ausschweifende Liebespraktiken. Außerdem, und das mag heute vielleicht am meisten überraschen, konnte es Liebe zwischen Ehemann und Ehefrau nicht geben.

Die außerehelichen Aspekte der höfischen Liebe dürften kaum

ein Problem dargestellt haben, vorausgesetzt, diese Liebe blieb rein, wie sie es dem Ideal entsprechend sein sollte. Aber wie sah es aus, wenn einer der Beteiligten die Freuden der körperlichen Liebe genießen wollte? Der andere sollte zustimmen, »denn es ist doch nun einmal das Gesetz der Liebe«, wie Capellanus meinte, »innerhalb der Liebe einander alle Wünsche zu erfüllen«.[5] Und was geschieht, wenn eine Frau den Mann heiratet, den sie liebt? Die Liebe versiegt (aber nicht notwendigerweise die beiderseitige Fürsorge und Zuneigung), und sie kann sich einen neuen Liebhaber nehmen.

Bei Spekulationen über mögliche soziale Funktionen der höfischen Liebe mag die Frage helfen, warum, wann und wo sie aufkam. Hugo Beigel zufolge lieferten die Ideale der höfischen Liebe den neu entstandenen herrschenden Klassen ein moralisches Unterscheidungsmerkmal, das zur Festigung ihrer Position beitrug.[6] Eine Auffassung, die durch die Tatsache untermauert wird, daß Andreas Capellanus seine Abhandlung über die Liebe für den Adel und die aufkommende Bourgeoisie schrieb; Bauern waren vom »Hof der Liebe« ausdrücklich ausgeschlossen – Bauern »widmen sich von selbst«, wie Pferde und Maultiere, »der Arbeit der Venus, so wie der Naturtrieb es sie lehrt, es zu tun«.[7]

Mit anderen Worten, die höfische Liebe trug zur rationalen Erklärung und Stabilisierung der neuentstehenden sozialen Ordnung bei, im Rahmen derer die verheiratete Frau der Oberschicht ihre ökonomische Funktion verloren hatte. Freundlichkeit und Raffinesse wurden zu ihren Tugenden erkoren. Gesellschaftliche Gepflogenheiten, die Notwendigkeit, Familien per Heirat zusammenzuführen, und ähnliches verhinderte dennoch eine freie Wahl der Ehepartner. Die so geschaffenen Bedingungen – die Idealisierung der Frau, der Verlust ihrer ökonomischen Funktion und vorbestimmte Eheschließungen – wären normalerweise dazu angetan, die eheliche Beziehung zu destabilisieren. Die höfische Liebe half nun unter anderem, potentiell zerrüttende Faktoren wie sexuelle Begierde in konstruktive Kanäle zu leiten. (Eifersucht galt, nebenbei bemerkt, zwischen Mann und Frau als unziemlich, nicht aber zwischen Liebenden.)

Gab es überhaupt jemanden, der, jenseits von Märchen und Abhandlungen über die Kunst der Liebe, nach den Vorstellungen des höfischen Liebesideals liebte? Es gibt zahlreiche anekdotische Beispiele, wonach einzelne im Namen der Liebe recht bizarre Akte vollbrachten. Einer der berühmtesten Troubadoure jener Zeit, Peire Vidal, verliebte sich in Loba de Peinautier, eine Adelige, die in Carcassonne im Süden Frankreichs lebte. Der Name Loba bedeutet Wölfin. So zog Peire sich denn ein Wolfsfell über und bat einige Schäfer, ihn mit ihren Hunden zu jagen. Eine Jagd, die in einem Punkt etwas zu erfolgreich war. Der Troubadour wurde zwar ins Haus seiner Angebeteten gebracht, allerdings mehr tot als lebendig. Loba war nicht sonderlich beeindruckt. Wie gesagt, wurde von einem würdigen Liebhaber erwartet, daß er bei allem, was er tat, weise und umsichtig handelte. Glücklicherweise war Lobas Ehemann Peire wohlgesinnt und beauftragte die besten Ärzte, ihn gesundheitlich wiederherzustellen.[8]

Das vielleicht berühmteste Beispiel der praktizierten höfischen Liebe ist das des italienischen Dichters Dante Alighieri und Beatrice Portinaris, der Tochter eines prominenten florentinischen Bürgers. Einer der Kommentatoren dieser Liebesgeschichte, Henry Theophilus Finck, datierte den Ursprung der romantischen Liebe in das Jahr 1274, jenes Jahr also, in dem Dante sich in Beatrice verliebte – deutlich eine Überbewertung, da Andreas Capellanus seine Abhandlung über die höfische Liebe fast ein Jahrhundert früher schrieb. Hinzu kommt, daß die italienische Poesie in Dantes Jugend fast ausschließlich der Liebe gewidmet war und viele der Themen und neuen Verständnisfragen sich bereits hinlänglich etabliert hatten – wie beispielsweise die Qualen der unerwiderten Liebe, die Notwendigkeit, den Namen des oder der Geliebten geheimzuhalten, die Schmähung des Todes als Zerstörer der Schönheit, die Ekstase in Gegenwart des oder der Geliebten, die Abtötung der Leidenschaften durch Spott und so weiter. Dante war ein ausgesprochenes Produkt seiner Zeit. Nichtsdestoweniger hatte Finck in einem Punkt recht, nämlich, daß Dante emotional wie intellektuell ein Genie war, das vieles zur Legitimierung und Förderung des romantischen Liebesideals für die künftigen Generationen beitrug.[9]

Dante begegnete Beatrice erstmals 1274, als sie acht und er fast neun Jahre alt war. Er verliebte sich sofort in sie. Obwohl er oft Plätze aufsuchte, wo er sie sehen konnte, gab es dennoch erst neun Jahre später einen wirklichen verbalen Austausch zwischen ihnen. Da begegnete er ihr eines Tages bei einem Spaziergang in Florenz auf der Straße. Sie grüßte ihn, und er war voller Freude. Ihre Liebe sollte jedoch keine Vollendung finden. Beide wurden mit anderen verlobt – Dante mit Gemma Donati, die ihm fünf Kinder schenkte, und Beatrice mit Simone dei Bardi. Beatrice starb tragischerweise im Alter von 24 Jahren, im Jahr nach ihrer Hochzeit. Aber weder Ehe noch Tod taten Dantes Liebe Abbruch. Beatrice blieb zeit seines Lebens eine zentrale Figur seiner Dichtung; seine Frau oder seine Kinder erwähnte er nie – nur Beatrice.

Dantes früher Gedichtband *La Vita Nuova* enthält Anmerkungen zu seinen Gedichten an Beatrice. Nach einer Begebenheit, bei der er in Beatrices Gegenwart in Verzückung geraten und anschließend zum Spott anderer Frauen geworden war, beschloß er, fortan seinen Seelenfrieden zu finden statt Qualen in der Bewunderung von Beatrices Schönheit und Güte zu leiden. Nach Meinung von Barbara Reynolds stellt dieses Ereignis »einen Wendepunkt nicht nur für Dante, sondern auch für die europäische Dichtung dar«. [10] Ein Gedicht, das Dante nach seinem Entschluß für den Seelenfrieden schrieb, »eröffnete«, wie Reynolds weiter bemerkt, »Perspektiven und Tiefen, in denen die menschliche Erfahrung der Liebe letztlich als eine Erfahrung beleuchtet wurde, die jene Kraft besitzt, von der das Universum regiert wird«. [11]

Dante ist natürlich vor allem durch sein episches Gedicht *Die Göttliche Komödie* bekannt geworden, eines der Werke, die, wie Will Durant es ausdrückt, »alle Menschen loben und nur wenige Menschen lesen«. [12] Es ist der Bericht von Dantes Reise durch die Hölle *(Inferno)*, das Fegefeuer *(Purgatorio)* und den Himmel *(Paradiso)*. Der römische Dichter Vergil (70–19 v. Chr.), Verfasser des Heldenepos *Äneis*, ist Dantes Führer durch die Hölle und das Fegefeuer. Vergil steht für Wissen, Vernunft und Weisheit – große Tugenden, sicher, aber nicht ausreichend, um damit Einlaß im Himmel zu finden. So übernimmt dann Beatrice, die Glaube und Liebe personifiziert, Dantes Führung durch das Paradies.

Sein *Paradiso* vollendete Dante drei Jahre vor seinem Tod, der ihn im Alter von 57 Jahren ereilte. Seine Liebe zu Beatrice hatte nahezu fünf turbulente Jahrzehnte ungebrochen überdauert.

Aus heutiger Sicht könnte Dantes Hingabe zu Beatrice als eine eher literarische Liebe oder gar eine Form der Erotomanie betrachtet werden. Aus der Sicht seiner Zeit war sie jedoch der kreative Ausdruck des sich entwickelnden romantischen Ideals. Dante war nicht der Erfinder der romantischen Liebe, wie Henry Finck weismachen wollte; aber er lebte dieses Ideal in höchst kreativer Weise, und er schrieb über seine Erfahrungen in einer Form, die die nachfolgenden Generationen tiefgreifend beeinflußte.

Weitere geschichtliche Entwicklungen

Die Geschichte von Dante und Beatrice verkörpert in geraffter Form die erste oder »höfische« Phase des romantischen Liebesideals. Die zweite Phase der Institutionalisierung der romantischen Liebe begann im 14. Jahrhundert und erreichte ungefähr vierhundert Jahre später mit der Romantik ihren Höhepunkt.[13] Im 14. Jahrhundert brach das ausgedehnte feudale Familiensystem unter dem Druck der Urbanisierung und Industrialisierung zusammen. Die Romantik war (damals wie heute) die Reaktion auf Materialismus und Rationalismus, die diesen Wandel begleiteten, eine Reaktion, die in den Wundern der Emotionen Stabilität und Erfüllung suchte. Konkreter, mit Erreichen des 17. und 18. Jahrhunderts hatten viele der ursprünglichen Werte und Voraussetzungen, auf denen die höfische Liebe sich gründete, ihre Gültigkeit verloren. Zwar hielten die Adligen dieser Zeit nach wie vor an dem Grundsatz der Unvereinbarkeit von Liebe und Ehe fest, aber außerhalb der Ehe wurden Sex und Liebe in der Beziehung zwischen der adeligen Frau und ihrem Verehrer vereint. In ähnlicher Weise wurden Liebe und Sex in den Reihen der Bourgeoisie integriert, ihre ökonomischen Kämpfe und ihr Konservatismus ließen jedoch außereheliche Beziehungen nicht zu. So wurde das Liebesideal auf die heiratsfähige Frau verlagert, die nach der Verlobung unter Zurschaustellung glühender Leidenschaft zu »hofieren« war, um ihre Zuneigung zu gewinnen. Unbeschadet dessen waren Eheschließungen allerdings noch immer weitestgehend vorherbestimmt, und vor der Verlobung waren die Beziehungen zwischen den Geschlechtern streng geregelt. Diese zweite Phase in der Entwicklungsgeschichte der romantischen Liebe erreichte ihren Höhepunkt mit den romantischen Schriftstellern des 18. Jahrhunderts, die behaupteten, die Liebe sei die notwendige Grundlage für die Ehe, indem sie als Ideal die Gefühle der höfischen Liebe aus den Romanzen des Mittelalters aufgriffen.

In unserer heutigen Gesellschaft ist die romantische Liebe noch in eine weitere Phase eingetreten. Diese dritte Phase reflektiert die zunehmende Freiheit junger Menschen, sich ihre Ehepartner selbst zu wählen. Unter dem Einfluß demokratischer und egalitärer Prinzipien haben der ökonomische und soziale Status als rationale Beweggründe für die Eheschließung ihre Bedeutung verloren (theoretisch, wenn auch nicht praktisch). So wurde die Liebe die bevorzugte Grundlage für die Verlobung und das Glück deren Ziel.

Wie im 12. Jahrhundert wird auch heute das Ideal der romantischen Liebe in der Musik und Literatur – mit vielfach exakt den gleichen Themen – verkündet. Im Refrain eines Popsongs betont beispielsweise eine Interpretin, daß ihre Liebe »tief aus meiner Seele« komme, daß sie »unkontrolliert« brenne und für »immer und ewig hält«. [14] Hier kommen drei der typischen Merkmale des romantischen Liebesideals zum Ausdruck: Erstens, daß die Liebe eine höchst persönliche und authentische Erfahrung ist (»tief aus meiner Seele«); zweitens, daß sie eine Leidenschaft und keine Handlung ist (»unkontrolliert«); und drittens, daß sie zeitlos ist (»immer und ewig hält«). Inwieweit reflektieren diese Merkmale tatsächlich die Realitäten der romantischen Liebe? Wir möchten sie in umgekehrter Reihenfolge betrachten.

Immer und ewig: Wenn die Liebe aufflammt, mag es in der Tat so scheinen, als könnte (sollte) sie für immer und ewig halten. Leider jedoch ist die immerwährende Liebe eher die Ausnahme als die Regel. Oscar Wilde bemerkte einst: »Ein Mensch sollte immer verliebt sein; darum sollte er nie heiraten.« Zynisch, vielleicht, aber auch aufschlußreich. Wenn die Leidenschaft der romantischen Liebe schwindet, sehen viele Paare sich außerstande, mit den Realitäten einer intimen Beziehung umzugehen. Gegenwärtig wird eine von drei Ehen in den USA geschieden, und bei Paaren, die jung heiraten und bei denen die Liebe vermutlich das Hauptmotiv ist, liegt diese Zahl noch wesentlich höher. [15]

Unkontrolliert: Dem romantischen Ideal zufolge ist Liebe eine Leidenschaft – das exakte Gegenteil einer rationalen, kalkulierten Handlung. Im allgemeinen Verständnis hat es sich inzwischen sogar durchgesetzt, daß der Begriff »Leidenschaft« mehr oder weniger auf den Bereich der Liebesbeziehungen beschränkt ist. Obgleich Liebe der Ausdruck von Leidenschaft sein kann, liegt in dem »Verrücktsein« aber doch Methode. Liebe ist nicht so unkontrollierbar, wie der Popsong es weismachen will. Der mütterliche Rat an die Tochter, »man kann sich genausogut in einen reichen Mann wie in einen armen Mann verlieben«, zeigt schließlich durchaus seine Wirkung. Denn die meisten Personen verlieben sich in jemanden mit dem »angemessenen« ethnischen, sozialen und religiösen Hintergrund.

Tief aus meiner Seele: Die Liebe ist eine vermeintlich höchst persönliche Erfahrung, eine Erfahrung, die nicht nur restriktive soziale Erwartungshaltungen und Druck überwindet, sondern durch ebensolchen Druck noch verstärkt wird (der sogenannte Romeo-und-Julia-Effekt). Dem entgegenzuhalten ist, wie zuvor beschrieben, daß das romantische Ideal als solches eine Schöpfung der Gesellschaft ist. Das ist nicht so widersprüchlich, wie es auf Anhieb erscheinen mag. Eine Kultur, die die Individualität betont, ist auch bereit, den Ursprung von Verhaltensweisen dem Individuum zuzuschreiben und irgendwelche gesellschaftlichen Ursprünge herunterzuspielen.

Kurz: Das romantische Ideal, wie es in der Musik und Literatur dargestellt wird, dient als eine Art Modell oder Paradigma; es repräsentiert eine komplexe Mischung von Charakteristika, der in der Praxis in Wirklichkeit nur wenige Menschen entsprechen. Als Abstraktion ist das Ideal jedoch sowohl Orientierungs- als auch Interpretationshilfe bei Fragen des Verhaltens. Das heißt, man kann versuchen, dem Modell nachzueifern, und selbst wenn man scheitert, bleibt die Option, dem eigenen Verhalten eine größere Übereinstimmung mit den Idealen zuzuschreiben, als tatsächlich gegeben ist.[16]

Welche Funktion könnte der romantischen Liebe in der modernen Gesellschaft zukommen? Dem Soziologen Sidney Greenfield zufolge ist das romantische Ideal ein Weg, Paare zum Heiraten zu ermutigen, obwohl die Ehe ihren unmittelbaren Eigeninteressen zuwiderlaufen könnte.[17] In der heutigen amerikanischen Gesellschaft, so Greenfields Analyse, wird das Individuum ermutigt, selbstsicher, unabhängig und – in einem gewissen Sinne – ökonomisch egoistisch zu sein. Das ist die »rationale« Verhaltensweise. Andererseits fördert die Gesellschaft auch die wechselseitige Abhängigkeit zwischen den Geschlechtern, nach dem Motto, daß beide von sich selbst etwas zum Wohle des anderen aufgeben.

Vom Ehemann wird erwartet, daß er einen Teil seines Einkommens für den Unterhalt von Frau und Kindern aufgibt; von der Frau wird im Gegenzug erwartet, daß sie eine Karriere im Berufsleben für eine weniger angesehene Rolle zu Hause aufgibt und sich und ihre Energien unermüdlich in den Dienst ihrer Familie stellt. Wie können diese widersprüchlichen Anforderungen gelöst werden? Die Antwort ist, wie Greenfield meint, das romantische Liebesideal. Man heiratet, weil man sich verliebt – und daran ist nichts zu ändern.

Man muß nicht mit allen Einzelheiten von Greenfields Analyse einiggehen, um den Punkt zu erkennen, um den es ihm im wesentlichen geht: daß nämlich die romantische Liebe ein Ansporn zur Eheschließung in einer Gesellschaft ist, in der andere Anreize (z. B. ökonomische Notwendigkeiten oder die Stammhalterfunktion) schwach und / oder entzweiende Druckmomente stark sind.

In der heutigen westlichen Gesellschaft mag man leicht annehmen, die romantische Liebe falle in die Kategorie der angeborenen Wesenszüge und nicht in die der gesellschaftlich geschaffenen. Wenn allerdings das zuvor Gesagte im Prinzip zutrifft, dann müßten der romantischen Liebe ähnliche Emotionen auch von anderen Gesellschaften »erfunden« worden sein, die ebenfalls mit der Notwendigkeit konfrontiert waren, Eheschließungen zu fördern oder zu zementieren. Untersuchungen verschiedener Kulturen bestätigen, daß dies der Fall ist.[18]

Summa summarum zeigt sich sowohl in der Geschichte der westlichen Zivilisation als auch in den verschiedenen heutigen Kulturen, daß die Muster der romantischen Liebe als Funktion der gesellschaftlichen Bedürfnisse variieren. Darüber hinaus gibt es Anzeichen, daß die romantische Liebe als Reaktion auf gewandelte gesellschaftliche Bedingungen heute bereits einen weiteren Wandel durchläuft. Die Scheidungsrate als solche besagt, daß es heute akzeptiert ist, mehrmals, wenn auch in geordneter Reihenfolge, zu lieben; für Befürworter von Kommunenleben und offener Ehe mag Liebe nicht einmal auf einen Partner begrenzt sein. Es ist aber nicht an uns, vorherzusagen, wie weit oder in welche Richtung die Liebe sich in Zukunft verändern wird. Eines scheint jedoch mit Gewißheit festzustehen: Die romantische Liebe wurde nicht im Himmel geschaffen; sie wurde just hier auf Erden von spezifischen Gesellschaften zur Erfüllung spezifischer Bedürfnisse geschaffen. Sie wird sich in dem Maße verändern, wie sich diese

Gesellschaften und diese Bedürfnisse verändern. Und was für die gesellschaftliche Ebene zutrifft, trifft auch für die Ebene des Individuums zu. Wohl keine andere Emotion hält einen größeren Fundus für die individuelle Kreativität bereit als die Liebe.

Kapitel 3

Über wildgewordene Schweine und ähnliche Dinge

Wir bedürfen immer eines außerhalb
der Sache liegenden Standpunktes,
um den Hebel der Kritik wirksam anzusetzen.
...Wie können wir uns zum Beispiel
nationaler Eigentümlichkeiten bewußt werden,
wenn wir nie Gelegenheit hatten,
unsere Nation einmal von außen anzusehen?

C. G. Jung,
Erinnerungen, Träume, Gedanken

- Im Bergland Neuguineas wird ein Mann von einem Geist befallen und beginnt, sich *wie ein wildgewordenes Schwein* aufzuführen, schießt mit Pfeilen auf Umstehende, plündert Häuser und ähnliches. Es entsteht kein ernsthafter Schaden.
- Auf den Philippinen entdeckt ein Stammesangehöriger eine junge Frau an einem Fluß. *Liget* (vitale Energie) fühlend, schneidet er ihr den Kopf ab. Später, zurück in seinem Dorf, feiert er seine Großtat mit Gesang und Tanz.
- In Mikronesien, auf der Insel Ifaluk, zeigt ein Kind wiederholt respektloses Benehmen. Ein als Geist verkleideter Erwachsener droht dem Jungen, ihn zu entführen und aufzuessen, wenn er sich weiterhin schlecht benimmt. So lernt das Kind, was es bedeutet, das Objekt des *songs* (gerechtfertigte Empörung) anderer zu werden.
- In den Vereinigten Staaten entdeckt ein Mann die Untreue seiner Frau. Nach mehreren Wochen scheinbar normalen Verhaltens schießt er sie nieder und ermordet sie. Vor Gericht erklärt er sein Verhalten mit »unterdrückter Wut«.

Ganz anders als es dem Wunschdenken entspricht, ist der Mensch eine aggressive Spezies. In unserer Umgangssprache neigen wir dazu, ein weites Spektrum an aggressiven Akten als »Wut« zu bezeichnen, und da Aggression universal ist, nehmen wir das auch von der Wut an. Der Frage, ob diese Annahme richtig ist, wollen wir in diesem Kapitel nachgehen. Handelt es sich zum Beispiel bei den in den vorgenannten Szenarien beschriebenen Zuständen (»wie ein wildgewordenes Schwein«, *liget, song* und Wut) lediglich um Abwandlungen einer einzigen vorliegenden Emotion, oder stellen sie grundlegend verschiedene (aber sich überschneidende) Emotionen dar, die spezifisch in den jeweiligen Kulturen geschaffen, »kreiert« wurden?[1]

Was sich hinter dieser Frage verbirgt, sei zur Verdeutlichung vielleicht nochmals wiederholt. In dem Maße wie Emotionen von Kultur zu Kultur variieren (und auch im Laufe der Geschichte, wie im Falle der romantischen Liebe), müssen sie Veränderungen unterliegen. Und in dem Maße wie sie Veränderungen auf der gesellschaftlichen Ebene unterliegen, müssen sie auch offen für Neuerungen auf der individuellen Ebene sein.

Wie ein wildgewordenes Schwein

Beim ersten Szenario geht es um einen emotionsähnlichen Zustand, bei dem die Gururumba (ein Volk im Bergland Neuguineas) von »einem wildgewordenen Schwein« sprechen.[2] Es gibt in dem Gebiet, in dem die Gururumba leben, keine wildlebenden, sondern nur domestizierte Schweine. Bezug genommen wird also auf domestizierte Schweine, die entwichen sind und wildgeworden herumrennen. Die Gururumba verstehen nicht, warum Schweine manchmal wild werden, sie glauben aber, daß die Tiere mittels bestimmter Prozeduren und Rituale redomestiziert werden können. Das gleiche gilt für eine Person, die von dem Zustand »des wildgewordenen Schweines« befallen wird – sie sprengt vorübergehend die Ketten der Gesellschaft und muß »redomestiziert« werden.

Nach Auffassung der Gururumba wird der Zustand des wildgewordenen Schweines durch den Biß des Geistes eines unlängst Verstorbenen, in der Regel eines Verwandten, ausgelöst. Diese Geister werden als bösartig und destruktiv begriffen; sie reflektieren jene Qualitäten, die den Menschen zu eigen waren, ehe sie es lernten, in der Gesellschaft zusammenzuleben. Die Gururumba haben somit eine recht pessimistische Sicht der unzivilisierten menschlichen Natur: Der urzeitliche Mensch, so wird unterstellt, attackierte, stahl und vergewaltigte, ganz nach Lust und Laune. Von einem Geist gebissen, fällt von der betroffenen Person die Tünche der Zivilisation ab, und primitive Impulse kommen neuerlich zum Vorschein.

Der Zustand des wildgewordenen Schweines umfaßt eine Reihe aggressiver Handlungen – Plündern, Pfeile auf Umstehende schießen und ähnliches. Bemerkenswert ist, daß Schaden nur selten angerichtet wird. Dieses Verhalten kann mehrere Tage andauern, bis das betroffene Individuum in den Wald verschwindet, wo es seine unrechtmäßig erworbenen Güter (für gewöhnlich belanglose Dinge, die eigens für ihn zum Stehlen liegengelassen wurden) zerstört. Anschließend kann es in einem normalen Zustand zurückkehren, wobei es keinerlei Erinnerung an sein vorheriges Verhalten hat und auch nicht von den Dorfbewohnern daran erinnert wird. Aber es ist ebenso möglich, daß es nach wie vor in einem wilden Zustand zurückkehrt; in diesem Fall wird es gefangengenommen und nach den Regeln eines entsprechenden Rituals »redomestiziert«.

Obwohl der Zustand eines wildgewordenen Schweins nicht einmal bei den Gururumba zu den normalen emotionalen Reaktionen zählt, so zeigt dieses Beispiel doch in überdeutlicher Form viele der typischen Merkmale geläufigerer Emotionen: Der Betroffene hat vermeintlich kaum Kontrolle über sein Verhalten; das Verhalten wird als irrational, absonderlich und aus dem Rahmen fallend betrachtet; und es ist mit einer beachtlichen physiologischen Erregung verbunden.

Die Gururumba glauben, wie gesagt, daß dieser Zustand durch den Biß eines Geistes ausgelöst wird. Auf einer tieferen und weniger deutlich artikulierten Ebene scheint bei ihnen allerdings auch das Eingeständnis vorzuliegen, daß es nicht nur der Geist ist, der eine Person veranlaßt, sich wie ein wildgewordenes Schwein zu verhalten; ein gleichsam bedeutender Faktor ist die Unfähigkeit des Individuums, mit den von der Gesellschaft auferlegten Hemmungen und Frustrationen umzugehen. Nur bei Männern im Alter von ungefähr 25 bis 35 Jahren wird dieses Syndrom sichtbar. Eine für einen Gururumba-Mann besonders streßintensive

Phase. Er muß auf die beachtlichen Freiheiten seiner Jugend verzichten und die von der Gruppe vorgeschriebenen ökonomischen und sozialen Verpflichtungen akzeptieren. Der Erfolg seiner diesbezüglichen Anstrengungen entscheidet nicht nur über sein persönliches Ansehen und seine Macht, sondern auch über das Ansehen und die Macht seines Clans. Aus *freien Stücken* sozialen Verpflichtungen zu entsagen, ist folglich nicht zulässig. Dennoch schafft es nicht jeder, vor dem Hintergrund situativer oder persönlicher Faktoren, ständig damit fertig zu werden. So beläßt man ihm die Möglichkeit eines unfreiwilligen »Aussteigens«.

In einem gewissen Sinne ist der Zustand des wildgewordenen Schweins ein Weg, den psychologischen Bankrott zu erklären. Nach einem solchen Anfall wird der Betreffende offenkundig von Mitgliedern der Gesellschaft neu bewertet und der Katalog der an ihn gestellten Erwartungen entsprechend korrigiert. Die Gesellschaft kann also weiterhin Druck auf die einzelnen Mitglieder ausüben, sich freiwillig konform den sozialen Normen zu verhalten. Wenn der Zustand des wildgewordenen Schweines seine Funktion erfüllen soll, darf er jedoch nur (wie bei der Bankrotterklärung in unserer eigenen Gesellschaft) selten und in Extremfällen genutzt werden. Das heißt, obgleich einerseits akzeptiert, ist er keineswegs als Regelfall abgesegnet.

Kurz kommentiert werden sollte auch die Rolle der Geister bei diesem Verhalten des wildgewordenen Schweines. Bei diesen Geistern handelt es sich hauptsächlich um kürzlich verstorbene Verwandte, und diese können, abhängig von der Qualität der früheren Beziehungen, gut oder böse sein. Ältere Personen drohen jüngeren Verwandten gelegentlich mit der Rache als Geister, sofern sie (die Älteren) nicht angemessen behandelt werden. Jenseits der Funktion der psychologischen Bankrotterklärung stellt das »wildgewordene Schwein« (oder präziser: die Drohung, von einem Geist gebissen zu werden) eine Form der sozialen Sicherheit dar.

Liget (vitale Energie)

Die Ilongots, ein etwa 3500 Personen zählendes Volk, lebt in einem Waldgebiet im nördlichen Luzon, auf den Philippinen. Sie sind ein egalitäres Volk, das weder Klassen- noch Statusunterschiede kennt. Es kennt aber durchaus eine Vorliebe für Gewalt. Zu den wichtigsten Gelegenheiten, ihre Gleichberechtigung und soziale Identität zu etablieren, gehört für junge Männer das Kopfjagen. Einem anderen den Kopf abzuschneiden, ist für die Ilongots kein Zeichen von Rache oder Haß, sondern von tugendhaftem Verhalten. Obgleich ein Kopfjäger vorzugsweise Mitglieder einer bestimmten Sippe oder Lokalität tötet, wird der persönlichen Identität des Opfers keine sonderliche Bedeutung beigemessen – ob Mann, Frau, Kind, jeder ist genehm.

Über das Töten kann ein Ilongot-Mann mit seinem *liget* in Kontakt kommen. *Liget* ist ein komplexer Begriff, den Michelle Rosaldo als »Wut«, bisweilen aber auch als »Energie« und »Leidenschaft«, abhängig von dem jeweiligen Zusammenhang, übersetzt.[3]

Liget kommt in vielfältiger Weise zum Ausdruck – in Zusammenhang mit Lebenschenken ebenso wie mit Lebennehmen. Obgleich nicht per se mit Sexualität verbunden, spielt das *liget* des Mannes zum Beispiel auch beim Liebeswerben und bei der Zeugung eine Rolle. »Konzentriert« im Sperma, zeugt es Kinder. In anderen Manifestationsformen stimuliert *liget* die Arbeit und gibt die Kraft und den Mut, Hindernisse zu überwinden.

Wie Wut kann *liget* durch Beleidigungen, Kränkungen und andere Affronts gegen das Selbst oder durch die Verletzung gesellschaftlicher Normen mobilisiert werden. Einer der häufigsten Anlässe für *liget* ist, wenn ein anderer eine Form der Überlegenheit an den Tag legt. Diese Überlegenheit kann verdient (z. B. durch überragende Leistungen bei der Jagd) oder das Ergebnis eines glücklichen Zufalls sein. Woher sie rührt, spielt keine Rolle. Die Ilongots sind unerbittlich egalitär. Da *liget* bei den verschiedensten Bestrebungen die erforderliche »vitale Energie« liefert, ist es eines der wichtigsten Medien, um Gleichberechtigung zu erlangen oder zu demonstrieren.

Kopfjagen ist somit nur eine Form, wie sich *liget* manifestiert, allerdings eine sehr wichtige. Es ist eine Form der Selbstbehauptung und -bestätigung. Es ist auch eine gesellschaftliche Unternehmung, an der der ganze Clan stellvertretend, wenn nicht direkt, beteiligt sein kann. Nach einem Tötungsakt kommt der Clan nicht selten für eine Nacht des gemeinsamen Feierns und Singens zusammen, wo die Männer sich aktueller und vergangener Großtaten rühmen und die Frauen mit Gesang den Rahmen bilden. So rühmte sich etwa ein Mann: »Unten am großen Fluß traf ich auf ein Mädchen, sie strampelte, aber ich bin hier, um die Geschichte zu erzählen.«[4]

Rosaldo betont, daß *liget* nicht so sehr ein Ausdruck der inneren Unbeständigkeit einer Person als vielmehr ein Aspekt oder sichtbar werdendes Merkmal zwischenmenschlicher Beziehungen ist:

> »*Liget* hat – wie alle Ilongot-Emotionen – nichts mit irgendeiner Form von spontanem, physischem oder ›natürlichem‹ Impuls, sei es Sexualität, Hunger oder Durst, zu tun. Was vielmehr zum Ausbruch kommt, sind Leidenschaften, die mobilisiert und mit Handlungsmustern, Prozessen des Konflikts, des Nacheiferns und des Wettbewerbs im gesellschaftlichen Leben koordiniert werden.«[5]

Wir werden alsbald sehen, daß sich das gleiche im wesentlichen von der Wut und anderen Emotionen in unserer eigenen Kultur sagen ließe. Nach Rosaldos Erläuterung dürfte jedoch deutlich geworden sein, daß Wut und *liget* durchaus unterschiedliche Emotionen sind. Beide sind sich in der Tat nicht ähnlicher, als es die Lebensweise der Ilongots und die unsere im Westen sind.

Song (rechtmäßige Empörung)

In starkem Kontrast zu den Ilongots sind die Ifaluk ein freundliches Volk, das auf einem kleinen Atoll in Mikronesien lebt. Die Ifaluk empfinden selbst eine Andeutung von physischer oder verbaler Aggression als höchst störend. Sie schätzen ruhige, friedliche und harmonische Beziehungen. Physische Aggression ist, jenseits der Kindheit, selten. Catherine Lutz zufolge, die die Ifaluk intensiv studierte, gehören sie zu den friedlichsten bekannten Völkern.[6]

Wie gelingt es den Ifaluk, derart freundlich geprägte Beziehungen zu wahren? Ironischerweise durch eine Emotion, *song*, die aggressive Akte einschließt. Lutz übersetzt *song* mit »gerechtfertigter Wut« oder »rechtmäßiger Empörung«. Die Wertmaßstäbe »gerechtfertigt« und »rechtmäßig« bedürfen der Erklärung.

Ob eine Emotion als gerechtfertigt angesehen wird, hängt unstrittig von dem Wertesystem ab, in dem sie auftritt. Die Ilongots

51

empfinden ihre eigene »Wut« *(liget)* als gerechtfertigt, selbst wenn sie mitunter dazu führt, daß Köpfe rollen. Ein Vorgang, den die meisten »zivilisierten« Menschen als abscheulich betrachten würden. Wenn *song* als »*gerechtfertigte* Wut« übersetzt wird, impliziert das nicht nur, daß *song* aggressive Neigungen miteinschließt, sondern auch, daß es in vielerlei Hinsicht Übereinstimmungen mit unserem eigenen Wertesystem aufweist.

Song offenbart viele Ähnlichkeiten mit Wut. Beide Emotionen gelten als unangenehme Erfahrungen. Reguläre Anlässe für *song* sind, wie bei Wut, zum Beispiel Verletzungen gesellschaftlicher Tabus oder Gepflogenheiten, das Nichtteilen von Nutznießungen mit anderen (Geiz), die Nichthilfe bei allgemein anfallenden öffentlichen Arbeiten (Faulheit), lautes und lärmendes Verhalten, die Mißachtung von Autorität und so weiter. Ebenso wie Wut schließt *song* die Androhung von Rache und Vergeltung für den Fall mit ein, daß das Vergehen nicht korrigiert wird.

Darüber hinaus gibt es subtile, aber wichtige Unterschiede zwischen *song* und Wut. Der wichtigste ist vielleicht, daß *song* eine per Definition enger gefaßte Emotion ist. Am zutreffendsten wäre eine Typisierung als Subvariante der Wut (z. B. »gerechtfertigte«). Aber selbst dann gibt es noch Unterschiede. So ist *song* zum Beispiel eine mehr auf der Ebene der Gemeinschaft angesiedelte Emotion als eine individuelle Leidenschaft. Sie wird oft in der ersten Person Plural (wir sind *song*) statt in der ersten Person Singular (ich bin *song*) zum Ausdruck gebracht. Das »Wir« steht in solchen Fällen für eine bestimmte Bezugsgruppe (Häuptlinge, Ältere oder alle erwachsenen Inselbewohner), der eine gewisse moralische Autorität zu Verurteilungen bei Vergehen zugestanden wird. Sofern es sich um ein eher umstrittenes Vergehen (z. B. bedingt durch sich wandelnde soziale Normen) handelt, kann es zu langwierigen Verhandlungen kommen, ehe *song* erklärt oder akzeptiert wird.

Anders als die Ilongot haben die Ifaluk eine hierarchisch gegliederte Gesellschaftsordnung. Die Häuptlinge (Männer oder Frauen) der verschiedenen Clans sind die Hauptwächter der auf der Insel herrschenden Sitten und Tabus. Allgemein gilt, daß ältere Erwachsene Autorität über jüngere Erwachsene haben, Brüder über Schwestern und Eltern über Kinder. Es sind diese Autoritätslinien, im Rahmen derer *song* in der Regel zum Tragen kommt, und *song* trägt strukturell maßgeblich zu deren Aufrechterhaltung bei. Denn in Wirklichkeit »ist [bei den Ifaluk] wie in vielen anderen Gesellschaftssystemen die politische und moralische Führung eng mit einer emotionalen Führung verbunden«.[7]

Obwohl die Androhung von Gewalt in *song* miteingeschlossen ist, würde tatsächliche Gewalt eine Verletzung exakt jener Werte darstellen, die die *song*-Funktionen aufrechterhalten sollen. Folglich wird *song* so indirekt und gewaltlos wie möglich zum Ausdruck gebracht. Klatsch – andere über das Vergehen unterrichten – ist die vielleicht gängigste Methode, *song* auszudrücken. Andere Methoden sind etwa die Weigerung, mit dem Missetäter zu sprechen, in Gesprächen freundliche »Bemerkungen« einfließen zu lassen, ein mißbilligender Gesichtsausdruck, Einschlagen auf oder Werfen mit leblosen Objekten und im Extremfall die Androhung, sich selbst Schaden zuzufügen.

Denjenigen, die *song* sind, wird oft von Autoritätspersonen geraten, die Verletzung zu vergessen und nicht auf einer persönlichen Ebene darauf ein- und damit umzugehen. In einer weichen, freundlichen Weise wird ihnen nahegelegt, ihre Gedanken und Gefühle in bezug auf den Missetäter »rauszuwerfen«, und sie werden daran erinnert, daß sie, wenn sie kämpfen, von der Gemeinschaft ausgelacht und verstoßen werden. Der Missetäter wird als unvernünftig und »verrückt« betrachtet, nicht die Person, die *song* ist. So zumindest sollte es sein. Kommt *song* in angemessener Weise zum Ausdruck, gilt er als Zeichen der Reife, Weisheit und moralischen Rechtschaffenheit, nicht der ungezügelten Leidenschaft.

Von Eltern wird erwartet, *song* zu zeigen, wenn ihre Kinder sich schlecht benehmen, um ihnen so den Unterschied zwischen richtig und falsch beizubringen. Ein Fehlverhalten von Kindern wird auch den Eltern angelastet, ungeachtet vom Alter des Kindes. Der Grund, daß Regelverletzungen auftreten, ist nach dieser Auffassung, daß die Eltern beim ersten unangemessenen Verhalten des Kindes nicht ausreichend *song* wurden.

Die typische Reaktion bei jemandem, der Zielscheibe von *song* ist, ist *metagu*, eine ergänzende Emotion, die sich am besten in der vielschichtigen Rubrik der Furcht einordnen läßt. *Metagu* ist für die Ifaluk das Haupthemmnis für Fehlverhalten, ein Hemmnis, das bei Kindern sorgfältig, weitestgehend über Ermahnungen und Geschichten, gezüchtet wird. Kinder werden immer und immer wieder über die allgemein erwarteten Verhaltensweisen und den *song* belehrt, der diejenigen heimsucht, die diesen Erwartungen nicht entsprechen. Zu den Geschichten, die Kindern erzählt werden, wenn sie besonders widerspenstig sind, gehört die, daß ein Geist sie entführen und fressen kann. Gelegentlich wird die Geschichte mit einem Erwachsenen, der sich als Geist verkleidet, tatsächlich durchgespielt, so daß *metagu* in besonders dramatischer Weise ausgelöst wird.

Kurz: Den Ifaluk dienen Worte und Geschichten als eine Art Gerüst, auf dem sie die Emotionen ihrer Kultur aufbauen. Wenn Kinder die korrekte Anwendung von Begriffen wie »*song*« und »*metagu*« lernen, so lernen sie nicht nur den jeweiligen Zustand zu beschreiben oder zu benennen, sie lernen auch die sozialen Regeln, denen die Erfahrung und der Ausdruck dieser Emotion unterliegen.

Wut

Nun zur Wut in unserer eigenen Kultur. Wie ein Gururumba-Mann, der sich wie ein wildgewordenes Schwein verhält, wird auch eine wütende Person oft so porträtiert, als verhalte sie sich wie ein wildes Tier – ein brüllender Löwe oder ein rasender Stier, wenn nicht gar ein Wildschwein. Das ist zumindest Teil dessen, was wir uns unter Wut vorstellen. Ist diese Vorstellung korrekt?

Wut ist eine positivere und günstigere Emotion, als allgemein unterstellt wird. In dieser Hinsicht ähnelt sie mehr dem *song* als dem *liget*. Sie sollten sich vor Augen halten: Im Alltag richtet sich Wut am häufigsten gegen geliebte Menschen und Freunde und nur selten gegen Fremde oder Personen, die wir nicht mögen; der häufigste Auslöser von Wut ist Fehlverhalten, zum Beispiel Vergeßlichkeiten oder absichtliche Vergehen; beim typischen Ausdruck von Wut ist selten Aggression, insbesondere körperliche Aggression im Spiel; und die meisten Wutanfälle sind konstruktiv motiviert – das heißt, sie zielen auf eine Korrektur oder die Verhinderung einer Wiederholung dessen, was »falsch« war, ab und nicht darauf, die betreffende Person zu verletzen.[8]

Die konstruktive Anwendung von Wut kommt in der traditionellen Morallehre recht deutlich zum Ausdruck. Obgleich Wut unter die »sieben Todsünden« fällt, wird das Nicht-Wütendwerden bei Ungerechtigkeiten gleichzeitig auch als »sündhaft« verurteilt. Nach der jüdisch-christlichen Tradition kann eine vermeintlich rechtschaffene Person nicht anders, als angesichts von Ungerechtigkeiten oder Vergehen wütend zu werden. Der Gott des Alten Testamentes (Jehova) wird an vielen Stellen der Bibel als zornig, rachsüchtig und strafend dargestellt; immer wieder ist von seinem »glühenden« Zorn die Rede. So heißt es beispielsweise in Deuteronomium 29,19: »Der Herr wird sich weigern, ihm zu verzeihen, er wird schnauben vor Zorn und Eifersucht gegen einen solchen Menschen... und der Herr wird seinen Namen unter dem Himmel auslöschen.«[9] Selbst Jesus, oft als der Inbegriff von Güte und Liebe verstanden, reagierte wütend auf die Händler, warf ihre Tische um und vertrieb sie aus dem Tempel.

In der säkularen Gesellschaft gilt das Gesetz als der Hüter der Moral. Somit gewährt der rechtliche Umgang mit der Wut zusätzliche Einsichten über die Bedeutung und Funktionen dieser Emotion auf gesellschaftlicher Ebene. Innerhalb des Rechtssystems wirkt sich Wut zum Beispiel bei einem Tötungsdelikt strafmildernd zur Unterscheidung zwischen Mord und Totschlag aus. Mord (unter anderem als »heimtückisch« begangene Tat definiert, die als geplant gilt) wird mit lebenslänglicher Freiheitsstrafe und in manchen Ländern sogar mit der Todesstrafe geahndet, wohingegen bei Totschlag (eine unter dem Einfluß von Wut begangene Tötung – »von dem Getöteten zum Zorne gereizt und hierdurch auf der Stelle zur Tat hingerissen«) deutlich geringere Strafen verhängt werden. Warum diese Unterscheidung? Und wie entscheidet ein Gericht, ob ein Angeklagter zur Zeit des Verbrechens tatsächlich in Wut war?

Um strafmaßrelevant berücksichtigt zu werden, müssen bestimmte Kriterien, gerichtlich nachprüfbar, erfüllt sein. Das Hauptkriterium ist das der hinreichenden Provokation. Die Frage also, ob die Provokation gesellschaftlich akzeptierte Verhaltensnormen so flagrant verletzte, daß sie ein normales, vernünftiges Mitglied der Gesellschaft zu einem Zornesausbruch veranlassen konnte. Sofern das bejaht wird und das Verhalten des Angeklagten bestimmte Grenzen nicht überschritt (er das Opfer z. B. nicht in kleine Stücke zerlegte und diese nach Florida schickte), wird das dem Täter angelastete Verbrechen weniger schwerwiegend gewertet als ein Mord.

Bei den gerichtlichen Untersuchungen geht es nicht um die geistige Verfassung des Täters. Tötung ohne ausreichende Provokation kann nie mit dem strafmildernden Kriterium Wut gewertet werden, wie sehr der Mörder auch »Schaum vor dem Mund« gehabt haben mag. Bei einem Verbrechen, bei dem heftige Gefühlsausbrüche im Spiel waren, sitzt das Opfer ebensosehr wie der Täter auf der Anklagebank. Und bei einer ausreichenden Schuld des Opfers (das den Täter so »zum Zorne reizte«, daß dieser »zur Tat hingerissen« wurde) wird dem Angeklagten Strafmilderung zuerkannt – seine Wut. Wenn Wut als Entschuldigung dienen soll, bedeutet das natürlich auch, daß die Reaktion, vielleicht aufgrund der Freisetzung gewisser primitiver Impulse (das »wildgewordene Schwein« in jedem von uns), als außerhalb der persönlichen Kontrolle liegend angesehen werden muß.

Ein weiteres wichtiges Kriterium für die gerichtliche strafmildernde Anerkennung von Wut ist der Faktor Zeit, die Frage, ob zwischen Provokation und Tat ausreichend Zeit zum Abkühlen des Gemüts zur Verfügung stand oder nicht, was im Strafgesetzbuch im Falle des Totschlags mit »auf der Stelle zur Tat hingerissen« festgeschrieben wurde, ehe die Wut also Zeit hatte, sich zu verflüchtigen. Bei einer ausreichend schwerwiegenden Provokation mag auch der Begriff der »unterdrückten Wut« zur Überbrückung einer beachtlichen Zeitspanne (von Tagen oder sogar Wochen) in Urteilsfindungen einfließen, wobei der Täter in der Zwischenzeit ein relativ normales Verhalten an den Tag gelegt haben kann.[10]

Die obigen Ausführungen legen den Schluß nahe, daß Wut mitnichten eine biologisch bedingte primitive Reaktion, sondern vielmehr ein gesellschaftliches Konstrukt ist, mit der Funktion, akzeptierte Verhaltensnormen zu wahren, indem zum Beispiel die Verletzung sozialer Normen mit Strafen und Vergeltungsmaßnahmen geahndet wird. Nach dieser Formulierung ist Wut in einem gewissen Sinne eine Form der inoffiziellen Gerichtsbarkeit. Während des überwiegenden Teils der westlichen Geschichte war es Sache von Individuen, dafür zu sorgen, daß Rechte respektiert und Gerechtigkeit gewahrt wurden. Wo kein formales Rechtssystem existiert oder das gegebene formale System nicht zweckdienlich, unzulänglich oder zu schwerfällig ist, mag die Macht und Androhung von Wut und Vergeltung hilfreich bei der Regelung sozialer Beziehungen im Kreis von Familie, Freunden, Nachbarn und Kollegen sein.[11]

Implikationen für die emotionale Kreativität

Der griechische Philosoph Empedokles (etwa 495–435 v. Chr.) behauptete, Liebe und Streit seien die für die Konstitution des Universums verantwortlichen kosmischen Kräfte. In wesentlich jüngerer Zeit, und nur etwas weniger hochtrabend, argumentierte Freud, Sexualität und Aggression seien die wichtigsten für das menschliche Verhalten verantwortlichen Triebkräfte. Beide, Empedokles und Freud, hatten recht mit dem Gewicht, daß sie Liebe und Streit (Sexualität und Aggression) beimaßen. Wie wir allerdings in diesem und dem vorhergehenden Kapitel zeigten, sind Liebe und Streit keineswegs ein unitarisches – universelles und sich nicht veränderndes – Phänomen. Liebe kennt, abhängig vom sozialen Kontext, viele Formen. Das gleiche gilt für den Streit. Die Beispiele der romantischen Liebe, des »wildgewordenen Schweines«, von *liget* und den anderen geschilderten Syndromen bestätigen die Möglichkeiten der emotionalen Innovation und Veränderung auf gesellschaftlicher Ebene. Und wenn es die emotionale Kreativität auf gesellschaftlicher Ebene gibt, muß es sie auch auf der individuellen Ebene geben; denn gesellschaftliche Neuerungen und Veränderungen sind ultimativ in der Kumulation das Produkt vieler einzelner kreativer Akte.

Aber wie ist emotionale Kreativität realisierbar? Wie können Emotionen sich verändern, nicht nur oberflächlich, sondern grundlegend? Um diese Fragen zu beantworten, ist es erforderlich, zunächst sowohl die Natur der Emotionen als auch die Natur der Kreativität zu untersuchen.

Teil II

Emotionen und Kreativität –
Realität und Mythos

Welch tiefes Rätsel ist doch der Mensch!
Du, Herr, hast die Haare
seines Hauptes gezählt,
und keines fehlt dir;
doch leichter sind seine Haare zu zählen
als die Regungen und Empfindungen des Herzens.

Aurelius Augustinus,
Bekenntnisse

Kapitel 4

Die Natur der Emotionen

Den Menschen kennen,
heißt,
die Leidenschaften zu kennen.

Benjamin Disraeli,
The Young Duke

»Ich wollte es nicht tun; ich wurde von meinen Gefühlen überwältigt.« / »Meine Gefühle kommen mir in die Quere.« / »Ich vertraue ihm nicht; er ist gefühllos.« / »Vertrau deinem Herzen, nicht deinem Kopf.« / »Meine Gefühle erschrecken mich; ich kann sie nicht kontrollieren.« / »Komm in Kontakt mit deinen Gefühlen.«

Wie diese geläufigen Beispiele zeigen, sind Gefühle, Emotionen, oft Gegenstand sowohl von Lob als auch von Tadel: Auf der einen Seite gelten Personen, die übermäßig emotional reagieren, als kindisch oder labil oder, noch negativer, als animalisch triebhaft oder hirnlos; auf der anderen Seite werden Personen, die frei von Emotionen sind, mit Argwohn – als kalt, berechnend und möglicherweise nicht vertrauenswürdig – betrachtet. Mr. Spock aus der Fernsehserie »Raumschiff Enterprise« personifiziert das, was viele sich unter einem unemotionalen, absolut rationalen Wesen vorstellen. Obgleich im Grunde gut, ist der emotionslose Mr. Spock dennoch nicht im umfassenden Sinne menschlich. Sein Vater war ein Vulkanier, ein Wesen von einem anderen Planeten. Die Emotionen sind Teil dessen, was uns menschlich macht, im Guten wie im Bösen.

Was sind Emotionen, daß sie eine solche Ambivalenz hervorbringen können? Gefragt, wie wir Emotionen definieren, fehlen uns für gewöhnlich die Worte. Es geht uns ähnlich wie Richter Potter Stewart vom Obersten Gerichtshof, der auf die Frage nach

61

einer Definition von Pornographie antwortete: »Ich kann sie nicht definieren, aber ich kenne sie, wenn ich sie sehe.«[1] Dabei konnte der Oberste Gerichtshof es natürlich nicht belassen. Und ebensowenig können wir es.

Das Problem der Definition

Es ist zwischen zwei Ansätzen der Definition zu unterscheiden: Einen Ansatz möchten wir als den *essentialistischen* und den anderen als den *konnexionistischen* bezeichnen. Der traditionellere von beiden ist der essentialistische Ansatz. Er ist zugleich der bevorzugte Definitionsmodus in einigen Zweigen der Wissenschaft, insbesondere der Mathematik. Ein Kreis kann zum Beispiel als eine geschlossene zweidimensionale Linie, deren Punkte alle den gleichen Abstand vom Mittelpunkt haben, definiert werden. Der gleiche Abstand vom Mittelpunkt ist sowohl die unabdingbare als auch die ausreichende Voraussetzung dafür, daß eine flache Figur einen Kreis bildet; das ist, mit einem Wort, die »Essenz« eines Kreises.

Konnexionistische Ansätze sind schwieriger zu veranschaulichen. Sie stützen sich nicht auf unabdingbare und ausreichende Voraussetzungen, sondern vielmehr auf miteinander verbundene Merkmale oder das, was der Philosoph Wittgenstein »Familienähnlichkeiten« nannte.[2] Nehmen wir eine typische Familie – die Jones'. Einige Mitglieder der Familie Jones mögen an ihren großen Ohren erkennbar sein; andere haben vielleicht ähnlich geformte Nasen gemeinsam; und noch wiederum andere mögen den gleichen stämmigen Körperbau haben. Nicht jedes Mitglied der Familie Jones muß alle diese Merkmale in sich vereinigen – die großen Ohren, die Adlernase, den stämmigen Körperbau und so weiter. Zwei Cousins, Bob und Bill Jones, mögen in der Tat keinerlei Ähnlichkeit miteinander haben. Nichtsdestotrotz, wenn wir die Tanten und Onkel und anderen Cousins und Cousinen genau untersuchen, können wir viele Zwischenstufen zwischen Bob und Bill entdecken und so erkennen, daß und wieso sie zur gleichen Familie gehören.

Darüber hinaus nehmen konnexionistische Definitionsansätze einen wichtigen Platz in der Geschichte der Wissenschaft ein. So ist es zum Beispiel seit Darwin gang und gäbe, Spezies vor dem

Hintergrund miteinander verbundener Merkmale (Familienähnlichkeiten) zu definieren, wobei keines dieser Merkmale notwendigerweise allen Mitgliedern einer Spezies gemeinsam sein muß.

Haben Emotionen mehr Ähnlichkeit mit Kreisen (definierbar vor dem Hintergrund von Essenzen), oder sind sie eher wie Spezies (definierbar vor dem Hintergrund miteinander verbundener Merkmale)? Logische und empirische Forschungen legen letzteres nahe.[3] Dieser Punkt ist wichtig, nicht nur für die Definition von Emotionen, sondern auch für die Frage der emotionalen Kreativität. Essentialismus und Veränderung sind kaum miteinander zu vereinbaren. Ein Kreis ist ein Kreis, ganz gleich, wo und wann. Solange Spezies am Maßstab von Essenzen definiert wurden, erschien die Idee von einer Spezies, die sich in eine andere verändert, ebenso unplausibel wie die Quadratur des Kreises. Die Abkehr von einer essentialistischen zu einer konnexionistischen Definition der Spezies war der zentrale Punkt von Darwins Evolutionstheorie und eine seiner wichtigsten Erkenntnisse.[4] Michael Ghiselin faßte die essentialistische Natur der Prä-Darwinschen Theorie wie folgt zusammen:

>Was real war, war die Essenz und der spezifische Unterschied, und die Besonderheiten und Eigentümlichkeiten der Individuen wurden übersehen. Ein Ergebnis dessen, von gewaltiger historischer Tragweite, war, daß es sehr schwierig wurde, Dinge zu klassifizieren, die sich veränderten, die ineinander übergingen oder sich kreuzten. Sie auch nur begrifflich zu erfassen oder über sie zu diskutieren, war schwer. Der Versuch, Dinge vor dem Hintergrund von Essenzen begründen zu wollen, zwingt als solcher in der Tat dazu, alles zu ignorieren, was dynamisch oder transitär ist. Man könnte kaum eine Philosophie entwerfen, die besser für eine Prädisposition, für eine dogmatische Argumentation und statische Konzepte geeignet wäre.«[5]

Ebenso wie die Prä-Darwinschen Konzepte der Spezies neigen essentialistische Ansätze zur Definition der Emotionen dazu, die Möglichkeiten – und selbst die häufige faktische Realisierung – emotionaler Innovation und Veränderung zu maskieren.

Emotionen – der Versuch einer Definition

Das zuvor Gesagte bedeutet, daß wir von einer Suche nach der Essenz von Emotionen Abstand nehmen und statt dessen einige der auffälligsten Ähnlichkeiten untersuchen, welche dieser breitgefächerten und vielschichtigen Familie der Erfahrungen eine Kohärenz verleihen. Von den vielen, für die eine oder andere Emotion charakteristischen Merkmalen sind drei besonders hervorzuheben: (1) *Passivität* – Emotionen sind eher Passionen (Dinge, die uns widerfahren) als Handlungen (Dinge, die wir tun); (2) *Subjektivität* – Emotionen beschreiben die Beziehung zwischen dem Subjekt und dem Objekt der Erfahrung; und (3) *Irrationalität* – Emotionen werden im herkömmlichen Sinne weder als rational noch als logisch betrachtet.

Passivität

In unserer Umgangssprache werden wir von unseren Emotionen »gepackt«, »ergriffen«, »zerrissen« und »überwältigt«. Emotionen fallen nicht in die Kategorie von Dingen, die wir in bewußter, selbstkontrollierter Weise »tun« können. Ich kann mir vornehmen, heute abend nach dem Abendessen ein Buch zu lesen; es wäre jedoch etwas befremdlich, mir vorzunehmen, heute abend nach dem Abendessen wütend (verliebt, ängstlich, hoffnungsvoll usw.) zu sein. Auf eine etwas archaische Terminologie zurückgreifend, sind Emotionen eher *Passionen* als *Aktionen*, Handlungen. Eine Passion ist, genau genommen, etwas, das eine Person erleidet, eine Reaktion also, über die der Beteffende wenig Kontrolle hat.

In Kapitel 5 über Mythen in Zusammenhang mit Emotionen behaupten wir, daß es sich bei der Erfahrung der Passivität, des Von-Emotionen-»überwältigt«-Seins, weitestgehend um eine Selbsttäuschung handelt. Ein allerdings durchaus positiver, von der Gesellschaft geförderter und unserer Sprache verstärkter Irrglaube. Wenn und soweit dieser jedoch dazu führt, daß wir unsere Emotionen als befremdliche und potentiell zerstörerische Kräfte behandeln, über die wir kaum Kontrolle haben, kann sich die so unterstellte Passivität höchst restriktiv auf eine emotionale Entwicklung, Innovation und Veränderung auswirken.

Emotionen bedingen Urteile. Wenn ich wütend bin, kam ich zu dem Schluß, daß jemand mir unrecht tat; wenn ich verliebt bin, gelangte ich zu dem Urteil, daß jemand meiner Zuneigung wert ist; wenn ich Angst habe, zog ich das Fazit, daß eine Situation gefährlich ist – und so weiter.

Ein Urteil kann objektiv oder subjektiv sein. Objektive Urteile stützen sich auf Tatsachen. Objektiv sein heißt, leidenschaftslos, nüchtern, unparteiisch, unbeteiligt sein. Subjektive Urteile sind Werturteile. Meine Emotionen beziehen sich nicht nur auf die Tatsachen als solche, sondern auch darauf, ob diese gut oder schlecht, schön oder häßlich, gerecht oder ungerecht sind. Die Tatsachen existieren »da draußen«; Werte dagegen bestehen, wie bisweilen gesagt wird, »im Auge des Betrachters«. Eine Übertreibung. Dennoch bedingt die Frage der Werte eine Beziehung zwischen dem bewerteten Objekt und der bewertenden Person.

Subjektiv sein heißt, daß den Emotionen bei der Definition einer Person als einzigartigem Individuum ein privilegierter Stellenwert eingeräumt wird. Die Emotionen reflektieren, um auf einen weiteren umgangssprachlichen Ausdruck zurückzugreifen, das »wahre« Selbst einer Person, im Gegensatz zum öffentlichen Selbst, dessen Gedanken und Handlungen konform mit den Meinungen anderer sind oder von der Logik externer Ereignisse diktiert werden. Wer wissen möchte, wie eine Person ist, der sollte herausfinden, was sie liebt und haßt, was sie hofft und fürchtet, welche Freuden und welche Sorgen sie hat, was sie wütend macht – und so weiter.

Irrationalität

»Mußt du immer so emotional sein? Versuch nur dieses eine Mal, vernünftig zu sein.« Wie diese vertraute, aber übertriebene Klage verdeutlicht, wird emotionales Verhalten oft als Gegensatz zu rationalem Verhalten gesehen. Wenn wir rational handeln, versuchen wir, gemäß den Regeln der Logik, unsere Überzeugungen und Verhaltensweisen im Einklang mit der äußeren Realität zu halten; bei emotionalem Verhalten versuchen wir demgegenüber, die äußere Realität unseren eigenen Wünschen und Aversionen anzupassen. Eine Sicht der Emotionen, die Jean-Paul Sartre treffend erkannte: »Ein simples Beispiel läßt diese emotive Struktur verstehen: Ich strecke die Hand aus, um eine Weintraube zu nehmen. Ich kann sie nicht zu fassen kriegen, sie ist außerhalb meiner Reichweite. Ich zucke mit den Achseln, ich lasse meine Hand wieder sinken, ich murmele ›Sie sind zu grün‹, und ich gehe weg ... Es handelt sich um eine kleine Komödie, die ich *unter* der Traube spiele, um über sie den Beeren das Merkmal ›zu grün‹ zu verleihen, die dem Verhalten, das ich nicht einnehmen kann, als Ersatz dienen kann ... Also erfasse ich die Bitterkeit der zu grünen Beere über ein Abneigungsverhalten [und] verleihe [ihr] magisch die Qualität, die ich begehre.«[6]

Ein vielleicht nicht allzu ernstzunehmendes Beispiel, wie Sartre einräumt, »aber die Situation braucht nur dringender zu sein, das beschwörende Verhalten braucht nur ernsthaft ausgeführt zu werden: Schon haben wir die Emotion.«[7] Wenn ich also »wahnsinnig« verliebt bin, mache ich das Objekt meiner Liebe zur Zielscheibe all dessen, was mir lieb und teuer ist; werde ich »wahnsinnig« vor Angst und kann nicht fliehen, so suche ich vielleicht in einem Ohnmachtsanfall ein Entkommen vor dem Angst auslösenden Objekt; und wenn ich traurig bin, mache ich die Welt für mich zu einem reizlosen, neutralen Ort, so daß ich weder handeln noch damit umgehen muß.

Die Feststellung, daß eine Emotion irrational ist, impliziert nicht, daß sie unbegründet ist. Man kann jederzeit um die Begründung oder Rechtfertigung einer emotionalen Reaktion bitten. (»Warum liebst du Mary?« »Warum bist du wütend auf mich?«) Die Erklärung mag eine begriffliche Logik vermissen lassen, sie liefert aber die Plattform für Argumente und Gegenargumente. (»Mary ist nicht die wundervolle Frau, die du dir vorstellst.« »Du hast kein Recht, wütend auf mich zu sein; ich habe dir nichts getan.«) Keine Frage, daß, wenn Emotionen und Logik aufeinanderprallen, letztere oft auf der Strecke bleibt: »Das Herz hat seine Gründe, die die Vernunft nicht kennt.«[8]

Das bisher Gesagte zusammenfassend, bieten wir folgende Definition der Emotionen an:

Emotionen sind jene Zustände, wie Liebe, Wut, Furcht, Schmerz und ähnliches, die typischerweise als jenseits der persönlichen Kontrolle liegend erfahren werden (Passivität), die

Werturteile bedingen (Subjektivität) und/oder die nicht unbedingt auf strikt logischer Grundlage erklärbar sind (Irrationalität).

Diese Definition beschreibt Emotionen, erklärt sie aber nicht. Um sie zu erklären, sei kurz auf die Ursprünge und Funktionen von Emotionen eingegangen.

Eine Erklärung der Emotionen

Um es kurz zu machen, möchten wir nochmals auf ein Analogon zurückgreifen. Wenn ein Mensch wütend, erschreckt oder verliebt ist, könnte man, salopp ausgedrückt, sagen, jemand anderer sei der »Drahtzieher«. Entscheidend hierbei ist der Verweis auf eine andere Person – den vermeintlichen Auslöser. Wer zieht unsere gesamten Fäden, wenn wir wütend oder ängstlich werden, uns verlieben und ähnliches?

Stellen Sie sich ein Puppenspiel vor. Die Marionette spielt ein Szenario durch, dessen Inhalt und Bedeutung wir nicht voll erfassen. Bei dem dargestellten Szenario handelt es sich um einen emotionalen Symptomenkomplex – zum Beispiel Liebe oder der Zustand des wildgewordenen Schweines. Hinter den Kulissen sind drei Puppenspieler, die die biologischen, sozialen und psychologischen Determinanten von Verhalten repräsentieren. Wie bei jedem guten Puppenspiel können wir nicht hinter die Kulissen schauen und die Puppenspieler direkt beobachten; was wir nur beobachten können, ist das Verhalten der Marionette. Unsere Aufgabe ist es, die Skripte, denen die Puppenspieler folgen, zu erkennen und festzustellen, wie diese Skripte zusammenwirken und in der Kombination ein emotionales Szenario (Symptomenkomplex) ergeben. Keine leichte Aufgabe, zumal die drei Puppenspieler bisweilen die Fäden in unterschiedliche Richtungen ziehen. So kann die Biologie zum Beispiel in die eine Richtung ziehen, derweil die Gesellschaft am entgegengesetzten Faden zerrt, oder die Psychologie zieht in eine andere Richtung als die von der Biologie oder Gesellschaft vorgegebenen. Bei derartigen Konflikten kann das Verhalten der Marionette einen Kompromiß darstellen, dessen wahre Bedeutung dann allerdings recht schwierig festzumachen ist.

Um die Tätigkeiten der einzelnen Puppenspieler zu veranschaulichen, möchten wir einen Blick auf einige der biologischen, sozialen und psychologischen Ursprünge und Funktionen der romantischen Liebe werfen. Was für die Liebe gilt, kann verallgemeinernd mehr oder weniger direkt auf andere Emotionen übertragen werden.

Biologische Fäden

Im Falle der romantischen Liebe scheint die Biologie in Wirklichkeit zwei Fäden zu ziehen – den der Sexualität und den der Zuneigung. Zu dem der Sexualität muß wohl nicht allzuviel gesagt werden; er ist der Weg der Natur, die Fortpflanzung der Spezies sicherzustellen. Aber Liebe ist mehr als Sexualität, selbst aus biologischer Sicht. Mit einbezogen sind auch starke zwischenmenschliche Bindungen, wie am Schmerz bei der Trennung von einem geliebten Menschen deutlich wird.

Amor war ein junger Rhesusaffe, der seinem Namen alle Ehre machte. Als Heranwachsender wurde er zusammmen mit einem älteren Weibchen untergebracht, zu dem er eine starke Anhänglichkeit entwickelte und mit dem er seine ersten sexuellen Erfahrungen machen durfte. Die beiden Affen wurden schließlich getrennt und in verschiedenen Käfigen untergebracht. Zunächst waren bei Amor viele der für den Schmerz typischen Symptome zu beobachten, einschließlich Depression und Feindseligkeit gegenüber anderen Affen. Nach einiger Zeit ging er jedoch neuerlich eine offensichtlich befriedigende Beziehung mit einer anderen Partnerin ein. Dann, eines Tages, ergab es sich, daß Amor hinter dem Käfig seiner früheren Partnerin vorbeigeführt wurde. Das Ergebnis war traumatisch. Amor wurde erregt und ruhelos, er biß sich selbst wiederholt und mit schwerwiegenden Folgen, er fraß nicht und verweigerte jeden Kontakt mit seiner neuen Partnerin und seinem Pfleger.[9]

War Amor verliebt? Eine womöglich nicht gerade sinnige Frage, wenn wir mit Liebe jene in Kapitel 2 beschriebene Art der Emotion meinen. Amor war kein Dante. Aber ebensowenig war Dante nur ein Produkt seiner Zeit. Liebe hat sowohl biologische als auch gesellschaftliche Wurzeln.

Reaktionen ähnlich denen, die Amor zeigte, sind bei einer Reihe verschiedener Spezies zu beobachten. Was diese Spezies gemeinsam haben, ist eine Form von Gruppenleben, das auf der Anerkennung und Zuneigung des Individuums aufbaut. Einige Fischarten leben in Gruppen (Schwärme), ebenso Schafe und andere Säugetiere. Bei diesen Spezies sind die Individuen jedoch leicht ersetzbar; die Bindung ist gruppenspezifisch und nicht an spezifischen Mitgliedern der Gruppe orientiert. Demgegenüber bilden die meisten Primaten (einschließlich Affen, Gorillas und Menschen) Gruppen, die auf den Bindungen zwischen spezifischen Individuen basieren. Diese Bindungen werden oft in Zusammenhang mit dem Paarungsakt gesehen, dieser ist aber nicht ihre einzige (oder auch nur hauptsächliche) Funktion. Schließlich hat Sexualität bei den alleinlebenden Spezies keine mindere Bedeutung als bei den in Gruppen lebenden Spezies. Die Bindung zwischen Individuen stellt eine separate biologische Anpassung dar, die dem Gruppenzusammenhalt förderlich ist und so die Versorgung mit Nahrung, den Schutz gegen äußere Feinde und ähnliches erleichtert.

Gesellschaftliche Fäden

In Kapitel 2 führen wir aus, die romantische Liebe sei mehr das Produkt gesellschaftlicher/historischer Kräfte als der biologischen Evolution. Ein Punkt, den folgende Anekdote nochmals bekräftigt:

> »Die Anthropologin Dr. Audrey Richards, die unter den Bemba in Nordrhodesien um 1930 lebte, erzählte einst ihnen [den Bembas] ein englisches Volksmärchen von einem jungen Prinzen, der gläserne Berge ersteigt, Abgründe überwindet und mit Drachen kämpft – alles, um die Hand seines geliebten Mädchens zu gewinnen. Die Bembas waren offensichtlich verwirrt, aber sie schwiegen. Endlich sprach ein alter Häuptling und brachte die Gefühle der Anwesenden in der einfachsten aller Fragen zum Ausdruck: ›Warum nicht ein anderes Mädchen nehmen?‹ meinte er.«[10]

Das westliche Ideal der romantischen Liebe, das uns natürlich erscheinen mag, kommt vielen Völkern anderer Kulturen abwegig und seltsam vor. Alle Gesellschaften kennen die temporäre zwischengeschlechtliche (oder auch gleichgeschlechtliche) Betörung. Die meisten Gesellschaften sind jedoch bemüht, die Opfer zu kurieren, sie nicht in ihrem unglücklichen Zustand zu bestärken. Natürlich ist die Liebe, wie wir sie kennen, nicht nur Betörung. Sie stellt ein komplexes, gemäß den vorherrschenden gesellschaftlichen Regeln organisiertes und strukturiertes Verhaltensmuster dar. Der Präzision wäre tatsächlich mehr gedient, wenn wir den gleichen Begriff (»Liebe«) nicht ebenso für die vielen Formen sexueller Bindungen, die es in den verschiedenen Gesellschaften geben kann – und gibt –, verwendeten. Um unnötige Komplizierungen zu vermeiden, sprechen wir auch weiterhin in dem sehr weitgefaßten Sinne von der Liebe, im Vertrauen darauf, daß aus dem Zusammenhang heraus die jeweilige Bedeutung klar wird.

Wieviel Freiheit beläßt die Biologie, angesichts der zuvor beschriebenen biologischen Fäden (Sexualität, Bindung) der Gesellschaft, einen kreativen Einfluß auf die Liebe auszuüben? Wir möchten uns bei der Beantwortung dieser Frage auf einige kurze Anmerkungen zur Sexualität beschränken. Ähnliche Überlegungen gelten für die andere Hauptkomponente der Liebe (die Zuneigung oder Bindung) wie auch für die biologischen Determinanten der Emotionen im allgemeinen.

Beim Menschen ist die Sexualität ein höchst dehnbarer Begriff, das heißt, sie kann in den vielfältigsten und unterschiedlichsten Mustern zum Ausdruck kommen. Wie vielfältig, zeigt allein schon der Bereich der »sexuellen Perversionen« – Störungen des sexuellen Begehrens. Ein bekanntes Beispiel ist der Sadismus; Sadisten werden sexuell erregt, wenn sie einem anderen Schmerzen zufügen. Jenseits davon gibt es ein weites Feld sexueller Perversionen. Im Falle der Nekrophilie wird das sexuelle Begehren über Leichen stimuliert, bei der Koprophilie über den Geschmack oder Geruch von Fäkalien, bei der Kleptophilie über das Stehlen oder Phantasien des Stehlens, bei der Sodomie über den Geschlechtsverkehr mit Tieren – und so weiter.

Bei sexuellen Perversionen liegen bestimmte Störungen des sexuellen Verlangens vor. Wir sollten uns jedoch nicht zu der Annahme verleiten lassen, sämtliche sexuelle Perversionen unterschieden sich grundsätzlich von den gesellschaftlich akzeptierten Manifestationen der Liebe. Ob eine bestimmte Form sexueller

Praktiken als angemessen akzeptiert wird oder nicht, hängt in weiten Teilen von der jeweiligen Kultur ab. Einige Formen, etwa die Nekrophilie, werden wahrscheinlich universell verurteilt, da sie grundlegenden psychologischen und / oder sozialen Bedürfnissen zuwiderlaufen. Für die meisten sexuellen Perversionen gilt allerdings, daß sie nicht in einem absoluten Sinne als pathologisch betrachtet werden können. So wird beispielsweise entlang der karibischen Küste Kolumbiens Sexualität mit einem Esel als normaler Teil sexueller Praktiken bei Jungen im Zuge des Heranwachsens angesehen.[11] In jedem Fall trägt sie unter anderem dazu bei, daß junge Mädchen ihre Jungfräulichkeit bewahren können.

Wenn wir in dieser Argumentation einen Schritt weiter gehen, wird deutlich, daß Sexualität mit gesellschaftlich erwünschten wie auch unerwünschten Gegebenheiten assoziiert werden kann. Konkret: Während der Sadist seine sexuelle Erregung über das Quälen anderer erreicht, mag ein Altruist über die Freundlichkeit, die er anderen zukommen läßt, erregt werden. Wenn sich letzteres dann noch in angemessener Weise auf ein Mitglied des anderen Geschlechts bezieht, würden wir dies womöglich nicht mehr als sexuelle Perversion, sondern als normalen Ausdruck der romantischen Liebe betrachten.

Psychologische Fäden

Ein weiterer Puppenspieler bedarf noch der Erwähnung – der der Psychologie oder des Selbst. Auch hier beschränken wir unsere Ausführungen wiederum auf die romantische Liebe. Was könnten die Ursprünge und Funktionen der Liebe auf der psychologischen Ebene sein? Ein Aspekt der romantischen Liebe – die Idealisierung der geliebten Person – hat sich mit Blick auf diese Frage als reichhaltige Quelle der Spekulationen erwiesen.

Im Volksmund heißt es: »Liebe macht blind.« Ein Satz, der so manchen Theoretiker zu Spekulationen über die Hintergründe dieser Idealisierung verleitete. Für Freud waren es zum Beispiel bei einem Mann die unterdrückten ödipalen Gefühle gegenüber seiner Mutter und bei einer Frau, umgekehrt, die gegenüber ihrem Vater, die später die Wahrnehmung der Liebesobjekte beeinflußten.[12] Carl G. Jung sprach von der »Anima«, den weiblichen Zügen eines jeden Mannes, und dem »Animus«, den männlichen

Zügen einer jeden Frau.[13] Derjenige, der liebt, projiziere diesen dissoziierten Teil seiner Persönlichkeit auf den Partner oder die Partnerin, um so die Selbst-Integration zu vollziehen. Theodor Reik, ein weiterer Freud-Schüler, argumentierte, daß diese Projektionen auf das Liebesobjekt Ich-Ideale und Ich-Modelle darstellten, Wunschbilder, die wir von uns selbst haben, aber nicht erreichen.[14] David Orlinski fügte dieser Liste eine weitere Quelle der Projektion zu, die bei älteren Menschen, die in einer Liebesbeziehung leben, allgemein feststellbar ist. Die der Kluft zwischen ihrem gegenwärtigen Selbst und dem Selbst – real oder in der Phantasie – ihrer Jugend.[15]

Weitere Quellen der Projektion, auch wenn diese nicht so explizit mit spezifischen Theorieansätzen verknüpft sind, sind leicht vorstellbar. In einem Punkt ähneln sich diese Argumentationen jedoch alle, nämlich, daß wir es bei der romantischen Liebe mit einer integrativen Reaktion zu tun haben, die hilfreich bei der Versöhnung mit dissoziierten Teilen des Selbst ist. Indem wir Teile von uns selbst auf die Personen, die wir lieben, projizieren, erreichen wir durch sie die Vereinigung, die Einheit mit uns selbst.

Bezogen auf das obige Thema, aber noch allgemeiner gefaßt, behaupten Viktor Frankl und andere Vertreter des Existentialismus, daß wir über die Liebe unserem Leben einen Sinn geben können. Das heißt, Liebe ist nicht nur unter dem Aspekt der Selbstintegration, sondern darüber hinaus als Weg zu sehen, das eigene Selbst mit der Umwelt zu integrieren, oder als Weg der Sinnfindung im eigenen Leben.[16]

Die Relativität der einzelnen Beiträge

Welcher Puppenspieler – Biologie, Gesellschaft oder das Selbst – leistet den größeren Beitrag zum Zustandekommen des emotionalen Verhaltens? Diese Frage läßt sich nicht mit einem Satz beantworten. Zum einen kann der jeweilige Beitrag von einer Emotion zur anderen verschieden sein (z. B. Angst gegenüber Hoffnung) oder selbst von Situation zu Situation innerhalb derselben emotionalen Kategorie (z. B. die Angst vor Höhen gegenüber der Angst vor Gespenstern). Zum anderen kann von jeder Determinante, abhängig allerdings von dem jeweiligen Hintergrund, gesagt werden, sie sei fundamentalerer Natur als die anderen. Konkret: Die Biologie ist am fundamentalsten in dem Sinne, daß sie als erstes oder vor den anderen kommt. Wir sind schließlich eine biologische Spezies, ein Produkt von Millionen von Jahren evolutionärer Entwicklung. Wenn wir dann jedoch von Standardemotionen sprechen (d. h., solchen, die innerhalb einer Kultur anerkannt und benannt sind, wie die Liebe in unserer heutigen Gesellschaft oder *liget* bei den Ilongot), so ist es die Gesellschaft, die die Form oder das Muster der Reaktion bestimmt; und in diesem Sinne ist es somit die Gesellschaft, die die fundamentalste Rolle spielt. Soziale und biologische Einflüsse wiederum können natürlich nur in und durch Individuen wirksam werden, so daß unter diesem Aspekt die Psychologie die fundamentalste Quelle unserer Emotionen ist.

Was die Frage der emotionalen Kreativität anbelangt, so liegt das Hauptgewicht bei den sozialen und psychologischen Determinanten der Emotion. Emotionen werden, wie noch detaillierter ausgeführt wird, vom Individuum gemäß den von der Gesellschaft festgelegten Regeln konstituiert, angepaßt und modifiziert. Ohne Regeln könnte es keine Emotionen geben. Oder vielleicht wäre es präziser zu sagen, daß ohne Regeln unser Gefühlsleben anarchisch wäre, eine lose, kaum koordinierte oder sinngebende Verkettung biologischer Impulse und Triebe.

Gefühle und Emotionen

In seinem verdientermaßen vielgelesenen Buch *Gefühle* geht Willard Gaylin auf die Fülle der über Emotionen verfügbaren Literatur ein. »Wenn man sie jedoch nach Gefühlen durchsieht«, so klagt er, »sucht man meist vergebens. Es ist möglich, sich durch ein ganzes Buch über Emotionen hindurchzuarbeiten (ganz zu schweigen von einem Artikel), ohne einem einzigen Gefühl zu begegnen.«[17] Gaylin sieht darin eine unverzeihliche Vernachlässigung von Gefühlen, denn keine Gesellschaft könne es sich leisten, die Bedeutung von Gefühlen zu ignorieren. »Gefühle stellen feine Instrumente dar, die das Verhalten des Tieres beeinflussen, auf dem der Fluch und der Segen der Intelligenz und deren Begleiterscheinung, der Freiheit, ruhen. Gefühle sind Signale, die unser Verhalten in Richtung Freundlichkeit, Sicherheit, Lust und

73

Gruppenerhalt lenken.«[18] Es bedarf wohl kaum der Erwähnung, daß nicht jeder diese Sicht teilt. B. F. Skinner, einer der einflußreichsten Psychologen des 20. Jahrhunderts, führt vom entgegengesetzten Standpunkt aus Klage:»Die Erforschung des emotionalen und motivationalen Lebens des Geistes ist als eine der größten Errungenschaften innerhalb der Geschichte des menschlichen Denkens beschrieben worden. Möglicherweise aber war sie vielmehr eines ihrer größten Desaster.«[19] Nach Auffassung Skinners werden Gefühle als Erklärung von Verhaltensweisen vorrangig dann herangezogen, wenn wir die wahren Ursachen und Beweggründe einer Reaktion nicht verstehen. Der Verweis auf Gefühle sei die Maske für Ignoranz und Unwissenheit.

Was sind Gefühle? Und wie ist zwischen Gefühlen und Emotionen zu unterscheiden?

»Ich bin wütend.« »Ich empfinde Wut.« In vielen Situationen sind beide Formulierungen austauschbar. Das heißt, die drei zuvor in diesem Kapitel beschriebenen Charakteristika (Passivität, Subjektivität und Irrationalität) können sich entweder auf Emotionen im allgemeinen oder spezifischer auf Gefühle beziehen. Da ähnliche Überlegungen für beides zutreffen, verzichten wir in diesem Buch auf eine strikte Unterscheidung zwischen Emotionen und Gefühlen. Was jedoch nicht heißt, daß Emotionen Gefühle *sind* oder daß das, was für Gefühle zutrifft, notwendigerweise auch für Emotionen gilt.

Ein Skeptiker könnte zum Beispiel argumentieren, die emotionale Kreativität beziehe sich ausschließlich auf das emotionale Verhalten und nicht auf das zugrundeliegende Gefühl (die »reale« Emotion). Sicher, eine Person kann es lernen, zum Beispiel Wut in einer neuen und effektiveren Form zum Ausdruck zu bringen, ohne die Erfahrung selbst zu verändern. Das sollte jedoch nicht zur Vernebelung der Tatsache führen, daß auch Gefühle Innovationen und Veränderungen unterliegen. *Emotionale Kreativität kommt ebenso bei der Art und Weise, wie Menschen fühlen, wie bei der Art und Weise, wie sie sich verhalten, zum Tragen.*

»Aber daran, wie ich fühle, kann ich nichts ändern«, könnte unser Skeptiker dem entgegenhalten. »Und werden Emotionen wie Wut nicht überall gleich erfahren, ganz gleich wie sie zum Ausdruck kommen?« Um Einwände wie diese zu beantworten, ist es erforderlich, die Beziehung zwischen Emotionen und Gefühlen genauer zu untersuchen.

Ich kann einen Nadelstich, die Weichheit des Samtes auf meiner Haut, die Kälte eines Wintertages oder das Klopfen meines Herzens nach einer anstrengenden Übung fühlen. Gefühle in diesem Sinne sind einfach sensorische Erfahrungen. Ich kann mich auch krank, ekelhaft oder lethargisch fühlen, wobei es sich jedesmal um irgendeinen allgemeinen körperlichen Zustand handelt (der möglicherweise mehr hormonell als sensorisch bedingt ist). Gelegentlich mag ich mich verwirrt und desorientiert oder informiert und aufgeklärt fühlen – Zustände, die etwas mit den kognitiven Bewertungen von Ereignissen zu tun haben. Bisweilen ist mir danach, ins Kino zu gehen, ein andermal ist mir danach, ein Buch zu lesen, oder mir ist danach, einfach nichts zu tun. In diesem Sinne beziehen sich Gefühle dann auf situative Motivationen oder Neigungen.

Wo sind innerhalb des breiten Spektrums der Gefühle die Gefühle von Emotionen anzusiedeln? Handelt es sich bei diesen Gefühlen einfach um Empfindungen, vage körperliche Bewußtheiten, kognitive Bewertungen oder um motivationsabhängige Zustände? Die Antwort ist: Alles das und mehr. Um dieses Wieviel besser veranschaulichen zu können, müssen wir eine sehr wichtige Unterscheidung, nämlich die zwischen der präreflexiven und der reflexiven Erfahrung, einführen.

Um ein »Gefühl« für diese Unterscheidung zu bekommen, stellen Sie sich vor, wie eine Katze sich fühlen könnte, wenn ein knurrender Hund auf sie zukommt. Der Katze, so können wir unterstellen, sind das Nahen des Hundes, seine gefletschten Zähne und sein bedrohliches Knurren bewußt. Ebenso können wir davon ausgehen, daß die Katze intuitiv die potentielle Gefahr erkennt und dazu neigt zu fliehen. Und annehmen können wir schließlich auch, daß die Katze ein propriozeptives Feedback (Reize vom Körpergewebe selbst empfangend) infolge ihrer erhöhten physiologischen Erregung erfährt. Aber erfährt die Katze Angst? In einem gewissen Sinne. Aber was genau fürchtet die Katze? Sie kann nicht den Tod fürchten, weil eine Katze keine Vorstellung von Tod hat. Fürchtet sie, gefressen zu werden? Auch das erscheint unwahrscheinlich, da der Katze die Erfahrung, gefressen zu werden, und eine Vorstellung von einer Raubtier-und-Beute-Beziehung fehlen. Wir können also wohlbegründet unterstellen, daß die

Katze einfach auf die unmittelbare Situation reagiert und sie Angst nur im denkbar rudimentärsten Sinne erfährt. Mit einem Wort: Die Erfahrung der Katze ist präreflexiv.

Im Gegensatz zu einer Katze nehmen Menschen nicht nur ihre unmittelbare Umgebung wahr und reagieren darauf, sie sind sich auch ihrer Bewußtheit gewahr, ihres Bewußtseins bewußt, wenn man so will. Diese »höher geordnete« Bewußtheit ist es, die wir meinen, wenn wir von einer reflexiven Erfahrung sprechen.

Oft werden emotionale Gefühle als Inbegriff präreflexiver Erfahrungen verstanden. Aber ohne unsere reflexiven gedanklichen Fähigkeiten wäre unser emotionales Leben kaum reicher als das einer Katze. Emotionale Gefühle sind reflexiv, nicht präreflexiv.

Erinnern Sie sich an das in Kapitel 3 angesprochene Beispiel des »wildgewordenen Schweines«. Ein wirkliches Schwein könnte solche Erfahrungen nicht haben, nur ein hinlänglich sozialisierter Gururumba. Der Zustand des »wildgewordenen Schweines« kann außerhalb der Kultur, die ihn prägte und ihm die entsprechende Bedeutung beimaß, nicht verstanden und mit Sicherheit nicht nachempfunden, gefühlt werden.

Ähnliches ließe sich zu *liget*, ebenfalls in Kapitel 3 behandelt, sagen. Versuchen Sie, sich vorzustellen, wie es sich anfühlt, einer anderen Person den Kopf abzuschneiden (ob Mann, Frau, Kind spielt keine Rolle). Versuchen Sie, sich insbesondere das Frohlokken vorzustellen, das ein Ilongot-Mann bei solcher Gelegenheit fühlt. Michelle Rosaldo übersetzt *liget* mal mit »Wut«, mal mit »Energie«, mal mit »Leidenschaft«, aber keiner dieser Begriffe ist im umfassenden Sinne treffend.[20] Es ist jedoch nicht nur ein Problem der Übersetzung. *Liget* als Erfahrung unterscheidet sich in wichtigen Punkten von allen Emotionen, die wir in unserer eigenen Gesellschaft kennen, denn *liget* ist das Produkt eines anderen Lebensstils, eines anderen Selbstverständnisses und So-Seins in der Welt.

Aber nehmen wir eine uns vertrautere Emotion, die Liebe. Die sexuelle Liebe kann sich in so vielen Formen äußern wie es Möglichkeiten der Zeugung und des Großziehens von Kindern oder einfach der Paarung gibt. In vielen Kulturen ist es die gesellschaftliche Norm, daß ein Mann mehrere Ehefrauen hat, und in einigen Kulturen, daß eine Frau mehrere Ehemänner hat. Bei den Nyinba, einer ethnischen Gruppe tibetanischer Buddhisten, heiratet eine Frau gleichzeitig alle Brüder einer Familie. Die Gefühle der Liebe entsprechen in solchen Fällen zweifellos dem Verhalten der Individuen und den Erwartungen der Gruppe; sie entsprechen sicherlich nicht unseren eigenen Vorstellungen von der romantischen Liebe.

Gefühle und der Ausdruck von Emotion

An früherer Stelle wurde ein Argument, das gegen die Möglichkeiten der emotionalen Kreativität sprechen könnte, angeführt. So könnte ein Kritiker etwa behaupten, die Frage der emotionalen Kreativität sei für den Ausdruck von Emotionen, nicht aber für die zugrunde liegenden Gefühle relevant. Eine Behauptung, die unterstellt, daß emotionale Gefühle irgendwie einfacher, weniger unveränderlich und vielleicht authentischer als der emotionale Ausdruck sind. Wir konnten jedoch sehen, daß dem nicht so ist. Emotionale Gefühle und emotionaler Ausdruck unterliegen vielen gleichen Erwägungen. Aber wenn dem so ist, warum sprechen wir dann manchmal von Gefühlen (z. B. »Ich empfinde Wut«) und ein andermal von Emotionen (z. B. »Ich bin wütend«)?

Emotional zu *fühlen* bedingt eine bewußte Bewußtheit; emotional zu *sein* bedingt nichts dergleichen. Das heißt, eine Person kann wütend (verliebt etc.) sein, ohne sich dieser Tatsache bewußt zu sein; und umgekehrt kann eine Person Wut empfinden, ohne tatsächlich wütend (oder verliebt usw.) zu sein. Ersteres läßt sich leicht verdeutlichen. Angenommen Mary ist wütend auf ihren Mann. Wenn sie diese Wut eingesteht, wird sie sich möglicherweise genötigt sehen, in irgendeiner Form etwas zu unternehmen, was vielleicht die Beziehung gefährdet. Sie leugnet daher ihre Wut, sogar vor sich selbst. Sie empfindet keine Wut. Dennoch, von der Art und Weise, wie sie sich verhält, entgeht ihren Freunden nicht, daß sie wütend ist. Sie klagt oft, daß ihr Mann sie unfair behandelt, und sie rächt sich auf subtile und indirekte Weise. Es ist die reflexive Natur der emotionalen Erfahrung, die eine derartige Selbsttäuschung ermöglicht.

Um das zweite Beispiel, Wut zu empfinden, ohne wütend zu sein, zu veranschaulichen, möchten wir auf die Ausführungen über die Wut aus dem Blickwinkel der Gerichtsbarkeit in Kapitel 3 zurückkommen. Wie Sie sich vielleicht erinnern, wirkt sich Wut bei einem Tötungsdelikt strafmildernd aus, so daß die Anklage nicht auf Mord, sondern auf Totschlag lautet, was bei der Urteilsfindung den Unterschied zwischen einer lebenslänglichen und einer geringeren Haftstrafe und in einigen Ländern buchstäblich zwischen Leben und Tod (Todesstrafe) bedeuten kann. Wie entscheidet ein Gericht, ob ein Angeklagter zum Zeitpunkt der Tötung *tatsächlich* wütend war? Was untersucht wird, ist, ob die Provokation durch das Opfer gesellschaftlich akzeptierte Verhaltensmaßstäbe so eklatant verletzte, daß ein vermeintlich vernünftiges Mitglied der Gemeinschaft zu einem derart heftigen Wutausbruch veranlaßt werden konnte, und, wenn ja, ob zwischen Provokation und Totschlag eine ungenügende Zeitspanne zum Abkühlen des Gemüts lag. Wie der Angeklagte sich zum Zeitpunkt der Tötung tatsächlich *fühlte*, ist für die Urteilsfindung nur am Rande von Belang.

Gefühle können trügerisch sein. In dieser Hinsicht kann das Fühlen von Emotionen mit dem Hören von Stimmen verglichen werden; ganz gleich, wie lebendig und realistisch die Stimme dem Individuum erscheinen mag, sie gilt nicht als real, sofern es nicht einen adäquaten Stimulus gibt, der für ihr Vorkommen verantwortlich ist. (Nebenbei: Bei diesem »adäquaten Stimulus« muß es sich nicht konkret um die Stimme einer anderen Person handeln. Ist etwa derjenige, der die Stimmen hört, ein Heiliger oder Schamane, so kann die Stimme auch auf irgendeine mystische Kraft zurückgeführt werden. In psychologischen Fragen entscheidet oft die Gemeinschaft, was Realität ist oder zu sein hat.)

Kurz: Es ist wichtig, zwischen emotional fühlen und emotional sein zu unterscheiden. Emotional sein, bedeutet in gewisser Weise, in der Realität verankert zu sein (wie diese Realität auch immer definiert sein mag). Emotional fühlen ist im Gegensatz dazu das Ergebnis reflexiver Erfahrungen, das folglich richtig oder falsch, wahrhaftig oder trügerisch sein kann.

Jetzt können wir unserem Skeptiker antworten, der da behauptet, emotionale Gefühle seien einfach und unveränderlich und nur der Ausdruck von Emotionen unterliege kreativen Veränderungen. In einem Sinne zumindest sind emotionale Gefühle sogar eher – und nicht weniger – zugänglich für Neuerungen und Veränderungen, als das emotionale Verhalten. Der Grund ist, daß der Ausdruck von Emotion offen dem Beifall oder der Mißbilligung durch die Gesellschaft ausgesetzt ist. Wenn unser Verhalten den sozialen Erwartungen nicht entspricht, so ist das eine Tatsache, die sofort offensichtlich wird, und wir mögen die Konsequenzen zu tragen haben. Unsere Gefühle sind demgegenüber weniger offen den Blicken anderer und der Überwachung preisgegeben, so daß sie ungehinderter als Funktion unserer persönlichen Bedürfnisse und Wünsche variieren können.

In einem anderen Sinne hat unser Skeptiker jedoch recht, allerdings nicht mit der von ihm angeführten Begründung. Es ist die Privatheit unserer Gefühle – nicht ihre Simplizität oder Unveränderlichkeit –, die sie vor Veränderungen schützt. *De gustibus non est disputandum* (Über Geschmack soll man nicht streiten). Gesellschaftliche Konventionen mögen mein Verhalten bestimmen; wie ich mich aber fühle, ist meine Sache – solange ich es für mich behalte. Daraus folgt, daß ohne sozialen Druck eine Veränderung der emotionalen Gefühle oft schwieriger als eine Veränderung des emotionalen Verhaltens ist. Sie ist aber nicht unmöglich, nicht, wenn wir bereit sind, die Verantwortung für die Art und Weise, wie wir fühlen, wie auch für die Art und Weise, wie wir handeln, zu übernehmen.

Regeln der Emotionen

Ein weiteres Thema muß noch behandelt werden, ehe wir dieses Kapitel schließen. Bereits an früherer Stelle erklärten wir, daß Emotionen gemäß den von der Gesellschaft festgelegten Regeln individuell konstituiert, angepaßt und modifiziert werden. *Für die Idee der emotionalen Kreativität sind Regeln nicht von peripherer, sondern von zentraler Bedeutung.* Aus diesem Grund ist es erforderlich, das, was wir mit Regeln der Emotionen meinen, eingehender zu präzisieren.

Als erste Eingrenzung können wir Regeln der Emotionen als gesellschaftlich erworbene Prinzipien definieren, die über Belohnung und Bestrafung das Verhalten (Gedanken, Gefühle, Handlungen) bestimmen. Sie sind die Ge- und Verbote, die »Tu-es« und »Laß-es« der Emotionen. Vielleicht läßt sich die Natur der emotionalen Regeln am besten anhand einiger konkreter Beispiele veranschaulichen.

Die Populär-Psychologie präsentiert sich in den verschiedensten Formen – sie wird in Selbsthilfebüchern, Glückskeksen, Liedern, auf Wandbehängen, Postern und ähnlichem dargeboten. Auf einem Poster sind die Freuden und Drangsale der Liebe aufgezählt. Neben anderen kleinen Weisheiten meint das Poster, daß es ebenso sinnlos sei, um Rat bei den Regeln der Liebe zu bitten, wie um Rat zu den Regeln des Verrücktseins. Ein Rat, der Verrücktsein – das nicht so resistent gegen Regeln ist, wie oft unterstellt wird – in einem falschen Licht darstellt; aber das ist nebensächlich im Vergleich zu dem falschen Bild, das hier von der Liebe gezeichnet wird; sie ist mit Sicherheit nicht frei von Regeln – ebensowenig wie es Wut, Furcht, Eifersucht oder irgendeine andere Emotion sind.

Die romantische Liebe hatte, wie wir uns aus Kapitel 2 erinnern, ihre Ursprünge an den Adelshöfen im Europa des 11. Jahrhunderts. Die zwölf »Hauptregeln der Liebe«, wie Andreas Capellanus sie in *Über die Liebe* aufstellte, lauteten wie folgt:

I. Fliehe den Geiz wie die Pest und tue das Gegenteil von ihm.

II. Sei keusch zu der Geliebten.

III. Mach einem andern nicht seine Frau abspenstig.

IV. Suche nicht die Liebe einer Frau, die zu heiraten du dich schämen würdest.

V. Denk immer daran, daß Lügen auf jeden Fall schädlich sind.

VI. Bediene dich niemals mehrerer Sekretäre bei Abfassung deiner Liebesbriefe.

VII. Sei in deinem Liebesdienst den Befehlen der Dame immer in allen Dingen gehorsam.

VIII. Schamhaftigkeit und Bescheidenheit seien bei Liebe und Gegenliebe die ständigen Begleiter.

IX. Hüte dich vor allen Verleumdungen und verleumde nicht selbst.

X. Plaudere niemals die Geheimnisse der Liebe aus.

XI. Sei in allen Dingen artig und wohlerzogen.

XII. Beim Genuß der Liebe gehe niemals weiter, als die Geliebte es wünscht.[21]

Die meisten dieser zwölf Regeln werden in leicht abgewandelter Form in einer zweiten Liste von einunddreißig Regeln wiederholt, die, Andreas Capellanus zufolge, eingehalten werden müssen, »um eine Bestrafung durch die Liebe zu vermeiden«.[22] Einige dieser auf der längeren Liste genannten Regeln sind es wert, erwähnt zu werden. Der Einfachheit halber seien sie in fortlaufender Numerierung genannt:

XIII. Auch die Ehe befreit nicht von der Pflicht zur Liebe.
XIV. Ohne Eifersucht keine Liebe.
XV. Die Witwe hat zwei Jahre um den verstorbenen Geliebten zu trauern.
XVI. Niemand soll seiner Liebe ohne Ursach beraubt werden.
XVII. Wer wahrhaft liebt, erbleicht beim Anblick der Geliebten.
XVIII. Wer wahrhaft liebt, schätzt nur, was seiner Geliebten nach seiner Ansicht gefällt.
XIX. Liebende können einander nichts versagen.
XX. Ein klein wenig Argwohn weckt schon den schwärzesten Verdacht.
XXI. Wer wahrhaft liebt, hat immer das Bild seiner Geliebten vor Augen.
XXII. Einer Frau ist verboten, sich mit zwei Männern, einem Manne, sich mit zwei Frauen in Liebe einzulassen.

Viele dieser Regeln mögen auch unseren Ohren vertraut klingen. Eine Vertrautheit, die jedoch irreführend sein kann, da diese Regeln vor dem Hintergrund einer anderen geschichtlichen Ära interpretiert werden müssen. Nehmen wir zum Beispiel Regel II: Sei keusch zu der Geliebten. Hier sei daran erinnert, daß man nicht den eigenen Ehepartner lieben konnte; so ergab sich die Notwendigkeit für Regel XIII: Auch die Ehe befreit nicht von der Pflicht zur Liebe. Darüber hinaus sollte es vermeintlich keine Eifersucht auf den Ehepartner des oder der Geliebten geben, wohingegen Eifersucht auf einen anderen potentiellen Rivalen erwartet, sogar verlangt wurde (siehe Regeln IV und XX).

Wird die Liebe heute weniger von Regeln beherrscht als ihr Vorläufer in früheren Zeiten? Wohl kaum. Ratschläge zum Thema Liebe sind in der Regel nicht weiter entfernt als der nächste Zeitschriftenkiosk. So offerierte Leo Buscaglia, ein Andreas Capellanus der Moderne, den Lesern und Leserinnen der Zeitschrift

Woman's Day zum Beispiel sechs »goldene Regeln« der Liebe, die in etwa wie folgt lauteten:

I. Verknüpfen Sie die Liebe nicht mit irgendwelchen Bedingungen; versuchen Sie zum Beispiel nicht, den anderen zu ändern oder die Liebe als Objekt für Feilschereien und Verhandlungen zu nutzen.

II. Gewähren Sie dem anderen Raum zum Atmen; externe Erfahrungen und Interessen sind der Beständigkeit einer Beziehung förderlich.

III. Erwarten Sie keine Perfektion; seien Sie bereit, Unzulänglichkeiten und Fehler des anderen zu verzeihen.

IV. Lassen Sie keine Stagnation in der Liebe zu; Veränderung und Abwechslung sind Verbündete der Liebe.

V. Die Liebe hat viele Hindernisse, aber keines, das nicht überwunden werden kann; haben Sie keine Angst vor Enttäuschungen.

VI. Wenn in Ihrem Leben die Liebe fehlt, sind Sie selbst verantwortlich; es ist an Ihnen, die Herausforderung der Liebe anzunehmen.[23]

Wenn diese Regeln selbstverständlich, ja sogar abgedroschen erscheinen, so sind sie genau das, was sie sein sollten. Die heute vorherrschenden Regeln der Liebe sollten jedem hinreichend sozialisierten Leser und jeder Leserin dieses Buches in Fleisch und Blut übergegangen sein.

Regeln der Wut

Rechtlich wird Wut im Sinne eines kurzbefristeten Wahnsinns definiert.[24] Mehr umgangssprachlich ist davon die Rede, daß jemand »an die Decke geht«, »Schaum vor dem Mund hat«, »kurz vor dem Platzen steht« und »rot sieht«. Angesichts von Ausdrükken wie diesen scheint es sogar noch abwegiger, von Regeln der Wut als von Regeln der Liebe sprechen zu wollen. Aber, um Andreas Capellanus und seinen zwölf Hauptregeln der Liebe in nichts nachzustehen, möchten wir zwölf Hauptregeln der Wut anbieten. Diese Regeln bauen auf den historischen (Moral-)Lehren über den angemessenen Umgang mit Wut, der rechtlichen Handhabung in der Rechtsprechung bei wut- oder zornbedingten Verbrechen sowie den alltäglichen Erfahrungen und dem Ausdruck von Wut auf. Für weitere Details sei auf weiterführende Quellen verwiesen.[25]

I. Eine Person hat das Recht (die Pflicht), über Unrecht, das ihr absichtlich zugefügt wird oder unbeabsichtigte Vergehen an ihrer Person wütend zu werden, sofern diese Vergehen »korrigierbar« (z. B. auf Nachlässigkeit, Sorglosigkeit oder Vergeßlichkeit zurückzuführen) sind.

II. Eine Person sollte nicht über Ereignisse wütend werden, die in herkömmlicherer Form korrigierbar sind.

III. Wut sollte ausschließlich gegen Personen und darüber hinaus nur gegen andere Objekte (das eigene Selbst, Einrichtungen) gerichtet sein, die für ihre Handlungen verantwortlich gemacht werden können.

IV. Wut sollte mit einer Erklärung über den angerichteten Schaden beginnen, und nur, wenn dies nicht fruchtet, sollte sie zum Entzug bestimmter Gefälligkeiten, zu verbalen Aggressionen und – als letztes Mittel – zu körperlichen Aggressionen eskalieren.

V. Ziel der Wut sollte es sein, die jeweilige Situation zu korrigieren, Gerechtigkeit wiederherzustellen und / oder dem Fall der Wiederholung vorzubeugen, und nicht, dem Zielobjekt Verletzungen oder Schmerzen zuzufügen, noch über Einschüchterung egoistische Ziele durchzusetzen.

VI. Die wutgeprägte Reaktion sollte im Verhältnis dem auslösenden Moment sowie den gesellschaftlichen Normen der Angemessenheit entsprechen (die abhängig von Setting und Ziel variieren können).

VII. Die Reaktion sollte nicht über das hinausgehen, was erforderlich ist, um die Situation zu korrigieren, das heißt, zum Beispiel eine Wiederholung des Vorkommnisses zu verhindern oder Gerechtigkeit wiederherzustellen.

VIII. Wut sollte von Engagement und Entschlossenheit geprägt sein; das heißt, eine Person sollte nicht wütend werden ohne die Absicht, die anstehenden Konsequenzen angemessen weiterzuverfolgen.

IX. Die Wut sollte enden, wann immer das Zielobjekt sich entschuldigt, Wiedergutmachung anbietet oder beteuert, daß es eine Wiederholung des auslösenden Momentes nicht geben wird.

X. Wut sollte nicht gegen eine unschuldige dritte Partei fehlgerichtet, noch sollte sie aus anderen als den auslösenden Gründen gegen das Zielobjekt gerichtet werden.

XI. Wut sollte nicht länger als einige Stunden oder allenfalls einige Tage anhalten.

XII. Eine wütende Person sollte nicht voll für ihre Taten und Handlungen verantwortlich gemacht werden.

Wie im Falle der Liebe werden auch die meisten dieser Regeln jedem in unserer Kultur hinlänglich sozialisierten Individuum intuitiv selbstverständlich erscheinen. Die in Kapitel 3 genannten Beispiele aus anderen Kulturen, »wie ein wildgewordenes Schwein«, *liget* und *song*, dürften jedoch gezeigt haben, daß nicht alle aggressiven Symptomenkomplexe mit den zuvor genannten Regeln der Wut übereinstimmen. Und das weitverbreitete Vorkommen von ehelicher Gewalt und Kindesmißbrauch dürfte gleichermaßen deutlich machen, daß diese Regeln der Wut auch in unserer eigenen Gesellschaft oft verletzt werden.

Arten der Regeln

Vor dem Hintergrund der Regeln der Liebe und der Wut können wir nunmehr präziser die Natur der emotionalen Regeln beschreiben. Zunächst möchten wir zwischen drei, den konstitutiven, regulativen und verfahrensmäßigen Regeln unterscheiden. Strenggenommen handelt es sich dabei nicht um unterschiedliche Arten der Regeln. Korrekter wäre es, jeweils von konstitutiven, regulativen und verfahrensmäßigen Aspekten der Regeln zu sprechen. Aus Gründen der Veranschaulichung möchten wir diese Aspekte jedoch so behandeln, als stellten sie spezifische Kategorien oder Arten der Regeln dar.

Die verschiedenen Arten oder Aspekte der Regeln lassen sich am besten am Beispiel eines Spieles, wie etwa Schach, verdeutlichen. Einige Regeln (z. B., was das Layout des Schachbrettes, die Natur der Figuren und die zulässigen Züge angeht) helfen, das

Spiel als Schachspiel (etwa zur Unterscheidung von Backgammon) zu *konstituieren*. Wäre das Brett ein anderes oder gäbe es keinen König, wenn die Bauern rückwärts bewegt werden oder die Türme mattgesetzt werden könnten, dann wäre das Spiel nicht mehr Schach. Andere Regeln *regulieren*, wie das Spiel gespielt wird. So könnte zum Beispiel bei einem Schachturnier festgelegt werden, daß eine bestimmte Anzahl von Zügen innerhalb einer befristeten Zeit zu machen ist. Regulative Regeln bestimmen nicht die Art des Spiels, das gespielt wird, sie beeinflussen vielmehr die Art und Weise, wie gespielt wird. Der dritte Regeltypus, den wir als *verfahrensmäßig* bezeichnen, hilft, die Spielstrategie festzulegen. Bei einem Spiel wie Schach ist es nicht möglich, die verfahrensmäßigen Regeln umfassend oder in knapper Form zu spezifizieren. Diese Regeln füllen ganze Bücher und Zeitschriftenartikel (z. B. mit Anweisungen für die Spieler, wie Situationen zu erkennen sind, in denen der eine Zug cleverer als ein anderer sein mag). Gute Schachspieler unterscheiden sich von schlechten dadurch, daß sie die verfahrensmäßigen Regeln des Spiels (oft intuitiv) erfassen.

Ein etwas komplexeres Beispiel für die Unterscheidung zwischen diesen drei Arten der Regeln ist die Grammatik einer Sprache. Ohne Grammatik könnte es keine Sprache geben. In diesem Sinne helfen die Grammatikregeln, die Sprache zu *konstituieren*. Wenn eine konstitutive Regel der Sprache gebrochen wird, macht das, was dann im Ergebnis zum Ausdruck kommt, oft keinen Sinn oder es ergibt sich eine andere als die beabsichtigte Bedeutung. Dies geschieht gelegentlich bei Übersetzungen. Ein witziges Beispiel ergab sich bei einem Besuch der englischen Königin Elisabeth in der Bundesrepublik Deutschland. Der deutsche Kanzler, der die Begrüßungszeremonien in Englisch absolvieren wollte, verkündete der verblüfften Zuhörerschaft: »Now goes it loose« – eine wortwörtliche, aber keinen Sinn ergebende Übersetzung des deutschen »Jetzt geht es los«. Das unbeabsichtigte Vertauschen von Buchstaben oder Silben, der sogenannte Spoonerismus, liefert weitere Beispiele in dieser Richtung. Reverend Spooner (1844–1930) war als Kaplan am New College in Oxford tätig. Was ihm zu Ruhm verhalf, war seine (inzwischen nach ihm benannte) Neigung, Buchstaben oder Silben zu vertauschen. Ein typischer Spoonerismus ist zum Beispiel: Es ist üblich, die Kraut zu büssen.

Andere Regeln (z. B. der Etikette) tragen zur *Regulierung* der Art und Weise bei, wie wir bei bestimmten Anlässen – in einer Bibliothek oder bei einem offiziellen Bankett – sprechen. Wird eine regulative Regel der Sprache verletzt, so ist das Ergebnis in der Regel nicht sonderlich witzig. Hier ist zwar der Sinn dessen, was zum Ausdruck kommen soll, klar, aber die Art, wie es zum Ausdruck kommt, ist unangemessen. Der Aufschrei »Feuer« in einem dichtbesetzten Theater ist ein treffendes Beispiel. Ebenso stellt ein rüder oder ungehobelter Ton bei einem Gespräch eine Verletzung regulativer Regeln der Sprache dar.

Noch wiederum andere Regeln (z. B. der Rhetorik) legen die *Verfahrensweisen* fest, die es uns ermöglichen, überzeugend zu sprechen. Wenn eine verfahrensmäßige Regel gebrochen wird, kann das, was zum Ausdruck kommt, sowohl grammatisch korrekt als auch angemessen, aber mangelhaft im Sprachstil sein. Entsprechende Beispiele finden sich im Überfluß in Dokumenten von Behörden, wie jeder weiß, der sich immer wieder durch die »vereinfachten« Anleitungen der Steuererklärungen kämpfen muß. Ebenso machen sich Zeitungen gelegentlich der Verletzung verfahrensmäßiger Regeln schuldig, wie etwa folgende Meldung zeigt:

> »Als Lady Caruthers die übliche Flasche Champagner gegen den Rumpf des riesigen Öltankers warf, geriet sie auf dem Landesteg ins Rutschen, gewann an Tempo, stürzte, eine gewaltige Fontäne aufwirbelnd, ins Wasser und hielt ungehindert und zielstrebig auf Prince's Island zu.«[26]

Diese Meldung ist weder grammatisch falsch noch unangemessen am Maßstab gesellschaftlicher Normen; sie ist aber auch kein Musterbeispiel unmißverständlicher und glänzender Berichterstattung.

Um zum Thema der Emotionen zurückzukommen: Hier sind es die konstitutiven Regeln, die die Art der Emotion bestimmen, die erfahren wird. Sofern zum Beispiel eine konstitutive Regel der Liebe gebrochen wird, wird die zum Ausdruck kommende Emotion nicht als Zeichen »wahrer« Liebe, sondern irgendeiner anderen Emotion oder eines anderen Zustandes (etwa Betörung oder Erotomanie) gewertet. Regulative Regeln bestimmen die Angemessenheit des Ausdrucks der Emotionen. Wird eine regulative

Regel der Liebe verletzt, so wird die Reaktion zwar als eine Manifestation der Liebe erkannt, aber als unpassend oder sogar unanständig betrachtet werden. Und verfahrensmäßige Regeln bestimmen schließlich, wie effizient eine Emotion erfahren und ausgedrückt wird. Wenn eine verfahrensmäßige Regel der Liebe gebrochen wird, mag die Reaktion als angemessen in der Form (z. B. als Manifestation der Liebe), aber als dilettantisch in der Ausführung angesehen werden. Wir haben uns so sehr an den Gedanken gewöhnt, daß Emotionen »natürlich kommen«, daß allzugerne die Tatsache übersehen wird, daß Emotionen gut oder schlecht, treffend oder weniger treffend geäußert, ausagiert werden und viele Menschen emotionale »Trampel« sind.

Um präziser zu sein, möchten wir kurz auf die zuvor in diesem Kapitel aufgelisteten Regeln der höfischen Liebe zurückkommen. Regel XVIII, »Wer wahrhaft liebt, schätzt nur, was seiner Geliebten nach seiner Ansicht gefällt«, ist in erster Linie konstitutiv. Demgegenüber ist Regel VI, die festlegt, daß die Liebesbeziehung, abgesehen von wenigen Vertrauten, vor allen geheimzuhalten ist, vorrangig regulativ. Als Beispiel einer verfahrensmäßigen Regel könnte Nummer XVII angesehen werden, die feststellt, der Liebhaber solle in Gegenwart seiner Geliebten erbleichen. Das galt, wie wir annehmen dürfen, als wirksame Demonstration der Liebe. (Es mag etwas seltsam anmuten, in Zusammenhang mit einer physiologischen Reaktion wie Erbleichen, die sich vermeintlich der autonomen Kontrolle entzieht, von einer Regel zu sprechen. Es gibt jedoch eine Vielzahl indirekter Möglichkeiten, über die man selbst physiologische Prozesse kontrollieren kann. Verfahrensspezifika, mit denen gute Liebhaber, ebenso wie gute Schauspieler, kaum Probleme haben dürften.)

Ähnliches ist zu den an früherer Stelle angeführten zwölf Regeln der Wut zu sagen. Einige davon sind vorrangig konstitutiver Natur, zum Beispiel die Regel, wonach jemand das Recht (die Pflicht) hat, beabsichtigtes Fehlverhalten anderer zu korrigieren. Es ist eine Regel, welche die Reaktion als eine der Wut zur Unterscheidung von irgendeiner anderen Emotion (etwa Neid) konstituieren hilft. Im Vergleich dazu sind andere Regeln primär regulativer Natur, zum Beispiel, daß Wut mit einer Erklärung über den angerichteten Schaden beginnen und nur, wenn dies nicht fruchtet, zu konkreten Bestrafungen eskalieren sollte. Von den in dieser Liste angeführten Regeln sind solche, die als verfahrensmäßige gelten könnten, nicht so offensichtlich. Jeder kennt jedoch auf der einen Seite Personen, die als regelrechte Meister der Wut erscheinen, und im anderen Extrem solche, bei denen es scheinbar unmöglich ist, daß sie wütend werden, ohne alles nur noch schlimmer zu machen. Die derzeitige Popularität von »Selbstsicherheits-Trainingsprogramme« ist Beleg für das Bedürfnis vieler, einen angemessenen Umgang mit der Wut zu lernen respektive angemessene verfahrensmäßige Regeln der Wut zu erwerben.

Implikationen für die emotionale Kreativität

Diese drei Arten von Regeln (verfahrensmäßig, regulativ und konstitutiv) haben durchaus einiges gemeinsam mit den in Kapitel 1 beschriebenen drei Phasen der emotionalen Kreativität (Akquisition, Raffinement und Transformation). In der Kindheit bedingt die emotionale Entwicklung natürlich den Erwerb, die Akquisition, aller drei Arten von Regeln, aber nicht notwendigerweise in jeweils gleichem Maße. Am schwierigsten zu beherrschen sind die verfahrensmäßigen Regeln. Im Erwachsenenalter haben die meisten für ein weites Spektrum der Emotionen die konstitutiven und regulativen Regeln gelernt; was sie jedoch möglicherweise nicht gelernt haben, ist, diese Emotionen effizient zu erfahren oder zum Ausdruck zu bringen. Was in solchen Fällen wiederum heißt, daß die Akquisition wirksamerer verfahrensmäßiger Regeln erforderlich ist.

Der zweite Bereich der emotionalen Kreativität bedingt das Raffinement, die Vervollkommnung vorhandener Emotionen, um sie in neuen und anderen Zusammenhängen zum Tragen kommen zu lassen. Hierzu mag es nicht nur erforderlich sein, die verfahrensmäßigen Regeln zu beherrschen, sondern auch neue und andere regulative Regeln zu entwickeln. Die Emotionen sind, wenn man so will, personalisiert, einzigartig durch das Individuum verkörpert. Eine hinreichende Veränderung der regulativen Regeln kann eine Emotion zum Ergebnis haben, die als »abweichend« oder »nonkonformistisch« etikettiert, aber immer noch innerhalb der Kultur als eine Standardemotion anerkannt wird.

Der dritte Bereich der Kreativität bedingt eine radikalere Transformation des Verhaltens, so daß eine neue und andersartige

Emotion zutage tritt, die nicht in das übliche Spektrum der Emotionen fällt, die innerhalb der jeweiligen Kultur anerkannt werden. Diese Form der emotionalen Kreativität erfordert die Entwicklung neuer konstitutiver Regeln. Sofern diese neue Emotion sowohl für das Wohlbefinden des Individuums als auch für die Gesellschaft insgesamt abträglich ist, wird sie möglicherweise als »neurotisch« eingestuft. Erweist sie sich demgegenüber als nützlich für das Individuum und als unproblematisch für andere, mag sie schlicht als »exzentrisch« abgetan werden. Gelegentlich kann sich eine neue Emotion als in der Tat vorteilhaft für die Gemeinschaft erweisen und von anderen übernommen werden. Was als persönliche Exzentrik beginnt, wird so zur Norm für die Gesellschaft.

An früherer Stelle definierten wir Emotionen als »jene Zustände, wie Liebe, Wut, Furcht, Schmerz und ähnliches, die typischerweise als jenseits der persönlichen Kontrolle liegend erfahren werden (Passivität), die Werturteile bedingen (Subjektivität) und / oder die nicht unbedingt auf strikt logischer Grundlage erklärbar sind (Irrationalität)«. Eine Definition, die im wesentlichen deskriptiv ist. Die Behauptung, Emotionen würden typischerweise als Passionen statt als Aktionen erfahren, läßt zum Beispiel die Quelle ebenjener Erfahrung völlig außer acht – biologische Impulse, gesellschaftliche Gebote und Pflichten und psychologische Zwänge werden alle als außerhalb der persönlichen Kontrolle liegend erfahren. Und was genau meinen wir mit »erfahren«? Um unsere Definition zu untermauern, sind wir, wenn auch kurz, auf die Ursprünge und Funktionen der Emotionen, die Relation zwischen Emotionen und Gefühlen und die gesellschaftlichen Regeln (verfahrensmäßig, regulativ und konstitutiv) eingegangen, die den Emotionen Kohärenz und Bedeutung geben. Darüber hinaus gibt es in Zusammenhang mit den Theorien der Emotionen noch einige traditionelle Themen, wie etwa die Rolle der physiologischen Reaktionen, die wir noch nicht angesprochen haben. Die These, bei Emotionen handele es sich um »innere« oder »Bauch-« Reaktionen, gehört zu den Hauptmythen der Emotionen, mit denen wir uns im nächsten Kapitel eingehender beschäftigen möchten.

Kapitel 5

Mythen der Emotionen

Die Mythen werden im Menschen gedacht,
ohne daß er etwas davon weiß.

Claude Lévi-Strauss,
Mythos und Bedeutung

Die Wissenschaft muß mit Mythen beginnen
und mit der Kritik der Mythen.

Karl Popper,
British Philosophy in the
Mid-century

Mythen sind Geschichten, die wir über die Welt und unseren Platz in dieser Welt erzählen. Mythen sind jedoch eine spezielle Art von Geschichten. Der Begriff »Mythos« besagt, daß eine Schilderung von Ereignissen fiktiv, sogar unglaubwürdig ist. Was erklärt, warum wir diesen Terminus fast immer zur Charakterisierung der Geschichten verwenden, die andere sich erzählen, nicht aber für die Geschichten, die wir uns erzählen. Die religiösen Verhaftungen eines anderen Volkes beschreiben wir zum Beispiel oft als Mythen, insbesondere wenn diese keinen oder keinen allzu großen Verbreitungsgrad mehr haben (wie etwa die Geschichten von den alten griechischen Göttern) oder von Völkern mit geringer politischer Macht (ethnischen Minderheiten) gewahrt werden.

Unsere eigenen Mythen scheinen der Wahrheit zu nahe zu sein, um als Mythen bezeichnet zu werden. Aber welche Wahrheit? Wissenschaftliche Theorien legen Wahrheiten über die Welt offen; wir erkennen den Unterschied zwischen Mythen, selbst unseren eigenen Mythen, und wissenschaftlichen Theorien. Die

Wissenschaft versucht, die Realität in einer *objektiven* Weise zu beschreiben; sie schildert die Welt, wie sie in sich und als solche sein könnte, unabhängig von der Sicht eines bestimmten Beobachters oder einer bestimmten kulturellen Orientierung. Mythen suchen nach einer anderen Art der Wahrheit – der *subjektiven* Beschreibung der Realität. Über Mythen finden wir *unseren* Platz in der Welt.

Die Menschen können ohne Wissenschaft leben – und haben den Großteil der menschlichen Geschichte ohne Wissenschaft gelebt. Menschen können aber nicht ohne Mythen leben. Unser Leben ist so sehr – über Rituale, Riten und Sitten – mit Mythen verwoben, daß wir in weiten Teilen ein Konstrukt unserer Mythen sind. Wir verkörpern im wahrsten Sinne des Wortes die Mythen unserer Kultur.

Mythen können hierarchisch geordnet werden. Auf der untersten Stufe der Hierarchie stehen jene Mythen, die mehr oder weniger direkt mit den Realitäten des Alltagslebens zu tun haben. Wir müssen uns dieser rangniedrigen Mythen nicht bewußt sein; typisch ist sogar, daß wir sie nicht wahrnehmen. Das ist einer der Gründe, warum sie einen solchen starken Einfluß auf uns ausüben. Als Mythen nicht erkannt, erscheinen die von ihnen offenbarten »Wahrheiten« selbstverständlich.

Um diese grundlegenden Mythen des Alltagslebens rational einzuordnen und zu legitimieren, entwickeln wir andere, umfassendere Mythen. So wird ein (rangniedriger) Mythos zum Objekt eines anderen (ranghöheren) Mythos. Ein Beispiel aus der Politik mag diesen Prozeß verdeutlichen. Jede Nation schreibt ihre eigene Geschichte, teils auf Fakten und teils auf Mythen aufbauend. Die nationalen Helden und Führer werden größer als im Leben und die Institutionen als allen anderen überlegen dargestellt. War George Washington tatsächlich unfähig zu lügen, als sein Vater ihn fragte, wer den Kirschbaum umgehauen habe? Die Frage ist trivial, aber sie gehört zu den Mythen, die Schulkindern mit Vorliebe erzählt werden, um sie vor dem Hintergrund der Werte und Ideale der Gesellschaft zu indoktrinieren.

Wie können Helden vor der Entlarvung geschützt und Institutionen gegen Veränderungen gefestigt werden? Es ist der Punkt, an dem höherrangige Mythen ins Spiel kommen. Bei den alten Griechen und Römern wurden Helden zu Göttern erklärt, was de facto mit dem weitreichenderen theologischen Rahmen eine Festigung ihrer Position bedeutete. Im Mittelalter wie auch später wurden Monarchien dadurch gesichert, daß man den Königen bestimmte »göttliche Rechte« zuerkannte. So war, trotz ihrer oft schändlichen Behandlung, die Ergebenheit der Untertanen gegenüber ihrem Monarchen im Alltag doppelt gewährleistet. Was George Washington angeht, so wurde er nur zum Vater seiner Nation gemacht.

Einige dieser Überlegungen seien nun auf den Bereich der Emotionen übertragen. Der Philosoph Robert Solomon spricht von Emotionen als von »Mythologien«.[1] Eine treffende Analogie. Emotionen beziehen sich, wie Mythen, auf eine subjektive Realität. Emotionen verleihen unserem privaten Leben seinen Sinn, ebenso wie Mythen unserem öffentlichen Leben seinen Sinn verleihen. Oder: Emotionale Urteile unterscheiden sich von rationalen Urteilen fast ebenso wie die Mythologie sich von der Wissenschaft unterscheidet. Wenn ich in Wut meinen Chef als einen Korinthenkacker bezeichne, so bin ich nicht mit einer objektiven Analyse seines Verdauungssystems befaßt; vielmehr stelle ich sein Verhalten in einen Rahmen, der meinen eigenen Bedürfnissen, Werten und Idealen entspricht.

Es ist schwer vorstellbar, wie unser Leben ohne unsere emotionalen Mythologien – unsere Liebe und unseren Haß, unsere Freuden und Sorgen, Hoffnungen und Ängste – aussähe. Es sind diese rangniedrigeren Mythen, die unserem Dasein im Alltag den Sinn geben. Wir haben aber auch höherrangige Mythen der Emotionen – die Mythen über die Mythen, die uns helfen, unsere emotionalen Erfahrungen im Alltag rational einzuordnen und zu legitimieren. Kein Wunder, daß es uns widerstrebt, sie aufzugeben oder auch nur einzuräumen, daß es sich um Mythen handelt. Aber wie jeder anderen Form von Mythos ist auch unseren Mythen oder Emotionen zu eigen, daß sie ebensoviel verbergen wie sie offenbaren.

In diesem Kapitel möchten wir kurz neun höherrangige Mythen der Emotionen untersuchen. Jeder dieser Mythen kam in dieser oder jener Weise in den vorangegangenen Kapiteln schon einmal zur Sprache, auch wenn wir sie nicht als solche benannten. So ist dieses Kapitel in einem gewissen Sinne eine Zusammenfassung des bisher Gesagten. Aber es ist auch wesentlich mehr. Wir haben diese speziellen Mythen mehr vor dem Hintergrund dessen ausgewählt, was sie in bezug auf unsere Emotionen verbergen was sie diesbezüglich offenbaren. Zu dem, was sie verbergen, gehört die emotionale Kreativität.

Mythos No. 1
Der Mythos von den Passionen

Die Vorstellung, daß wir von Emotionen »gepackt«, »ergriffen« und »überwältigt« werden (Emotionen also außerhalb unserer Kontrolle liegen), konstituiert das, was Robert Solomon treffend den »Mythos von den Passionen« nennt. Es ist der vielleicht grundlegendste Mythos, den wir über Emotionen haben.

Die Art und Weise, wie die Erfahrung der Passivität in einer Hierarchie der Mythen eingeordnet werden kann, läßt sich gut am Beispiel des »wildgewordenen Schweines« bei den Gururumba demonstrieren. Wie in Kapitel 3 ausgeführt, »trifft« dieser Zustand nur junge Männer in einer bestimmten Altersgruppe und auch dann nur unter bestimmten Bedingungen. Derjenige, der zu einem »wildgewordenen Schwein wird«, plündert und schießt mit Pfeilen auf Umstehende, scheinbar außerstande, das eigene Verhalten zu kontrollieren. Ein derartiger Mangel an Kontrolle ist jedoch ein Mythos (ersten Grades) auf der Ebene der gelebten Erfahrung. In Wirklichkeit ist das Verhalten des betreffenden Individuums präzise auf die soziale Situation abgestimmt; »ein wildgewordenes Schwein sein« ist etwas, das der Betreffende tut, nicht etwas, das ihm widerfährt.

Auf einer höheren mythologischen Ebene wird der Zustand des »wildgewordenen Schweines« dem Biß eines Geistes zugeschrieben, der primordiale Impulse freisetzt. Auf dieser Ebene wird der Mythos bewußt anerkannt – aber natürlich nicht als Mythos. Auf einer noch höheren Ebene handelt es sich bei diesen Geistern, die beißen, mutmaßlich um kürzlich Verstorbene, die möglicherweise vor ihrem Tod schlecht behandelt wurden, und diese nun freigesetzten primordialen Impulse repräsentieren ebenjene Charakteristika, die den Menschen zu eigen waren, ehe sie als Gururumba zivilisiert wurden. Somit wird der Zustand des »wildgewordenen Schweines«, auf der höchsten Ebene, im Rahmen der Kosmologie und Geschichte dieser Gesellschaft rational eingeordnet und legitimiert.

Hier könnte ein Kritiker einwenden wollen: »Das mag für den Zustand des ›wildgewordenen Schweines‹ zutreffen; das gleiche läßt sich aber mit Sicherheit nicht von den Emotionen sagen, die *wir* erfahren – die der Liebe, der Wut, des Schmerzes und ähnliche.« Aber stellen Sie sich einen Psychologen bei den Gururumba vor, der versucht, *sie* davon zu überzeugen, daß ihre Erfahrungen in gewisser Weise mythischer Natur sind. Würde man dem Psychologen glauben? Wahrscheinlich nicht. Der Zustand des »wildgewordenen Schweines« wird als zu real erfahren, und er erfüllt zu viele wertvolle Funktionen (z. B. als psychologische Bankrotterklärung und als eine Form sozialer Sicherheit), als daß er so leicht abgetan und fallengelassen werden könnte. Unseren eigenen Emotionen kommen im Rahmen unserer Gesellschaft nicht minder Bedeutung und Funktion zu. Und wir werden uns nicht minder widersetzen, ihre mythischen Aspekte zuzugeben, denn das würde sie eines Teils ihrer Macht und ihrer Bedeutung berauben.

Mythos No. 2
Der Mythos von der emotionalen Unschuld

Man wird für Ereignisse, die außerhalb der eigenen Kontrolle liegen, in der Regel nicht voll verantwortlich gemacht. Aus dem zuvor besprochenen Mythos von den Passionen folgt, daß wir für unser Verhalten während einer Emotion nicht voll verantwortlich sind. Etwas anders ausgedrückt, es wird unterstellt, wir seien die unschuldigen Opfer unserer eigenen Leidenschaften. Eine Unterstellung, die wir als »den Mythos von der emotionalen Unschuld« bezeichnen. Dieser Mythos läßt sich am deutlichsten anhand des Umganges mit emotionsgeladenen Verbrechen, zum Beispiel eines aus Wut heraus begangenen Tötungsdeliktes demonstrieren. Geschieht die Tötung einer anderen Person vorsätzlich, so lautet die Anklage auf Mord, der mit lebenslänglicher Freiheitsstrafe und in einigen Ländern sogar mit der Todesstrafe geahndet wird. Demgegenüber beträgt bei einem aus Zorn, aus Passion begangenen Verbrechen in der Regel das zuerkannte Strafmaß mehrere Jahre Gefängnis und oft nicht einmal das. Die rationale Begründung, die sich hinter dieser unterschiedlichen Handhabung verbirgt, ist, daß im Falle des aus Passion begangenen Verbrechens das Individuum vom Opfer zu einer Reaktionsweise provoziert wurde, die sein Kontrollvermögen überstieg und für die es folglich nicht voll verantwortlich war.

Es gibt, jenseits von Tötungsdelikten, viele Handlungen, für die wir wohl gerne die Verantwortung ablehnen möchten. Nehmen wir den Fall einer Konversionshysterie. Die hysterische Person kann Stimmen hören oder eine Lähmung eines Körpergliedes erleiden, ohne daß irgendeine organische Schädigung des Nervensystems vorliegt. Bei den Stimmen und der Lähmung handelt es sich um Aktionen, die die hysterische Person ausführt, um irgendein Ziel zu erreichen, für die sie aber jedwede Verantwortung, sogar sich selbst gegenüber, ablehnt.

Dem Psychoanalytiker Roy Schafer zufolge stellen auch gewöhnliche emotionale Reaktionen nicht anerkannte Handlungen dar. Das heißt, Emotionen sind Handlungsmodi, deren Ziele auf der Ebene des bewußten Denkens nicht voll anerkannt werden. Zu Zwecken der Verdeutlichung empfiehlt Schafer, wenn wir von emotionalen Erfahrungen sprechen, ausschließlich Verben (z. B. lieben, hassen, fürchten) oder Adverbien (z. B. liebevoll, gehässig, ängstlich) zu verwenden. Die Verwendung von Substantiven (z. B. Liebe, Haß, Angst) fördern die Tendenz, Emotionen als passives Erleben zu sehen, als Dinge, die uns widerfahren, statt als Handlungen, die wir ausführen.[2]

Die Gründe, warum wir die Verantwortung für unsere emotionalen Handlungen ablehnen möchten, können, abhängig von der Emotion, unterschiedlich sein. Im Falle »negativer« Emotionen sind die Gründe oft offensichtlich (z. B. infolge eines Wutausbruches entsteht irgendein Schaden; einer Verpflichtung wird aus Angst oder Depression heraus nicht nachgekommen). Wie wir allerdings in Kapitel 2 sehen konnten, kann auch eine höchst positive Emotion wie die Liebe jemanden der Verantwortung entheben, so daß Verhaltensweisen begünstigt werden, die ansonsten eher gehemmt würden.

Wir möchten nicht behaupten, daß wir es bei Emotionen *ausschließlich* mit nicht anerkannten Handlungen zu tun haben. Wie alle guten Mythen enthält auch der Mythos von der emotionalen Unschuld ein Quentchen Wahrheit. Das leidenschaftliche Element der Emotion kann aus den verschiedensten Blickwinkeln erklärt werden – aus dem biologischen und sozialen ebenso wie aus dem psychologischen. Der Punkt, den wir unterstreichen wollen, ist: *Unsere Passionen machen uns nicht unschuldig.* Sofern wir möchten, daß unsere Emotionen eine nutzbringende statt eine Schadensquelle sind, müssen wir die Verantwortung für sie übernehmen.

Mythos No. 3
Der Mythos von der emotionalen Artischocke

Einer der weiteren Hauptmythen über Emotionen, der sehr komplex und mit zahlreichen Konsequenzen verbunden ist, läßt sich sehr gut mit einem Bild aus dem Bereich der Botanik verdeutlichen. Stellen Sie sich eine Artischocke vor. Wenn Sie die äußeren Blätter entfernen, gelangen Sie schließlich zum Herzen der Pflanze. Übertragen auf den »Mythos von der emotionalen Artischocke« hieße das: Wenn man die offeneren, oberflächlichen Aspekte des Verhaltens und der Erfahrung entfernt, gelangt man schießlich zum Herzen, zur Essenz der Emotion. Und was genau ist das vermeintliche Herz einer Emotion? Nachfolgend möchten wir auf drei geläufige Antworten zu dieser Frage eingehen, von denen jede ausreichend dezidiert und wichtig ist, um als eigenständiger Mythos behandelt zu werden (nämlich der Mythos von den Primär-Emotionen, der Mythos von den wahren Gefühlen und der Mythos von den viszeral gesteuerten Emotionen). Ehe wir jedoch näher auf diese einzelnen Varianten eingehen, möchten wir noch einige Worte zu Artischocken-Mythen im allgemeinen sagen.

Hinter dem Mythos der emotionalen Artischocke verbirgt sich in Wirklichkeit der in Kapitel 4 besprochene und verworfene essentialistische Ansatz. Alternativ definierten wir Emotionen innerhalb des begrifflichen Rahmens von sich überschneidenden Merkmalen oder »Familienähnlichkeiten« (z. B. Passivität, Subjektivität, Irrationalität). Es gibt keine einfache, griffige Bezeichnung für diese Alternative, so daß wir bei unseren Analogien im Bereich des Gemüsegartens bleiben möchten – und dieses Mal die Zwiebel herausnehmen. Wenn Sie von der Zwiebel eine Schicht nach der anderen entfernen, was bleibt übrig? Nichts. Eine Zwiebel hat kein Herz, das verhindert aber nicht, daß sie eine Zwiebel ist. Emotionen, so möchten wir behaupten, sind ähnlich – wenn man die verschiedenen Schichten oder Manifestationen der Emotion entfernt, bleibt am Ende nichts. Das heißt mitnichten, daß Emotionen keine charakteristischen Merkmale haben, es heißt nur, daß ein einzelnes Merkmal nicht essentiell für das Ganze ist.

Wir heben diesen Mythos von der emotionalen Artischocke deshalb so hervor, weil eine essentialistische Position, träfe sie zu, die Möglichkeiten emotionaler Kreativität beachtlich einschränken würde. Denn traditionellen Thesen zufolge verändern Essenzen sich nicht. Platon, ausgehend von seiner Idee von der Existenz zweier Welten, siedelte die Welt des Wesens, der Essenz im Bereich idealer Formen, jenseits der Welt der vergänglichen Dinge an. Andere waren nicht so extrem, die jeweiligen Implikationen waren aber ähnlich: Zur Entdeckung einer Essenz mag ein hohes Maß an Genialität und Erfindungsgabe erforderlich sein; die Essenz selbst wird im Zuge des Prozesses jedoch nicht transformiert.

Mythos No. 4
Der Mythos von den Primär-Emotionen

Diese ist eine der gängigsten Varianten des Artischocken-Mythos. Der Theorie der Primär-Emotionen zufolge ist das Herz einer Emotion in Wirklichkeit eine andere, elementarere Emotion, so daß zum Beispiel das Herz einer Depression in Wahrheit Wut ist. Etwas anders formuliert, kennt dieser Mythos einige wenige Primär- oder Grund-Emotionen, die nicht weiter reduzierbar sind und aus denen sich alle anderen Emotionen zusammensetzen.

Die Zahl und Art der als solche konkret anerkannten Primär-Emotionen variieren abhängig von den einzelnen Theoretikern. Robert Plutchik spricht zum Beispiel von acht Primär-Emotionen (Angst, Wut, Freude, Traurigkeit, Akzeptanz, Ekel, Erwartung, Überraschung), die jeweils in Relation zu einer grundlegenden biologischen Adaption zu sehen sind.[3] Jaak Panksepps Konzept beinhaltet vier Grund-Emotionen (Angst, Wut, Traurigkeit und Erwartung), für die er eine neurophysiologische Beweisführung vorlegt.[4] Gerald Jampolsky, als Psychiater im klinischen Bereich tätig, hat die Liste schließlich auf zwei, Liebe und Angst, reduziert, wobei Angst »die Liebe ausschließt«.[5] Keiner dieser Autoren

bestreitet, daß wesentlich mehr Emotionen als diese wenigen Primär-Emotionen erfahren werden. Ihre Behauptung ist vielmehr,
daß die geläufigsten der bekannten Emotionen (Liebe, Neid,
Schuld usw.) in Wirklichkeit Kombinationen jener Primär-Emotionen darstellen. Plutchik veranschaulicht seinen Punkt am Beispiel von Farben. Alle Farben des Farbspektrums können durch
Mischen von nur drei Grundfarben gewonnen werden; ähnlich
könnten, so seine These, alle Farben des Emotionsspektrums
durch Mischen der acht Primär-Emotionen erzielt werden.[6]
Einfach und unkompliziert ist löblich. Beides gehört zu den
wichtigsten Zielsetzungen der Wissenschaft. Einfachheit und
Unkompliziertheit können auch in einem klinischen Kontext, wo
einfache, verständliche Richtlinien oft nützlicher als komplexe
Analysen sind, oft sehr hilfreich sein. Dieser Mythos von den
Primär-Emotionen kann jedoch, wenn er ernstgenommen wird,
vernichtend für die Frage der emotionalen Kreativität sein, zumindest was die Primär-Emotionen selbst angeht. Denn sie werden als Grundphänomene vorausgeschickt, die zwar in verschiedenster Weise kombiniert, nicht aber grundlegend geändert werden können. Eine keineswegs triviale Einschränkung, da die
Primär-Emotionen zugleich allgemein als die wichtigsten Emotionen gelten.
Statt Emotionen mit den Farben des Farbspektrums zu vergleichen, finden wir, daß Kunstwerke – Gemälde zum Beispiel – eine
treffendere Analogie darstellen. Leonardos *Mona Lisa* ist mehr
als nur einfach ein Gemisch aus Farben. Sie hat Form und Inhalt.
Im Idealfall können auch Emotionen wie Kunstwerke sein; und
wie andere künstlerische Produktionen stellen auch die menschlichen Emotionen ein Feld endloser Möglichkeiten dar. Bislang
wurde, in welcher Kultur auch immer, nur ein Bruchteil dieser
Möglichkeiten ausgeschöpft und verwirklicht.

Mythos No. 5
Der Mythos von den wahren Gefühlen

Eine weitere beliebte Variante des Artischocken-Mythos. Die
These besagt, daß im Herzen der emotionalen Artischocke ein
»wahres Gefühl« liegt. In Kapitel 4 haben wir diesen Mythos be-

reits angesprochen, er beschäftigt uns aber in einem Maße, daß wir nochmals detaillierter darauf eingehen möchten.

Vielleicht stellen wir uns, um den Mythos von den wahren Gefühlen zu veranschaulichen, folgende Situation vor: John ist in Mary verliebt und möchte diese Tatsache nicht zugeben. Er beschwört in Wirklichkeit, daß das Gegenteil der Fall sei. John hat, wie es scheint, Angst vor Intimität und meidet eine Bindung. Aufgrund der Art und Weise, wie er sich verhält (er spricht zum Beispiel ständig von Mary; er ist bemüht, sich in ihrer Nähe aufzuhalten; es geht ihm schlecht, wenn sie nicht da ist, und er ist eifersüchtig, wenn sie mit anderen zusammen ist), wissen seine Freunde jedoch, daß er verliebt ist. Darauf angesprochen, dementiert John vehement, beteuernd, daß er nichts für Mary empfinde und daß er in Wahrheit mit ihr nichts zu tun habe und seiner eigenen Wege gehen wolle. Überzeugt, daß John und Mary sehr gut zueinander passen, drängen seine Freunde ihn, »mit seinen wahren Gefühlen in Kontakt zu kommen«.

Den Apologeten dieses speziellen Mythos zufolge steht John als jemand, der mit seinen wahren Gefühlen keinen Kontakt hat, nicht alleine. Nach Meinung des Soziologen Arlie Hochschild sind ganze Gruppen von Personen von ihren wahren Gefühlen »entfremdet«. So müßten etwa »Flugbegleiterinnen« (Stewardessen) selbst Fluggästen gegenüber aufgeschlossen und fürsorglich sein, die ein herrisches und unangenehmes Verhalten an den Tag legten. Diese »Gefühlsarbeit« könne so sehr zur Gewohnheit werden, daß die Stewardeß am Ende nicht mehr wisse, was sie tatsächlich fühlt.[7]

Um Personen wie John und der unglücklichen Stewardeß zu helfen, florieren allenthalben Gruppen, die sich dem »Heben des Bewußtseins« verschrieben haben. Der Mythos von den wahren Gefühlen hat jedoch etwas Paradoxes. Wenn Menschen mit ihren Gefühlen in Kontakt kommen müssen, so müssen sie diesen Kontakt an irgendeinem Punkt verloren haben (oder er war vielleicht nie da). Aber an welchem Punkt? Wann wird der Kontakt zu den eigenen Gefühlen normalerweise hergestellt? Im Alter von sechs Monaten? Mit zehn Jahren? Oder gibt es einen fortlaufenden Prozeß der emotionalen Entwicklung, der bis ins Erwachsenenalter anhält? Die Befremdlichkeit dieser Fragen verdeutlicht die Notwendigkeit, die hier zugrundeliegenden Thesen näher zu untersuchen.

Oft »entdecken« Menschen in sozialen oder persönlichen Umbruchsituationen, daß sie den Kontakt mit ihren Gefühlen verloren haben. Solche Situationen sind etwa die eines jungen Mannes (wie beispielsweise John, der zuvor erwähnt wurde), der sich mit den Verantwortlichkeiten einer intimen Beziehung konfrontiert sieht; die eines Angestellten (wie der Stewardeß), bei dem »Burnout«-Symptome sichtbar werden; die einer Hausfrau, nachdem das letzte Kind das Elternhaus verlassen hat; oder die eines Rentners, der nach vierzig Jahren aus dem Berufsleben ausgeschieden ist. All diese Situationen stellen Umbrüche und transitäre Phasen dar, die gewisse emotionale Neuanpassungen bedingen. Mitunter können hier auch grundlegende Veränderungen der Werte und Einstellungen erforderlich sein. Exakt an diesem Punkt, wenn alte Werte aufgegeben und neue Maßstäbe gesetzt und übernommen werden müssen, kann jemand sich mit der Notwendigkeit konfrontiert sehen, mit seinen »wahren« Gefühlen in Kontakt zu kommen.

Gefühle und Emotionen werden zum Teil durch die Werte und Maßstäbe einer Person bestimmt. Ändert sich das eine, so ändert sich auch das andere. In Kontakt mit seinen wahren Gefühlen zu kommen, ist also nicht so sehr ein Prozeß der Entdeckung als vielmehr ein Akt der emotionalen Kreativität.

Mythos No. 6
Mythos von den viszeral gesteuerten Emotionen

Dieser weiteren Variante des Artischocken-Mythos zufolge sind körperliche Veränderungen, insbesondere viszerale Zustandsänderungen (im Bereich des Herzens, Magens etc.), notwendige, wenn nicht gar ausreichende Voraussetzungen für Emotionen. Wie die meisten Mythen hat auch dieser etwas Wahres. Es gibt Bedingungen wie plötzliches Erschrecken infolge eines lauten Geräusches, Erbrechen infolge eines penetranten Geruchs, Aggression infolge eines Angriffes, Depression nach dem Verlust eines geliebten Menschen und so weiter, die von dezidierten physiologischen Veränderungen begleitet werden. In solchen Fällen kann eine Person von der Autonomie körperlicher Reaktionen getroffen werden. Hier scheint der Körper etwas zu »wissen«, was der

Betreffende nicht weiß, und er handelt »eigenständig«, mitunter gegen den erklärten Willen und Wunsch der betreffenden Person. Solche scheinbar autonomen Reaktionen können zu Recht als »Ereignisse« – als Dinge, die uns widerfahren, statt als Aktionen gesehen werden.

Da Emotionen auch als Passionen verstanden werden, liegt die Assoziation von Emotionen und viszeralen Reaktionen nahezu auf der Hand. Umgangsprachlich sind Emotionen »Bauch«-Reaktionen. Konkreter: Im Falle von Angst können die Hände schwitzen; bei Wut kann das Blut so in Wallung geraten, daß der Kragen bald platzt; bei Verliebtsein können Schmetterlinge im Bauch fliegen und so weiter. Der Mythos von den viszeral gesteuerten Emotionen verhilft solchen umgangssprachlichen Ausdrücken zum Status selbstverständlicher Wahrheiten.

Dem könnte entgegengehalten werden, daß wissenschaftliche Beweise die Bedeutung viszeraler Reaktionen bei Emotionen belegen. Bei Angst können zum Beispiel die Handinnenflächen schwitzen; und bei Wut kann sich die Hauttemperatur im Bereich »des Kragens«, als Ergebnis des gesteigerten Blutflusses zur Haut in dieser Region, erhöhen. Es gibt aber zahreiche weitere umgangssprachliche Redewendungen, die de facto jeder Grundlage entbehren. Obwohl man bei Wut rot anlaufen kann, wird aber niemand schwarz, der sich ärgert, und ebensowenig jemand grün vor Neid.

Es ist noch nicht allzulange her, daß das tatsächliche Wissen über die physiologischen Funktionen ausgesprochen dürftig war. Kein Wunder also, daß die volkstümlichen (anatomischen und physiologischen) Interpretationsschemata stark von Bedeutungen gefärbt sind, die weniger etwas mit den physiologischen Funktionen eines Organs oder Körperteils als solchem, als vielmehr etwas mit dessen Verwendung als Nahrungsmittel, seiner Rolle in Zusammenhang mit rituellen Opfern oder sexuellen Aktivitäten und ähnlichem zu tun haben. Aus psychologischer Sicht ist unser Körper ebensosehr Symbol wie Substanz.[8]

Ist eine symbolische Assoziation zwischen psychologischen und physiologischen Prozessen erst einmal hergestellt, kann sie sich als extrem zählebig erweisen. Wir möchten dieses Faktum anhand eines Beispieles illustrieren, nämlich der früheren Praxis, wonach die Konversionshysterie mit einer weiblichen Störung identifiziert wurde. Der Terminus »Hysterie« hat seinen Ursprung im griechischen *hysterikós*, der Bezeichnung für die Gebärmutter oder den Uterus. Diesem Organ wurde die Fähigkeit unterstellt, daß es durch den Körper wandern und ohnmachtsähnliche Anfälle, Lähmungen von Gliedmaßen und anderweitige Unterbrechungen normaler Funktionen auslösen könne.[9] Hippokrates (ca. 460–370 v. Chr.) war der erste, der bestimmte Symptome, unter metonymischer Bezugnahme auf ihre vermeintliche Ursache, als hysterisch bezeichnete. Es schien diese frühen Theoretiker nicht allzusehr zu beschäftigen, wie es der Gebärmutter möglich sein sollte, so weit zu wandern. Die Lokalisierung der Funktion basierte offenkundig auf der vagen Erkenntnis, daß einige Arten von Symptomen auf sexuelle Schwierigkeiten zurückzuführen waren und der Uterus ein wichtiges Organ der weiblichen Sexualität war. Schwieriger ist die Frage zu beantworten, warum solche Symptome fast ausschließlich mit weiblichen Störungen in Verbindung gebracht wurden. Es hatte wahrscheinlich etwas mit dem Status der Frauen und ihren Geschlechterrollen zu tun. Darüber hinaus hatte man für die Abwärtsbewegung des Uterus eine gewisse empirische Grundlage mit Gebärmutter-Vorfällen, wohingegen das männliche Organ offensichtlich nicht frei wandern konnte. (In einigen Teilen Asiens – insbesondere in Malaysia und Südchina – leiden Männer gelegentlich an einem Zustand, *koro* oder *su yang*, bei dem die Angst vorliegt, der Penis ziehe sich in den Bauch zurück. Um dieses Zurückziehen zu verhindern, wurde ein Vielzahl physischer und verhaltensspezifischer Methoden entwickelt – alle offenkundig mit Erfolg.)[10]

Wie dem auch sei, als die wandernde Gebärmutter erst einmal zum Symbol hysterischer Reaktionen geworden war, erwies sich die Vorstellung, diese Symptome seien geschlechtsspezifisch, als extrem zählebig, selbst dann noch, als aufgrund fortschreitender physiologischer Kenntnisse die Immobilität des Uterus gesichert war. So beschrieb Freud einen »alten Chirurgen«, der hinsichtlich der Möglichkeit männlicher Hysteriker ausrief: »Aber, Herr Kollege, wie können Sie solchen Unsinn reden! *Hysteron (sic!)* heißt doch der Uterus. Wie kann denn ein Mann hysterisch sein?«[11]

Kurz: Bei jeder Assoziation zwischen Emotionen und viszeralen Abläufen ist Vorsicht geboten, selbst wenn (oder gerade wenn) ebenjene Assoziation auf der Hand zu liegen scheint. Und selbst wenn die Assoziation korrekt ist (wie dies gelegentlich der Fall ist), sind zwei weitere Punkte zu berücksichtigen. Erstens treten Veränderungen der viszeralen Aktivitäten normalerweise zur Unterstützung eines Verhaltens auf, das offenkundig in einer Situation verlangt wird. Das sagt wenig über den Ursprung des Verhaltens aus, das biologischer, gesellschaftlicher oder psychologischer Natur sein kann. Die Tatsache, daß eine physiologische Erregung vorliegt, wird oft als unstrittiger Beweis genommen, daß das fragliche Verhalten biologischen Ursprungs und gegen Veränderungen folglich relativ gefeit ist. Dem ist jedoch nicht notwendigerweise so.

Damit kommen wir zum zweiten Punkt. Mythen und Emotionen stellen nicht nur phantasiereiche Erklärungen für »natürliche« Ereignisse, sondern zugleich auch verschleierte Instruktionen dar, die besagen, wie jemand auszusehen und zu reagieren hat, wenn er emotional engagiert ist. So ist es keineswegs unüblich, daß Personen »das Feuer« ihrer Passion »schüren«, um dem Mythos der viszeral gesteuerten Emotionen gerecht zu werden. Über die genauen Mittel und Wege, wie Personen ihre physiologischen Reaktionen kontrollieren, weiß man noch nicht allzuviel, und sie sind zweifellos vielschichtiger Natur. Daß eine derartige Kontrolle ausgeübt werden kann und ausgeübt wird, ist unstrittig. Das dramatischste Beispiel in dieser Hinsicht ist vielleicht der Voodoo-Tod. Die Person, die verhext wurde, schlüpft in die Rolle eines Sterbenden – und stirbt (oft mit der unbeabsichtigten und subtilen Mithilfe der ihn umgebenden Personen).[12] Ein etwas weltlich gebundeneres Beispiel ist die viktorianische Lady, die »auf Kommando« in Ohnmacht fällt – nachdem beispielsweise eine sexuell anzügliche Bemerkung an ihr Ohr drang. Ein Verhalten, das aus der Mode gekommen ist, das aber anschaulich die feine Kontrolle demonstriert, die selbst von gewöhnlichen Menschen über physiologische Reaktionen ausgeübt werden kann.

Mythos No. 7
Der Mythos von der Phylogenese

Bei den nächsten beiden Mythen geht es um den Ursprung (die Genese) von Emotionen. Der erste führt den Ursprung der Emotionen auf unsere animalische Abstammung (Phylogenese) zurück, der zweite auf frühe Kindheitserfahrungen (Pädogenese).

Wir möchten nochmals auf unsere Ausführungen über den Zustand des »wildgewordenen Schweines« zurückkommen. Diesem Mythos zufolge fällt die betreffende Person in einen tierähnlichen Zustand zurück – der dem entspricht, wie die Menschen waren, ehe sie die Tünche der Kultur erwarben. Die Gesellschaften im Westen hielten lange Zeit einen ähnlichen Mythos über die Emotionen aufrecht. Platon postulierte zum Beispiel eine Quasi-Umkehrung der Evolution. Der Mann, der kein vernünftiges Leben lebte, so seine These, konnte dadurch bestraft werden, daß er bei seiner »zweiten Geburt« (Reinkarnation) als eine Frau oder als ein Tier auf die Welt kam – als Vogel, Säugetier auf dem Land (Vierbeiner oder Vielfüßer), Reptil oder Fisch, in dieser Rangfolge, abhängig von der Passion, die sein Leben beherrschte, und der Schwere seiner Verfehlungen (z. B. vielleicht ein Löwe für den Ungestümen, ein Hirsch für den Schüchternen oder eine Kuh für den Trägen).[13]

Der Mythos von der Phylogenese revidiert zwar Platons Evolutionstheorie, was er aber aufrechterhält, ist Platons Hervorhebung der tierähnlichen Qualitäten von emotionalen Reaktionen. Stark und übertrieben simplifiziert liegt diesem Mythos folgende These zugrunde: Wir sind bei einer Emotion außerstande, die Art, wie wir reagieren, zu beeinflussen, weil wir nach wie vor Überreste unserer phylogenetischen Vergangenheit in uns haben; oder, noch einfacher ausgedrückt, Emotionen sind das Tier in der menschlichen Natur.

Es braucht wohl nicht eigens erwähnt zu werden, daß Emotionen, wie andere Formen des Verhaltens, biologischen Schranken ausgesetzt sind. Wären Emotionen allerdings biologisch gegeben, so könnten wir unterstellen, daß alle Völker, als biologisch ähnlich, die gleichen Emotionen erführen und die emotionale Kreativität weder auf der sozialen noch auf der psychologischen Ebene eine nennenswerte Chance hätte. Wie unsere Beispiele aus der Geschichte und den verschiedensten Kulturen (in Kapitel 2 und 3) jedoch zeigten, sind Emotionen wesentlich komplexer, als der Mythos von der Phylogenese uns weismachen will.

Mythos No. 8
Der Mythos von der Pädogenese

Parallel zur *Phylogenese*, die die Ursprünge der Charakteristika bis in die Frühphasen der biologischen Evolution zurückverfolgt, möchten wir die *Pädogenese* (abgeleitet vom griechischen *paedo*, Kind) ansprechen, derzufolge die Ursprünge von Verhalten in der Kindheit zu sehen sind. Der Mythos von der Pädogenese wird vielfach von jenen verfochten, die den Mythos der Phylogenese bestreiten. Die Psychoanalyse baut zum Beispiel auf der Theorie auf, daß die emotionalen Reaktionen Erwachsener im Grunde von den Ereignissen in den ersten sechs Lebensjahren bestimmt werden. Andere Theorien mögen in dieser Frage weniger deutlich sein, der Tenor ihrer Analyse ist aber dennoch oft ähnlich.

Daran, daß jedes Verhalten in Kindheitserfahrungen wurzelt, ist natürlich etwas Wahres. Das Kind ist der Vater des Mannes. Die Diskussionen über die emotionale Entwicklung gehen aber oft über diese Binsenwahrheit hinaus und implizieren, die Emotionen der Erwachsenen würden, soweit sie nicht gar angeboren sind, in der Kindheit und frühesten Kindheit konstituiert.

Wir stellen die Bedeutung der Pädogenese als allgemeines Prinzip nicht in Frage; was wir aber in Frage stellen, ist die Implikation, emotionale Veränderungen seien im Erwachsenenalter entsprechend limitiert. Der Mythos von der Pädogenese basiert zum Teil auf der Vorstellung, daß es sich bei Erwachsenenemotionen lediglich um die vollendeteren und ausgeklügelteren Versionen ihrer Kindheitspendants handelt. Wir gehen im Gegensatz dazu davon aus, daß emotionale Symptomenkomplexe in jedem Alter erworben werden können, und daß selbst, wenn es eine Kontinuität gibt (etwa zwischen der Wut des Kindes und der des Erwachsenen), die Transformation so ausgeprägt sein kann, daß nur noch in einem begrenzten Sinne von der »gleichen« Emotion die Rede sein kann.

Seit eh und je gibt das Problem der Identität am Maßstab der Zeit Rätsel auf.[14] Die Griechen veranschaulichten das Problem in einer Allegorie über das Schiff des Theseus. An diesem Schiff wurden nach und nach die Planken ausgetauscht, eine nach der anderen, bis nicht eine einzige der ursprünglichen Planken mehr an dem Schiff war. War das Schiff immer noch dasselbe Schiff des

Theseus? Die meisten würden wohl mit Ja antworten. Dabei ist aber vielleicht folgendes zu bedenken. Angenommen, jede der entfernten Planken wurde sorgfältig aufbewahrt. Nachdem alle Planken ausgetauscht waren, wurde aus den ursprünglichen Planken ein neues Schiff gebaut. Jetzt haben wir zwei Schiffe. Welches ist das »wirkliche« Schiff des Theseus – das, welches zeitlich gesehen die größte Kontinuität (mit dem allmählichen Austausch der Planken) aufzuweisen hat oder dasjenige, das von der materiellen Beschaffenheit her (aus den Originalplanken nachgebaut) dem Original am nächsten kommt? Wir möchten das Ganze aber noch etwas weiter komplizieren. Angenommen, die alten Planken wurden, als man sie entfernte, vernichtet, so daß kein zweites Schiff, abbildgetreu zum Original, aus ihnen nachgebaut werden konnte. Des weiteren unterstellen wir, daß das Schiff anläßlich des Austausches der Planken auch von der Konstruktion her neu gestaltet wurde – der Rumpf wurde verbreitert, die räumliche Aufteilung neu arrangiert, ein zusätzliches Deck geschaffen und so weiter. Am Ende sind die Bestandteile des Schiffes nicht nur alle neu, es ist auch neu gestaltet. Ist es immer noch dasselbe Schiff des Theseus? Und wenn nicht, an welchem Punkt hörte es auf, das Originalschiff zu sein und wurde ein neues Schiff?

Die sich im Laufe eines Lebens vollziehende emotionale Entwicklung gibt nicht weniger Rätsel als das Schiff des Theseus auf. Wenn wir die Wut eines Erwachsenen mit dem Temperamentsausbruch eines Kindes vergleichen, so scheint beides wenig gemeinsam zu haben. Dennoch gibt es eine Kontinuität, aber es ist nicht möglich zu sagen, daß die infantile Emotion an irgendeinem bestimmten Punkt aufhörte und durch die Erwachsenenemotion abgelöst wurde. Weil das so ist, sind wir versucht anzunehmen, daß da etwas sein muß – die Essenz oder das »Herz« der Emotion –, das als Konstante über die gesamte Zeitspanne bestehen bleibt.

Wir bestreiten nicht, daß die »gleiche« Emotion (zum Beispiel Wut) ebenso im Erwachsenenalter wie in der Kindheit zu beobachten ist. Aber wie im Falle von Theseus' Schiff kann, was in einem Sinne das gleiche ist, in einem anderen Sinne völlig anders sein. Die emotionale Kreativität ist eine lebenslängliche Unternehmung.

Mythos No. 9
Der Mythos von der emotionalen Gleichheit

Diesem Mythos zufolge sind alle Menschen imstande, in mehr oder weniger gleicher Weise emotional zu reagieren. Aus einer bestimmten Sicht stellt dieser Mythos eine Erweiterung des Mythos von der Phylogenese dar. Es wird unterstellt, daß die Menschen in allen Kulturen die gleichen Primär-Emotionen erfahren, wenn auch in unterschiedlichen Kombinationen und unterschiedlichen kulturellen Ausstaffierungen. Worum es uns hier aber geht, sind die individuellen Unterschiede innerhalb einer Kultur. Der Mythos von der emotionalen Gleichheit erhebt, wie gesagt, den Anspruch, daß alle Menschen innerhalb einer Kultur fähig sind, emotional mehr oder weniger gleich zu reagieren – daß zum Beispiel alle die gleiche Art von Liebe anstreben können (oder sollten), daß alle bei dem Verlust eines geliebten Menschen ähnlich trauern können, daß alle, wenn Rechte verletzt werden, in vergleichbarer Weise wütend werden können, daß alle gleichermaßen Angst vor bestimmten Gefahren haben und daß alle gleichermaßen mutig gegenüber anderen sind; eine beliebig fortsetzbare Liste. Eine Person, die diesen kulturellen Erwartungen nicht entspricht, muß damit rechnen, bestenfalls als exzentrisch und schlimmstenfalls als unmoralisch zu gelten.

Aber selbst ein flüchtiger Blick genügt, um zu erkennen, daß Menschen sich drastisch in ihren emotionalen Fähigkeiten unterscheiden. Manche sind relativ gelassen und gleichmütig, während andere ausgeprägte emotionale Schwankungen in ihren Reaktionen zeigen, himmelhoch jauchzend an einem und zu Tode betrübt am anderen Tag. Diese Unterschiede hängen bis zu einem gewissen Grad von den individuellen Lebenserfahrungen respektive den Ereignissen im Leben eines Individuums ab; bis zu einem gewissen Grad hängen sie aber auch von den angeborenen Differenzen in bezug auf die Reaktivität des Nervensystems ab. Selbst bei Neugeborenen zeigen sich markante Temperamentsunterschiede.

Wir dürfen wohl unterstellen, daß Individuen, die sich in ihrem Temperament unterscheiden, sich auch in den Emotionen, die sie entwickeln, unterscheiden. So dürfte der emotional kreative Extrovertierte, der die Gesellschaft anderer genießt, zum Beispiel ein anderes Emotionsrepertoire als der emotional kreative Introvertierte entwickeln, der das Alleinsein oder allenfalls das Zusammensein mit einigen wenigen engen Freunden bevorzugt. Wir sollten solche individuellen Unterschiede akzeptieren und sie uns zunutze machen. Kreativ sein, heißt anders sein, aber jeder Mensch muß auf seine eigene Weise anders sein (Authentizität).

Auf dem Weg zu emotionaler Kreativität

Von den neun angesprochenen Mythen über Emotionen sind besonders zwei als die fundamentalsten hervorzuheben. Der Mythos von den Passionen und der Mythos von der emotionalen Artischocke. Der erste besagt, daß Emotionen außerhalb unserer Kontrolle liegen, Dinge sind, die uns widerfahren, statt Dinge, die wir tun. Dem zweiten zufolge hat jede Emotion irgendein essentielles Merkmal (z. B. ein physiologisches Erregungsmuster oder ein wahres Gefühl), das über Zeit und Raum hinweg unverändert bleibt. Die übrigen Mythen können als spezifisch vervollkommnete Varianten oder zusätzliche Erklärungsversuche dieser Grundthesen betrachtet werden.

Der erste Schritt auf dem Weg zu emotionaler Kreativität ist das Wissen, daß unsere Emotionen unseren Kontrollmöglichkeiten und der Möglichkeit zu Veränderungen unterliegen – nicht nur oberflächlichen, sondern »essentiellen« Veränderungen. Wir sind verantwortlich für unsere Emotionen. Wir haben die Wahl, Emotionen zu entwickeln, die uns unterstützen, oder, wie der Mythos von den Passionen uns weismachen will, eine Schachfigur unserer Emotionen zu sein. Die Aufgabe, um die es geht, ist somit, Emotionen zu entwickeln, die unserem persönlichen Wohlbefinden und unseren zwischenmenschlichen Beziehungen förderlich sind, und jene zu verändern, die uns hemmen. Emotionale Kreativität ist das lebenslange Streben nach weiterer Vervollkommnung; sie beginnt mit der Bewußtheit, daß unsere Emotionen selbstgemacht, ein Produkt unserer eigenen Ressourcen und unseres Erfindungsreichtums sind.

Kapitel 6

Die Natur der Kreativität

Alles dies läßt sich in folgender
Formel zusammenfassen:
Bei der Erzeugung des Werkes
entsteht die Tätigkeit
aus der Berührung mit dem Undefinierbaren.

Paul Valéry,
Zur Theorie der Dichtkunst

Kreativität. Was ist das? Es gibt fast so viele Definitionen der Kreativität wie es Personen gibt, die darüber schreiben. Das mag nicht überraschen. Kreativität erscheint vielen zu mysteriös und zu komplex, als daß sie definierbar wäre. Und niemand scheint verblüffter und um Worte verlegener als die kreativen Individuen selbst zu sein, wenn sie versuchen, die Quellen und Mechanismen ihrer Inspirationen zu beschreiben.[1]

Daß etwas mysteriös und komplex ist, bedeutet noch lange nicht, daß es uns nicht vertraut und, im wahrsten Sinne des Wortes, außergewöhnlich ist. Nichts ist mysteriöser – und vertrauter – als das Leben selbst. Kreativität ist Teil des Lebens. Leben heißt, wachsen und verändern. Jene Aspekte des Lebens, die wir herausheben und »kreativ« nennen, zeichnen sich von den gewöhnlichen mehr durch rollen- als durch artspezifische Unterschiede aus.

Um die Diskussion zu vereinfachen, ist es hilfreich, zwischen Kreativität am Maßstab von Personen, Prozessen und Produkten zu unterscheiden. Wir beginnen mit letzterem, da es wenig sinnvoll erscheint, über kreative Personen oder Prozesse zu sprechen, wenn diese nicht am Ende mit beeindruckenden Produkten aufwarteten.

Kreative Produkte

Kreative Produkte begegnen uns in vielen verschiedenen Formen. Ein Gemälde ist ein kreatives Produkt, ebenso ist es eine wissenschaftliche Theorie oder ein kommerzielles Unternehmen. Aber nicht alle Produkte sind so greifbar oder beständig. Eine Tanzimprovisation hat zum Beispiel über die Vorstellung hinaus keinen Bestand. Was wir ganz allgemein als kreatives Produkt bezeichnen, ist folglich jede Handlung oder Reaktion, die in irgendeiner variablen Kombination den nachfolgenden drei Kriterien gerecht wird: Erstens, die Reaktion sollte neu sein; zweitens, sie sollte effizient irgendeiner Herausforderung gerecht werden oder von Wert oder Nutzen für das Individuum oder die Gesellschaft sein; und drittens, die Reaktion sollte authentisch sein, das heißt, sie sollte reflektieren, daß sie ihren Ursprung im Individuum hat und nicht nur einfach ein Produkt äußerer Kräfte ist.

Das Neue

Das für ein kreatives Produkt zweifelsohne am häufigsten genannte Kriterium ist, daß es sich dabei um etwas irgendwie Einmaliges oder Außergewöhnliches handeln muß. Das mag hinreichend einleuchtend erscheinen. Das Neue in einem absoluten Sinne gibt es jedoch nicht, es bedingt stets irgendeinen Bezugsrahmen. Das heißt, etwas kann nur im Vergleich zu dem, was alltäglich ist, neu sein. Diese Alltäglichkeit kann sich auf das beziehen, was entweder für das Individuum oder für die Gesellschaft gang und gäbe ist. Somit kann eine Reaktion neu im Vergleich zu dem Verhalten eines Individuums in seiner Vergangenheit sein (wie im Falle eines Schülers, der erstmals lernt, Rechenaufgaben zu lösen) oder neu gemessen an der Gesellschaft insgesamt (wie dies beispielsweise der Fall war, als Newton und Leibniz unabhängig voneinander die Differential- und Integralrechnung als eine neue Methode in der Mathematik entwickelten).

Zu oft wird das Neue nur am Maßstab des gesellschaftlichen Vergleichs interpretiert. Übersehen wird dabei die Kreativität, die bei der individuellen Entwicklung zum Tragen kommt. Jedes Lernen bedingt, daß neue Reaktionen erworben werden und, für das Individuum zumindest, dieses Kriterium des Neuen erfüllt wird.

Wir möchten die Bedeutung des Neuen jedoch nicht übermäßig betonen. Nicht jede neue oder ungewöhnliche Reaktion ist kreativ, weder auf der individuellen noch auf der gesellschaftlichen Ebene. Wichtig ist, das Kreative vom Absonderlichen, bloß Exzentrischen, Willkürlichen – die sämtlich recht neu oder einzigartig sein können – zu unterscheiden.

Die Effizienz

Um als kreativ zu gelten, muß eine Reaktion effizient irgendeiner Herausforderung oder einem Problem gerecht werden; das heißt, sie muß von irgendeinem potentiellen Nutzen für das Individuum oder die Gesellschaft sein. Prinzipiell kann zwischen drei Kategorien von Nutzen unterschieden werden – einem Nutzen in praktischer, ästhetischer oder psychosozialer Sicht. Ein praktischer Nutzen ist gegeben, wenn eine Reaktion sich als treffende Lösung für ein nennenswertes Problem präsentiert. Wenn ein Unternehmen Kreativitätsseminare oder »Brainstorming«-Veranstaltungen für seine Angestellten durchführt, ist der praktische Nutzen das Hauptziel. Der ästhetische Nutzen ist vor dem Hintergrund des Vergnügens (sensorisch oder intellektuell) zu sehen, das eine Reaktion bieten kann. Die Hauptdomäne des ästhetischen Nutzens ist die Kunst. Den psychosozialen Nutzen sehen wir in effizienteren zwischenmenschlichen Umgangs- und Beziehungsformen. Eine im psychosozialen Sinne kreative Reaktion sollte zu höheren und komplexeren Ebenen der Integration, sowohl innerhalb des Individuums (Selbstverwirklichung) als auch zwischen Individuum und Umfeld (soziales Wohlbefinden) führen.

Die vorgenannten drei Arten von Nutzen erwachsen auf unterschiedliche Weise aus kreativen Reaktionen in verschiedenen Bereichen – zum Beispiel: der praktische Nutzen aus der Kreativität in Wissenschaft und Technologie; der ästhetische Nutzen aus der Kreativität im Bereich der Kunst; der psychosoziale Nutzen aus der emotionalen Kreativität. Dennoch gilt, daß diese Arten des Nutzens mitnichten jeweils nur von einem Bereich kreativer Anstrengungen abhängen. So kann die Effizienz einer wissenschaftlichen Theorie zum Beispiel am Maßstab ihrer ästhetischen Gefälligkeit (Simplizität, Eleganz, Schönheit) und ihrem Beitrag zur Würde des Menschen (einem psychosozialen Nutzen) wie auch auf der Grundlage ihrer praktischen Implikationen gemessen werden. Ähnlich wurden Kunstwerke traditionell aus praktischen und psychosozialen Gründen und nicht nur wegen ihrer ästhetischen Gefälligkeit geschaffen. Kunst um der Kunst willen ist ein relativ junges Phänomen, kulturell gesprochen. Und die wahre kreative emotionale Reaktion ist, der weiteren Argumentation vorgreifend, ein effizientes Mittel, um ein konkretes Problem in einer Weise zu bewältigen (praktischer Nutzen), die sowohl ansprechend als auch elegant (ästhetischer Nutzen) und dergestalt ist, daß sie dem eigenen Selbst und / oder zwischenmenschlichen Beziehungen förderlich ist (psychosozialer Nutzen).

Die Authentizität

Dieses dritte Kriterium wäre treffender mit »Originalität« bezeichnet, wenn dieser Begriff nicht so oft mit Neuheit verwechselt würde. Eine originelle Reaktion ist oft einzigartig, aber Originalität ist nicht nur Neuheit. Zur Verdeutlichung des Unterschiedes stellen Sie sich einen sehr talentierten (aber unkreativen) Kunststudenten vor, der ein Meisterwerk in jedem Detail kopiert, so daß es jetzt zwei in jeder Hinsicht, mit Ausnahme der namentlichen Kennzeichnung auf der Rückseite, identische Gemälde gibt – ein Original und eine Kopie. Per Definition sind beide Gemälde, da sie in jedem relevanten Detail gleich sind, gleichermaßen neuartig und gleichermaßen schön. Dennoch, das Original loben wir ob der Kreativität, die es manifestiert, und an der Kopie bewundern wir nur das technische Können. Was macht den Unterschied, wenn es keinen Unterschied gibt? Das Original, so könnte gesagt werden, ist authentisch und die Kopie nur eine *Re*produktion.

Originalität – aus dem Lateinischen: *originalis* – bezieht sich auf den Ursprung von etwas. Das vorherige Beispiel aufgreifend, schätzen wir das Original-Gemälde wegen seines – in gewisser Weise – inneren Ursprungs, als Manifestation des »Genies« des Künstlers. Die Form der Kopie ist im Gegensatz dazu von außen diktiert; eine, wenn man so will, sehr fortgeschrittene Version des »Malens nach Zahlen«.

Rudolf Arnheim, viele Jahre als Professor der Kunstpsychologie an der Harvard University tätig, meinte zur Unterscheidung von Originalität und dem bloß Neuen:

»Aber nichts ist absolut neu. *Vom* Menschen und *für* den Menschen geschaffen, beruht das Neue zwangsläufig auf denselben Grundprinzipien, -mitteln und -bedürfnissen wie das Alte. Wir würden eine Neuheit gründlich mißverstchen, wollten wir ihr allein das Verdienst von Eigenschaften zusprechen, das sie mit viel umfassenderen Sachverhalten teilt... [Deshalb] schlage ich vor, Kunst im Zusammenhang mit einer Welt zu sehen, in der zwischen Menschen und anderen Arten von Lebewesen und Dingen mehr Gemeinsamkeiten als Unterschiede bestehen. Dementsprechend ist die Kunst eine Welt grundlegender Ähnlichkeiten und Abhängigkeiten, Nachahmungen... eine kollektive Anstrengung, der gemeinsamen menschlichen Erfahrung Ausdruck zu verleihen... so stellt sich allerdings die Frage, ob es gerechtfertigt ist, daß wir der Verifikation von ›Originalen‹ und ihrer Unterscheidung von Kopien... eine so große Bedeutung beimessen.«[2a]

Und weiter:

»Wenn sowohl das Kind aus dem Kindergarten als auch der abstrakte Maler in ihren Bildern von der Erscheinungsform der Natur weit entfernt sind, dann sind sie das aus entgegengesetzten Gründen... Der Anfänger verwendet einfache Formen, weil er noch nicht den vollständigen Kontakt mit der Wirklichkeit hergestellt hat. Der moderne Künstler verwendet sie, weil er sich nach und nach von der Wirklichkeit distanziert hat. Seine Arbeit ist abstrakt, weil er sich selbst abstrahiert hat... Einfache Formen sind eine Zuflucht vor schwer zu handhabenden Komplikationen.«[2b]

Etwas überspitzt formuliert, ließe sich sagen, daß Neuheit einfach um des Anders-sein-Wollens oft der Deckmantel für unterschwellige Ängste ist, sich auf die Realität einzulassen. Aber was ist die Realität? Sie ist nicht einfach die Welt »da draußen«, eine Welt bar jeder menschlichen Passion und Wünsche. Die Welt, in der wir leben, ist in weiten Teilen eine symbolische Welt, eine Projektion unserer eigenen Bedürfnisse, Werte und Ideale. Und insofern ist der »Kontakt mit der Wirklichkeit« in realiter die Konfrontation mit dem eigenen Selbst.

Was wir mit Authentizität als Kriterium für Kreativität meinen, können wir nunmehr wie folgt präzisieren. Eine authentische Reaktion ist diejenige, die ihre Ursprünge im Selbst hat; sie ist der wahre Ausdruck der Persönlichkeit eines Individuums. Und warum sollte das wichtig für die Frage der Kreativität sein? Eine Frage, die nicht leicht zu beantworten ist. Soweit eine Reaktion das Kriterium der Authentizität erfüllt, offenbart sie etwas über den Urheber – und über uns selbst. Über die Wertschätzung eines kreativen Produktes erfahren wir, wenn auch sozusagen aus zweiter Hand, etwas von den inneren Kämpfen und Triumphen des Urhebers. Ein Umstand, der in Zusammenhang mit der Wertschätzung von Kunstwerken oft festgestellt wird, der aber im Falle wissenschaftlicher Entdeckung nicht weniger gegeben ist. Ebenso wie junge Künstler oft die Werke alter Meister kopieren, wiederholen Studenten im Bereich der Wissenschaften (oder es wird von ihnen verlangt) klassische Experimente und Entdeckungen. Wenn sie ihre Lektionen gut gelernt haben, gewinnen der angehende Wissenschaftler oder Künstler eine Sicht der Welt, die der des Urhebers ähnlich, aber am Ende darüber hinausgehend ist.

Damit kommen wir zu dem wichtigsten Grund, warum Authentizität als Kriterium der Kreativität relevant ist. Arnheim spricht, um ihn nochmals zu zitieren, unter anderem von der »sichtbaren Welt in all ihrer verwirrenden Vielfalt«. Die Betonung sollte hier auf *Vielfalt* liegen. Authentizität ermöglicht – ja verlangt – eine Weiterentwicklung. Eine authentische Reaktion sprüht förmlich vor neuen Möglichkeiten. Eine Kopie ist ein totes Gebilde. Es sei denn, sie wird als Teil eines anderen Selbst inkorporiert (was bedingt, daß sie aufhört, eine *reine* Kopie zu sein, und eine eigenständige Authentizität erwirbt). Ohne diese Inkorporierung läßt die Kopie keinen Raum für eine Weiterentwicklung, da sie von der Quelle ihrer Vitalität abgeschnitten ist.

Kreative Personen

»Es gibt zwei Sorten Menschen auf der Welt; diejenigen, die denken, daß es zwei Sorten Menschen gibt, und diejenigen, die das nicht tun.« Mit diesem alten Sprichwort sei vor einer allzu krassen Simplifizierung gewarnt. Es wäre wohl unrealistisch anzunehmen, man könne Menschen trennungsscharf in zwei Kategorien teilen – die Kreativen und die Unkreativen. Jeder ist bis zu einem gewissen Grad kreativ; und jemand, der in einem Bereich höchst kreativ ist, kann auf einem anderen Gebiet völlig unfähig sein.

Selbst wenn wir uns auf Personen konzentrieren, die innerhalb eines bestimmten Bereiches höchst kreativ sind, gibt es noch gewaltige individuelle Unterschiede. So gelten, gängigen Stereotypen zufolge, zum Beispiel Naturwissenschaftler (Physiker, Chemiker, Ingenieure usw.) als kalt, rational, pedantisch, abstrakt und vergleichsweise konventionell in ihrem Lebensstil. Demgegenüber sind Künstler und Musiker vermeintlich unstet, ausdrucksstark, impulsiv und einem bohemehaften Lebensstil verhaftet.

Obwohl diese Stereotypen ein Körnchen Wahrheit enthalten mögen, können sie auch irreführend sein.[3] Die Persönlichkeitsunterschiede innerhalb der Gruppen (etwa Wissenschaftler im Gegensatz zu Künstlern) sind wesentlich größer als es die Unterschiede zwischen den Gruppen im Durchschnitt sind. Peter Medawar, Biologe und Nobelpreisträger, formulierte diesen Punkt treffend:

»Die typisch wissenschaftliche Geisteshaltung gibt es nicht. Es gibt vielmehr alle möglichen Sorten von Wissenschaftlern, die ihrem Gewerbe auf die unterschiedlichste Art und Weise nachgehen. Es gibt unter ihnen passionierte Sammler, Karteikastenordner und Reinlichkeitsfanatiker. Viele sind im Grunde ihrer Seele Detektive, andere wieder Forschungsreisende, Künstler oder solide Handwerker. Man findet unter Wissenschaftlern poetische und philosophische Temperamente, und sogar eine Handvoll Mystiker.«[4]

Angesichts derart offenkundiger Differenzen sowohl zwischen als auch innerhalb der verschiedenen kreativen Betätigungsfelder könnte jeder Versuch, eine kreative Person zu charakterisieren, als von vornherein zum Scheitern verurteilt erscheinen. Und dennoch herrscht in weiten Teilen Einvernehmen darüber, daß kreative Personen bestimmte Charakteristika gemein haben, ganz gleich, wie unterschiedlich sie in anderer Hinsicht sein mögen. Eine von Donald MacKinnon und seinen Kollegen am Institute for Personality Assessment and Research an der University of California in Berkeley erstellte Studie gibt einen guten Überblick über diese gemeinsamen Charakteristika.[5] Untersucht wurden drei Gruppen von Architekten, die in etwa die gleiche Bildung und technische Kompetenz, aber nach dem Urteil von Angehörigen unterschiedliche Voraussetzungen in puncto Kreativität aufwiesen. Zu den Bewertungsgrundlagen gehörte unter anderem eine Liste von Adjektiven zur Beschreibung von Persönlichkeitscharakteristika. Anhand dieser Liste beurteilten die Architekten einerseits ihr tatsächliches Selbst (wie sie selbst glaubten zu sein) und andererseits ihr Ideal-Selbst (wie sie sich wünschten zu sein). Durch folgende Adjektive unterschieden sich die höchst kreativen Architekten am deutlichsten von ihren weniger kreativen Kollegen:

erfinderisch   individualistisch   entschlossen
unabhängig   enthusiastisch   arbeitsam

Die weniger kreativen Architekten hatten ein dezidiert anderes, aber in vielerlei Hinsicht gleichermaßen positives Selbstbild. Im einzelnen waren es vor allem folgende Attribute, die sie sich selbst beimaßen:

klar denken   aufrichtig   zuverlässig   verständnisvoll
verantwortlich   solide   tolerant

Die Unterschiede zwischen diesen zwei Listen sprechen für sich selbst. Während die kreativen Architekten sich weitestgehend als autonomer und arbeitsorientierter sahen, schätzten ihre weniger kreativen Kollegen sich als sozialorientierter und intensiver den Bedürfnissen anderer Rechnung tragend ein.

Da diese Beschreibungen auf Selbsteinschätzungen beruhen, könnte ihre Stichhaltigkeit fraglich erscheinen. Vielleicht waren die hochkreativen Architekten ja nur bemüht, selbst gut dazustehen. Das dürfte jedoch unwahrscheinlich sein, da beide Kriterienkataloge als solche in etwa ein gleichermaßen positives Gesamturteil darstellen: »Erfinderisch« ist kein erstrebenswerteres Attribut als »klar denkend«, »individualistisch« ist nicht erstrebenswerter als »tolerant« usw. Hinzu kamen, MacKinnon zufolge, weitere Gemeinsamkeiten, die die höchst kreativen Architekten auszeichneten; eine der beeindruckendsten war der Grad der Konformität in bezug auf den Personentypus, der sie sein wollten. Keine allüberragende Rolle spielten für sie der Eindruck, den sie auf andere machten, oder die Anforderungen, die andere an sie stellten; ihnen ging es vielmehr in erster Linie darum, ihren eigenen Maßstäben gerecht zu werden. Was nicht heißt, daß diese kreativen Architekten sozial unverantwortlich waren; was im Vordergrund stand, war vielmehr, daß sie sich in ihrem Verhalten von ästhetischen und ethischen Maßstäben leiten ließen, die sie sich selbst gesetzt hatten.

Es gibt zahlreiche weitere Studien, in denen versucht wurde, die Persönlichkeitscharakteristika kreativer Personen zu beschreiben.[6] Einige der am häufigsten genannten werden wir in unseren weiteren Ausführungen auflisten (jeweils in Kursivschrift). Zuvor möchten wir jedoch noch auf ein offensichtliches Paradox eingehen: Wenn kreative Personen, wie Medawar (in dem vorgenannten Zitat) behauptet, so unterschiedlich und individualistisch sind, wie kann man sie dann nach Maßgabe gemeinsamer Charakteristika beschreiben wollen? Folgende Beobachtungen Carl G. Jungs dürften dieses Paradox lösen:

»Jeder schöpferische Mensch ist eine Dualität oder eine Synthese paradoxer Eigenschaften. Einerseits ist er menschlich-persönlich, andererseits aber unpersönlicher, schöpferischer Prozeß. Als Mensch kann er gesund oder krankhaft sein; seine persönliche Psychologie kann und soll darum persönlich erklärt werden. Als Künstler dagegen ist er nur aus seiner schöpferischen Tat zu verstehen.«[7]

Mit anderen Worten, in dem Maße, wie kreative Produkte bestimmte »unpersönliche« Merkmale (wie das Neue, Effizienz und Authentizität) gemeinsam haben, müssen auch kreative Personen ebendiesen Merkmalen förderliche Charakteristika gemeinsam haben.

Dem Neuen förderliche Charakteristika

Die kreative Person muß in ihrem Betätigungsfeld *talentiert* sein (Mathematik verlangt abstraktes Denken, Schreiben verlangt rhetorisches Geschick, Architektur verlangt ästhetische Sensibilität usw.). Das Erfordernis dieses Charakteristikums ist vielleicht so selbstverständlich, daß die Qualifikation als solche nichts wert ist. Über dieses Mindestmaß an Talent hinaus, das unabdingbare Voraussetzung ist, um sich auf irgendeinem Gebiet als kompetent zu erweisen, hängt die Frage der Kreativität eher von temperamentspezifischen Variablen als vom Talent per se ab.

Es gibt bestimmte temperamentspezifische Charakteristika, die quasi per Definition der Erzeugung von Neuem förderlich sind. So sind kreative Personen zum Beispiel *sensibel* für Feinheiten in ihrem Umfeld: Sie sehen Unterschiede, wo andere nur Gleiches sehen; und umgekehrt, sie sehen Ähnlichkeiten, wo andere nur Unterschiede sehen. Kreative Personen haben somit die Fähigkeit, *Muster und Beziehungen* zwischen grundverschiedenen Dingen und Ereignissen *zu erkennen*, neue Verbindungen zwischen scheinbar unvereinbaren Elementen herzustellen, Ordnung in das Chaos zu bringen. Diese Fähigkeit, zu synthetisieren, verschiedenste Elemente miteinander zu vereinigen, kann so spontan zutage treten, daß sie gelegentlich als eine Art »sechster Sinn« oder als »Anflug von Intuition« beschrieben wird – so daß kreative Personen häufig als *intuitiv* charakterisiert werden.

Sensibilität und Intuition genügen jedoch nicht, um Neues hervorzubringen. Kreative Personen müssen darüber hinaus *aufgeschlossen, tolerant gegenüber Ambiguitäten* und *flexibel* in ihrem Ansatz gegenüber Problemen sein, um neue Ideen nicht von vornherein im Keim zu ersticken. Wichtiger noch ist das aktive *Streben nach Neuem*. Kreative Personen sind von sich aus bestrebt und bemüht, neue und andere Wege im Umgang mit einem Problem zu suchen. Sie *lieben Abenteuer* und sind *bereit, Risiken auf sich zu nehmen*. Sie warten nicht, bis der Blitz einschlägt, sie verfolgen den Blitz.

Die Bedeutung, die dem Streben nach neuen Ideen zukommt, ist leicht aufzuzeigen. Nur drei neue Ideen am Tag bedeuteten mehr als tausend neue Ideen im Laufe eines Jahres. Voraussetzung hierfür wäre allerdings, daß eine Person wirklich *engagiert* und *ausdauernd* ist. So überrascht es denn auch nicht, daß diese beiden Kriterien (Hingabe und Ausdauer) zu den am häufigsten erwähnten Charakteristika zählen, die kreative Personen auszeichnen. Anne Roe, die eine Gruppe herausragender Wissenschaftler der Physik und Biologie untersuchte, zog als Ergebnis ihrer Arbeit das Fazit: »Es gibt nur eines, das die Gruppe als Ganzes zu charakterisieren scheint, und das ist die Absorption in und durch ihre Arbeit, über lange Jahre hinweg und oft zum Ausschluß von allem anderen.«[8]

E. Paul Torrance, der einige der am häufigsten angewandten Kreativitätstests entwickelte, brachte es, wenn auch in weniger sachlich-nüchternen Worten, auf den gleichen Nenner: »Was das Wesen der kreativen Person ausmacht, ist, daß sie in das, was sie tut, verliebt ist... Dieses Charakteristikum ist es, das alle anderen Persönlichkeitscharakteristika der kreativen Person ermöglicht.«[9]

Der Effizienz förderliche Charakteristika

Viele der Charakteristika, die für die Erzeugung des Neuen relevant sind – Sensibilität, Abenteuerlust, Beharrlichkeit –, sind auch für das Ziel der Effizienz von Bedeutung. Aber nicht alle. So können Flexibilität, Aufgeschlossenheit und Toleranz beispielsweise hinderlich für einen Selektionsprozeß sein, der hohe Maßstäbe und die Entschlossenheit verlangt, diese Maßstäbe sich selbst und anderen aufzuerlegen. Letzteres erklärt, warum kreative Personen oft als *anspruchsvoll* und *selbstkritisch* und bisweilen sogar als *arrogant* und *intolerant* gelten.

Um kurz auf die Person zurückzukommen, die am Tag drei neue Ideen und so im Laufe eines Jahres mehr als tausend hat: Es steht wohl außer Frage, daß diese Ideen mehrheitlich bestenfalls unlogisch oder irrelevant und ausgesprochen albern oder schlimmstenfalls gefährlich wären. Was nun kreative Personen auszeichnet, ist, daß sie die *Verantwortung übernehmen*, wenig schlüssige und relevante Ideen und Verhaltensweisen zu erkennen und auszuklammern. Was bedingt, daß sie *gewissenhaft* und *rigoros* sind. Ferner müssen sie sich durch *Selbstvertrauen* auszeichnen, da es nicht immer, nicht einmal sich selbst gegenüber, einfach ist, einzugestehen, wenn man sich irrt; und manchmal ist es sogar schwierig, anderen gegenüber zuzugeben, daß man recht hat, weil nicht-konforme Ideen in der Regel auf Kritik stoßen, ganz gleich, als wie zutreffend und effektiv sie sich am Ende erweisen mögen.

Das kreative Produkt stellt, soweit es das Kriterium der Authentizität erfüllt, eine Erweiterung des Selbst – den Ausdruck der innersten Bedürfnisse, Konflikte und Wünsche eines Menschen – dar. So überrascht es nicht, daß kreative Personen oft als *selbstbestimmt, von innen heraus motiviert* und *autonom* beschrieben werden. Sie arbeiten nicht, um anderen zu gefallen, oder aus Gründen des materiellen Gewinns, sondern weil sie es möchten – weil sie es, in der Tat, müssen. Diesbezügliche Forschungen belegen, daß, wenn als Gegenleistung äußere Belohnungen wie etwa Geld geboten werden, die Kreativität bei dem Produkt nachläßt.[10]

Hier treffen wir auf ein weiteres Paradox oder einen weiteren Widerspruch in der Persönlichkeit kreativer Individuen. Obwohl von innen heraus motiviert, sind sie im allgemeinen nichtsdestoweniger höchst *ehrgeizig* und, mehr als die meisten anderen Menschen, auf der *Suche nach Anerkennung* von seiten ihrer Angehörigen und Kollegen.

Diese scheinbar gegensätzlichen Charakteristika (Autonomie und dennoch das Bedürfnis nach Anerkennung) sind jedoch verständlich, wenn man sich vor Augen hält, daß ein kreatives Produkt, soweit es authentisch ist, eine Erweiterung – eine nach außen hin sichtbare Manifestation – des Selbst darstellt. Obgleich kreative Personen nicht um des Ruhmes oder Reichtums willen arbeiten mögen, streben sie nach der Selbstbestätigung, die die öffentliche Anerkennung gewährt.

Ebenso in Zusammenhang mit der Frage der Authentizität sind Neigungen auf seiten kreativer Personen hervorzuheben, die sie als *introspektiv, reflexiv* und *selbstbewußt* ausweisen. Ihre Inspiration kommt sowohl von innen als von außen.

Das letzte Schlüsselcharakteristikum kreativer Personen, das wir erwähnen möchten, ist ein *Mangel an psychologischem Abwehrpotential*.[11] Soweit das kreative Produkt eine Erweiterung des Selbst darstellt, soweit kann auch sein authentischer Ausdruck nicht durch Schichten der Abwehr maskiert und verzerrt werden. Das heißt nicht, daß kreative Personen psychologisch gesünder als andere sind. Einige psychoanalytisch orientierte Theoretiker sehen im Gegenteil in kreativen Betätigungen als solche eine Abwehr gegen eine anfängliche Psychopathologie: Der Maler malt, und der Schriftsteller schreibt, um damit innere Konflikte zu lösen oder latente Ängste zu ersticken. Wie dem auch sein mag, feststeht, daß Kreativität, soweit sie denn als solche eine Abwehr darstellt, mitnichten das Produkt anderer, weniger anpassungsfähiger Abwehrmechanismen ist. Was dann vielleicht den Erkenntnissen Rechnung trägt, wonach höchst kreative Individuen, den Worten Frank Barrons zufolge, in der Regel »psychologisch mehr Probleme, aber auch weitaus größere Ressourcen zum Umgang mit ihren Problemen haben«.[12]

Kreative Prozesse

Nachdem wir nun den Fragen, *was* ist kreativ (das Produkt) und *wer* ist kreativ (die Person), nachgegangen sind, bleibt die Frage, *wie* und *warum* ist man kreativ (die zugrunde liegenden Prozesse). Mit dem *Wie* meinen wir die Mechanismen und Fähigkeiten, die Kreativität ermöglichen, und mit dem *Warum* die Motive oder Absichten, die richtungweisend für die Kreativität sind.

Im vorhergehenden Abschnitt behaupteten wir, daß, unabhängig von der Frage, wie sehr kreative Personen sich voneinander unterscheiden, sie alle auch gemeinsame Charakteristika haben müssen, die dazu beitragen, daß Produkte neu, effizient und authentisch sind. Das gleiche gilt für die kreativen Prozesse. Gestützt auf die nachfolgenden Ausführungen, bezweifeln wir, daß es irgendeinen Prozeß gibt, der kreative von routinemäßigen Tätigkeiten unterscheidet. Dennoch ist es möglich, Prozesse aufgrund ihres Beitrages zu den Kriterien zu charakterisieren, die bei der Beurteilung kreativer Produkte angelegt werden.

Wir möchten als erstes der Frage, *wie* ist man kreativ, nachgehen und bei dem *Wie* weitgehend zwischen Prozessen unterscheiden, die sich zum einen auf das Neue und zum anderen auf die Effizienz beziehen. (Motivationsprozesse – die Frage, *warum* ist man kreativ – beziehen sich demgegenüber mehr, wie wir noch sehen werden, auf das Kriterium der Authentizität.) Diese Dualität der Kriterien, für das Neue auf der einen und die Effizienz auf der anderen Seite, legt in bezug auf kreative Veränderungen den Gedanken eines Modells der »Variation und Selektion« nahe. Die diesem Modell zugrunde liegende Logik ist aus der biologischen Evolutionstheorie bekannt. Durch »zufällige« Mutationen und Neukombinationen der Gene ergeben sich bei den einzelnen Spezies Varianten, die umweltbedingt (z. B. durch Strahlung) stimuliert oder auch »spontan« aus sich heraus entstehen können. Aber, was auch immer die Ursache der Variante sein mag, die natürliche Selektion bevorzugt die effizienteren (anpassungsfähigeren) Resultate, die zur Evolution neuer und anderer Spezies führen.

William James war einer der ersten, der feststellte, daß »es eine bemerkenswerte Parallele... zwischen den Fakten der sozialen Evolution auf der einen und der zoologischen Evolution, wie von Herrn Darwin erläutert, auf der anderen Seite gibt«.[13] Aber, es sei nicht nur die soziale Evolution, meinte James, die Parallelen zur biologischen aufweise. Auch im Bereich der individuellen mentalen Aktivität

> »werden die entstehenden neuen Konzepte, Emotionen und aktiven Neigungen ursprünglich in Form von zufälligen Bildern, plötzlichen Ideen, willkürlich auftretenden spontanen Variationen in den funktionalen Aktivitäten des über alle Maßen unbeständigen menschlichen Hirns erzeugt, die das äußere Umfeld einfach bestätigt oder widerlegt, annimmt oder ablehnt, erhält oder vernichtet – kurz: selektiert, ebenso wie sie morphologische und soziale Variationen selektiert, die sich analog infolge molekularer Zufallserscheinungen bilden«.[14]

Ein Variations- und Selektionsmodell der psychologischen Kreativität ist in Abbildung 1 graphisch dargestellt. Die linke Seite zeigt die Mechanismen der Variation (für das Neue) und die rechte Seite die Mechanismen der Selektion (für die Effizienz).

Umgangssprachlich unterscheiden wir zwischen Aktivitäten, die weitestgehend intuitiv (spontan, holistisch, unlogisch und unbewußt) erfolgen, und solchen, die weitestgehend diskursiv (gezielt, analytisch, logisch und bewußt) ausgeführt werden. Diese in Abbildung 1 entlang der vertikalen Achse dargestellten Unterscheidung wird durch verschiedene hinlänglich bekannte Kreativitätstheorien unterstützt. Auf drei dieser Theorien möchten wir kurz eingehen.

Zu seinen größten Entdeckungen zählte Freud die Unterscheidung zwischen Primär- und Sekundärvorgängen, wie er sie bezeichnete.[15] *Primärvorgänge* sind irrational; Zeit und Kausalität haben keine Bedeutung; Ähnlichkeiten werden zu Identitäten; Widersprüche können leicht nebeneinander existieren und ab-

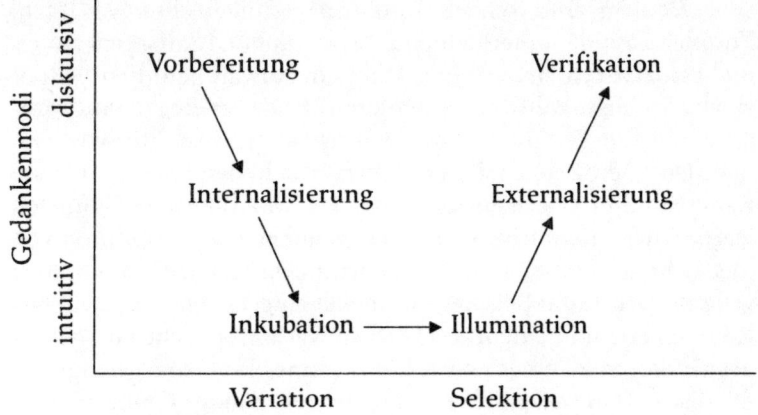

ABB. 1: Phasen eines Verifikations- und Selektionsmodells der kreativen Prozesse. Die vertikale Achse stellt das Kontinuum zwischen zwei Gedankenmodi dar: dem intuitiven (unbewußten und unlogischen) und dem diskursiven (induktiv und deduktiv begründeten).

wegige Assoziationen erscheinen naheliegend. Träume sind ein typisches Beispiel eines Primärvorganges. Der Sekundärvorgang ist im Gegensatz dazu rational und realitätsorientiert. Es sind jene Gedanken, die gezielte, bewußte Verhaltensweisen begleiten. Es sind mutmaßlich Primärvorgänge, die der Erzeugung neuer Ideen zugrunde liegen, während Sekundärvorgänge mehr mit der Selektion vor dem Hintergrund der Effizienz assoziiert werden.

Ebenso unterschied J. P. Guilford, mit seinem akademischen und nicht klinischen Hintergrund, zwischen zwei Denkprozessen.[16] Wie der Primärvorgang ist das *divergente Denken* durch Flexibilität und Fluidität geprägt; es kann aber, im Gegensatz zum Primärvorgang, bewußt und gezielt sein und durch Lernen gefördert werden. »Brainstorming« ist beispielsweise als Verfahren zur Erleichterung des divergenten Denkens bekannt. Was Guilford als *konvergentes Denken* bezeichnet, ist mit dem Freudschen Sekundärvorgang vergleichbar. Es sind jene Denkleistungen, die, logisch und gezielt, mit traditionellen Intelligenztests (IQ-Tests) gemessen werden.

Als drittes Beispiel sei Arthur Koestler, Essayist und Sozialtheoretiker, genannt, der zwischen *bisoziativem* und *assoziati-*

vem Denken unterschied.[17] Routinegedanken bewegen sich, Koestler zufolge, innerhalb eines gegebenen Diskursspielraumes und assoziativen Netzwerkes. Wird ein Anwalt zum Beispiel mit einem Problem konfrontiert, so greift er in der Regel auf Präzedenzfälle und Verfahrensregeln zurück, um seine Schlüsse zu ziehen. Diese Präzedenzfälle und Verfahren bilden eine Matrix, im Rahmen derer Überlegungen angestellt und Lösungen gefunden werden. Kreativität bedingt demgegenüber eine Bisoziation von Ideen, die aus normalerweise unabhängigen Matrizes entnommen werden, wenn zum Beispiel ein Anwalt eine Verbindung zwischen Rechtspraxis und einem technischen Verfahren sieht und als Ergebnis dessen zu einer neuen Lösung eines Problems gelangt. Da die Bisoziation wesentliche und verfahrensmäßige Grenzen überschreitet, hat sie viele der Charakteristika, die zuvor für den Primärvorgang und das divergente Denken beschrieben wurden.

Um nun eine Verbindung zwischen den soweit erläuterten Unterscheidungen und der Frage der Kreativität herzustellen, muß zwischen zwei weiteren separaten Fragestellungen unterschieden werden. Die erste Frage zielt auf die Existenz unterscheidbarer Gedankenmodi ab. Gegenstand der zweiten Frage ist, ob bestimmte Gedankenmodi eine besondere Relation zur Kreativität beinhalten. In der ersten Frage herrscht tatsächlich weitestgehend Einigkeit. Die biologische Evolution und die soziale Praxis bestätigen, daß eine Vielzahl von Mechanismen in der Verarbeitung von Informationen und dem systematischen Sondieren und Zusammenfügen von Antworten im Spiel sind. Diese Mechanismen können nach der Maßgabe zugeordnet werden, die grob der in Abbildung 1 dargestellten Unterscheidung zwischen intuitiven und diskursiven Gedanken entspricht.[18]

Bei der zweiten Frage gehen die Meinungen dann allerdings auseinander, das heißt, ob einige Gedankenmodi (wie der Primärvorgang, das divergente Denken oder die Bisoziation) in einer besonderen Relation zu kreativen – im Unterschied zu routinemäßigen – Aktivitäten zu sehen sind. Unseres Erachtens gibt das Gros der Forschungsergebnisse denjenigen recht, die bestreiten, daß hier ein besonderer Prozeß vorliegt. Die gleichen Gedankenprozesse, ob intuitiv oder diskursiv, sind bei jedem Verhalten, wenn auch vielleicht in unterschiedlicher Kombination und in unterschiedlichem Maße, wichtig. In dieser Beziehung macht auch die Kreativität keine Ausnahme.[19]

Die Graphik in Abbildung 1 macht deutlich, daß Kreativität nicht etwas ist, das von jetzt auf gleich da ist, sondern etwas, das sich phasenweise im Laufe der Zeit entfaltet. Graham Wallas unterscheidet zwischen vier solchen Phasen: Vorbereitung, Inkubation, Illumination und Verifikation.[20] Diese vier ergänzen wir um zwei weitere: die Internalisierung auf der Seite der Variation und die Externalisierung auf der Seite der Selektion. Die Relation dieser sechs Phasen zur intuitiven-diskursiven Dimension und zur Dimension der Variation-und-Selektion ist ebenfalls aus Abbildung 1 ersichtlich. Jede dieser Phasen wird nachfolgend detaillierter erläutert und anhand von Beispielen veranschaulicht, die mehrheitlich Brewster Ghiselins hervorragender Anthologie von Berichten aus erster Hand (von herausragenden Wissenschaftlern, Künstlern und Schriftstellern) über kreative Augenblicke und Beschäftigungen entnommen sind.[21]

Prozesse in Verbindung mit dem Neuen (Variation)

Bei der ersten Phase (der Vorbereitung) handelt es sich weitestgehend um einen bewußten und vorsätzlich gesteuerten Prozeß, in dem nach einer Lösung (z. B. für ein mathematisches Problem oder in der Musik für eine Partitur) gesucht wird. Als Isaac Newton gefragt wurde, wie es ihm gelungen sei, das Gravitationsgesetz zu entdecken, antwortete er lakonisch, indem er ständig darüber nachgedacht habe.[22] Leider aber endet das fortwährende Nachdenken über ein Problem mitunter nicht in kreativen Einsichten, sondern in Frustrationen. Für den Fall, daß dies eintritt, fehlt es vielen kreativen Menschen an Tricks und Ritualen, die sie gezielt zur Stimulation des Ideenflusses einsetzen können. Von Schiller ist zum Beispiel bekannt, daß er unter seiner Schreibtischplatte verfaulte Äpfel liegen hatte, so daß er, während er an seinen Gedichten schrieb, deren Aroma aufnehmen konnte. Andere bedienen sich gewöhnlicherer Stimulanzien – Kaffee, Zigaretten, Musik, sogar Sexualität.[23] Auf einer etwas weniger regulären Ebene mag ein Künstler auf der Suche nach neuen Ideen unterschiedliche Mal- oder andere Ausdruckstechniken ausprobieren; oder ein Schriftsteller, dem die nötige Inspiration fehlt, mag sich für einen Ortswechsel mit einer Landschaft, mit Menschen und mit Sitten und Gebräuchen, die er nicht kennt, entscheiden;

oder ein Wissenschaftler, der an einer neuen Theorie arbeitet, konzipiert Experimente, um den Geheimnissen der Natur weiter auf die Spur zu kommen; oder ein Unternehmer veranstaltet Brainstorming-Seminare in dem Bemühen, so die Grundlagen für neue und nützliche Produkte zu entwickeln.

Neue und außergewöhnliche Situationen als solche genügen allerdings nicht, um zu neuen Ideen zu gelangen. Wichtig ist, daß die Stimuli in einer Weise inkorporiert werden, daß sie den kognitiven Rahmen oder die Gedankenstruktur der betreffenden Person verändern. Das ist die Phase der Internalisierung, die im wesentlichen mit dem identisch ist, was der Psychologe Jean Piaget mit seinen bahnbrechenden Arbeiten über die Entwicklung des Kindes mit dem Begriff der Akkommodation erfaßte.[24] Der Maler Georges Rouault beschrieb den Prozeß mit etwas blumigeren Worten:

»Träumen ist gefährlich. Schlaf bedeutet zuweilen Tod. Doch liebendes und ständiges Bemühen ist in meinen Augen niemals so sinnlos, wie es für Tatmenschen den Anschein haben mag, die es als Zeitvergeudung ansehen, wenn man die Arme verschränkt oder einen Augenblick lang die Augen schließt, um wahrzunehmen, wie ein inneres Bild Form annimmt.«[25]

Wenn wir in der Phase der Vorbereitung unsere Augen öffnen, so schließen wir sie während der Internalisierung, um das, was wir beobachteten, besser »sehen« zu können.

Die Früchte der Internalisierung zeigen sich nicht immer sofort. Oft folgt eine Periode der Inkubation, die wenige Augenblicke oder auch Jahre dauern kann. Während dieser Zeit denkt die betreffende Person vielleicht nicht bewußt über das Problem nach, dennoch besteht die auf eine Lösung des Problems abzielende Aktivität jenseits des Bewußtseins und ohne vorsätzliche Anstrengungen fort. Folgende Beobachtungen des französischen Mathematikers Henri Poincaré veranschaulichen diese Phase des kreativen Prozesses sehr treffend:

Poincaré war seit geraumer Zeit mit dem Problem der »Fuchsschen Funktionen« beschäftigt; der Durchbruch wollte ihm jedoch nicht gelingen. Entgegen seinen sonstigen Gewohnheiten trank er eines Abends schwarzen Kaffee und konnte nicht einschlafen.

»Zahllose Ideen gingen mir durch den Kopf; ich spürte, wie sie zusammenstießen und sich quasi paarweise zu stabilen Kombinationen vereinigten. Bis zum nächsten Morgen gelang es mir, die Existenz einer Kategorie von Fuchsschen Funktionen, nämlich die, welche sich aus der hypergeometrischen Reihe ableiten, zu beweisen; ich brauchte nur die Resultate niederzuschreiben, was nur wenige Stunden in Anspruch nahm.«[26]

Hernach versuchte Poincaré, die Relation zwischen seiner Entdeckung und anderen mathematischen Funktionen herzustellen. Seine Arbeit wurde jedoch durch eine Reise unterbrochen, während der er, so schien es ihm zumindest, alle Gedanken an seine mathematischen Probleme beiseite schob:

»Die Ereignisse der Reise ließen mich meine mathematische Arbeit vergessen. In Coutances angekommen, stiegen wir in einen Omnibus, der uns irgendwohin bringen sollte. Als ich gerade meinen Fuß hineinsetzen wollte, kam ich auf die Idee, ohne daß irgend etwas in meinen vorherigen Gedanken dahin geführt zu haben schien... Ich überprüfte die Idee nicht und hätte auch gar keine Zeit dazu gehabt, da ich, als ich meinen Platz im Omnibus einnahm, in einem schon begonnenen Gespräch fortfuhr; doch ich war mir vollkommen sicher. Bei meiner Rückkehr nach Caen überprüfte ich bei Gelegenheit das Ergebnis aus Gründen der Gewissenhaftigkeit.«[27]

Es gibt keinen Grund, Poincarés Schilderung anzuzweifeln, da zahlreiche andere ähnliche Begebenheiten beschrieben. Außerdem lassen sich der Inkubation ähnliche Prozesse in Laborversuchen demonstrieren.[28] Die Frage ist, wie läßt sich die Inkubation erklären? Und sind die kognitiven Prozesse, die der Inkubation kreativer Ideen zugrunde liegen, in irgendeiner Form anders als die Prozesse, die den routinemäßigeren Einsichten im alltäglichen Leben zugrunde liegen? Auf die erste Frage gibt es zur Zeit keine befriedigende Antwort, da es noch an Verständnis der zum Tragen kommenden kognitiven Mechanismen fehlt. Glücklicherweise hängt aber eine Beantwortung der zweiten Frage nicht von der Antwort auf die erste Frage ab. Die gleichen Prozesse, die zu Produkten führen, die als kreativ beurteilt werden, können – und dem ist oft so – zu Produkten führen, die als langweilig und nüchtern bewertet werden. Kreativität ist nicht die immanente Eigenschaft irgendeines Prozesses, sondern des Produktes – womit wir zu den Mechanismen der Selektion kommen.

Prozesse in Verbindung mit der Effizienz (Selektion)

Dean Simonton, Professor der Psychologie an der Universität of California, Davis, skizzierte einen Drei-Stufen-Prozeß, der in etwa den in Abbildung 1 dargestellten Phasen der Illumination, Externalisierung und Verifikation entspricht. »Der menschliche Intellekt«, so Simonton, »ist so programmiert, daß sich seine Kognition und Emotionen in einer Weise in hierarchischen Strukturen selbstorganisieren, daß sich daraus die Erfahrung am effizientesten organisiert.«[29] Das heißt, wenn ein neuer Gedanke oder ein neues Gefühl zur Reorganisierung eines größeren Ganzen beiträgt, so daß die Person effizienter wahrnehmen oder denken oder handeln kann, so wird diese Person von innen heraus belohnt. Diese Belohnung ist die Erfahrung der Illumination – das bekannte »Heureka«- oder »Aha«-Erlebnis.

Um diese Phase des Selektionsprozesses zu illustrieren, kommen wir nochmals auf den Mathematiker Poincaré zurück. Sie erinnern sich an seine Schilderung, wie ihm zahllose Ideen durch den Kopf gingen, die zusammenstießen, bis sie sich schließlich zu stabilen Kombinationen vereinigten. Wie erkannte Poincaré, welche Kombinationen stabiler (also passender) als andere waren? Durch seine »Empfindungen«. Man müsse doch zugeben, so schrieb er,

> »daß nichts objektiv ist, was nicht übermittelbar ist, und daß folglich allein die Beziehungen zwischen den Empfindungen einen objektiven Wert haben können«.[30a]

Und ausführlicher:

> »Die brauchbaren Kombinationen (die aus dem Unbewußten auftauchen) sind eben gerade die schönsten, ich meine jene, die am ehesten geeignet sind, diese spezielle Schönheit hervorzuzaubern, die jeder Mathematiker kennt, aber von der der Laie

so wenig Ahnung hat, daß er oft versucht ist, darüber zu lächeln... Von der großen Zahl von Kombinationen, die vom unterschwelligen Selbst blindlings gebildet werden, sind fast alle ohne Interesse und ohne Nutzen; aber eben aus diesem Grund bleiben sie auch ohne Wirkung auf die ästhetische Sensibilität. Das Bewußtsein wird sie nie kennen; nur bestimmte davon sind harmonisch und infolgedessen schön und nützlich zugleich. Ihnen wird es gelingen, diese spezielle Sensibilität des Geometers zu berühren, von der ich eben gesprochen habe und die, einmal geweckt, unsere Aufmerksamkeit auf sich lenken wird und ihnen dadurch Gelegenheit gibt, bewußt zu werden.«[30b]

Sobald die Illumination erreicht wurde, muß die kreative Einsicht externalisiert – anderen mitgeteilt – werden. Das bedeutet, daß die neuen Kombinationen von Ideen oder Gefühlen eine symbolische Form erhalten müssen – die Form von Worten oder irgendeines anderen Ausdrucksmittels (z. B. Musik, Gemälde oder Verhalten).

Das Bedürfnis zu externalisieren kann sich in einem akut empfundenen und gelegentlich sogar schmerzlichen Prozeß äußern. Ein Prozeß, den der Autor Thomas Wolfe wie folgt beschrieb:

»Ich hatte tatsächlich das Gefühl, ein großer, nach Befreiung drängender Strom tose in mir und wolle aus mir entspringen, und ich müsse eine Fahrrinne finden, in die sich seine Flutgewalt ergießen könne, ja, unbedingt müsse ich sie finden, denn sonst würde ich von der von mir selbst gezeugten Flut zerstört werden... Nun erkannte ich zum erstenmal eine andere nackte Tatsache, wie sie jeder Künstler kennen muß, und diese ist, daß im Werk, das einem Menschen zu leisten gegeben ist, nicht nur der Same des Lebens enthalten ist, sondern auch der Same des Todes, und daß dieselbe Schöpferkraft, die uns erhält, uns auch wie ein Aussatz zerfressen wird, wenn wir sie wie ein Totgeborenes in unsren Eingeweiden verwesen lassen. Irgendwie mußte ich es aus mir herausschaffen. Das sah ich nun ein. Und nun stahl sich mir zum erstenmal ein fürchterlicher Zweifel ins Gemüt, nämlich, daß ich womöglich nicht lange genug leben würde, um es aus mir herauszuschaffen.«[31]

Aber unabhängig vom Motiv oder Bedürfnis zu externalisieren, bedingt der bloße Versuch, der kreativen Einsicht eine symbolische Form zu geben, aus Effizienzgründen irgendeine Selektion. Einsichten, die nicht in irgendeiner Weise symbolisch dargestellt werden können, können auch kaum irgendeinen Effekt für die Welt haben.

In eine symbolische Form gekleidet, ist der nächste Schritt, daß das kreative Produkt den entsprechenden gesellschaftlichen Kriterien der Akzeptabilität gerecht werden muß. Eine mathematische Beweisführung muß den öffentlichen Maßstäben der Logik gerecht werden; ein Kunstwerk muß (letztlich) den Kritikern und dem Publikum gefallen. Damit sind wir bei der Phase der Verifikation. Wie die erste Phase der Vorbereitung, so ist auch die Phase der Verifikation besser nachvollziehbar als die zwischengeschalteten Phasen (etwa der Inkubation oder der Illumination). Soweit der Unterscheidung zwischen intuitiven und diskursiven Gedanken überhaupt irgendeine Bedeutung zukommt, dann in Zusammenhang mit den Phasen der Vorbereitung und Verifikation.

Prozesse in Verbindung mit der Authentizität

Wir kommen nun von der Frage, *wie* ist man kreativ, zum *Warum*, von den Mechanismen zu den Motiven und zum Kriterium der Authentizität. Bei einem Großteil der Theorien und Abhandlungen zur Frage der Kreativität stehen die Motivationsprozesse im Vordergrund. So konzentrierten sich auch Freuds Ausführungen, die explizit der Kreativität gewidmet sind (z. B. seine Analysen von Leonardo da Vinci und Michelangelo), weitestgehend auf die Bedeutung und den Inhalt eines bestimmten Werkes. Warum malte Leonardo das Jesus-Kind mit zwei Madonnen? Warum gestaltete Michelangelo die Moses-Skulptur so, wie er es tat? Ohne in Einzelheiten zu gehen: Freud sah in beiden Fällen die Antwort in ungelösten Konflikten aus der Kindheit und unbefriedigten Bedürfnissen in der Gegenwart.

Die klassischen Freudschen Interpretationen wurden und werden oft wegen ihrer Überbetonung von triebbedingten Prozessen (insbesondere Sexualität und Aggression) und ihrer Sicht der Kreativität als einem psychologischen Abwehrmechanismus kritisiert.[32] Wie dem auch sein mag, fest steht, daß alle Motivationserklärungen sich durch einen allgemeinen Mangel auszeichnen, nämlich, daß sie zwischen effizienten und ineffizienten Produkten nicht unterscheiden, zum Beispiel zwischen guter Kunst und schlechter Kunst oder selbst zwischen Kunst und Neurose. Nichtsdestotrotz sind Motivationserklärungen entscheidend für ein volles Verständnis kreativer Betätigungen.

Die Authentizität ist, wie wir ausführten, eines der Hauptkriterien der Kreativität. Um als authentisch beurteilt zu werden, muß ein Werk ein Spiegelbild der jeweils individuellen Werte und Ideale sein. Mit anderen Worten: Die Motivation für das Werk muß von innen und nicht nur von außen kommen.

Die Motive für Kreativität können erheblich variieren, von Individuum zu Individuum, von Situation zu Situation, von einer kreativen Anstrengung zur anderen. Sofern es überhaupt sinnvoll ist, von einem Motiv für Kreativität im allgemeinen zu sprechen, müßte dieses Motiv in dem Streben nach Selbstverwirklichung liegen.[33] Diese Feststellung mag zu allgemein sein, um empirisch viel auszusagen. Sie stellt jedoch ein zentrales Faktum der Kreativität heraus, das nicht überbetont werden kann: daß Kreativität Teil des Lebensprozesses ist. In dieser Hinsicht hat vielleicht der Autor Henry Miller die beste Antwort auf die Frage nach dem »Warum« gegeben:

> »Das Schreiben ist, wie das Leben selbst, eine Entdeckungsreise. Das Abenteuer ist metaphysischer Natur: es ist ein Weg, sich dem Leben indirekt zu nähern, zu einer vollständigen statt einer partiellen Sicht des Universums zu gelangen. Der Schriftsteller lebt zwischen den oberen und unteren Welten: er nimmt diesen Weg, um schließlich selbst zu diesem Weg zu werden.«[34]

Wir können es bei der Frage der Motivation jedoch nicht bei solch allgemeinen Ausführungen belassen. Personen handeln aus spezifischen Absichten heraus, um bestimmte Ziele zu erreichen. Henry Miller stieg nicht eines Morgens aus dem Bett und sagte sich: »Ich denke, ich schreibe heute, um zu einer vollständigen Sicht des Universums zu gelangen.« Diese Aussage könnte allenfalls seine Lebensbeschäftigung, nicht jedoch eine spezielle Handlung, wie kreativ diese auch sein mag, beschreiben. Wir betonen diesen Punkt, weil in jeder kreativen Handlung eine dialektische

Relation zwischen spezifischen Motiven und Mechanismen gegeben ist. Absichten und Prozesse sind nicht unabhängig voneinander.

Personen sind oft motiviert, das zu tun, was sie von ihren Fähigkeiten her tun können: So helfen Mechanismen bei der Sondierung und Festlegung von Motiven. Jemand mit athletischen Fähigkeiten wird sich zum Beispiel in der Regel sportlich engagieren wollen; jemand mit ausgeprägten musikalischen Fähigkeiten genießt es, ein Instrument zu spielen. Auch der Umkehrschluß ist zutreffend: Motive helfen bei der Sondierung und Festlegung der Mechanismen. Innerhalb bestimmter Grenzen kann eine Person, die etwas tun möchte, über harte Arbeit und Praxis die entsprechenden Fähigkeiten entwickeln. Hier sind natürlich Grenzen gesetzt. Nicht jeder kann ein Einstein oder Beethoven sein, wie hart er auch arbeiten und sich mühen mag. Diese Grenzen sind aber weniger rigide, als allgemein angenommen.

Wir behaupteten, daß über jene intuitiven und diskursiven Prozesse, die routinemäßig auch bei den Alltagsaktivitäten zum Tragen kommen, hinaus keine besonderen Mechanismen bei der Kreativität im Spiel sind. Das bedeutet, daß jeder die Fähigkeit hat, bis zu einem gewissen Grad kreativ zu sein. Es bedeutet auch, daß die Motivation ebenso wichtig für die Festlegung des Endproduktes ist, wie es die Mechanismen sind. Um es mit den Worten von D. N. Perkins auszudrücken: »Das Wesen der Schöpfung ist nicht der Prozeß, sondern die Absicht. Es ist die Absicht, welche die diversen Mittel des Geistes zum Zwecke eines kreativen Ziels organisiert... Es kommt zum Schöpfungsprozeß, wenn alltägliche geistige Prozesse in einem fähigen Menschen durch kreative oder zweckmäßig ›unvernünftige‹ Intentionen geleitet werden.«[35]

Als Fazit möchten wir festhalten, daß es nicht unser Ziel war, eine Theorie oder Erklärung zur Frage der Kreativität zu liefern. Das wäre per se unmöglich, da es keinen singulären oder bestimmten Prozeß gibt, der für alle kreativen Produkte verantwortlich ist. Kreativität hängt vielmehr von vielen routinemäßigen und zielgerichteten organisierten Prozessen ab, Prozesse, die die individuelle Sicht der Realität reflektieren (Authentizität), den Rahmen des Gewöhnlichen sprengen können oder auch nicht (das Neue) und für das Individuum oder die Gesellschaft von Wert und Nutzen sind (Effizienz). Das heißt, in eine Theorie über die Kreativität wäre das gesamte Themenspektrum der Psychologie einzubeziehen.

Am Anfang dieses Kapitels stellten wir die Frage: Was ist Kreativität? Die Antwort, die wir jetzt geben können, ist:

>Kreativität« bezieht sich auf jene Aspekte einer Person oder eines Prozesses, welche zu einer Reaktion beitragen, die als neu, effizient und authentisch beurteilt wird.

Kapitel 7

Mythen der Kreativität

Ein Mythos ist natürlich kein Märchen.
Er ist die Darstellung von Tatsachen,
die zu einer bestimmten Kategorie gehören,
in einer zu einer andern Kategorie
gehörigen Ausdrucksweise.
Wenn man einen Mythos zerstört,
leugnet man daher keine Tatsachen,
sondern stellt sie um.

Gilbert Ryle,
Der Begriff des Geistes

Schöpfungsmythen – die Geschichten darüber, wie die Welt begann – gehören zu den grandiosesten Produkten der menschlichen Vorstellungskraft. Wie entstand die Welt? Gab es einen Anfang? Wenn ja, was existierte vor diesem Anfang? Fragen wie diese üben seit Menschengedenken eine besondere Faszination aus. Aber Schöpfungsmythen sind auch Mythen *über* das Schöpferische, *über* Kreativität. So beginnen wir dieses Kapitel mit der kurzen Wiedergabe zweier großartiger Schöpfungsmythen (der Griechen und der Hebräer) und gehen des weiteren auf eine Reihe spezifischer Mythen über und um den kreativen Prozeß ein.

Es waren zwei Arten schöpferischer Erfahrungen, die die Menschen der Frühzeit kannten und aus denen sie folglich ihre Schöpfungsmythen ableiteten: die biologische Fortpflanzung und die technologische (künstlerische) Neuerung. So können viele Schöpfungsmythen denn auch zwei Kategorien zugeordnet werden – nach der einen ist das Universum ein Produkt der geschlechtlichen Vereinigung, der anderen zufolge ist das Universum das Werk eines meisterlichen Schöpfers. Bei der ersten handelt es sich um Hesiods *Theogonie*, bei der zweiten um die biblische Schöpfungsgeschichte.

Hesiods *Theogonie* ist ein langes, etwa im 8. Jahrhundert v. Chr. geschriebenes Gedicht, das die Geschichte der griechischen Götter und der Entstehung der Welt erzählt. Als erstes stand das Chaos (die ungeformte urzeitliche Masse), aus dem Gaia (die Erde) »mit breiten Brüsten« hervorging, wie auch Erebos (die Finsternis) und Eros (die Liebe oder das sexuelle Verlangen). Die übrige Schöpfung war dann weitestgehend das Ergebnis der sexuellen Verbindungen zwischen den Göttern. Nachdem Gaia sich mit Erebos »liebend vereinigt« hatte, gebar sie Uranos (den Himmel). Uranos war jedoch nicht nur ihr Nachkomme, sie gebar ihn »an Größe gleich wie sie selber«, damit er sie wie ein Liebhaber völlig umhüllen konnte. Sie (Gaia und Uranos, Erde und Himmel) bekamen zusammen viele Kinder, manche von recht fragwürdiger Gestalt. So zum Beispiel drei Söhne, Kottos, Briareos, Gyes, von denen jeder fünfzig Köpfe auf seinen Schultern trug und jedem flogen hundert Arme um die gewaltigen Schultern. Kreaturen, die also ausgezeichnet für die sich in der Folge entfachenden Gefechte zwischen den Göttern gerüstet waren.

Uranos war ein tyrannischer Vater, der seine Kinder im massigen Körper Gaias gefangenhielt. Bis sie, Gaia, die Last schließlich nicht mehr ertragen konnte. Sie überzeugte einen ihrer Söhne, Kronos, den übermäßig liebeslüsternen Vater zu kastrieren. Mit einer Sichel »mähte« er seinem »Vater die Scham ab«, doch diese, vom Land ins Meer geworfen, zeugte sogar noch mehr Nachkommen, darunter die schöne Göttin Aphrodite. Uranos übte auch – *ohne* Genitalien – weiterhin einen mächtigen Einfluß auf das Leben der Götter und Menschen aus; er war schließlich der alles überspannende Himmel.

Kronos setzte die Linie fort, wurde auch ein Tyrann, kaum besser als sein Vater. Er heiratete seine Schwester, Rheia. Gewarnt, daß auch er eines Tages von einem seiner Söhne bezwungen und ausgestochen werden könnte, verschlang Kronos die Kinder, die Rheia ihm gebar. Als sie dann aber mit Zeus schwanger war, wandte sie sich um Hilfe flehend an Gaia und Uranos (der sich nur allzu bereitwillig für seine Kastration rächen wollte), um die Geburt des Kindes vor Kronos zu verbergen. Er wurde statt dessen mit einem Stein überlistet, den er verschlang. Zeus wuchs rasch heran und bezwang am Ende mit seiner Arme Kraft den eigenen Vater, der nun gezwungen war, die »eigene

Brut« wieder auszuspeien. Aus einer langen und blutigen Schlacht zwischen den Söhnen von Uranos und Kronos ging Zeus als Herrscher des hellenischen Tempels hervor, und ihm widmete Hesiod sein Gedicht.

Die biblische Schöpfungsgeschichte erzählt etwas völlig anderes. Frei von den für die griechischen Götter typischen Charakteristika der Lust, des Kampfgeistes und der Schikane, ist sie einfacher, aber nicht weniger dramatisch:

> »Im Anfang schuf Gott Himmel und Erde; die Erde aber war wüst und wirr, Finsternis lag über der Urflut, und Gottes Geist schwebte über dem Wasser. Gott sprach: Es werde Licht. Und es wurde Licht. Gott sah, daß das Licht gut war. Gott schied das Licht von der Finsternis, und Gott nannte das Licht Tag, und die Finsternis nannte er Nacht. Es wurde Abend, und es wurde Morgen: erster Tag.«[1]

Und in dieser Weise wurde das Schöpfungswerk fünf Tage lang fortgesetzt, gefolgt von einem Tag der Ruhe. Gott wird als ein meisterlicher Schöpfer, nicht als ein grausamer und unersättlicher Liebhaber, wie Uranos und Kronos es waren, dargestellt. (Die Israeliten waren, was vielleicht angemerkt werden sollte, nicht weniger anfällig für menschliche Schwächen als ihre griechischen Äquivalente; im Unterschied zu diesen schrieben die Israeliten ihre Grundcharakteristika jedoch nicht ihrem Gott zu.)

Inwiefern sind diese Schöpfungsmythen für uns relevant? Schöpfungsmythen sind erstklassige Beispiele der menschlichen Kreativität – Versuche, Ereignisse und Vorkommnisse einen Sinn zu geben, die scheinbar die menschliche Vorstellungskraft übersteigen; und die Phantasie, die sie wecken, ist ebensosehr emotionaler wie intellektueller Natur. Was nicht überrascht: Emotionen sind nicht einfach ein Weg der *Reaktion* auf Ereignisse, die in einer unpersönlichen Welt der objektiven Realität stattfinden. Emotionen sind subjektiv; sie sind ein Weg, mit dem wir versuchen, die Welt und unseren Platz in dieser Zeit zu verstehen. Insbesondere die griechischen Mythen (und die späteren, oft auf diese Mythen zurückgreifenden griechischen Tragödien) provozieren im allgemeinen neue und andersartige Emotionen. Es dürfte zum Beispiel schwerfallen, an Kronos, der seinen Vater entmannte, seine Schwester heiratete und seine Kinder verschlang, ohne irgendwelche gemischten Gefühle der Abscheu und des Ekels zu denken. Ebenso ist die biblische Schöpfungsgeschichte mit ihren großartigen Visionen seit Urgedenken Quelle von Inspirationen. Das gleiche gilt für viele der anderen Schöpfungsmythen, die es auf der ganzen Welt gibt und die hier nicht erwähnt werden. Sie alle inspirieren, faszinieren und liefern Einsichten – nicht so sehr über den Makrokosmos, also die Welt, die uns umgibt, als über den Mikrokosmos, die Welt in uns.

Mythen über die Erschaffung der Welt sind, selbstredend, gleichsam Mythen über den kreativen Prozeß als solchen, womit wir beim Hauptthema dieses Kapitels wären: die Mythen der Kreativität. Unser Hauptaugenmerk gilt allerdings nicht den großen Mythen, wie sie etwa von Hesiod oder der Bibel erzählt werden, sondern den Mythen über die schöpferischen Taten und Handlungen gewöhnlicher Menschen. Wie für alle guten Mythen gilt auch für diese Mythen der Kreativität, daß sie einige grundlegende Wahrheiten sowohl offenbaren als auch verschleiern. Ein Beispiel ist etwa der Mythos, demzufolge Kreativität nicht an Regeln gebunden sei. Erwähnt haben wir diesen Punkt zwar bereits im vorhergehenden Kapitel, er ist unserem Denken aber so sehr verhaftet, daß es angezeigt ist, nochmals separat und ausführlicher darauf einzugehen. Das gleiche gilt für die übrigen Mythen, die wir ansprechen werden, daß nämlich Kreativität wenig Anstrengung erfordert (Gott brauchte nur zu sagen: Es werde Licht. Und es wurde Licht.), daß Kreativität plötzlich da ist (wie einer der kosmischen Orgasmen von Uranos), daß Kreativität einigen wenigen hochbegabten Individuen vorbehalten ist (den Göttern unter uns), und daß Kreativität auf einige wenige Bereiche beschränkt ist (wozu die Emotionen nicht gehören).

Mythos No. 1
Kreativität ist nicht an Regeln gebunden

Kreative Menschen werden oftmals als »freie Geister« beschrieben, als seien sie frei von den Fesseln jeglicher Regeln. Einstein bemerkte einst zu seiner formalen Ausbildung, man habe all diesen Stoff für die Examen in sein Hirn stopfen müssen, ob man es nun wollte oder nicht. Bei ihm selbst habe dieser Zwang einen solch verheerenden Effekt gehabt, daß ihm nach dem Schlußexamen jede Lust, sich mit irgendwelchen wissenschaftlichen Problemen zu befassen, für ein volles Jahr vergangen sei.[2a] Er meinte:

»Zum Wesen einer wertvollen Erziehung gehörte es ferner, daß das selbständige kritische Denken im jungen Menschen entwickelt wird, eine Entwicklung, die weitgehend durch Überbürdung mit Stoff gefährdet wird.«[2b]

Viele Studenten würden diese von Einstein geäußerten Gefühle sicher von Herzen unterstreichen; und selbst so manche Lehrpersonen tun sich, aus Angst, sie könnten die Kreativität hemmen, schwer, den Studenten in ihrer Arbeit irgendwelche Rahmen und Regeln vorzugeben. Das gilt nicht nur für regulative Regeln (wie ein Student lernen sollte), sondern auch für konstitutive Regeln (was gelernt wird, z. B. Regeln der Logik oder Grammatik).

An Einsteins Beobachtung ist jedoch nicht nur das interessant, was er sagt, vielmehr auch das, was er ausläßt. Vielleicht gab es in diesem Jahrhundert niemanden, der auf seinem Gebiet kreativer als Einstein war; und das war, teilweise zumindest, auch auf seine formale Ausbildung zurückzuführen. Wäre Einstein ohne diese »Überbürdung mit Stoff«, ohne daß er seinen Kopf für die Examen so hätte vollstopfen müssen, sogar noch kreativer gewesen? Das ist schwer vorstellbar. Leicht vorstellbar ist allerdings, wie Einstein mit einer weniger strengen Ausbildung hätte weniger kreativ sein können.

Die Behauptung, daß bestimmte Bedingungen (in diesem Fall die formale Ausbildung und die damit verbundenen Regeln) sowohl einen hemmenden als auch einen förderlichen Effekt für die Kreativität, wenn auch in unterschiedlicher Hinsicht, haben können, ist keineswegs ein Widerspruch.

Um die Interaktion zwischen Regeln und Kreativität anhand eines etwas konkreteren Beispieles zu verdeutlichen, nehmen wir die Aufgabe, mit der sich ein Dichter konfrontiert sieht, der ein Sonett schreiben möchte. Um als Sonett zu gelten, muß das Gedicht vierzehn Zeilen umfassen und ein bestimmtes Muster im Versbau und Reimschema aufweisen. Je nach Art des Sonetts können weitere Maßgaben vorgegeben sein. So gilt zum Beispiel für ein italienisches Sonett (etwa von der Art wie Dante es für Beatrice schrieb), daß in den ersten acht Zeilen, *Oktave* genannt, das

Thema dargelegt und in den letzten sechs Zeilen, im *Sechszeiler*, eine Lösung angeboten wird. Demgegenüber folgt das englische Sonett, wie wir es von Shakespeare kennen, einem etwas anderen Muster. Es umfaßt drei *Quartette* (Vierzeiler), gefolgt von einem Zweizeiler.

Der Dichter mag den Wunsch haben, etwas Neues zu bringen und ein neues Regelschema zu entwickeln; diese neuen Regeln mögen nun zwar von dem Üblichen abweichen, sie sind aber mitnichten weniger bindend und einschränkend. Wir kommen nochmals auf Dante zurück, um diesen Punkt aufzuzeigen. Wie in Kapitel 2 erwähnt, ist sein Werk *Die Göttliche Komödie* in drei Hauptteile – *Inferno*, *Purgatorio* und *Paradiso* – gegliedert. Jeder dieser Teile ist des weiteren in jeweils 33 Gesänge, stellvertretend für die Lebensjahre Christi auf Erden, untergliedert. (Dem ersten Teil wurde ein zusätzlicher Gesang hinzugefügt, um eine glatte Zahl von insgesamt 100 Gesängen zu erreichen.) Jeder Gesang mußte in dreizeiligen Versen geschrieben werden, wobei die jeweils zweite Zeile eines Verses sich mit der jeweils ersten und dritten Zeile des nächsten Verses reimen mußte. Ein noch strengeres Regelschema ist wohl kaum vorstellbar; und dennoch sind es exakt diese Regeln, die aus dem Gedicht das Meisterwerk machen, das es ist.

Was für die Dichtung gilt, gilt ebenso für andere Bereiche. Kreativität kommt nicht ohne Regeln aus, da Regeln Dinge ermöglichen ebenso wie sie einschränken. Regeln können natürlich geändert, nicht aber vollständig eliminiert werden. Das würde den Nährboden für Chaos, nicht für Kreativität bereiten.

Mythos No. 2
Kreativität erfordert wenig Anstrengung

Ein Mythos, dem von kreativen Menschen selbst das Wort geredet wird. Nehmen Sie als Beispiel nur folgende Äußerung von Willie Nelson: »Die Luft ist voller Melodien... Wenn ich eine Melodie brauche, so nehme ich sie aus der Luft... (Sobald ich die ersten Worte geschrieben hatte,) flossen die übrigen Worte einfach, als führte jemand anders meinen Stift.«[3] Willie Nelson ist ein talentierter Musiker und Songschreiber; er arbeitete auch hart, um seine Kreativität zu entwickeln, zu pflegen und zu fördern. Kreativität, so muß betont werden, stellt sich nicht von selbst, mühelos oder auf natürliche Weise ein. Entsprechenden Untersuchungen zufolge bedarf es etwa einer zehnjährigen Erfahrung, um auf irgendeinem Gebiet eine Weltklasseleistung zu erzielen (sei es Schach, Musik, Mathematik), vorausgesetzt natürlich, man verfügt über die angemessenen Fähigkeiten.[4]

Diese Verallgemeinerung könnte als Widerspruch zu der Tatsache erscheinen, daß manche Personen in jungen Jahren oder wenn sie ihr Betätigungsfeld wechseln, am kreativsten sind. Aber selbst Wunderkinder (wie beispielsweise Mozart, der mit vier Jahren anfing zu komponieren) benötigen viele Jahre, um zu »reifen«. Und bei Personen, die in fortgeschrittenem Alter ihr Gebiet wechseln, handelt es sich selten um einen radikalen Wechsel. Ein gutes Beispiel ist der große russische Physiologe Pawlow. Er ist heute am bekanntesten wegen seiner Arbeiten in der Lernforschung (das klassische Konditionieren), mit denen er erst in seinen Fünfzigern begann. Der Wechsel von seinen Untersuchungen der Verdauungsphysiologie (für die er 1904 mit dem Nobelpreis ausgezeichnet wurde) zur Lernforschung war jedoch nicht so radikal, wie es auf Anhieb erscheinen mag. Ein Großteil des Wissens konnte er aus seinem alten Spezialgebiet transferieren. Pawlow konzentrierte sich bei seinen Experimenten auch weiterhin auf die Verdauungsabläufe (z. B. Speichelfluß), und er sah sich stets als jemand, der auf dem Gebiet der Physiologie und nicht Psychologie tätig war.

Der Fall Pawlow ist typisch. Die größten Neuerungen ergeben sich oft dann, wenn die in vielen Jahren erworbenen Kenntnisse und Qualifikationen auf anderem Gebiet bei neuen Problemstellungen Anwendung finden und zum Tragen kommen.

Mythos No. 3
Kreativität ist plötzlich da

Zum Entstehen seines Werkes *Also sprach Zarathustra* schrieb Friedrich Nietzsche:

»Der Begriff Offenbarung, in dem Sinn, daß plötzlich, mit unsäglicher Sicherheit und Feinheit, etwas sichtbar, hörbar wird, etwas, das einen im Tiefsten erschüttert und umwirft, beschreibt einfach den Tatbestand. Man hört, man sucht nicht; man nimmt, man fragt nicht, wer da gibt; wie ein Blitz leuchtet ein Gedanke auf, mit Notwendigkeit, in der Form ohne Zögern – ich habe nie eine Wahl gehabt.«[5]

Viele ähnliche Beobachtungen höchst kreativer Personen könnten dem angefügt werden. (Es sei nur an die in Kapitel 6 wiedergegebenen Ausführungen Poincarés über seine mathematischen Entdeckungen erinnert.) Es gibt keinen Grund, die Stichhaltigkeit der meisten dieser Beschreibungen anzuzweifeln. Was sie erzählen, ist jedoch nur der eine Teil der Geschichte. In Kapitel 6 unterschieden wir bei der Kreativität zwischen sechs Phasen: Vorbereitung, Internalisierung, Inkubation, Illumination, Externalisierung und Verifikation. Wenn wir nur die Phase der Illumination nehmen, dann kann Kreativität in der Tat plötzlich, wie der sprichwörtliche Blitz einschlagen. Zu bedenken ist allerdings, daß der Blitz nur die Kulmination eines langsamen Prozesses elektrischer Aufladung bis zum Punkt der Lichterscheinung bei der Entladung in der Atmosphäre ist. Das gleiche gilt für die Illumination, den plötzlichen Geistesblitz. Bei der Kreativität haben wir es, wie zuvor bereits gesagt, mit einem langen und oft mühsamen, von der Vorbereitung bis zur Verifikation reichenden Prozeß zu tun. Die Momente der Illumination sind nur ein kleiner, obgleich dramatischer Teil der Geschichte.

Mythos No. 4
Kreativität ist einigen wenigen hochtalentierten Personen vorbehalten

So manches, was über Kreativität geschrieben wird, könnte uns zu der Annahme verleiten, daß sie das Charakteristikum einiger weniger Auserwählter ist. Auch das stimmt, natürlich, aber nur in einem oberflächlichen und nicht allzu ernst zu nehmenden Sinne. Wahrlich große Leistungen sind, per Definition, selten. Nicht jeder hat das Talent, ein großer Mathematiker, Künstler oder Sportler zu sein. Selten ist jedoch ein relativer Begriff – und das ist auch die Kreativität.

Verfügte die Durchschnittsperson über die Talente eines Einstein, so wären Einsteins Leistungen für uns nur Durchschnitt und nichts Besonderes. Wäre die menschliche Evolution, umgekehrt, auf irgendeiner Ebene stehengeblieben, beispielsweise der des *Homo habilis* mit einer im Vergleich zu uns (dem *Homo sapiens*) nur etwa halb ausgebildeten Gehirnkapazität, so würde wohl auch einem Mitglied unserer modernen Zivilisation mit sehr bescheidenen Fähigkeiten problemlos der Status eines Einstein zuerkannt.

Jeder hat das Talent, bis zu einem gewissen Grad kreativ zu sein, sogar bis zu einem weit höheren Grad als für gewöhnlich angenommen, und insbesondere, wenn das Betätigungsfeld berücksichtigt wird. Schauen Sie Kindern beim Spielen zu. In gewisser Hinsicht gehören sie zu den kreativsten Individuen überhaupt. Sie lieben Abenteuer, haben Phantasie, sind voller Energie und frei in ihrem Ausdruck. Sie unterliegen nicht den Restriktionen und oft rigiden Erwartungen, die wir uns als Erwachsene selbst auferlegt haben. Um im Alltag kreativ zu sein, brauchen wir nicht die Talente eines Einstein, nur die Frische und Begeisterung eines Kindes.

Mythos No. 5
Kreativität ist auf einige wenige Bereiche beschränkt

Diesem Mythos zufolge gibt es nur einige wenige Betätigungsfelder, in denen Kreativität möglich ist. Wahr ist sicherlich, daß herausragende Leistungen auf bestimmten Gebieten, etwa in der Kunst und der Wissenschaft, ein hohes Maß an Kreativität verlangen. Aber fast jede nur denkbare Aufgabe beläßt reichlich Raum für Kreativität. Ruth Richards entwickelte an der Harvard Medical School mit ihren Kollegen und Kolleginnen eine Skala zur Messung von Kreativität, die »Lifetime Creativity Scales«.[6] Bei den Erhebungen werden gewöhnliche Personen nach ihren kreativsten Leistungen im Beruf und im Rahmen ihrer Freizeitaktivitäten gefragt und die jeweiligen Antworten von qualifizierten Juroren am Maßstab der Kreativität bewertet. Ein Beispiel für eine minimale Kreativität ist die Person, die mehrere Jahre unter der Aufsicht eines Vorarbeiters Schaufenster putzte, dann in mehreren Fabriken am Montageband arbeitete und schließlich zehn Jahre einer Routinetätigkeit im Bereich der Qualitätskontrolle einer Brauerei nachging. Das andere Extrem ist die Person, die ein kompliziertes Gerät für ihr behindertes Kind entwarf und konstruierte, damit es sich fortbewegen, seine Haltung verändern und Gegenstände bewegen konnte. Sie engagierte sich hernach freiwillig als Lehrerin und half anderen behinderten Kindern, sich ihre Erfindung zunutze zu machen.

Richards und Kollegen konnten nicht nur feststellen, daß kreative Leistungen in jeder Art von Beruf und Freizeitaktivität gang und gäbe sind, sondern daß diese Leistungen darüber hinaus nur bedingt mit dem sozioökonomischen Status sowie dem Bildungs- oder Intelligenzniveau korrelieren. Was unsere Behauptung in Zusammenhang mit Mythos No. 4 unterstützt, daß nämlich Kreativität ebensowenig, wie sie einigen wenigen hochtalentierten Individuen vorbehalten ist, auf einige wenige Tätigkeitsbereiche beschränkt ist.

Schlußfolgerungen für die emotionale Kreativität

Welches Fazit sollen wir nach diesen kurzen Erläuterungen der Mythen über die Kreativität ziehen? Explizit folgendes: Solange wir glauben, Kreativität sei nicht an Regeln gebunden, erfordere wenig Anstrengung und schlage plötzlich ein, ist es unwahrscheinlich, daß wir die Zeit und Mühe aufbringen, um wirklich kreativ zu sein; und solange wir glauben, Kreativität sei ausschließlich das Privileg einiger weniger Erwählter, werden wir vielleicht zu der Annahme verleitet, Kreativität läge, wie sehr wir uns auch anstrengen, jenseits unserer Möglichkeiten; und solange wir schließlich glauben, Kreativität sei auf einige wenige Bereiche beschränkt, verkennen wir vielleicht die Herausforderungen und verpassen die Chancen, die sich uns allenthalben bieten. In der Konsequenz wird unser Leben eng und beschränkt. Und das ist nirgends zutreffender als im Bereich der Emotionen, der in den Augen vieler per se außerhalb des Bereiches der Kreativität liegt. Ein Mythos, der vielleicht der einengendste von allen ist.

Kapitel 8

Emotionale Kreativität

Als Millionster zieh ich aus,
um die Wirklichkeit der Erfahrung zu finden
und in der Schmiede meiner Seele
das ungeschaffne Gewissen
meines Volkes zu schmieden.

James Joyce,
Ein Porträt des Künstlers als junger Mann

Die beiden Begriffe »emotional« und »Kreativität« sind in vielerlei Hinsicht unvereinbar. So werden Emotionen beispielsweise oft als primitive, ursprüngliche, stereotype Reaktionen angesehen, über die wir kaum eine Kontrolle haben; im Vergleich dazu erfordert Kreativität Flexibilität, Offenheit und Entschlossenheit. Inzwischen, so hoffen wir, ist jedoch klar, daß die Dinge nicht ganz so einfach liegen, wie dieser völlige Gegensatz vermuten lassen könnte. In Wahrheit weisen emotionale und kreative Reaktionen in wichtigen Punkten mehr Ähnlichkeiten als Unterschiede auf. Zur Veranschaulichung mag die folgende Beobachtung Fjodor Dostojewskis dienen:

> »Wenn er (der Dichter) also nicht der Schöpfer ist, so ist es vielmehr das Leben, jene gewaltige Essenz des Lebens, des wahrhaftigen Gottes, der seine Kraft in dem Schöpfungsreichtum an vielen Orten entfaltet, vor allem im großen und starken Herzen des Dichters; wenn also der Dichter nicht selbst der Schöpfer ist... schließlich kommt das Werk als ein abgeschlossenes Ganzes aus der Seele des Dichters – ... so ist seine Seele zumindest jener Bergmann, der die Diamanten ans Tageslicht fördert...«[1]

Was Dostojewski schreibt, hat einen gewissen mystischen Beiklang, passend zu jener Art von Mythen wie sie im vorhergehenden Kapitel behandelt wurden. Dieses ist aber ein Mythos, der sich sowohl auf die Emotionen als auch auf die Kreativität bezieht. Für viele Menschen sind Emotionen »jene gewaltige Essenz des Lebens«, die uns von der Natur, wenn nicht von Gott gegeben ist.

In *The Person and Primary Emotions* geht Peter Bertocci über den einfachen Vergleich von Emotionen und Kreativität hinaus; in seinen Augen *ist* Kreativität eine nicht weiter reduzierbare, von der Erfahrung der »Belebung« begleitete Emotion. Bertocci zufolge gibt es, ebenso wie es ein inhärentes Streben nach Selbsterhalt und Spezieserhalt gibt, ein inhärentes Streben nach Kreativität.[2]

Wir gehen mit Bertocci einig, daß Menschen inhärent kreativ sind, daß Kreativität ein integraler Bestandteil des Lebens ist; nicht einverstanden sind wir jedoch damit, daß Kreativität eine eigenständige Emotion sei (ebensowenig wie der Selbsterhalt als eine eigenständige Emotion gesehen werden kann). Vielmehr vertreten wir die These, daß Emotionen die *Produkte* kreativer Anstrengungen sein können – und oftmals sind. Beobachtungen wie die von Dostojewski und Bertocci sind vor allem insofern relevant, als sie dazu beitragen, jene konzeptionellen Barrieren zu durchbrechen, die traditionell diese beiden Bereiche menschlicher Aktivität trennten.

In Kapitel 6 gaben wir folgende allgemeine Definition der Kreativität:

> Kreativität bezieht sich auf jene Aspekte einer Person oder eines Prozesses, welche zu einer Reaktion beitragen, die als neu, effizient und authentisch beurteilt wird.

Diese ist unmittelbar auf die Emotionen übertragbar. Konkret: Eine emotionale Reaktion ist kreativ, wenn sie in irgendeiner Form für das Individuum oder die Gruppe *neu* ist, wenn sie dem Wohlbefinden des Individuums und / oder der Gruppe in *effizienter* Weise förderlich ist, und wenn sie *authentisch*, also eine Reflexion des jeweils individuellen Selbst ist.

Das Neue

Wie in Kapitel 1 beschrieben, kann eine emotionale Reaktion in dreierlei Hinsicht neu sein; wir unterschieden zwischen der Akquisition (dem Erwerb), dem Raffinement (der Vervollkommnung) und der Transformation (dem Wandel) einer Emotion. Erstens: Eine neu *erworbene* Reaktion kann neu für das Individuum, aber dennoch mehr oder weniger die Norm für die Gruppe sein. Ein bekanntes Beispiel wäre die erste Liebe, die auf seiten des Individuums (für gewöhnlich eines Heranwachsenden) ein hohes Maß an Kreativität erfordert, deren Ausdruck anderen aber nichtsdestoweniger dilettantisch und gar verfehlt erscheinen kann. Zweitens: Eine bereits erworbene, zum gesellschaftlichen Standardrepertoire gehörende Reaktion kann *vervollkommnet* und in neuer Art und Weise zum Tragen kommen. So mag einem Lehrer zur Aufrechterhaltung der Disziplin in einer Klasse ein hohes Maß an Kreativität in bezug auf die Art und Weise, wie er Wut erfährt und zum Ausdruck bringt, abverlangt werden. Drittens: Es kann zur Entwicklung eines völlig neuen und andersartigen emotionalen Symptomenkomplexes kommen, der nicht der kulturellen Norm entspricht und der folglich mit den gewöhnlichen sprachlichen Mitteln nicht leicht zu beschreiben ist. Vieles in der Kunst und Dichtung stellt den Versuch dar, solchen *gewandelten* emotionalen Erfahrungen eine Form zu geben.

Erwerben einer normativen emotionalen Reaktion

Im weitesten Sinne stellt jedes Lernen einen gewissen kreativen Vorgang dar, weil es den Erwerb neuer Denk- und Reaktionsweisen auf seiten des Individuums erfordert. Eine Tatsache, die allzu gerne übersehen wird, da das, was gelernt wird, aus Sicht der erfahrenen Beobachter oft »ein alter Hut« ist. So ist ein Kind, das erstmals lange Divisionen lernt, kreativ, auch wenn die Reaktion als solche von Eltern und Lehrern vielleicht nicht als innovativ erkannt wird. Oder werdende Künstler verbringen oft im Bemühen, ihre eigenen Fertigkeiten weiterzuentwickeln, lange Stunden damit, die Werke alter Meister zu kopieren. Auch das ist eine kreative Handlung, wenn auch als solche allgemein nicht anerkannt, da es sich bei dem Endprodukt lediglich um eine »Kopie« handelt.

Die emotionale Entwicklung bei Kindern stellt ebenfalls eine kreative Anstrengung dar. Kinder spielen zum Beispiel wütend, traurig, verliebt zu sein, genauso wie sie Doktor, Anwalt, Eltern und Müllmänner spielen. Und durch Beispiel und gelegentliche ausdrückliche Instruktionen werden ihnen die in ihrer Kultur angemessenen Emotionen beigebracht. Zu oft ist die emotionale Unterweisung allerdings willkürlich, unvollständig oder gar fehlerhaft. Mit dem Ergebnis, daß der Betreffende als emotionaler Analphabet aufwachsen kann, unfähig, die normalerweise mit den Emotionen assoziierte Tiefe, Wärme und Bedeutung zu erfahren. So kann eine Person zum Beispiel unfähig sein, unter angemessenen Umständen wütend oder ängstlich zu werden oder Intimität zu erfahren. Eine Unfähigkeit, die sogar soweit gehen kann, daß diese Person Schwierigkeiten hat, überhaupt Emotionen zu erfahren. In solchen Fällen kann das einfache Lernen, wie man Emotionen in gewöhnlicher Weise erfährt, ein hohes Maß an Kreativität erfordern, auch wenn diese Kreativität von einem Außenstehenden vielleicht nicht registriert oder anerkannt wird.

Um diese Form der emotionalen Kreativität zu verdeutlichen, erzählen wir die Geschichte von Cassie, einer emotional verarmten, aber in hohem Maße erfinderischen Frau mittleren Alters. Cassie war in sehr jungen Jahren von ihrer Mutter verlassen worden. Ihr Vater heiratete wieder, als sie fünf war, aber von ihrer Stiefmutter, einer kalten, verbitterten Frau, wurde sie extrem streng und grob behandelt. Cassie zog sich zurück, ein stilles Kind, das alles daran setzte, jedem in seiner Umgebung zu gefallen, indem es »lieb aussah und lieb war«. Sie bemühte sich, keinen Schmerz zu empfinden, aber in dem Prozeß, keinen Schmerz zu empfinden, schnitt sie sich auch von anderen Emotionen ab, so daß sie nie das normale Repertoire der Erwachsenenemotionen erwarb. Den Großteil ihres Erwachsenenlebens empfand sie kaum mehr als Leere, Depression und Einsamkeit. Freude, Vergnügen und selbst sexuelle Erregung waren ihr fremd. Schließlich war ihr auch der Wunsch zu leben abhanden gekommen, sie wollte nicht mehr. Wie sie ihre Geschichte erlebte, erzählte sie bei einem Interview:

Wegen der Schmerzen verbrachte ich einen gut Teil meines Lebens mit Nichtfühlen. Selbst wenn ich Dinge tat, die ich wirklich tun wollte, machten sie mir kaum Vergnügen oder Freude,

und ich konnte mir nicht erklären, warum. Ich durchlebte all
die Motionen [nicht Emotionen, Motionen], und ich dachte:
Warum fühle ich nichts?
  Gefühle und Emotionen hängen alle miteinander zusam-
men. Du kannst nicht eine Emotion abtöten und andere pfle-
gen wollen. Als ich mich also weigerte, Schmerz zu empfinden,
stumpfte ich einfach ab – wurde von der Fähigkeit abgeschnit-
ten, Liebe zu geben oder zu empfangen oder Freude wahrzu-
nehmen. Zu leben, ohne zu fühlen, ist wie tot sein, wie in
einem Körper zu existieren und dennoch überhaupt nicht da-
zusein – in einem Körper, meine ich.

So beschrieb Cassie ihr Leben bis zu dem Punkt, an dem sie sich
mit einer Reihe größerer Krisen konfrontiert sah: Sie machte ihren Collegeabschluß (als ältere, aus dem »üblichen Rahmen« fal-
lende Studentin); ihre Kinder, inzwischen erwachsen, gingen aus
dem Haus; sie hörte auf, in die Kirche zu gehen, in der sie großge-
worden war; sie ging außerhalb des Hauses einer Arbeit nach; und
sie trennte sich von ihrem Mann. Im Bemühen, mit diesen Veränderungen konstruktiv umzugehen, lernte sie, neben den hierzu
erforderlichen Bewältigungsmechanismen auch neue Emotionen
zu erfahren.

So schmerzlich all das war, und es war extrem schmerzlich, so
dankbar war ich, daß ich fühlte, wirklich fühlte, jede Winzig-
keit davon. Es ist wundervoll zu fühlen, sich auf den nächsten
Tag zu freuen, einfach nur lebendig zu sein. Zu diesem Leben-
digsein möchte ich Ihnen etwas sagen... Ich weiß, wie es ist, tot
zu sein, und ich weiß, was es heißt, lebendig zu sein. Ich ent-
schied mich für das Leben, und es lohnt sich.
  Die Menschen reagieren sogar anders auf mich. An meinem
Arbeitsplatz war ich früher zum Beispiel eine Einzelgängerin.
Die Leute sprachen mit mir, aber sie verbrachten ihre Zeit mit
jemand anderem. Sie fragten mich nicht, ob ich mit ihnen zu
Mittag essen wolle, und ich fragte sie nicht. Ich bezweifle, daß
sie mich überhaupt wahrnahmen. Mir selbst sagte ich, daß ich
es so wollte, daß ich ganz allein sein wollte. Die Wahrheit ist,
ich wollte diese Isolation nicht; ich kam damit zurecht. Ich bin
dabei zu lernen, daß es einen großen Unterschied dazwischen
gibt, etwas zu wollen, zu mögen und mit etwas zurechtzukom-

*men. Jetzt jedenfalls bin ich bei allem mit eingeschlossen;
meine Kollegen und Kolleginnen wollen mit mir essen, mit mir
sprechen, mit mir zusammensein. Was ich gelernt habe, ist,
wenn ich mich selbst besser fühle, ich mit mir selbst besser
zurechtkomme, dann kommt auch jeder andere besser mit mir
zurecht.*

An diesem Punkt erfuhr Cassie viele Emotionen, die für andere
Menschen in unserer Kultur selbstverständlich sind. Aber *für sie*
waren sie neu und andersartig. Sie war in einem sehr realen Sinne
emotional kreativ, und das recht effizient.

Eine Standardemotion vervollkommnen

Eine Person kann imstande sein, in bestimmten Situationen angemessen (z. B. mit Wut, Angst, Liebe) zu reagieren, in anderen
jedoch nicht. In einem solchen Fall kann es bei der Kreativität
darum gehen, vertraute Reaktionen in neuer, anderer Weise einzusetzen. Und darum genau geht es bei dem emotionalen Raffinement. In Kapitel 1 versuchten wir, diese emotionale Vervollkommnung am Beispiel der Figur Don Juans zu demonstrieren.
Don Juan vervollkommnete die Liebe so weit, daß er sie unter
vielen, wenn auch nicht immer angemessenen Umständen zum
Tragen bringen konnte. Das andere Extrem, um ein Beispiel mangelnder Vervollkommnung aufzuzeigen, ist der Kino-Schurke,
der keine Skrupel hat, Leute umzubringen, der aber bei dem Tod
eines Hundes in Trauer verfällt. Was diesem Schurken nicht gelingt, ist, eine normale Emotion (Trauer) in allen angemessenen
Situationen zum Ausdruck zu bringen.

Leider ist die Frage der emotionalen Vervollkommnung nicht
immer so klar umrissen wie in diesen beiden fiktiven Beispielen.
Stellen Sie sich etwa eine Situation vor, in der Sie in irgendeiner
Form, zum Beispiel durch einen Schlag ins Gesicht, gedemütigt
werden, und Sie freuen sich. In Teil I seiner *Aufzeichnungen aus
dem Kellerloch* beschreibt Dostojewski, der emotional wie künstlerisch höchst kreativ war, eine derartige emotionale Erfahrung.

»Ich bin zum Beispiel ganz furchtbar ehrgeizig. Ich bin argwöhnisch und empfindlich wie ein Buckliger oder ein Zwerg,

aber offen gestanden, ich habe auch Augenblicke erlebt, in denen ich mich, wäre ich von jemandem geohrfeigt worden, sogar darüber gefreut hätte. Im Ernst: Ich hätte es bestimmt verstanden, auch darin einen Genuß eigener Art zu finden, einen Genuß der Verzweiflung, versteht sich, aber gerade in der Verzweiflung liegen die verzehrendsten Genüsse, besonders, wenn man die Aussichtslosigkeit seiner Lage deutlich erkennt.«[3]

Es ist schwierig, nach diesem kurzen Auszug zu sagen, ob es sich bei der Erfahrung Dostojewskis um eine sehr persönlich ausgeprägte Standardemotion oder insgesamt um eine andere Art der Emotion (»einen Genuß eigener Art«, einen Genuß der Verzweiflung) handelte. Vielleicht ist diese Frage nicht so wichtig, denn sobald eine Person eine Standardemotion erworben hat, kann der Prozeß der Vervollkommnung und sogar der Transformation beginnen.

Cassie, deren Erfahrungen zuvor beschrieben wurden, verdeutlicht an ihrem Fallbeispiel auch die Progression von der Akquisition zum Raffinement – und das in einer Weise, die der von Dostojewski beschriebenen nicht einmal so unähnlich ist. Zwischen Cassie und einer ihrer erwachsenen Töchter entwickelte sich ein größerer Konflikt. Seit jeher war Cassie stolz darauf gewesen, ihre eigenen Wünsche stets hinter die ihrer Kinder zurückzustellen. Nunmehr hatte sich aber eine Situation ergeben, in der sich ihre eigenen Bedürfnisse und die ihrer Tochter unvereinbar gegenüberstanden. Sie wollten beide denselben Mann, und Cassie traf die Entscheidung, diesmal ihren eigenen Ambitionen den Vorrang zu geben – nicht um egoistisch zu sein, sondern einfach, um ihren eigenen legitimen Rechten und Wünschen angemessen Rechnung zu tragen. Sie wußte um das Risiko, damit den Zorn ihrer Tochter und selbst anderer Familienmitglieder auf sich zu ziehen. Aber es gab auch einiges zu gewinnen.

Zum erstenmal blockte ich nicht ab, zog mich nicht emotional zurück oder dämpfte meine Gefühle mit Drogen oder Alkohol. Ich blieb in der Gegenwart und stellte mich der Situation, so wie sie war. Ich erinnere mich gut an den Nachmittag, als Linda [ihre Tochter] rüberkam. Sie war völlig außer sich, beschimpfte mich und wurde sogar gewalttätig. Sie war einfach nicht zugänglich für Argumente oder Diskussionen. Seltsa-

merweise empfand ich bei all diesem Leid und diesen Schmer-
zen (die ganz erheblich waren) eine intensive, grundlegende
Freude, und ein Gefühl des Lebendigseins beherrschte mich.
Zum erstenmal gab ich mich selbst nicht auf oder ordnete
meine Bedürfnisse jemand anderem unter. Ich war lebendig.
Ich erfuhr das Leben. Ich hatte hart an mir gearbeitet, und das
war ein greifbarer Beweis, daß ich emotional gewachsen war.
Ich war mir am Ende selbst die beste Freundin geworden.

Cassie hatte ihre Emotionen in einer Weise vervollkommnet oder
personalisiert, daß diese nunmehr zu ihren Gunsten zum Tragen
kamen. Sie fühlte sich nicht mehr leer, so als spielte sie lediglich
eine von anderen diktierte Rolle.

Emotionale Reaktionen transformieren

Bei dieser höchsten Ebene der emotionalen Kreativität geht es um
die Entwicklung neuer und andersartiger emotionaler Reaktionen. Wie in Kapitel 4 erläutert, werden Emotionen nach Regeln
konstituiert; sofern diese (konstituiven) Regeln geändert oder
neue Regeln entwickelt werden, entsteht in der Konsequenz eine
neue Art der Emotion. Es ist die Form der emotionalen Kreativität, die sich am schwierigsten beschreiben oder veranschaulichen
läßt. Denn eine wirklich neue Erfahrung heißt, per Definition,
daß in der gewöhnlichen Sprache keine Worte existieren, die sie
erfassen. Versucht eine Person dennoch, ihre Erfahrung in Worten wiederzugeben, so wird diese zwangsläufig umschrieben, und
was am Ende bleibt, ist eine Anhäufung der verschiedenen diesen
Worten beigemessenen Bedeutungen. Auf Piagets Terminologie
zurückgreifend, werden neue emotionale Erfahrungen kontinu-
ierlich in bestehende Denkkategorien *assimiliert*, derweil letztere
entsprechend den neuen Erfahrungen *akkommodiert* (transformiert) werden.[4] Das besagt auch, daß die Trennungslinie zwischen dem Raffinement und der Transformation emotionaler
Reaktionen zwangsläufig vage und fließend ist.

Die beste Quelle für Beschreibungen transformierter emotionaler Erfahrungen ist möglicherweise, zumindest in ihrer anfänglichen Form, die Literatur über mystische Erfahrungen. Der kana-
dische Psychiater R. M. Bucke sprach in Zusammenhang mit sol-

chen Erfahrungen vom »kosmischen Bewußtsein«, ein Begriff, der gemeinhin von anderen übernommen wurde. Bucke zufolge ist

> »das kosmische Bewußtsein das Ergebnis einer Erfahrung, die man als das plötzliche Erwachen eines neuen, nämlich des kosmischen Sinnes bezeichnen kann. In diesem Erwachen erfährt der Mensch eine Intensivierung aller seiner Verstandeskräfte, die in sich schon genügt, ihn auf eine seinem gewöhnlichen Ichbewußtsein überlegene Bewußtseinsstufe zu heben. Darüber hinaus erlebt er in einer oft als unbeschreiblich beschriebenen Freude und Seligkeit eine allgemeine geistige Erleuchtung, die dem inneren Auge völlig neue Dimensionen öffnet. Das wichtigste Merkmal des kosmischen Bewußtseins aber ist, wie der Name schon sagt, das Erkennen der ewigen kosmischen Gesetze wie auch das Wissen, daß der Mensch unsterblich, nicht war oder sein wird, sondern ist.«[5]

Die von Bucke beschriebene Art der Erfahrung ist nicht so außergewöhnlich wie oft angenommen. In einer USA-weiten Erhebung ermittelte der Soziologe und Schriftsteller Andrew Greeley, daß 35 Prozent der Amerikaner nach eigenen Aussagen zumindest eine mystikähnliche Erfahrung und 5 Prozent wiederholt derartige Erfahrungen hatten.[6] Ausgelöst werden sie in der Regel durch Wunder der Natur (Sonnenuntergänge etc.), Musik und Kunst, sexuelle Intimität, intellektuelle Gespräche und Meditation.

Cassie, deren Erfahrungen wir bereits in Zusammenhang mit der Akquisition und dem Raffinement von Emotionen erläuterten, gab folgende Beschreibung von ihrer emotionalen Transformation. Kurze Zeit nach dem Vorfall mit ihrer Tochter war Cassie mit dem Mann, den sie höchst anregend fand, in ein Gespräch vertieft.

> *Stan und ich waren in der Küche. Stan arbeitete, und wir unterhielten uns. Ich fragte ihn, wann und wie er diese Sensibilität und Sanftheit entwickelt habe. Daraufhin kam er zu mir, wo ich saß, und kniete sich vor mir hin. Er berührte mich zärtlich und sprach sanft – er erzählte mir, was er empfand und liebte mich mit Worten.*
> *Es war nicht wirklich körperlich, aber ich empfand es körper-*

lich – wie eine Erfahrung des ganzen Körpers. Es war, als öffnete ich mich ganz, um zu sehen und zu hören, was er sagte, und ich fühlte, was er fühlte, und sah, was er sah. Als das passierte, stand ich auf, atmete einige Male tief durch, und mir kamen die Tränen. Es war wie eine Explosion in meinem Kopf, keine gewaltige Explosion, eher wie eine Energieentladung. Ich spürte es in meinem Kopf und überall um mich herum. Dann fühlte ich mich wirklich schwach. Das hielt acht bis zehn Sekunden an. Es war kein körperlicher Orgasmus – nicht mit einem sexuellen Orgasmus verbunden. Es war wie ein emotionaler Orgasmus. Ein seelischer Orgasmus. Es war transformierend – wie ein Übergang in die emotionale Freiheit. Ich fühlte mich in und um meinen Körper emotional befriedigt, aber mein Körper hatte damit nichts zu tun. Nach einer Weile war eine sanfte Energie spürbar – unsere Energien vermischten und vereinigten sich um uns. Es war, als würden wir, ohne ein Wort zu sagen, zusammenfließen. Das war die Emotion. Es gibt keine Worte dafür – einfach keine Worte. Ich fühlte sie einfach nur.

Ich war anschließend nicht mehr dieselbe. Ich war emotional nicht mehr so verschlossen. Ich wurde offener für Herausforderungen – freier in meinem Denken und meinen körperlichen Reaktionen. Ich erreichte einen Punkt der Entwicklung, auf den ich lange hingearbeitet hatte. Es war wie eine alte Tür, an der man arbeiten, die Scharniere ölen muß und so weiter, bis sie sich schließlich öffnen läßt; oder wie eine Pflanze, die man hegt und pflegt, bis sie schließlich blüht. Wenn man diese Ebene erst einmal erreicht hat, kann man nie mehr zurück.

Nicht alle transformierten emotionalen Erfahrungen sind, was wohl nicht eigens erwähnt werden müßte, so dramatisch oder positiv wie die von Cassie beschriebene. Manche können, im Gegenteil, entsetzlich sein. So schildert etwa ein Chirurg, der anonym bleiben möchte, eine Angstattacke:

»Anderen beschreiben zu wollen, was man bei einem akuten Angstanfall empfindet, ist ebenso schwierig, wie jemandem, der es nicht kennt, das Gefühl des Sich-Verliebens vermitteln zu wollen. Der vielleicht charakteristischste Eindruck ist der ebenso grundlose wie offenkundig unsinnige, aber dennoch fortwährende Alarmzustand. Man fühlt sich, als befände man sich auf dem Schlachtfeld oder wäre in der Dunkelheit über ein wildes Tier gestolpert, und die ganze Zeit über unterhält man sich derweil in einer normalen und friedlichen Umgebung mit seinen Kollegen und geht den Aufgaben nach, die man seit Jahren kennt. In diesem Zustand hat man das Gefühl, daß der Kopf benommen und riesig und mit Baumwolle ausgestopft ist; es ist schwierig und mühselig, sich zu konzentrieren; und das Beängstigendste von allem ist, daß die Qualität der sensorischen Wahrnehmung des Universums einen essentiellen Wandel erfährt.«[7]

Erfahrungen wie die von Bucke, Cassie und dem namentlich nicht benannten Chirurgen stellen die frühen, äußerst flüchtigen Phasen der transformierten emotionalen Reaktionen dar. Um sich als effizient und anpassungsfähig erweisen zu können, müssen sie sich in sinnvollen Reaktionsmustern konsolidieren können. Im übrigen sind die von dem Chirurgen geschilderten vagen Angstgefühle keineswegs jenseits und unabhängig von den ekstatischeren Erfahrungen Buckes und Cassies zu sehen. Um es mit Nietzsche auszudrücken: »Ich sage euch: man muß noch Chaos in sich haben, um einen tanzenden Stern gebären zu können.«[8]

Effizienz

Wie neu eine emotionale Reaktion (unter irgendeinem der drei genannten Aspekte Akquisition, Raffinement, Transformation) auch sein mag, sie muß, um wirklich als kreativ betrachtet werden zu können, auch von einem gewissen Wert für das Individuum oder die Gesellschaft sein. Mit einfachen Worten: Die emotional kreative Reaktion sollte anpassungsfähig sein oder bestimmten herausragenden Maßstäben gerecht werden.

Inwiefern kann eine Emotion effizient oder anpassungsfähig sein? Die meisten Emotionen sind Wege zum Umgang mit Problemen, Wege, die gleichzeitig die gewöhnlichen Bewältigungsressourcen eines Individuums taxieren. Wut ist ein gutes Beispiel. Der typischste Anlaß für Wut ist ein von anderen bewußt oder versehentlich begangenes Unrecht. Wut ist dann effizient, wenn sie das Unrecht korrigiert und die freundschaftlichen Beziehungen wiederherstellt. Sie ist ineffizient, wenn sie ungerechtfertigt ist oder über das Maß der Provokation hinausgeht und so weitere Vergeltungsmaßnahmen herausfordert oder wenn sie unausgedrückt und die Situation somit unverändert bleibt.

Die meisten Emotionen sind wie die Wut, indem sie spezifische Zielsetzungen verfolgen – etwa einer Gefahr zu entkommen im Falle der Angst, Wiedergutmachung zu erreichen im Falle von Schuld, eine Beziehung zu schützen im Falle der Eifersucht und so weiter. Aber nicht alle Emotionen haben ein Ziel in diesem Sinne – so scheinen Freude und Trauer zum Beispiel kein Ziel zu haben, das über sie hinausgeht. Aber selbst diese »ziellosen« Emotionen können gut oder schlecht, angemessen oder unangemessen zum Ausdruck gebracht werden. Die Person, die mehr Freude erfährt als situativ angebracht – oder zu wenig –, muß sich im Zweifelsfall nachsagen lassen, sie sei entweder oberflächlich oder infam. Das gleiche gilt für die Trauer. In der Erzählung *Der Fremde* von Albert Camus wird die Hauptfigur des Mordes an einem Fremden überführt; zu den »Hauptbeweisstücken«, die gegen ihn vorgebracht werden, gehört der Umstand, daß er bei der Beerdigung seiner Mutter nicht angemessen getrauert hat.

Auf einer höheren Abstraktionsebene können eine Reihe von Werten aufgezählt werden, die Emotionen erfüllen sollten, um wahrhaft effizient sein zu können. Zu den wichtigsten gehören Vitalität und ein Gefühl des Lebendigseins, Fülle und Komplexität des Lebens sowie Integration und Harmonie sowohl innerhalb des Selbst als auch zwischen dem Selbst und anderen. Ganz allgemein ausgedrückt sollte eine emotional kreative Reaktion zur Erweiterung des persönlichen Horizontes und Förderung der zwischenmenschlichen Beziehungen beitragen. Im Idealfall erreicht die emotional kreative Person eine neue Ebene der Integration und eine neue und höhere Reife.

Dieses Ideal ist das anzustrebende Ziel; in der Praxis wird es selten ganz erreicht. Und das sollte auch nicht so sein, bedeutete es doch ein Ende des Strebens – und der Kreativität.

An diesem Punkt muß eine Qualifikation ins Spiel gebracht werden. Die emotionale Kreativität ist – vielleicht mehr als die Kreativität auf irgendeinem anderen Gebiet – dazu angetan, auf Mißverständnisse und sogar Zensur zu stoßen. Wobei diese Zensur mitunter durchaus eine realistische Einschätzung der Situation reflektiert; denn emotionale Neuerungen können Sprengstoff für soziale Beziehungen sein, und Kreativität ist mitnichten eine Garantie für Weisheit. Zu oft ist diese Zensur allerdings auch ein Spiegelbild von Ignoranz oder gar Schlimmerem. Allzu gerne fassen konventionell verhaftete Personen Abweichungen von den herkömmlichen, gesellschaftlich akzeptierten Normen als Kritik an ihrer Person auf, oder sie sind neidisch auf die Freiheit, die das kreative Individuum offenbart, eine Freiheit, die sie selbst unfähig oder nicht willens sind, in Anspruch zu nehmen. Wie auch immer, fest steht, daß eine emotional kreative Reaktion, selbst wenn sie aus Sicht des Individuums effizient ist, unvermeidlichen sozialen Belastungen ausgesetzt sein kann. Wie das im kleinen aussehen kann, zeigt das Beispiel einer jungen Frau namens Dawn.

Dawn hatte nicht das Gefühl, daß ihr Mann sie mit der gebotenen Freundlichkeit und mit Respekt behandelte. Er erwartete von ihr Unterwürfigkeit und Gehorsam, während er gleichzeitig von ihr abhängig war. Als sie zum Beispiel einmal den Wunsch äußerte, an einer einwöchigen Konferenz teilzunehmen, sagte er, sie solle das machen, aber er werde seine sexuellen Bedürfnisse anderweitig befriedigen lassen. Sie hatte immer das getan, was er wollte; jetzt aber nicht mehr. Sie hatte es satt, ständig wie ein Kind behandelt zu werden. Sie versuchte, das, was sie empfand und wollte, ihrem Mann mitzuteilen; es war, als redeten sie in zwei Sprachen. Er hörte die Worte, ignorierte aber deren Bedeutung. Er willigte schließlich ein, mit ihr zusammen eine Therapie zu beginnen, tat dann aber das, was viele tun, wenn sie sich bedroht fühlen: Er zog sich aus der Therapie zurück, steigerte seinen Alkohol- und Marihuana-Konsum und wurde noch unnachgiebiger und sarkastischer. Als das nicht fruchtete, suchte er in noch bedrohlicheren Formen des Druckes und der Gewalt Abhilfe. Das funktionierte eine Weile, dann aber entschied Dawn, daß sie, ohne ihre Würde und Selbstachtung zu verlieren, nicht in der Beziehung bleiben konnte. Die Ehe wurde geschieden.

Auf den ersten Blick mag das Kriterium der Effizienz oder Anpassungsfähigkeit einfach und klar umrissen erscheinen, der Fall Dawns zeigt jedoch, daß es in Wirklichkeit komplizierter ist. Aus der Perspektive ihres eigenen persönlichen Wachstums könnte Dawns Offenheit für neue Erfahrungen als anpassungsfähig beurteilt werden, vom Standpunkt ihrer Ehe aus betrachtet (die in Scheidung endete), war sie es nicht. Eine Reaktion ist in sich und für sich nie effizient, sie ist es nur am Maßstab irgendeiner Situation oder eines Zieles. Was aus der einen Sicht effizient ist, mag aus einer anderen ineffizient oder sogar eine Fehlanpassung sein. Bei der Bewertung emotionaler Kreativität sollten wir in der Regel von einer möglichst breitgefaßten Perspektive ausgehen: Werden *langfristig* der persönliche Horizont erweitert und zwischenmenschliche Beziehungen gefördert? Oft ist eine korrekte Bewertung erst rückblickend möglich.

Authentizität

Unser drittes Kriterium für Kreativität ist die Authentizität oder Originalität. Das heißt, daß das kreative Produkt in irgendeiner Form die eigenen individuellen Werte und Einstellungen zur Welt widerspiegeln sollte. Authentizität in diesem Sinne wird oft mit Neuem verwechselt, was aber, wie in Kapitel 6 ausgeführt, etwas völlig anderes ist. Bisweilen sind wir authentischer, wenn wir sozialen Erwartungen entsprechen, statt von ihnen abzuweichen – vorausgesetzt natürlich, wir haben diese Erwartungen als unsere eigenen übernommen. Nur allzuoft wird Authentizität in dem unsinnigen Bemühen, anders zu sein, geopfert.

Was macht eine emotionale Reaktion authentisch? Um diese Frage zu beantworten, ist es hilfreich, mit dem zu beginnen, was nicht authentisch ist. Wenn wir aus dem alltäglichen Zusammenhang davon sprechen, daß eine Emotion unauthentisch ist, meinen wir damit in der Regel, daß eine Diskrepanz zwischen der inneren Erfahrung und ihrer äußeren Manifestation gegeben ist. So kann ein Antragsteller seinem Vorgesetzten ein ruhiges und freundliches Äußeres präsentieren, derweil er innerlich kocht. Umgekehrt kann ein Elternteil ein Kind in vorgespieltem Ärger ausschimpfen, derweil es innerlich über die Mätzchen des Kindes lacht. Ist diese Diskrepanz bewußt herbeigeführt, wie in diesen beiden Fällen, so spüren wir intuitiv den offenen Gegensatz, wonach wir das Authentische vom Nicht-Authentischen unterscheiden können. Wie sieht es aber aus, wenn wir nach der Authentizität einer ungeheuchelten, aufrichtigen Emotion oder nach der inneren Erfahrung der Emotion fragen? Um diese Frage verstehen zu können, müssen wir uns auch hier wiederum einen konträren Fall vor Augen halten.

So ist zum Beispiel der körperliche Schmerz eine Erfahrung, die von den meisten Menschen als unabänderlich betrachtet wird. Wenn ich einen Schmerz empfinde, so ist diese Erfahrung real, unmittelbar und unzweifelhaft. Ihre Authentizität ist absolut unstrittig. Tatsächlich? Bedenken Sie folgendes: Unter Hypnose kann eine Person Schmerz erfahren, ohne daß ein entsprechender Auslöser vorliegt. In diesem Fall könnten wir den Schmerz, obgleich er real ist, als nicht authentisch bewerten. [9]

Das Beispiel des Schmerzes dürfte verdeutlichen, daß Authentizität mitnichten eine der Erfahrung inhärente Eigenschaft ist; sie stellt vielmehr eine Beurteilung der Erfahrung dar. Wie jede Beurteilung geht auch die Frage der Authentizität von Grundvoraussetzungen aus. Diese Voraussetzungen haben meistenteils etwas damit zu tun, was dem Individuum oder, in einem weitergefaßten Sinne, der Gruppe zum besten gereicht (wobei letzteres, die »wahren Werte« implizierend, mitunter dem Wohle des Individuums entgegenstehen kann). Im Falle des Schmerzes steht das, was dem Individuum zum besten gereicht, in der Regel außer Zweifel, so daß sich hier die Frage der Authentizität auch nur unter höchst ungewöhnlichen Umständen (wie etwa der Hypnose) stellt. Die Emotionen sind in dieser Hinsicht wesentlich komplizierter, nicht zuletzt, weil sie, teilweise zumindest, durch soziale Normen und Erwartungen konstituiert werden, welche von Gruppe zu Gruppe variieren können. So kann der Wut einer Person, ganz gleich wie stark diese sie empfinden mag, von einer anderen Person, die das Problem von einem anderen ideologischen Standpunkt aus angeht, die Legitimität abgesprochen werden. Umgangssprachlich ausgedrückt, hat die erste Person (aus Sicht der anderen) ein »falsches Bewußtsein«.

Wir behaupteten, daß Standardemotionen weitestgehend gesellschaftliche Konstrukte darstellen. Aber nicht als Ergebnis einer eingleisigen Beziehung, sondern einer wechselseitigen. Das heißt, Emotionen werden nicht nur durch die Gesellschaft konstituiert, sie tragen ihrerseits auch zum Erhalt und zur Validität der Normen und Regeln, Haltungen und Werte bei, die im Umkehrschluß die Matrix für ihre Konstruktion liefern. Diese Dialektik zwischen Emotionen und sozialen Normen läßt sich vielleicht am besten am Beispiel religiöser oder politischer Bekehrungen aufzeigen. Woran erkennt der Konvertierte, daß er bekehrt, »angekommen« ist? Zum Teil dadurch, daß er die Emotionen erfährt, die von der neuen Bezugsgruppe als authentisch betrachtet werden. Das Ganze hat jedoch einen Haken. Wenn Emotionen soziale Konstrukte sind, verlieren sie etwas von ihrem Flair der Authentizität. Warum sollte eine Emotion authentischer als eine andere sein, wenn doch beide sozial konstituiert sind? Die Antwort auf diese Frage ist, daß die neuen Emotionen das wahre Selbst der betreffenden Person, unabhängig von sozialen Einflüssen reflektieren. Sie waren eigentlich immer da, aber verdrängt, unterdrückt oder anderweitig vor der Bewußtheit verleugnet.

Aus diesen Überlegungen wird deutlich, daß emotionale Kreativität – soweit sie das Kriterium der Authentizität erfüllt – zwangsläufig auch etwas mit »Selbst-Kreation« zu tun hat. Eine Frage, auf die wir in Kapitel 10 zurückkommen werden.

Dieses Kapitel können wir vielleicht mit folgender Definition zusammenfassen:

Emotionale Kreativität heißt *sich selbst auszudrücken* (Authentizität), und das in *neuer und einzigartiger* Weise (das Neue), so daß der *persönliche Horizont erweitert wird* und *zwischenmenschliche Beziehungen gefördert werden* (Effizienz).

Kapitel 9

Was emotionale Kreativität nicht ist

In Sauerstes kehrt Süßestes sein Wesen.
Unkraut riecht lieblicher als Lilien,
die verwesen.

William Shakespeare,
Sonett 94

Seht Ihr denn nicht, Señor,
daß aller Nutzen, den Don Quijotes Verstand stiften würde,
niemals an das Vergnügen heranreichen kann,
das er mit seinen Narreteien der Welt verschafft?

Miguel de Cervantes Saavedra,
Don Quijote

Kapitel 5 widmeten wir den Mythen der Emotion und Kapitel 7 den Mythen der Kreativität. So mag es angebracht sein, dieses Kapitel den Mythen der emotionalen Kreativität zu widmen. Allerdings ist die Idee der emotionalen Kreativität – wenngleich sie Vorläufer hat – relativ neu, so daß es nur wenige wirklich etablierte Mythen hierzu gibt. Der Hauptmythos über die emotionale Kreativität ist denn auch der, daß es sie nicht gibt. Jenseits davon steht aber nichtsdestoweniger fest, daß die Idee der emotionalen Kreativität mit einem beachtlichen Potential für Mißverständnisse und sogar Unsinn behaftet ist. Mit diesem kurzen Kapitel möchten wir einigen solcher Mißverständnisse über die emotionale Kreativität vorbeugen.

Emotionale Kreativität ist nicht emotionale Reaktivität

Jeder kann einen Beutel Farbe gegen eine leere Leinwand werfen, aber ein Farbklecks als solcher, wie farbenprächtig oder beeindruckend er auch sein mag, stellt in sich noch kein kreatives Kunstwerk dar. Ebenso ist jeder zu einem Emotionsausbruch imstande, aber Emotionsausbrüche als solche sind kein Zeichen emotionaler Kreativität.

Personen, die ansonsten recht kritisch – zum Beispiel in Zusammenhang mit geschäftlichen oder politischen Fragen – sind, können sich mit einer Ernsthaftigkeit und Begeisterung für eine oberflächliche Emotionalität erwärmen, die geradezu grotesk erscheint. Sie akzeptieren bereitwillig fast jede Emotion – sei es Wut, Liebe, Trauer oder was auch immer –, ganz gleich, wie übertrieben oder unangemessen sie in einer Situation auch sein mag, Hauptsache, sie ist nur irgendwie »authentisch«. Diese Überbewertung der Emotionen, diese Einstellung, die in Affekt und Gefühl einen Selbstzweck sieht, ist einfach dilettantisch.

Psychotherapeuten unterstützen mitunter diese Tendenz, dann nämlich, wenn sie Klienten raten, ihre Emotionen auszudrücken, ihre »Gefühle nicht zu unterdrücken«, um so einem Gefühlsstau und verheerenden Folgen vorzubeugen. Aber der Ausdruck von Emotionen allein wird das Problem eines Klienten nicht lösen; entscheidend ist, die Emotion schicklich und mit Feingefühl zum Ausdruck zu bringen, und noch entscheidender, daß sie in irgendeiner Form Ausdruck oder Teil eines kohärenteren Selbst ist.

Kurz: Emotionale Kreativität ist ohne eine vernünftige, angemessene und realistische Lebensphilosophie nicht denkbar. Emotionale Kreativität ist mehr eine Frage der Qualität der Erfahrung als der Quantität oder Intensität des Gefühls.

Emotionale Kreativität ist nicht egozentrische Selbstvertiefung

In Kapitel 4 wurden verschiedene »Familienähnlichkeiten« angesprochen, die emotionale Reaktionen charakterisieren helfen. Unter anderem ging es um den Aspekt der Subjektivität. Emotionen sind subjektive oder »innere« Erfahrungen. Das zumindest ist Teil unserer Konzeption der Emotion. Ebenso ist es Teil unserer Konzeption der Kreativität, daß sie authentisch sein sollte, das heißt, daß die kreative Reaktion von innen kommen und nicht nur eine Reaktion auf äußere Umstände sein sollte. Diese Betonung der subjektiven Aspekte sowohl der Emotionen als auch der Kreativität könnte allerdings zu dem Trugschluß verleiten, daß emotionale Kreativität mit der äußeren oder objektiven Realität wenig zu tun hat. Dem ist nicht so, wie folgende von Bertrand Russell erzählte Parabel verdeutlichen dürfte:

> »Es waren einmal zwei Wurstmaschinen, wunderbar konstruiert zu dem Zweck, Schweine in köstliche Würste zu verwandeln. Die eine von beiden wahrte sich die Freude am Schweinefleisch und erzeugte zahllose Würste. Die andere aber sprach: ›Was ist mir Schweinernes? Meine eigenen Werke sind bei weitem interessanter und bewunderswerter als alle Schweine der Welt.‹ So wies sie alles Schweinefleisch zurück und begann sich der Ergründung ihres Innern zuzuwenden. Doch bald hörte dieses Innere, seiner Nahrung beraubt, zu funktionieren auf, und je mehr sie es erforschte, desto hohler und törichter fand sie es. Der ganze feinsinnige Mechanismus, durch den bis dahin die köstliche Umwandlung bewerkstelligt worden war, stand still, und sie konnte sich nicht einmal mehr vorstellen, was er zu leisten imstande war.«[1]

Eine alberne kleine Parabel, aber sie trifft einen wichtigen Kern: Personen, die die äußere Welt ignorieren und sich in einer inneren Selbstschau verlieren, sind kaum dazu prädestiniert, emotional oder anderweitig kreativ zu sein. Die Welt ist voller Dramen – tragischer, trauriger, beängstigender, komischer, heroischer, rätselhafter und erschreckender Dramen. Sie alle sind unabdingbare Ingredienzen der emotionalen Kreativität.

Emotionale Kreativität ist kein Freibrief, das zu tun, was immer einem gefällt

Zu den Hauptmißverständnissen, die wir unterbinden möchten, gehört die Vorstellung, emotionale Kreativität sei die Rechtfertigung, »alles rauszulassen«. Emotionale Hemmung wird gelegentlich als ein Hemmnis des authentischen Wachstums und unter Umständen sogar als gesundheitsgefährdend betrachtet. Befürchtungen, die sich in manchen Fällen bewahrheiten können. Emotionale Kreativität bedingt neben dem Wissen, wie man reagiert, aber auch das Wissen, wie man *nicht* reagiert. Effizienz setzt fast immer eine gewisse Hemmung oder Steuerung des Verhaltens voraus.

Aus anderer Perspektive betrachtet: Zu den in Kapitel 7 erläuterten Mythen der Kreativität gehörte auch das Konzept, demzufolge Kreativität nicht an Regeln gebunden sei. Ein Mythos, der für die emotionale Kreativität nicht weniger zutreffend ist als für die Kreativität in anderen Bereichen. Emotionen werden, wie ausführlich in Kapitel 4 dargelegt, nach Regeln konstituiert und reguliert. Regeln hemmen, ermöglichen Dinge aber auch. Ohne Regeln wäre das emotionale Leben einer Person nichts weiter als ein desorganisiertes, von vagen Gefühlen der Angst und Depression beherrschtes Durcheinander.

Emotionale Kreativität ist also kein Freibrief, gesellschaftliche Normen und Schicklichkeiten zu mißachten. Was aber nicht heißt, daß emotionale Kreativität, sofern sie dem Kriterium des Neuen gerecht wird, nicht konventionellen Verhaltensnormen zuwiderlaufen kann. Allerdings bestehen auch die meisten konventionellen Normen nicht ohne Grund; sie sind in der Regel das Ergebnis eines langwierigen gesellschaftlichen Evolutionsprozesses. Der Wunsch, anders zu sein um des Andersseins willen ist oft mehr ein Zeichen der Unreife als der Kreativität.

Emotionale Kreativität ist keine Frage des Glücks oder der Anpassung

Das Erfordernis, daß eine kreative emotionale Reaktion effizient sein (das individuelle Selbst sowie zwischenmenschliche Beziehungen fördern) soll, kann Ursache von Mißverständnissen sein.

Dieses Erfordernis besagt nicht, daß die emotional kreative Person in irgendeiner Form glücklicher oder besser angepaßt als eine weniger kreative Person ist. Oft ist das Gegenteil der Fall.

Bei der Bewertung der Effizienz einer Reaktion müssen zwei entscheidende Kriterien berücksichtigt werden. Das erste ist die Unterscheidung zwischen kurz- und langfristigen Effekten; das zweite ist die Unterscheidung zwischen individuellen und gruppenspezifischen oder gesellschaftlichen Effekten. Eine kurzfristig anpassungsfähige Reaktion kann sich langfristig als Fehlanpassung erweisen und umgekehrt. Wie in Kapitel 13 deutlich werden wird, vermögen viele neurotische Reaktionen (z. B. durch zwanghaft-besessene Verhaltensweisen) eine unmittelbare Befriedigung oder Lösung zu irgendeinem Problem zu liefern, aber auf Kosten einer langfristigen Effizienz. Ähnlich kann eine Reaktion, die sich für das Individuum als anpassungsfähig erweist, aus einer größeren (Gruppen-)Perspektive unangepaßt sein. So kann eine Trennung die Bedürfnisse eines unzufriedenen Ehepartners befriedigen, aber eine erhebliche Belastung für andere Familienmitglieder und am Ende für die Gesellschaft bedeuten.

Kreativität bedingt Veränderung; und Veränderung bedingt im allgemeinen, zumindest kurzfristig, Unruhe und Umbruch. Folglich ist Kreativität häufig von einem hohen Maß an Ängsten, Depressionen und Schuldgefühlen begleitet. Hinzu kommt, daß neue Formen der Emotion dazu angetan sind, gruppenspezifisch tief verhaftete Werte in Frage zu stellen. Die emotional kreative Person ist also mit der Wahrscheinlichkeit konfrontiert, von anderen verurteilt, verachtet und sogar geächtet zu werden.

In welchem Sinne kann dann aber eine emotional kreative Reaktion als »effizient« beurteilt werden? Letztlich muß dafür das Leben einer Person im ganzen beurteilt werden – eine Beurteilung, die mitunter erst rückblickend möglich ist. Viele emotional kreative Menschen (z. B. Nietzsche, van Gogh, Dostojewski) haben in der Tat in ihrem Leben teuer für ihre Kreativität bezahlt. Wir, die Nachwelt, sind diejenigen, die die Früchte ihrer Anstrengungen ernten.

Die meisten emotional kreativen Reaktionen müssen allerdings nicht auf das Urteil der Nachwelt warten, ehe ihre Effizienz bewertet werden kann. In jedem Fall bleibt festzuhalten, daß emotionale Kreativität ein schwieriges und oft schmerzliches Unterfangen ist, ohne Erfolgs- oder Glücksgarantie. Ein solches Unterfangen setzt eine Zielgerichtetheit voraus, eine Vision, wie die Zukunft sein könnte, unabhängig davon, ob das eigene Ziel erreicht wird oder nicht. Wer sich diese Einstellung zu eigen macht, für den ist eine Art der Anpassung, ein tiefes Gefühl des Wohlbefindens möglich, jenseits des unmittelbar gegebenen oder persönlichen Schicksals.

Emotionale Kreativität ist mehr als Erregung oder Genußstreben

Nach allem bisher Gesagten dürfte deutlich geworden sein, daß emotionale Kreativität mehr als das Streben nach Vergnügen, Erregung und Abwechslung ist. Im Gegenteil, hinter Genußstreben verbirgt sich allzuoft eine Form der Flucht. Es ist ein Weg, sich selbst im Augenblick zu verlieren, die Öde oder das unerträgliche Chaos der eigenen Existenz zu übertünchen.

Bei zuviel Stimulation stumpft der Geschmack für die subtileren Vergnügungen des Lebens ab. Jemand, der sich an sehr scharf gewürzte Gerichte gewöhnt, kann ein feineres oder delikateres Aroma nicht mehr genießen. Und im Verlangen nach immer schärfer gewürzten Gerichten wird der Nährwert dessen, was man ißt, sekundär. Eine schlechte Gesundheit und ultimativ ein Verlust des Genusses können in der Konsequenz der Preis für kurzfristige Gaumenfreuden sein. Was für den Gaumen gilt, gilt auch für andere Formen des Genusses.

Oberflächlich betrachtet, schien Judd das personifizierte Musterbeispiel der amerikanischen Erfolgsstory zu sein. In ärmlichen Verhältnissen geboren, mußte er mit 14 arbeiten gehen, um die Familie zu unterstützen. Aber mit 35 war er, dank eines im Ölgeschäft gescheffelten Vermögens, mehrfacher Millionär. Er heiratete eine schöne Frau und hatte zwei nette Kinder. Maßgeschneiderte Anzüge und andere edle Kleidungsstücke füllten seinen Schrank. Er hatte Sportwagen, sein eigenes Lear-Jet und einen Kabinenkreuzer. Und mit der Zeit langweilte er sich. Er suchte die Gesellschaft anderer Frauen; er nahm an Auto- und Pferderennen teil. Aber auch sie verloren ihre Anziehungskraft. Er versuchte Kokain, aber auch das konnte das Gefühl der Öde und Dumpfheit, das inzwischen sein Leben beherrschte, nur kurze Zeit überdecken. Seine Frau gelangte schließlich zu dem Entschluß, daß kein Geld der Welt es wert war, das durchzumachen, was sie durchmachte, und sie verließ ihn. Kurz nacheinander erlitt er einen Herzanfall und verlor durch den Einbruch während der Ölkrise ein Vermögen. Er trug sich mit Selbstmordgedanken, als er schließlich den Weg zur Therapie fand.

In einer Hinsicht hatte Judd mehr Glück als viele Menschen – er merkte, ehe es zu spät war, daß das Leben mehr als das Streben nach Vergnügen und Genuß ist. Wie wir in Kapitel 15 noch aufzeigen werden, ist gerade das Vergnügen eine erstaunlich problematische Herausforderung für die emotionale Kreativität.

Emotionale Kreativität findet man nicht in Drogen

An einem Maimorgen im Jahr 1953 schluckte Aldous Huxley vier Zehntelgramm Meskalin, in einem halben Glas Wasser aufgelöst. Es handelte sich um ein »Experiment«, das in Zusammenarbeit und unter der Aufsicht eines erfahrenen Beobachters mit dem Ziel durchgeführt wurde, Daten über die psychologischen Effekte der Droge zu gewinnen. In einem kleinen Buch, *Die Pforten der Wahrnehmung – Himmel und Hölle*, beschrieb Huxley seine Erfahrungen. Teils weil er ein bekannter Autor war, und teils, weil es auf Linie des aufkeimenden Zeitgeistes lag, trug Huxleys Buch zur Verbreitung der Vorstellung bei, bewußtseinsverändernde oder »bewußtseinserweiternde« Drogen stellten den kürzesten Weg zu einem weiten Spektrum neuer, andersartiger und höchst eindrucksvoller Erfahrungen dar. Zu der Art und Weise, wie er einen kleinen in seinem Arbeitszimmer stehenden Blumenstrauß wahrnahm, berichtete Huxley zum Beispiel: »Ich sah, was Adam am Morgen seiner Erschaffung gesehen hatte – das Wunder, das sich von Augenblick zu Augenblick erneuernde Wunder bloßen Daseins.«[2] Zeit und Raum, als Rahmen der gewöhnlichen Wahrnehmung, schienen abgeschafft, und herkömmliche Werte und Beschränkungen verloren im Licht des »transzendentalen Andersseins«, der »zeitlosen Glückseligkeit« und der »Gnade und Verklärung« ihre logische Grundlage. Der Fairneß halber sei jedoch angemerkt, daß Huxley wohlweislich auch die potentiellen Gefahren des Drogenmißbrauchs verdeutlichte; mit naivem Optimismus glaubte er allerdings, Neurologen und Pharmakologen würden neuere und sicherere Drogen entdecken, welche die Türen der Wahrnehmung dann noch weiter öffneten.

David Crosby zählte zu den kreativsten und populärsten Rockmusikern der 60er Jahre. Seine Plattenalben wurden in Millionenauflage verkauft. Er war auch einer der führenden Drogenbefürworter in den USA, griff zu Marihuana, dann zu Heroin und Kokain. Zu mehr aber nicht. Die Drogen beraubten ihn langsam, aber sicher seiner Talente und am Ende seiner Freiheit. (Mitte der 80er mußte Crosby wegen Drogenvergehen und Vergehen gegen das Schußwaffengesetz in Texas eine einjährige Haftstrafe absitzen; das Urteil wurde am Ende jedoch wegen Mängeln in der Beweisführung revidiert.) In einem Interview anläßlich des Erscheinens seiner Autobiographie, *Long Time Gone*, beschrieb Crosby, wie er acht Jahre an dem Album »Oh yes I can« arbeitete. »Mit all den Drogen«, sagte er, »konnte ich mir einen Großteil der Zeit nicht einmal mehr die Schuhe anziehen.«[3]

Crosby wandelte sich mitnichten zu einem Apologeten des »Systems«. Das einzige aus seinem früheren Leben, von dem er einräumt, daß es falsch war, ist der Konsum von Drogen – ein Eingeständnis, das ihm im übrigen nicht ohne Zynismus über die Lippen kommt: »Sie [die Behörden] sagten auch, Marihuana führe zu härterem Stoff. Wir wußten es besser, oder? Aber sie sollten recht behalten. Ist das nicht zum Verrücktwerden?«[4]

Es wäre töricht, bestreiten zu wollen, daß Drogen gewisse freudige Erfahrungen und Genüsse bereiten und sogar die Türen zu neuen und andersartigen Erfahrungen öffnen. Es hat aber nichts mit Puritanismus zu tun, festzustellen, daß Freuden und Genüsse, wenn sie dem Selbst förderlich sein sollen, auch sinn- und bedeutungsvoll sein müssen. Die Person, die Befriedigung ohne Mühe und Anstrengung, wie über Drogen, sucht, wird aller Wahrscheinlichkeit nach unbefriedigt bleiben – nicht weil die Art der Befriedigung falsch ist, sondern weil sie ihres Sinnes und ihrer Bedeutung beraubt ist. Aber darüber hinaus: Drogeninduzierte Emotionen sind nicht nur oberflächlich, sie können auch die Entwicklung authentischerer emotionaler Erfahrungen konterkarieren. Ein letztes Beispiel soll diesen Punkt verdeutlichen:

Steve charakterisierte sich selbst als ein Produkt der Sechziger. Seine Liebe galt in erster Linie dem Malen und Songschreiben; aber er trank zuviel und nahm zu viele Drogen, um auch nur eines von beidem tun zu können. Von einer Sauftour wechselte er zu einem Amphetamin- oder Kokaingelage, rauchte zwischendurch, damit es ihm »besser ging«, Marihuana. Nach eigener Aussage hatte Steve nie Erwachsenengefühle oder -emotionen erfahren. Seine emotionale Entwicklung schien stehengeblieben zu sein, als er mit seinem Drogenkonsum begann. Viele seiner sprachlichen Äußerungen waren erkennbar Relikte eines Heranwachsenden. Drogeninduzierte Höhen und Tiefen hatten die normalen Emotionen ersetzt. Erst als seine Gesundheit nachließ, gestand Steve ein, daß er ein ernsthaftes Problem hatte. Seinen eigenen Worten zufolge hatte er das Leben eines »emotionalen Idioten« gelebt.

Nachdem er eine gewisse Zeit »trocken und clean« war, nahm er sein Malen wieder auf und stellte, nach eigenem Urteil, einige seiner besten Werke her. Er hatte seit jeher mit sehr dunklen Farben gearbeitet; jetzt experimentierte er mit verschiedenen Farben und ungewöhnlichen Mitteln, Texturen, Formen und Gestaltungsweisen. Nach zwei Jahren konnte er sich über seine Malerei selbst ernähren.

Steves emotionales Leben erweiterte sich in Verbindung mit seiner künstlerischen Arbeit. In bezug auf die neuen Emotionen, die er erfuhr, beschrieb er sich selbst wie ein Kind in einem Süßwarengeschäft: »Geben Sie mir dieses und dieses und dieses und...« Es ist herrlich, meinte er, in der Lage zu sein, selbst zu wählen, wie man sich fühlt.

Emotionale Kreativität ist mehr als ein reiner Stimmungswandel

Wenn Personen den Begriff »emotionale Kreativität« hören, ist ihre erste Reaktion oft, daß sie etwa sagen: »Ich weiß, was das ist. Es ist ähnlich, wenn ich morgens in schlechter Stimmung aufstehe, und es gelingt mir, sie zu kippen.« Das ist es allerdings nicht, was wir mit emotionaler Kreativität meinen.

Diese Verwechslung ist teilweise auf den Umstand zurückzuführen, daß dem Begriff der Emotion vielfach zwei verschiedene Bedeutungen zugemessen werden. Zum einen bezieht sich »Emotion« auf jene transitären, vagen Gefühle oder Stimmungen, die sich nicht mit analytischeren Begriffen beschreiben lassen. Gemeint ist jene subtile und diffuse Art der Erfahrung, die man hat, wenn man eine Symphonie hört, einen Sonnenuntergang beobachtet oder »seinen Melancholischen« hat. Emotionen in diesem Sinne sind ähnlich einem psychologischen Nebel, einem diffusen und undurchsichtigen Hintergrund, aus dem etwas genauer umrissene Gedanken und Gefühle hervorgehen. Zum anderen und in einem etwas engeren Sinne wird »Emotion« als allgemeiner Oberbegriff zur Bezeichnung spezifischer Zustände wie Wut, Angst, Trauer, Liebe usw. verwendet. Anders als Stimmungen sind diese Zustände strukturiert und organisiert; sie sind öffentlich, mitteilbar und an Regeln gebunden – sicher nicht an Regeln der Logik, aber an Regeln der Emotion. In Zusammenhang mit der emotionalen Kreativität sprechen wir von dieser letztgenannten Art der Emotionen.

Obgleich ein Stimmungswandel nicht per se ein Zeichen emotionaler Kreativität ist, können Stimmungen aber dennoch eine Rolle bei der emotionalen Kreativität spielen. Eine glückliche oder positive Stimmung bedingt, daß wir offener gegenüber Herausforderungen und neuen Erfahrungen sind; und wir sind aufgeschlossener, alternative Reaktionsweisen zu erforschen – kurz: Wir sind in der Regel kreativer. Eine depressive Stimmung bedingt demgegenüber im allgemeinen einen gegenteiligen Effekt. Wenn wir uns traurig oder hoffnungslos fühlen, ist es unwahrscheinlich, daß wir neue Initiativen ergreifen. Was für die Depression gilt, muß allerdings nicht notwendigerweise für alle negativen Stimmungen gelten. In einer Krisensituation – in Schmerz, Sorge oder Verzweiflung – ist es durchaus denkbar, daß wir eher bereit sind, mit neuen Emotionen zu experimentieren, aus dem Gefühl heraus, nichts zu verlieren oder keinen anderen Ausweg zu haben.[5]

Emotionale Kreativität ist nicht im schnellen Fertigpack erhältlich

Wir sind eine »Sofort«-Gesellschaft. Wir wollen alles »sofort«: schnell, problemlos und schmerzlos. Ein kurzer Blick auf den Zeitschriftenstand im Supermarkt oder auf Zeitungsannoncen genügt, das zu bestätigen, sofern Sie es anzweifeln. Wir können vermeintlich alles, von den Hüften bis zum Managementstil, mit einem Aufwand von nur einer Minute pro Tag verändern. Oftmals wird Hilfe in der Hypnotherapie gesucht, weil man glaubt, sie biete magische Qualitäten oder Eigenschaften, die schnell und ohne bewußte Anstrengung Abhilfe bei jeder nur denkbaren Beschwerde böten (sei es Rauchen, Übergewicht oder Scheidung).

Emotionale Kreativität ist nicht mit einer Minute pro Tag oder an einem Wochenende erreichbar. Sie ist vielmehr ein fortlaufender Prozeß des Wachsens und der Bewußtheit. Emotionale Kreativität bedingt die Bereitschaft und Entschlossenheit zu ehrlichem Ausdruck und den Mut, einen dezidierten Standpunkt einzunehmen, der mit den eigenen Werken im Einklang steht. Es ist keine Aufgabe für schwache oder kleinmütige Geister. Sie erfordert Engagement, Durchhaltevermögen und Mut.

Emotionale Kreativität ist nicht Egoismus

Im Mittelpunkt der emotionalen Kreativität steht zwangsläufig das Selbst, sie hat aber nichts mit Narzißmus oder Egoismus zu tun. Um den Unterschied zu verstehen, müssen wir wissen, was Egoismus ist und was nicht. Sich im eigenen Leben an die erste Stelle zu setzen, ist nicht Egoismus; Egoismus ist, zu verlangen, im Leben jeder anderen Person an erster Stelle zu stehen. Uns allen (Frauen insbesondere) wurde beigebracht, daß Selbstaufopferung, das eigene Selbst anderen zu geben, eine Tugend sei. Es ist schwierig, vor dem Hintergrund solcher Lehren zu argumentieren. Zu Recht bewundern wir eine Mutter Teresa, die ihr Leben den Armen widmet, oder den Mann, der sein Leben riskiert, um andere aus einem brennenden Gebäude zu retten. Allzuoft führen derartige Lehren jedoch zu konträren als den ursprünglich beabsichtigten Folgen. Langfristig ist das Egoistischste, das eine Person tun kann, sich *nicht* um sich selbst zu kümmern. So sagte einmal in einer Beratung ein Mann von einem Freund: »Er kümmert sich um jeden, nur nicht um sich selbst. Damit überläßt er es irgendwie anderen, sich um ihn zu kümmern. Nach einer gewissen Zeit werden die Last und die Verantwortung zu groß, und er ist sich allein wieder überlassen.«

Egoismus ist mit jener seltsamen astronomischen Erscheinung, dem Schwarzen Loch, zu vergleichen, das alles, selbst das Licht, in sich hineinsaugt. Emotionale Kreativität ist im Gegensatz dazu nach außen gerichtet. Die Freiheit zu haben, das eigene Potential auszuschöpfen, zu seinem wahren Selbst zu finden und es auszudrücken, ist das beste Fundament für die Interaktion mit anderen und für den Aufbau gesunder, ehrlicher Beziehungen. Authentizität ist, wie gesagt, eines der Hauptkriterien der emotionalen Kreativität. Eine authentische Emotion ist ein Ausdruck des Selbst; und vom Selbst ausgehend – spendet sie Licht und absorbiert es nicht.

Emotionale Kreativität ist mit Gefahren und Fallstricken verbunden. Sie bewegt sich an der Grenze des Zulässigen. Auf der einen Seite dieser Grenze stehen die etablierten gesellschaftlichen Werte und ein gutes Selbstgefühl; auf der anderen Seite liegt die belebende Freiheit von Schranken, die neue Wege der Gefühle und des Handelns und der Beziehung mit anderen erlaubt. Die Kosten des Grenzübertritts sind möglicherweise soziale Ablehnung und gar ein vorübergehender Verlust der Selbstidentität. Kein Wunder also, daß viele Menschen die mit der emotionalen Kreativität verbundenen Unruhen, Besorgnisse und Umbrüche meiden und statt dessen den Weg dumpfer Konformität mit der etablierten Realität bevorzugen. Andere werfen, in dem abwegigen Bemühen, anders zu sein um des Andersseins willen, alle Regeln über Bord und wählen statt dessen den Weg einer gleichermaßen dumpfen Nonkonformität. Wieder andere ziehen sich im Bemühen, auf diese Weise der Sinnlosigkeit ihres Lebens zu entfliehen, in die Welt der Drogen und anderer billiger Vergnügungen zurück, außer acht lassend, daß sie sich so für eine Pop-art-Version der Emotionen entscheiden.

Teil III

Emotionale Kreativität und das Selbst

Widersprech ich mir selbst?
Nun gut,
so widersprech ich mir selbst.
(Ich bin weiträumig,
enthalte Vielheit.)

Walt Whitman,
Gesang von mir selbst

Kapitel 10

Transformationen des Selbst

Manche Seele wird man nie entdecken,
es sei denn,
daß man sie zuerst erfindet.

Friedrich Nietzsche,
Also sprach Zarathustra

Emotionen sind eng mit dem Selbst verknüpft. Sie sind, wie es so schön heißt, der »Spiegel der Seele«. Im Falle des Stolzes werden die Grenzen des Selbst erweitert; in Trauer werden sie verengt; im Falle der Wut werden die Selbstwerte neu bestätigt; im Falle der Angst wird das Selbst vor Gefahren geschützt; im Falle der Schuld wird das Selbst gerechtfertigt; im Falle der Liebe wird das Selbst mit einem anderen vereinigt. Ein Ereignis, das nicht in irgendeiner Form das Selbstgefühl einer Person berührt, ist kaum dazu angetan, Emotionen zu erregen. Dies stellt eine Schwierigkeit für die emotionale Kreativität dar.

Wir neigen dazu, unser Selbst – unser »wahres« Selbst – als stabil und gefestigt zu betrachten. Obwohl ich im Laufe der Jahre viele Veränderungen, physischer wie psychischer Natur, durchgemacht habe, bin ich heute im wesentlichen noch die gleiche Person, die ich vor zehn Jahren war; und selbst wenn sich meine Überzeugungen radikal (sei es in einem religiösen oder politischen Sinne) ändern sollten, werde ich auch morgen noch die gleiche Person sein, die ich heute bin. Vielleicht behaupte ich dann sogar, daß meine neue Überzeugung oder Weltanschauung es mir einfach oder letztendlich ermöglichte, mein wahres Selbst zu entdecken – zu entdecken, wer ich *wirklich* war und bin. (Diese Vorstellung von einem sich nicht verändernden wahren Selbst läßt sich vielleicht am besten mit der Vorstellung von der Seele als einer immateriellen Einheit erklären, die vermeintlich nicht nur

175

während unseres ganzen hiesigen Lebens, sondern auch im Leben nach dem Tod unverändert bleibt.)

Wenn die Emotionen ein Spiegelbild eines unveränderlichen Selbst wären, wie könnten sie dann – in einem kreativen oder sonstigen Sinne – veränderbar sein? Die Antwort ist, sie wären es nicht. Emotionale Kreativität ist unabänderlich an die Selbst-Kreativität geknüpft: Jede fundamentale Veränderung im Bereich der Emotionen bedingt eine entsprechende Veränderung des Selbst; und, umgekehrt, zieht jede fundamentale Veränderung des Selbst eine entsprechende Veränderung der Emotionen nach sich.

Aspekte des Selbst

Wir fragen uns oft, was »im Innern« einer anderen Person »vor sich geht«. Wir kennen ihre »wahren« Gefühle nicht oder wissen nicht, wie diese Gefühle, was uns selbst angeht, wirklich sind; so wappnen wir uns gegen Vertrauen und Verwundbarkeit. Selbst wenn uns gesagt wird, was der andere empfindet, hegen wir möglicherweise nach wie vor Zweifel, obwohl wir nach außen hin etwas anderes vorgeben können. Aber oft drängt es uns auch wiederum so sehr, jemandem, *irgendwem*, zu vertrauen, daß wir unbedacht jenen vertrauen, die nicht vertrauenswürdig sind. So lernen wir langfristig, niemandem zu vertrauen, mit der Konsequenz, daß wir, indem wir uns zunehmend in uns selbst zurückziehen, einsamer und entfremdeter als zuvor werden.

Leider aber können wir nicht nur dem Selbst anderer, sondern auch unserem eigenen Selbst nicht immer vertrauen. Von allen Lebewesen ist allein der Mensch fähig zu Täuschungen, fähig vorzugeben, jemand zu sein oder etwas zu fühlen, während er in Wirklichkeit jemand anderes ist oder etwas anderes empfindet. Das Selbst ist ein großer Heuchler, ein Scharlatan, der sich selbst etwas vormacht. Welches ist das wahre Selbst: dasjenige, das täuscht, oder dasjenige, das getäuscht wird? Was genau ist das Selbst eigentlich?

Im denkbar weitesten Sinne ist das Selbst alles, was mit den Pronomen »ich«, »mir«, »mich« und »mein« erfaßt wird. Es ist das, was *ich* tue und denke, was ich unmittelbar kontrolliere; es ist, was *mir* widerfährt, die Freuden und Sorgen, das Glück und das Pech; und es ist das, was ich *mein* nenne, mein Erbe, meine Familie, mein Beruf und meine intimen Dinge. Da das Selbst so vieles umfaßt und so vielschichtig ist, müssen wir zwischen einzelnen Aspekten oder Teilen des Selbst unterscheiden, um Mißverständnissen vorzubeugen. Die erste Unterscheidung ist die zwischen dem Selbst als einem biologischen Organismus und dem Selbst als einem Konzept (oder einem Netzwerk von Konzepten) dessen, wer wir sind. Bei diesem konzeptuellen Selbst können darüber hinaus zwei weitere Unterscheidungen getroffen werden: zwischen dem Kern-Selbst und dem peripheren Selbst.

Das organismische Selbst entspricht dem, was wir als Mitglieder der biologischen Spezies (*Homo sapiens*) sind. Es umfaßt alle jene Aspekte von Erfahrung und Verhalten, die »instinktiv« sind: Sinnesfreuden, Wohlbehagen in der Gesellschaft anderer, überschwengliche Energie, ebenso wie das Meiden von Gefahren, das offensive Zugehen auf eine Schmerzquelle und so weiter. Asketen aller Art strafen dieses organismische Selbst seit jeher als das Tier im Wesen des Menschen mit Verachtung. Der Säulenheilige Simeon (ca. 390–459) ist hierfür ein extremes Beispiel. Den Schriften zufolge band er sich so fest einen Strick um seine Taille, daß dieser, sich in sein Fleisch fressend, eine mit Maden infizierte Wunde verursachte. Maden, die von dem verfaulenden Fleisch abfielen, hob er wiederum auf und legte sie mit dem Kommentar in die Wunde zurück, sie sollten essen, was Gott ihnen gegeben habe.[1] Die Romantiker neigen, im Gegensatz zu den Asketen, zum anderen Extrem, indem sie dem organismischen Selbst fast mystische Dimensionen verliehen – der »edle Wilde«, erhaben über andere Tiere, aber ohne die Dünkel und Selbstbezichtigungen, die so oft das konzeptuelle Selbst verzerren.

Das konzeptuelle Selbst entspricht der Art und Weise, wie eine Person sich selbst und ihren Platz in der Welt begreift. Wie jedes andere komplexe Konzept oder jedes Muster zusammenhängender Konzepte wird das konzeptuelle Selbst durch die Interaktion mit anderen gebildet. Es ist vergleichbar mit einer Autobiographie, die wir schreiben und immer wieder, indem wir unsere Erfahrungen einbauen, umschreiben. Lebewesen in den Vorstadien des Homo sapiens benötigen nicht die Fähigkeit zu einem konzeptuellen Selbst, noch verfügen sie darüber. Das unterscheidet sie vom Menschen. Unsere Instinkte – unser biologisches Selbst – sind nicht so umweltverknüpft und -angepaßt wie bei anderen

Lebewesen. Wir müssen, um unseres Überlebens willen, Modelle von der Welt und unserem Platz in dieser Welt entwerfen.

Ein neugeborenes Kind hat kein konzeptuelles Selbst, sondern nur ein organismisches. Erst wenn das Kind heranreift und Erfahrungen in der Welt gewinnt, wächst allmählich das konzeptuelle Selbst. Jene frühen Erfahrungen formen ein Schlüsselpaket an Überzeugungen, Werten, Zielen und Ambitionen, die zusammen das Kern-Selbst konstituieren. Da die Grundlagen für diesen Aspekt des Selbst in den Jahren entstehen, ehe sich das Kind verbal ausdrücken kann, liegt dieses Kern-Selbst weitestgehend im Bereich des Unbewußten. Es ist außerdem in erheblichem Maße durch Personen geprägt, die in der Welt des Kindes eine wichtige Rolle spielen, insbesondere durch die Mutter. Das heißt allerdings nicht, daß das Kern-Selbst ganz und unwiderruflich im Baby- und Kleinkindalter festgelegt wird. Das ist nicht der Fall. Personen wachsen und verändern sich, mitunter radikal. Aber nichtsdestotrotz ist das Kern-Selbst relativ stabil und beständig.

»Ich habe nicht das Gefühl, daß ich sie wirklich kenne; sie teilt sich mir nicht mit.« »Er ist nach außen hin charmant, sein wirkliches Selbst kennt man aber nicht.« »Ich habe Angst, bei ihm wirklich ich selbst zu sein.« Sätze wie diese, wie man sie allenthalben hört, verdeutlichen die Notwendigkeit, zwischen dem Kern- und dem peripheren Selbst zu unterscheiden. Das periphere Selbst ist das Selbst, das wir anderen präsentieren. Es ist das, was später und als eine oberflächlichere Zutat mit dem Kern-Selbst verwächst und, abhängig von den jeweiligen Umständen, anfälliger für Veränderungen ist.

Diese einzelnen Aspekte des Selbst haben keine unterschiedliche Gewichtung – keines, weder das organismische Selbst noch das Kern-Selbst, noch das periphere Selbst, ist im Vergleich zu einem anderen wichtiger. Jedes ist auf seine Weise notwendig und von vitaler Bedeutung. Wobei es aber keineswegs ungewöhnlich ist, daß ein Aspekt des Selbst hie und da an Status und Gewicht gegenüber den anderen hervorgehoben wird. So schätzen die Romantiker das konzeptuelle Selbst zum Beispiel zugunsten der vermeintlichen Natürlichkeit des organismischen Selbst gering; Märtyrer und Asketen opfern demgegenüber bereitwillig ihr organismisches Selbst zur Wahrung der Integrität ihres konzeptuellen Selbst. Von den beiden Aspekten des konzeptuellen Selbst (dem Kern- und dem peripheren Selbst) wird das Kern-Selbst oftmals als das fundamentalere betrachtet. In mancher Hinsicht zu Recht, aber nicht in jeder. Denn ein anpassungsfähiges peripheres Selbst ist für gute und freundschaftliche soziale Beziehungen von essentieller Bedeutung.

Die Qualität der emotionalen Erfahrung (und sogar die Arten der Emotionen, die erfahren werden) kann, abhängig von dem Aspekt des Selbst, das vorrangig ins Spiel gebracht wird, unterschiedlich sein. Ein Umstand, der sich vielleicht am besten am Beispiel der Angst als einem in der Tat komplexen Paket sich teilweise überschneidender Emotionen veranschaulichen läßt. Eine einfache (biologisch begründete) Angst, wie die Angst vor Höhen, hat ihren Ursprung im organismischen Selbst; die Angst, sich mit einem Fauxpas in der Öffentlichkeit zu blamieren, geht in der Regel vom peripheren Selbst aus; und die als solche von existentialistischen Schriftstellern hervorgehobene Angst vor der Sinnlosigkeit oder die entsetzliche Angst, die während eines psychotischen Anfalls zum Tragen kommt, ist auf eine Bedrohung des Kern-Selbst zurückzuführen. Die gleichen Unterscheidungen lassen sich am Beispiel der romantischen Liebe aufzeigen. Auf der Ebene des organismischen Selbst kann Liebe sich in Form des reinen sexuellen Begehrens (der Lust) äußern. Das, was viele Menschen als Liebe mit den ichbezogenen Eitelkeiten und Eifersüchteleien erfahren, spielt sich auf der Ebene des peripheren Selbst ab. Und die fast mystische Liebe eines Dante für Beatrice wäre vorrangig eine Emotion auf der Ebene des Kern-Selbst.

Die folgenden zwei Beispiele verdeutlichen die oft byzantinischen Verbindungen zwischen den verschiedenen Aspekten des Selbst. Eine Klientin, die wir Ann nennen möchten, gutangepaßt und berufstätig, kam zur Beratung, als sie vorübergehend in einer Lebenskrise steckte. Während der Therapie stellte sie folgenden Zusammenhang zwischen Ereignissen her, die zehn Jahre zurücklagen.

Zu jener Zeit hatte Ann Schwierigkeiten, ihr eigenes Gesicht zu sehen, wenn sie die Augen schloß; statt dessen sah sie jemand anderen, etwa ihre Schwester, ihre Mutter oder Tochter. Eines Tages jedoch sah sie sich selbst flüchtig im Spiegel und war verblüfft festzustellen, daß ihre kleine Enkelin Augen wie sie hatte. Sich selbst betrachtend, stand sie so einen Augenblick vor dem Spiegel und berührte zärtlich ihr Gesicht. So hatte sie sich noch nie zuvor berührt. Sie war mehr als überrascht, als ihr plötzlich Tränen über die Wangen liefen. Und gleichermaßen überrascht war sie, als sie hörte, wie sie zu sich selbst sagte: »Ich verzeihe dir, daß du nicht die perfekte Jan bist« – Jan, das war ihre Zwillingsschwester. Irgendwie hatte sie immer das Gefühl, sie müsse eine idealisierte Ausgabe ihrer Schwester sein. Und als nächstes hörte sie sich sagen: »Ich verzeihe dir [zu ihrer Tochter sprechend], daß du nicht mein perfektes Ich bist.« Ann war bis dahin unfähig gewesen, sich selbst als ein eigenständiges Individuum zu begreifen; entweder mußte sie jemand anderes sein (ihre Schwester), oder jemand anders (ihre Tochter) mußte sie sein. Aber als sie so vor dem Spiegel stand, erinnerte sie sich jetzt, »wußte ich, daß in meinem tiefsten Innern irgendwie eine Heilung stattgefunden hatte. Ich begriff mich dann als mich selbst, und zum erstenmal, daß ich denken konnte, sah ich mich selbst vor meinem geistigen Auge. Ab diesem Zeitpunkt begann ich wirklich, meine eigene Einmaligkeit, mein Aussehen und meine Persönlichkeit zu akzeptieren und zu schätzen.«

Anns Kindheit war unproblematisch, ihre frühe Heirat und die rasche Aufeinanderfolge ihrer Kinder hatten jedoch die Entwicklung eines eigenständigen Identitätsgefühls verhindert. Bei der zuvor beschriebenen Begebenheit hatte ihr Kern-Selbst, das in ihrer frühen Kindheit ein festes Fundament erhalten hatte, schließlich die Fassade ihres peripheren Selbst »durchbrochen«.

Wie läßt sich eine derart »plötzliche« Transformation erklären? Wie fast jeder hatte sich auch Ann seit ihrer Kindheit Tausende Male im Spiegel gesehen. Aber dieses Mal war etwas anders. Sie war bereit für die Veränderung. Die Beziehung mit ihrem Mann war seit einigen Jahren problematisch. Sie hatte sehr viel über ihre Situation nachgedacht, aber ohne klare Linie oder eine Zielgerichtetheit. Daß sie sich nun selbst im Spiegel wahrnahm, war der Auslöser für den rapiden Wandel ihres Selbst.

Viele Ereignisse können als Auslöser für kreative Veränderungen des Selbst dienen, wenn nur auf seiten des Individuums der Wunsch und die entsprechende Vorbereitung stark genug sind. Die Situation ist hier nicht unähnlich der bei anderen kreativen Bestrebungen, wie sie in Kapitel 6 ausgeführt wurden, wo die plötzliche Illumination oft nach einer langen Phase der Vorbereitung und Inkubation folgt.

Spiegel scheinen in Zusammenhang mit dem Selbst über ganz besondere Fähigkeiten zu verfügen, ein Umstand, der kurz erläutert werden sollte. Aus Laborversuchen ist bekannt, daß die unaufdringliche Gegenwart eines Spiegels die fundamentalen Überzeugungen und Haltungen einer Person im wahrsten Sinne des Wortes augenscheinlicher werden lassen. Eine der regulären Folgewirkungen ist zum Beispiel, daß erhöhter Widerstand gegenüber Druck geleistet wird, als Ergebnis dessen, daß die betreffende Person eher den Willen und die Bereitschaft entwickelt, für sich selbst einzutreten. Die Präsenz eines Spiegels intensiviert außerdem jede affektive Reaktion, die denkbarerweise in einer Situation zutage gefördert werden kann – Wutausbrüche, Gefühle überschwenglicher Freude und der Depression sowie phobische Reaktionen.[2] Im klinischen Bereich erwies sich die Präsenz eines Spiegels überdies als nützliche Begleitmaßnahme bei Therapien.[3] Ein Spiegel bewirkt, daß zwei Seiten oder Bilder des Selbst direkt miteinander konfrontiert werden – das innere Selbst der Gedanken und Gefühle und das äußere Selbst, wie es sich der Außenwelt präsentiert. Das Ergebnis kann, wie im Falle Anns, dramatisch sein.

Ann meint, daß sie heute so jung wie vor zehn Jahren aussieht und daß sie sich sogar noch besser fühlt. Ebenso haben ihre Beziehungen zu ihrer Schwester, Tochter und Mutter eine festere Grundlage. »Mir ist jetzt bewußt«, beteuert sie, »daß es soviel weniger Kraft kostet, aufrichtig, authentisch, sich selbst zu sein, als wenn man eine Fassade errichtet – und es macht viel mehr Spaß.«

In Anns Fall ging es bei dem Heilungsprozeß um das Erkennen und die Annahme ihres Kern-Selbst und, in einem weniger direkten Sinne, ihres organismischen Selbst. Dieses Kern-Selbst ist, wenn es um die Selbstbewertung geht, dem peripheren Selbst jedoch leider nicht immer überlegen. Manchmal ist sogar das Gegenteil der Fall, wie folgendes Beispiel zeigt:

Connie, eine Frau mittleren Alters, suchte therapeutische Hilfe, um beruflich mehr Selbstvertrauen zu gewinnen. Ihre Probleme lagen aber, wie so oft, wesentlich tiefer. Sie war als Kind von ihrem Vater sexuell mißbraucht und körperlich mißhandelt worden; ihre Mutter hatte, obwohl sie von der Situation wußte, nichts dagegen unternommen. Connie war es ge-

lungen, vieles von dieser Geschichte zu »unterdrücken« und hatte sich selbst eine gebastelt, wonach sie aus einer liebevollen, unterstützenden Familie kam. Und genauso sah sie sich selbst – als liebevoll und unterstützend. Dennoch: Sie konnte eine grundlegende Feindseligkeit und ein grundlegendes Mißtrauen gegenüber anderen nicht verbergen. Ohne daß sie wußte, warum oder wieso, befremdete sie diejenigen, die ihr nahestanden. Sich einsam und allein fühlend, wurde sie dann depressiv und sogar selbstmordgefährdet.

Infolge des Mißbrauchs und Betrugs in ihrer Kindheit war Connies Kern-Selbst rachsüchtig und mißtrauisch. Die Therapie zielte nun darauf ab, eine Kongruenz zwischen ihrem Kern-Selbst und ihrem positiveren peripheren Selbst herzustellen. Wenn es jedoch um eine Veränderung des Kern-Selbst geht, sind Therapien, zumindest anfänglich, nicht immer erfolgreich. Connie erkannte schnell die Diskrepanzen in ihrem Verhalten; mit dieser Einsicht allein war allerdings wenig erreicht. Trotz ihrer erklärtermaßen guten Absichten sabotierte Connie in Wahrheit ihren eigenen Wunsch, sich zu verändern. Sie nahm Sitzungstermine nicht wahr oder begehrte Termine zu unmöglichen Zeiten und drohte mit Selbstmord, wenn der Therapeut dann nicht verfügbar war. Einen Therapeuten versuchte sie zu verführen, reagierte besitzergreifend und eifersüchtig. Bei einer Therapeutin griff sie zu anderen, aber nicht minder destruktiven Taktiken (indem sie etwa nachts anrief oder ungefragt Bücher aus der Praxis »entlieh«).

Im Rahmen von Connies langwieriger Therapie wurden viele verschiedene therapeutische Ansätze ausprobiert. Vertrauen schaffen war dann letztlich der Schlüssel für ihren Gesundungsprozeß, denn es bedarf einer Atmosphäre des Vertrauens, um Veränderungen des Kern-Selbst zu ermöglichen. Über den Weg der Hypnose sowie Entspannungs- und Imaginationsübungen ließ Connie schließlich selbst zu, daß sie sich an eine Reihe von Ereignissen in Zusammenhang mit ihrem früheren Mißbrauch erinnern konnte. Erst danach konnte sie beginnen, mit dem Schmerz und dem Verrat umzugehen, den sie nicht nur mit Blick auf ihren Vater, sondern auch auf ihre Mutter empfand. Es war, als würde sie von neuem groß, zumindest was ihre emotionale Entwicklung anging.

Wir sagten, daß Emotionen sowohl in ihrer Qualität als auch in ihrer Art abhängig von dem Selbst, das einbezogen ist, unterschiedlich sein können. Ein Unterschied, der nicht immer einfach in Worte zu fassen ist, der aber gravierend sein kann. Im Falle Connies gingen die im Alltag zutage tretenden Emotionen kaum einmal über das periphere Selbst hinaus. Als sich ihr Kern- und peripheres Selbst zunehmend integrierten, veränderte sich auch die Qualität ihrer emotionalen Erfahrungen; und umgekehrt, so wie sich die Qualität ihrer Emotionen veränderte, veränderte sich ihr Selbst-Gefühl. Sie drückte es so aus: »Ich wußte nicht, daß es, wenn ich mir all das erlaube, wütend zu sein, wenn ich wütend bin, zu lachen, wenn ich glücklich bin, Angst zu haben, wenn ich ängstlich bin, einen Menschen so zusammenfügt. Und es hat mich wirklich mit mir selbst zusammengebracht und zusammengefügt.«

Tyranneien des Selbst

Dem einen oder anderen Selbst wird hin und wieder eine dominierende Rolle und nahezu tyrannische Kontrolle gegenüber den anderen eingeräumt. Die Tyrannei des organismischen Selbst tritt bei einer Person zutage, deren Hauptbeschäftigung hedonistische Vergnügungen sind, die unfähig ist, auf Belohnungen etwas zu warten und für die Mitmenschen oder gesellschaftliche Gepflogenheiten kaum eine Rolle spielen. Eine solche Person ist, unverblümt ausgedrückt, ungehobelt und unkultiviert. Die Tyrannei des Kern-Selbst tritt bei Personen zutage, die egozentrisch (buchstäblich »ego-zentriert«) und individualistisch sind. Alles ihren eigenen inneren Direktiven unterordnend, verzichtet diese Person auf körperliche Freuden und solche, die die Gesellschaft zu bieten hat. So manche Heiligen und Revolutionäre sowie Despoten aller Art entsprechen diesem Typus. Die Tyrannei des peripheren Selbst ist bei einem psychologischen Chamäleon gegeben, der Person also, die jeweils passend zur Situation ihre »Farbe« wechselt. Solche Personen mögen nach außen hin charmant und gewinnend sein, in Wirklichkeit sind sie aber, mangels innerer Überzeugung, oberflächlich und fade. Musterbeispiele sind der »Manager« und der Politiker, die mehr folgen, als daß sie führen.

Seit den Zeiten von Platons *Republik* werden Analogien zwischen dem Selbst und politischen Systemen gezogen. Im Sinne dieser Analogie sollten wir jede Form der Tyrannei, ob es um Selbstbestimmung oder um die gesellschaftspolitische Ordnung geht, ablehnen. Auch bei dem Selbst sollte es sich, im umfassendsten Sinne, um eine Demokratie handeln, in der jeder Aspekt seinen rechtmäßigen Platz und keiner gegenüber dem anderen die Vorherrschaft hat.

Einen Schritt weitergehend könnten wir fragen: Was geschähe, wenn das Selbst völlig ausgeschaltet, eliminiert würde? Auf der politischen Ebene wird die Eliminierung ordnungspolitischer Strukturen als Anarchie bezeichnet. Der Begriff »Anarchie« ist allerdings alles andere als eindeutig, er hat sogar zwei fast diametral entgegengesetzte Bedeutungen. Politischen Anarchisten zufolge bedarf es keiner äußeren Regeln oder Zwänge, und, so die These, sobald die staatliche Ordnung abgeschafft sei, würden die Menschen in Frieden und Harmonie zusammenleben. Aber überwiegend führten Versuche, einen derart idyllischen Zustand herzustellen, zu Anarchie in einem völlig anderen Sinne – zu Tumult und Chaos. Die politische Anarchie hat ihr psychologisches Pendant in der Transzendenz der Selbstbestimmung, deren Endziel das *Nirwana* (die mystische Glückseligkeit), deren Ergebnis aber in der Regel Angst und Verzweiflung sind.

Transzendenz des Selbst

Im *Chandogya Upanishad*, einem der ältesten und wichtigsten Texte des Hinduismus, wird die Geschichte von dem Gott Indra und dem Dämonen Virochana erzählt. Beide gingen zu einem berühmten Weisen, um sich über *Atman*, das über Angst und Sorge, Hunger und Durst, Leid und Tod stehende wahre Selbst, unterweisen zu lassen. Nachdem sie 32 Jahre dort geblieben waren, wies der Weise Indra und Virochana an, sich mit prachtvollen Kleidern zu schmücken und dann in eine Schüssel mit Wasser zu schauen; darin würden sie sich so sehen, wie sie seien. Virochana, als Dämon, der er einfach war, verstand den Rat des Weisen so, daß das Selbst die eigenen physischen Attribute seien. So kehrte er zu seinem Volk zurück und hielt alle dazu an, ihren Körper (das organismische Selbst) zu verherrlichen. Indra, als Gott, entdeckte dagegen bald die Unzulänglichkeiten im Rat des Weisen. Wenn das Selbst der Körper ist, so muß das Selbst erblinden, wenn der Körper erblindet, es muß erlahmen, wenn der Körper erlahmt, und es muß krank werden, wenn der Körper krank wird. Indra kehrte zu dem Weisen zurück, um sich weiter belehren zu lassen. Nach weiteren 32 Jahren wurde ihm mitgeteilt, das Selbst sei der Geist, der in Freude im Land der Träume wandele. Indra erkannte alsbald auch die Unzulänglichkeit dieser Erklärung, da Träume nicht nur voller Freude, sondern auch voll von Qualen und Leid sein können. Nachdem er ein drittes Mal zurückgekehrt war, weitere 32 Jahre gewartet hatte, wurde ihm nun erklärt, das Selbst finde man in der Ruhe des traumlosen Schlafes. Auch diese Erklärung erwies sich als unbefriedigend, da das Selbst in einem solchen Tiefschlaf nichts wüßte und in eine Dunkelheit fiele. Bei seiner vierten Rückkehr mußte Indra nur fünf Jahre warten, bis ihm gesagt wurde, das Selbst gehe über jedes Sehen, jedes Träumen, sogar über die Abgründe des tiefsten Schlafes hinaus. Das Selbst sei wie eine »Brücke zwischen Zeit und Ewigkeit«. Was man, jenseits des Selbst, sehen, hören oder wissen könne, sei stets endlich – an Raum und Zeit gebunden: Das Selbst ist unendlich; und wo Unendlichkeit ist, da ist Freude; und wo Freude ist, da ist Schöpfung.

Diese Geschichte von Indra und Virochana ist typisch für die mystische Literatur auf der ganzen Welt. Um das »wahre« Selbst zu entdecken, muß man in jeder Hinsicht über das empirische Selbst – das organismische Selbst, das periphere Selbst, sogar das Kern-Selbst – hinausgehen. Diese Transzendenz des empirischen Selbst ist jedoch nicht leicht zu erreichen. Derjenige, der es versucht, begegnet eher Angst und Verzweiflung als der Glückseligkeit, zumindest anfänglich. Ein Fakt, der nirgends besser als von dem spanischen Mystiker des 16. Jahrhunderts, Johannes vom Kreuz, beschrieben wurde. Um Vollkommenheit zu erreichen, so schrieb er, müsse die Seele zwei dunkle Nächte durchleben, die jede zu einer höheren Ebene der Liebe führe. Die erste Nacht dient der Reinigung der Sinne und des Geistes. So werde die Person von »Eigenliebe und Selbstsucht... zu einem höheren Grade der Liebe zu ihm [Gott]« erhoben.[4] Übertragen in unsere Terminologie, beginnt diese erste Nacht mit einer Transzendenz des organismischen und peripheren Selbst. Dieser Teil ist dem hl. Johannes zufolge nicht allzu schwierig, und er wird mit einer Fülle von Belohnungen und Befriedigungen bedacht. Wie jedoch bei der Entwicklung jeder Fertigkeit erreicht man auch hier alsbald einen toten Punkt, an dem kein Weiterkommen möglich erscheint. Frustrationen entstehen, Befriedigungen verblassen, und die Nacht wird dunkel.

> »Jetzt aber versetzt er [Gott] sie in Finsternis, so daß sie nicht wissen, wohin sie sich mit ihrer Einbildungskraft und ihren Gedanken wenden sollen. Sie können nun in keiner Weise mehr betrachten, wie sie es vorher gewohnt waren, da die inneren Sinne schon in diese Nacht versenkt und in solche Trockenheit versetzt sind... Gott hat nämlich, wie schon erwähnt, ihr anfängliches Wachstum wahrgenommen, und um sie mehr zu kräftigen und ihnen aus den Kinderschuhen zu helfen, reißt er sie los von der süßen Mutterbrust; und indem er sie von seinen Armen herabläßt, lehrt er sie auf eigenen Füßen gehen. Das alles erscheint ihnen als ganz neu, da sich alles ins Gegenteil verkehrt hat.«[5]

Auf denjenigen, der diese erste Nacht erfolgreich durchsteht, und nur wenige tun es, warten noch weitaus größere Leiden und Drangsale. Die Seele wurde noch nicht vollends gereinigt. Es bleiben »Unvollkommenheiten«, »entsprechend der zweifachen Natur des Menschen, der sinnlichen und geistigen«; also die Überreste des Kern-Selbst. Wie können diese eliminiert werden? Da der Betreffende (während der ersten Nacht) ja alle aktiven, eigenständigen Überlegungen und Meditationen aufgegeben hat, muß die weitere Erleuchtung ein rein passiver Vorgang sein, in dem Gott die Seele erleuchtet, die von sich aus nichts tut. Aber wenn das so ist, warum ist dann die zweite Nacht sogar dunkler als die erste? Die Antwort ist, je mehr man in die Sonne schaut, desto mehr überwältigt und verdunkelt deren Helligkeit die eigene Sicht. Diese Dunkelheit ist jedoch nicht einfach Blindheit. Das göttliche Licht rückt die verbliebenen Unvollkommenheiten der Seele in ein überdeutliches Licht, so noch größere Qualen und größeres Leid hervorrufend.

Das transzendentale Selbst

Was bleibt, sobald das Selbst in jeder Hinsicht (mit Blick auf das organismische, periphere und Kern-Selbst) transzendiert ist? Was bleibt, ist nach der Hindu-Philosophie der *Atman*, das letztlich identisch mit *Brahman*, dem unerschütterlichen und unendlichen Urgrund allen Seins ist. Die Antwort des Christentums auf diese Frage ist etwas anders, da die Seele geschaffen, personenbezogen und unabhängig von Gott ist: aber trotz dieser Unterschiede gibt es unverkennbare Parallelen zwischen den Konzepten des *Atman* und der Seele.

Wie der hl. Johannes vom Kreuz lebhaft veranschaulichte, läßt sich dieser Wandel des Selbst nicht leicht, wenn überhaupt, erreichen. Den Anfänger erwarten eher Angst und Verzweiflung als die ersehnte Glückseligkeit. Das ist ein Grund, warum die meisten Mystiker bestrebt sind, ihre Erfahrungen in einen weitergefaßten Bezugsrahmen, etwa den eines religiösen Glaubens, zu betten. Wir möchten sogar so weit gehen, zu sagen, daß eine vollständige Transzendenz des Selbst unmöglich bzw. nur unter den Bedingungen eines gravierenden psychischen Zusammenbruchs (z. B. während eines akuten schizophrenen Anfalls) denkbar ist. Für den Hindu ist das Konzept des *Atman* Teil des Kern-Selbst – ohne das wäre die betreffende Person kein Hindu. Ähnlich ist für den Christen das Konzept der Seele untrennbar mit dem Selbstkonzept des Individuums verwoben. (Ob *Atman* oder die Seele tatsächlich existieren, ist eine andere Frage, die uns an dieser Stelle nicht zu interessieren braucht; was unstrittig existiert, sind die Konzepte, und das genügt uns für unsere Analyse.) Im Rahmen des Mystizismus könnte gesagt werden, daß das Selbst nicht transzendiert, sondern bis auf seinen nacktesten Urgrund ausgezogen wird.

Das bisher Gesagte läßt sich auch etwas anders formulieren. Der erste Schritt in fast allen mystischen Traditionen ist die Selbstkasteiung, die Selbst-Abtötung, das heißt, es gilt, die Verbindungen des organismischen Selbst zu unterbrechen. Das organismische Selbst kann natürlich nicht vollends überwunden werden, das bedeutete den Tod, aber sein relativer Einfluß kann erheblich gemindert und der Einfluß des konzeptuellen Selbst entsprechend erhöht werden. Aber bei diesem konzeptuellen Selbst (dem Kern- wie auch dem peripheren Selbst) handelt es sich, wie an früherer Stelle erklärt, um ein im Zuge der Sozialisation entstandenes Konstrukt. Was konstruiert wurde, kann auch niedergerissen werden. Wenn dies bei dem konzeptuellen Selbst geschieht, kann diese Zerstörung zwei Arten der Reaktion nach sich ziehen. Die erste ist eine katastrophenähnliche Reaktion, wie sie bei einer akuten Angstattacke zutage tritt.[6] Mit einer ausreichenden Vorbereitung und genügendem Training muß der Zusammenbruch jedoch weder derart umfassend noch katastrophenähnlich sein. Vielmehr gelangt das Individuum in einen Zustand, der in gewisser Weise dem eines ungeborenen Kindes im Mutterschoß ähnelt. Ein Zustand, der durch einen Mangel an Differenzierung zwischen Selbst und Anderem, durch ein Gefühl der Einheit und der passiven Erfüllung geprägt ist. Natürlich kehrt das Individuum nicht tatsächlich in einen kindlichen Zustand zurück; diese Metapher ist jedoch angemessen. Wenige Mystiker würden dem widersprechen, daß sie in den Schoß der Erde, zur Mitte und zum Ursprung ihres Seins zurückgekehrt sind.

Aus zwei Gründen sind wir auf den Mystizismus eingegangen. Zum einen zählt er zu den kreativsten der emotionalen Erfahrungen; und zum anderen verdeutlicht er die Notwendigkeit der Unterscheidung zwischen verschiedenen Aspekten des Selbst. Nicht übersehen werden darf jedoch, daß Mystizismus auch ein, im wahrsten Sinne des Wortes, unausgewogener Zustand ist, in dem das Kern-Selbst (und in diesem Falle eine sehr entblößte Version des Kern-Selbst) unverkennbar die Dominanz erlangte. Es gibt einen anderen Weg zu emotionaler und Selbst-Kreativität. Ein Weg, von dem wir glauben, daß er dem des Mystikers vorzuziehen, aber nicht minder schwierig ist. Eine Förderung des Kern-Selbst muß mitnichten auf Kosten des organismischen und peripheren Selbst gehen. Vielmehr kann und sollte jeder Aspekt des Selbst geschätzt, zur Geltung gebracht und gefördert werden, denn jeder spielt eine wichtige Rolle in unserem Leben. Die Selbst-Integration, nicht die Selbst-Transzendenz, ist der Weg zu emotionaler Kreativität.

Auf die Frage der Selbst-Integration werden wir über einen kleinen Umweg eingehen. Am Anfang dieses Abschnittes stand die Frage: Was bleibt (wenn überhaupt etwas), sobald das Selbst transzendiert ist. Der traditionellen Antwort zufolge ist es irgendeine Form von Geist (*Atman*, Seele). Eine Antwort, die auf eine entscheidende Dimension der menschlichen Erfahrung hinweist – die spirituelle. Nachfolgend behaupten wir, daß Spiritualität eine

Attribution (eine Form des Umgangs mit der Welt) ist; ob es tatsächlich so etwas (einen Geist) gibt oder nicht, ist eine Frage, die wir den Philosophen und Theologen überlassen wollen.

Spiritualität

Die Conference on Aging des Weißen Hauses definierte 1971 »spirituell« als das, was sich auf die »inneren Ressourcen eines Menschen, insbesondere sein höchstes Anliegen, den Grundwert, auf den alle übrigen Werte ausgerichtet sind, die zentrale Lebensphilosophie – ob religiös, areligiös oder unreligiös –, die das Verhalten einer Person leitet, die übernatürlichen und immateriellen Dimensionen der menschlichen Natur« bezieht.[7] Eine gute Definition. Die allerdings in ihrem Bemühen, alles einzubeziehen, Gefahr läuft, als inkonsistent zu erscheinen. Auf der einen Seite räumt sie durch die Betonung der »übernatürlichen und immateriellen Dimensionen der menschlichen Natur« die enge Beziehung zwischen Spiritualität und Religion ein. Auf der anderen Seite erkennt sie ausdrücklich an, daß eine unreligiöse (und gar areligiöse) Person spirituell sein kann. Wie läßt sich die »zentrale Philosophie« eines unreligiösen Menschen mit den »übernatürlichen und immateriellen Dimensionen der menschlichen Natur« vereinbaren?

Wenn wir mit »natürlich« nur solche Dinge bezeichnen, die sich naturwissenschaftlich erklären lassen, dann gibt es in der Tat vieles, was an der menschlichen Natur und an der Welt im allgemeinen »übernatürlich« ist. Das ist allerdings nur ein Eingeständnis unserer Unwissenheit und mitnichten eine Aussage, die die Existenz von Kräften impliziert, welche in irgendeiner Form über die Natur »hinausgehen« – also sozusagen »unnatürlich« sind.

Das Spirituelle ist aber nicht einfach eine Reflexion der Unwissenheit – ein Erstaunen angesichts des Unbekannten. Es ist ein eigenständiger Weg des Wissens. »Alle Menschen streben von Natur aus nach Wissen« – dieser erste Satz in Aristoteles' *Metaphysik* könnte ebensogut der erste Satz fast jedes anderen Werkes über die Spiritualität sein.

Es ist zwischen zwei Arten von Wissen zu unterscheiden. Die erste ist das objektive oder wissenschaftliche Wissen; es informiert uns über die Welt in und an sich. Die zweite ist das subjektive oder spirituelle Wissen; es informiert uns über unseren Platz in der Welt. Wie umfassend unser wissenschaftliches Wissen auch sein mag, unabhängig davon haben wir den Wunsch zu wissen, was Ereignisse und Vorkommnisse für uns *bedeuten*. Dieser Hunger nach dem *Sinn* kann nicht mit einem rein wissenschaftlichen Wissenssystem befriedigt werden. Es ist der Stoff, aus dem Mythen gemacht werden.

Das wissenschaftliche und das spirituelle Wissen sind komplementär, obgleich sie gelegentlich fälschlicherweise in Gegensatz zueinander gestellt werden. Mircea Eliade, Professor für Religionsgeschichte und Philosoph, beschrieb diesen Gegensatz folgendermaßen:

> »Für das moderne Bewußtsein ist ein physiologischer Akt – Ernährung, Sexualität usw. – nichts weiter als ein organischer Vorgang... Für den ›Primitiven‹ jedoch ist ein solcher Akt niemals nur ein physiologischer; er ist – oder wird – ein ›Sakrament‹, eine Verbindung mit dem Heiligen.«[8]

In vielen sogenannten »primitiven« Religionen – Religionen, die heute oft als Aberglaube oder Mythizismus abgetan werden – kommt der physischen Welt nicht nur eine leblose Rolle zu, vergleichbar einer gigantischen Maschine, die weder Sinn noch Zweck hat. Im Gegenteil, diese Welt ist inhärent bedeutsam; Götter und Göttinnen essen, machen Liebe und so weiter, ebenso wie die Menschen es tun – nur kreativer; und auf der menschlichen Ebene werden der Körper und seine »physiologischen Handlungen« als heilig betrachtet.

Im Gegensatz dazu scheinen die modernen Religionen – sogar noch mehr als die moderne Wissenschaft – den Körper eines Großteils seiner Natürlichkeit und Bedeutung zu berauben. Indem ein Bereich des Übernatürlichen als Quelle und Stätte alles Guten oder »Höheren« postuliert wird, wird die materielle Welt weitestgehend entspiritualisiert. Von seinem Sinn und seiner Bedeutung (dem Spirituellen) getrennt, wird der Körper minderwertig; und umgekehrt, getrennt von dem, das ihm Substanz gibt (das organische Selbst), wird das Spirituelle leer.

Die vorgenannte Beobachtung Eliades erinnert an Nietzsches Forderung nach einer Spiritualisierung der Instinkte. Nach Nietzsche ist Gott tot, das heißt, daß wir als Menschen spiritueller – und nicht weniger spirituell – werden müssen. Wir müssen dem Körper und seinen Funktionen den ihnen gebührenden Respekt zollen und ihnen mit Hochachtung, sogar Ehrfurcht begegnen.

Um als Individuen und als Spezies zu überleben, muß der Mensch essen, Sexualität haben und viele andere, von »Natur aus« angenehme und mit Freude verbundene, physiologische Handlungen vollziehen. Für viele religiöse Menschen sind diese Freuden des organismischen Selbst leider nicht als natürlich, sondern als sündhaft zu sehen. Mit der Konsequenz, daß diese Aktivitäten unterdrückt, und wenn nicht unterdrückt, so doch mit Abscheu betrachtet werden – als eine Pflicht oder Notwendigkeit, der, aber nur widerstrebend, nachgekommen werden muß. Eine Askese, die das Selbst herabwürdigt. Prüderie, Intoleranz gegenüber anderen und Selbstvorwürfe wegen unausweichlicher Rückfälle – das sind einige der Zeichen einer spirituellen Verarmung.

Die Entspiritualisierung des Körpers gibt es aber ebenso auf der säkularen Seite. Die Art und Weise, wie viele Menschen sich auf Drogen, auf Liebesabenteuer für eine Nacht und billige Nervenkitzel und Reize aller Art stürzen, die Kriminalität und sinnlose Gewalt, die unsere Straßen beherrscht, der Raubbau an unserer Natur und die Umweltverschmutzung sind ebenso Zeichen der spirituellen Verarmung – eines Mangels an Wertschätzung und Achtung für unser Selbst, für das Selbst der anderen und für die Welt, in der wir leben.

Spiritualität erfordert eine innere Harmonie, eine Kongruenz der eigenen Gedanken und Handlungen mit den biologischen Bedürfnissen; sie erfordert auch eine äußere Harmonie, eine Kongruenz des eigenen Selbst mit den besten Werten der jeweiligen Kultur und natürlichen Umwelt. Spiritualität ist die Bejahung von Ganzheit, ein Zelebrieren des Lebens in jeder denkbaren Hinsicht.

Harmonien des Selbst

Harmonie ist nie absolut, da nicht alle Aspekte des Selbst gleichzeitig im Höchstmaß mobilisiert werden können. Insofern möchten wir lieber im Plural statt im Singular – von den Harmonien statt der Harmonie – sprechen. Das optimale Gleichgewicht zwischen organismischem, Kern- und peripherem Selbst ist eine sich stetig verändernde Funktion, abhängig vom Alter einer Person, ihren Fähigkeiten, ihrem Temperament sowie den unmittelbaren Umständen. In der frühen Kindheit dominiert möglicherweise das organismische Selbst, selbst dann, wenn die Basis des Kern-Selbst gelegt wird; während der Adoleszenz, wenn das heranreifende Individuum im Bemühen, eine »passende« zu finden, verschiedene Identitäten ausprobiert, tritt das periphere Selbst in den Vordergrund; in der Reife kann dann, in dem Maße, wie das Individuum selbständiger und autonomer wird, das Kern-Selbst die Oberhand gewinnen.

Mit Blick auf Temperamentsunterschiede gilt, daß das für eine introvertiert veranlagte Person angemessene Gleichgewicht für ein eher extrovertiertes Individuum unangemessen sein kann. Und da Harmonie nicht nur eine auf das Innere des Individuums beschränkte Frage ist, müssen auch die äußeren Umstände und Gegebenheiten in Betracht gezogen werden; so kann das in einer geschäftlichen Beziehung angemessene Gleichgewicht in einer intimen Beziehung unangemessen sein.

Eine der in der Psychotherapie am häufigsten gestellten Fragen ist: »Wie kann ich mein Selbstwertgefühl erhöhen oder fördern?« Das Selbstwertgefühl ist der Wert, den wir uns selbst beimessen, die Überzeugung, daß wir etwas wert und kompetent sind. In ihrem Bemühen, ein Selbstwertgefühl zu erlangen, schützen und pflegen die Betreffenden oftmals den augenblicklich vorherrschenden Aspekt des Selbst mit dem Ergebnis, daß sie sich so weiter aus dem Gleichgewicht bringen. Der Lebemensch intensiviert seine hedonistischen Bestrebungen; der Gesellschaftsmensch setzt paßgenau für jede Gelegenheit eine andere Maske auf; und der Asket zieht sich weiter in seine innere Welt zurück. Und sie alle fühlen sich zunehmend unzufrieden. Selbstwertgefühl setzt Gleichgewicht und Harmonie voraus; es kann nicht auf dem Leugnen irgendeines Aspektes des Selbst aufgebaut werden.

Bei einem Ungleichgewicht mögen bewußte Anstrengungen erforderlich sein, um den untergeordneten Aspekten des Selbst Geltung zu verschaffen. Bei manchen ist es das organismische Selbst, um das sie sich kümmern müssen; bei anderen das konzeptuelle Selbst. Im Zuge der Entwicklung wird das konzeptuelle Selbst, wie an früherer Stelle beschrieben, einem reifenden organismischen Selbst hinzugefügt. Entsprechend werden die Emotionen systematischer in der Form und kognitiver im Gehalt, mit dem Ergebnis, daß sich ihr praktischer Wert enorm erhöht. Diese kognitive Transformation ist sowohl für die emotionale Kreativität als auch für die Reife von Bedeutung. Aber nicht nur im positiven Sinne. Die Reife ist auch mit einer gewissen Abstumpfung, was die unmittelbare Erfahrung angeht, verbunden. Um dieser Abstumpfung entgegenzuwirken, können bewußte Anstrengungen zur Verstärkung der Funktionen des organismischen Selbst vonnöten sein – mit dem Ziel, aufgeschlossener zu werden, um zu berühren, zu riechen, zu schmecken und das Leben des Körpers wie auch das des Geistes voller zu erfahren.

Wie wissen wir, ob unser Leben im Gleichgewicht ist? Wir leben in Harmonie und Gemeinschaft mit uns selbst und unserem Umfeld; wir haben ein Gefühl der Freiheit, das es uns erlaubt, spontan und dennoch verantwortlich zu sein; und wir sind offen für die Möglichkeit wahrhaft intimer, gesunder Beziehungen mit anderen, die wir weder forcieren noch manipulieren, sondern statt dessen ein harmonisches Spiel von Ebbe und Flut zulassen, das unseren Tagen Struktur und Glanz und unserem Leben Bereicherung und Freude gibt.

Kapitel 11

Emotionale Kreativität bei Männern und Frauen

*Mann und Frau können nur Hand in Hand
ins Paradies eingehen. Zusammen, so
erzählt uns der Mythos, verließen sie es
und zusammen müssen sie zurückkehren.*

Richard Garnett,
De Flagello Myrteo

Inhärent und untrennbar mit dem organismischen, Kern- und peripheren Selbst ist unsere geschlechtsspezifische Identität verbunden. Unser Selbst-Konzept – wie wir denken, fühlen und uns der Welt präsentieren – ist eng mit unserem biologischen Selbst, als Mann oder Frau, verknüpft. In diesem Kapitel möchten wir mögliche Unterschiede zwischen Männern und Frauen, zunächst in bezug auf die Emotionalität, dann mit Blick auf die Kreativität und schließlich vor dem Hintergrund der emotionalen Kreativität untersuchen.

Einleitung

Wann immer Unterschiede zwischen Männern und Frauen (oder allgemein zwischen zwei beliebigen Gruppen) festgestellt werden, besteht die unselige Tendenz, Werturteile zu treffen. Werturteile, die traditionell den Frauen zum Nachteil gereichen. So sind die biblischen Schriften zum Beispiel voll von Ermahnungen an und Warnungen vor Frauen und wie sie den Männern untertan sein sollen. Der Sündenfall des Mannes, Adam, wird der Frau, Eva, zur Last gelegt. Ihre Strafe ist in Genesis 3,16 festgeschrieben: »Zur Frau sprach er: Viel Mühsal bereite ich dir, sooft du schwanger

194

wirst. Unter Schmerzen gebierst du Kinder. Du hast Verlangen nach deinem Mann; er aber wird über dich herrschen.«[1]

Um Ägypten in die Knie zu zwingen, prophezeite Jesaja: »An jenem Tag werden die Ägypter wie die Weiber sein; sie erschrekken und zittern.« (Jesaja 19,16) Für die Griechen waren die Frauen ein Fall stehengebliebener Entwicklung, also zurückgebliebene oder minderwertige menschliche Wesen. Platon, so werden Sie sich erinnern, war der Ansicht, daß Männer, die Feiglinge waren und die während ihres Lebens Unrecht verübten, bei ihrer zweiten Geburt zunächst als Frauen und dann, abhängig von dem Maße, in dem Emotionen statt Vernunft ihr Leben beherrschten, bei ihrer weiteren Reinkarnation als Tiere auf die Welt kamen.

Es gab natürlich auch immer andere Ansichten, die derartigen Haltungen entgegenwirkten. So war, ungeachtet Platons, der gleichwohl die weitverbreitete frauenfeindliche Einstellung seiner Zeit widerspiegelte, Athena (die Kriegsgöttin, die personifizierte Weisheit und Schutzgöttin Athens) einer der am meisten verehrten griechischen Gottheiten. Ebenso gereichte der im Mittelalter aufkeimende Marienkult den Frauen zu Achtung und Status – was aber nicht verhinderte, daß ungezählte Tausende auf den Scheiterhaufen als Hexen verbrannt wurden.

Dieses historische Erbe der Frauenfeindlichkeit hat sich bis in unsere heutige Zeit gerettet und ist sogar an unserer Sprache ablesbar. In ihrem 1981 erschienenen Buch *The Female World* verdeutlicht Jessie Bernard den Fakt, daß die englische Sprache nicht für Frauen geschaffen ist; für Frauen ist sie schlicht »verbraucherunfreundlich«. So gibt es zum Beispiel mehr abfällige frauen- als männerspezifische Begriffe; Obszönitäten (bis vor kurzem fast ausschließlich von Männern verwendet) verleumden oder lästern ausschließlich über Frauen; »schmutzige« Witze werden von Männern gemacht, und die Hauptzielscheibe sind die Frauen; und die englische Sprache kennt zehnmal mehr Ausdrücke für sexuell promiskuitive Frauen als für Männer (220 gegenüber 22).

Die Frauenbewegung hat in der heutigen Gesellschaft vieles geleistet, um die traditionellen frauenspezifischen Haltungen, Vorstellungen und Werte herauszufordern. Nach Auffassung mancher Feministinnen gibt es, abgesehen vom »Schwängern« – Männer können befruchten und Frauen Kinder gebären –, keine biologisch begründeten Unterschiede zwischen den Geschlechtern. Alle übrigen, psychologisch relevanten Unterschiede seien weitestgehend das Ergebnis der Sozialisation. Das heißt, abhängig von den bei der Geburt evidenten primären und sekundären Geschlechtsmerkmalen würden Kinder über den Sozialisationsprozeß in unterschiedliche Rollen und Lebensmodi hineinerzogen.

Die in der Psychologie (einer bis in jüngste Zeit weitestgehend männlichen Domäne) geläufigere Sicht wird treffend von Lewis Terman und Catherine Miles zusammengefaßt:

> »Männlichkeit und Weiblichkeit sind wichtige Aspekte der menschlichen Persönlichkeit. Sie sind nicht nur als oberflächlicher Farb- und Geschmacksstoff, sondern vielmehr als einer aus einer kleinen Reihe innerster Kerne zu sehen, ausgehend von denen die Persönlichkeitsstruktur allmählich Form annimmt... Die M-F-Dichotomie gibt es, in ihren verschiedenen Mustern, seit Menschengedenken, und sie ist nach wie vor fest in unserem Sittenkodex verankert. Für einen beachtlichen Teil der Bevölkerung ist sie die Quelle für viele akute Schwierigkeiten, was die soziale und geschlechterspezifische Anpassung des Individuums angeht.«[2]

Ehe wir fortfahren, ist eine begriffliche Unterscheidung notwendig. Niemand bezweifelt, daß es in vielen psychologisch relevanten Bereichen, einschließlich der emotionalen Reaktivität und Kreativität, Unterschiede zwischen Männern und Frauen gibt. Was jedoch sehr umstritten ist, ist die Frage des Ursprungs dieser Unterschiede – Gesellschaft oder Biologie. Um das Thema unbelastet und vorurteilsfrei behandeln zu können, möchten wir den Begriff »Unterschiede zwischen den Geschlechtern« in Zusammenhang mit sozial anerkannten Unterscheidungen zwischen Männern und Frauen, aber unabhängig davon gebrauchen, ob diese Unterschiede immanent mit dem biologischen Geschlecht verknüpft sind oder nicht. Von »Geschlechtsunterschieden« werden wir demgegenüber sprechen, wenn wir biologisch (genetisch) bedingte Unterschiede hervorheben möchten.

Unterschiede zwischen den Geschlechtern
in puncto Emotionalität

Wenn wir einen Berg an Daten in einem kurzen Satz zusammenzufassen sollten, so lautete dieser, daß Frauen emotionaler als Männer sind. Als Stephanie Shields, Professorin der Psychologie an der University of California, Davis, eine Gruppe von 164 Studenten und Studentinnen bat, die emotionalste Person, die sie kennen, zu beschreiben, beschrieben über 80 Prozent sowohl der männlichen als auch der weiblichen Befragten eine Frau.[3] Möglich, daß solche Ergebnisse lediglich ein Spiegelbild kultureller Stereotypen sind. Dem steht jedoch entgegen, daß Frauen sich bei den meisten psychologischen Tests zur Messung der emotionalen Reaktivität auch selbst als emotionaler im Vergleich zu Männern bewerten. Es ist natürlich möglich, daß Frauen die kulturell gegebenen Stereotypen internalisiert haben und ihnen entsprechen; möglich auch, daß Frauen einfach bereitwilliger als Männer über ihre Emotionen *berichten*. Solche Erklärungen können jedoch nicht die ganze Geschichte sein. Auch auf der nonverbalen Ebene sind Frauen expressiver als Männer, und sie sind besser imstande, nonverbale emotionale Zeichen bei anderen zu erkennen.[4]

Um einen Berg an Daten zusammenzufassen, von dem die vorgenannten Anmerkungen nur einen winzigen Ausschnitt darstellen, ist festzuhalten, daß Frauen *im Durchschnitt* emotionaler als Männer sind. Dem ist aber unbedingt hinzuzufügen, daß die Unterschiede *innerhalb* der Geschlechtergruppen größer als die Unterschiede *zwischen* den Geschlechtern sind. Das heißt, daß viele Männer emotionaler als die durchschnittliche Frau und daß viele Frauen weniger emotional als der durchschnittliche Mann sind.

Der Hauptpunkt der Kontroverse ist nicht, ob Frauen (im Durchschnitt) emotionaler als Männer sind, sondern warum. Im wesentlichen gibt es zwei Möglichkeiten: Biologie und Gesellschaft. Nach Sichtung umfangreichen Forschungsmaterials kam Anthony Manstead zu dem Schluß, daß die kleinen, aber konsistenten Unterschiede, die mit Blick auf die emotionale Reaktivität zwischen den Geschlechtern beobachtet wurden, sich eher vor dem Hintergrund sozial-psychologischer als biologischer Prozesse erklären lassen.[5] Um welche Art sozial-psychologischer Prozesse könnte es sich dabei unter anderem handeln?

In einer von John und Sandra Condry an der Cornell University durchgeführten Untersuchung wurden den Versuchspersonen Videoaufnahmen von einem neun Monate alten Baby gezeigt, das auf verschiedene Stimuli, darunter ein Teddybär, ein Schachtelmännchen, eine Puppe und ein Summer, reagierte. Einer Gruppe wurde gesagt, bei dem Baby handele es sich um einen Jungen, der anderen, daß es sich um ein Mädchen handele. Erstes Fazit: Die Reaktionen des »Jungen« wurden als »aktiver« und »potenter« als die des »Mädchens« gewertet. Besonders starke Reaktionen rief das Schachtelmännchen bei dem Baby hervor, und diese Reaktionen wurden bei dem »Jungen« eher als Wut und bei dem »Mädchen« eher als Angst wahrgenommen.[6] Aber es ist nicht nur die *Wahrnehmung* des Verhaltens, die abhängig vom vermeintlichen Geschlecht eines Kindes variiert. Andere Forschungsergebnisse belegen, daß Mütter zu unterschiedlichen *Reaktionen* bei Kindern neigen, abhängig davon, ob diese männlich oder weiblich sind.[7] Die Unterschiede in der Art und Weise, wie Erwachsene ein Kind auf der Grundlage seines vermeintlichen Geschlechts wahrnehmen und auf es reagieren, muß zwangsläufig die emotionale Entwicklung des Kindes beeinflussen.

Diese geschlechtsspezifische stereotype Verhaftung ist jedoch nicht mit der Kindheit beendet. Für gewöhnlich haben wir in unserer Sprache wahlweise zwei Begriffe, mit denen wir jeweils ein und dasselbe Verhalten beschreiben können – der eine freundlich gemeint, der andere herabsetzend. Wenn sich zum Beispiel jemand schwertut, sein Geld zu teilen, bezeichnen wir ihn als geizig oder sparsam, abhängig davon, ob wir mit seinem Verhalten einverstanden sind oder nicht. Derartige wahlweise Typisierungen sind insbesondere in Zusammenhang mit emotionalen Verhaltensweisen an der Tagesordnung, und in der Regel gereichen sie den Frauen zum Nachteil. Männer sind aggressiv, Frauen sind gemein; Männer diskutieren, Frauen nörgeln; Männer werden wütend, Frauen kollerig; Männer sind ruhig, Frauen unterwürfig; Männer schreien, Frauen geifern; Männer knurren, Frauen motzen; Männer sind unzufrieden, Frauen jammern.[8]

Sollte diese Auflistung jemandem als übertrieben und als im Alltag wenig relevant erscheinen, dem sei der Fall von Ann Hopkins, Frau, Mutter und Angestellte eines der führenden Finanzunternehmens Amerikas (Price Waterhouse) vor Augen geführt. 1982 war sie von 88 Kandidaten die einzige Frau auf der Vorschlagsliste für eine volle Teilhaberschaft am Unternehmen. Sie hatte mehr Arbeitsstunden als jeder andere der in jenem Jahr vorgeschlagenen Kandidaten vorzuweisen; sie hatte dem Unternehmen gegengerechnet einen Wert von 25 Millionen $ eingebracht; ihre Klienten waren voll des Lobes für sie, und sie war abgelehnt worden. Diejenigen, die sie unterstützten, beschrieben sie als »motiviert und forsch«, »hart arbeitend« und »gewissenhaft«; ihre Gegenspieler sahen sie als »Macho«, als eine, die »überkompensiert, daß sie eine Frau ist« und als eine, die mal einen »Charme-Kursus« belegen sollte. Ms. Hopkins verklagte Price Waterhouse wegen Geschlechterdiskriminierung. Nach einem Rechtsstreit, der sich acht Jahre hinzog und schließlich bis vor den Obersten Gerichtshof kam, wurde ihr Recht gegeben, sie gewann den Prozeß.[9]

Kurz: Bereits früh in ihrem Leben lernen junge Mädchen, daß weibliches Verhalten von seinem Wesen her weitestgehend passiv und Fürsorglichkeit die vermeintliche Stärke der Frau ist. Jungen werden demgegenüber zu Unabhängigkeit und einem handlungsaktiven Verhalten angehalten. Ein Erziehungsmuster, zu dem die Psychologin Eileen Nickerson betont:

»Indem Frauen diese stereotypen Charakterzüge lernen, wird in ihnen in der Regel ein Mangel an Selbstsicherheit herangezüchtet, ein als solches empfundenes Bedürfnis, kontrolliert zu werden, wie auch eine nach innen statt nach außen gerichtete Schwerpunktsetzung, z. B. Heim etc. Frauen in unserer Gesellschaft wird folglich ein Verhalten beigebracht, mit dem sie sich abhängig von anderen fühlen, die ihnen sagen, wo es lang geht, weil sie zu der Annahme neigen, ihr Umfeld nicht kontrollieren zu können.«[10]

Um eine etwas andere Sicht zur Frage der Unterschiede zwischen den Geschlechtern zu gewinnen, möchten wir kurz auf die !Kung, ein eingeborenes Volk im südlichen Afrika, eingehen.[11] Bei den !Kung kann, jeweils abhängig von ihrem Lebensstil, grob zwischen zwei Gruppen unterschieden werden. Bei der einen Gruppe handelt es sich um Nomaden, Jäger und Sammler, die in der Kalahari-Wüste im wesentlichen noch so leben, wie sie es in der Steinzeit taten. (Es wurden Geräte und Werkzeuge gefunden, die bis ins Pleistozän – vor 11 000 Jahren – zurückzudatieren sind.) Die

Frauen dieser Nomadengemeinschaften genießen den gleichen Status wie die Männer. Die Männer und Frauen, die das Lager nicht verlassen, um Nahrung zu beschaffen, teilen sich jeweils die Versorgung der Kinder.

In den letzten Jahrzehnten sind nun viele der !Kung dazu übergegangen, ihr Leben als Jäger und Sammler aufzugeben und sich mit Felderbewirtschaftung und Tierhaltung einen seßhafteren Lebensstil zu eigen zu machen. Was nun die Frauen in diesen seßhaft gewordenen !Kung-Gemeinschaften angeht, so sind sie weitaus weniger mobil als Männer, und sie tragen weniger zur Nahrungsmittelbeschaffung bei. Die Männer verlassen die Dörfer, um auf die Felder zu gehen und Getreide anzubauen; die Frauen bleiben zurück, bereiten das Essen vor, kümmern sich um die Unterkünfte und versorgen die Kinder. Mit diesen und anderen Veränderungen haben die Frauen ihren egalitären Status verloren. Im Vergleich zu den Frauen der !Kung-Nomaden sind die Frauen in den seßhaften Gemeinschaften abhängiger, und sie haben weniger Einfluß auf die Gruppenentscheidungen.

Bis vor wenigen tausend Jahren waren die meisten Völker auf der Erde Jäger und Sammler. Es ist wohl nicht zu weit hergeholt anzunehmen, daß sie ähnlich wie die heutigen !Kung-Nomaden lebten. Mit anderen Worten, der Verlust der Gleichberechtigung und des Status der Frauen ist mitnichten einzig auf biologische Gegebenheiten, sondern vielmehr auf die Veränderungen der Rollen und sozialen Strukturen zurückzuführen.

Damit soll nicht gesagt sein, daß die Unterschiede in der Emotionalität zwischen Männer und Frauen *einzig* gesellschaftlich geschaffen sind. Ebensowenig gehen wir aber mit der Vorstellung einig, wonach Geschlechtsunterschiede nur eine Frage des »Schwängerns«, des Geschlechtsaktes sind. Mutter Natur wäre wohl töricht gewesen, wenn sie die Menschen nicht mit psychologischen Neigungen entsprechend den jeweiligen wichtigen biologischen Funktionen ausgestattet hätte. Frauen gebären und ernähren Kinder, und Männer sind, durchschnittlich gesehen, körperlich stärker und aggressiver. Biologische Unterschiede, die ihren Widerhall im emotionalen Leben von Männern und Frauen finden sollten. Nachdem wir das gesagt haben, müssen wir aber gleichermaßen betonen, daß die gängigen Stereotypen und Sozialisationspraktiken etwaige mögliche biologische Einflüsse weit übertreiben.

Unterschiede zwischen den Geschlechtern
in puncto Kreativität

Weder im Bereich der Kunst noch in den Wissenschaften ist es den Frauen im Laufe der Geschichte quantitativ oder qualitativ gelungen, mit den anerkanntermaßen von Männern erbrachten Leistungen gleichzuziehen. 1895 zählte G. T. W. Patrick die Männern zuerkannten Patente (480 059) und verglich sie mit denen der Frauen (3458). Dieser drastische Unterschied, so argumentierte er, zeige, daß Frauen weniger als Männer zu abstraktem Denken befähigt seien. Frauen neigten veranlagungsbedingt, wie Patrick schlußfolgerte, »zur Reproduktion und der Mann demgegenüber zur Produktion«. [12]

Patricks Daten mögen alt und seine Thesen voreingenommen sein, aber selbst die leidenschaftlichsten Feministinnen stimmen heutzutage zu, daß es den Frauen im Bereich kreativer Leistungen nicht gelungen ist, mit den Männern gleichzuziehen. [13] Wie im Falle der Emotionalität scheiden sich allerdings auch hier die Geister bei der Frage nach dem Warum. Manchen Feministinnen zufolge sind Männer die Hauptschuldigen, die Frauen an der Verwirklichung ihres vollen kreativen Potentials hindern. An dieser Schuldzuweisung ist wahrscheinlich mehr Wahres, als die meisten Männer zugeben möchten – und wahrscheinlich weniger wahr, als die meisten Feministinnen wahrhaben möchten. Nur allzu bereitwillig haben Männer die Frauen »an ihrem Platz« gehalten, der mit den drei K's, *Kinder, Kirche und Küche*, umschrieben ist. Der Druck auf Frauen, stereotypen weiblichen Rollenmustern zu entsprechen, geht jedoch gleichermaßen von Frauen wie von Männern aus; es ist viel Wahres an der Behauptung, daß Frauen mit ihrer Kleidung und ihrem Verhalten mehr Wert darauf legten, anderen Frauen zu gefallen (oder sie auszustechen), als daß es ihnen darum ginge, den Männern zu gefallen.

Etwas berechtigter wäre es, der Gesellschaft im allgemeinen (dem »System«) die Schuld dafür zu geben, daß es Frauen bisher versagt blieb, in traditionell kreativen Domänen (z. B. im Bereich der Kunst und in den Wissenschaften) durchzubrechen. Gesellschaften bestehen aus Institutionen, die wiederum nach eng miteinander verwobenen sozialen Rollen zusammengesetzt sind. Historisch und quer durch die Kulturen waren und sind Frauen die

Rollen innerhalb der Institution der Familie (Ehefrau, Mutter) vorbehalten, und ihnen wurden und werden nur begrenzte ausbildungsspezifische Chancen eingeräumt. Die Männer waren seit jeher freier, dahin zu gehen, wo ihre Interessen und Fähigkeiten sie hinführten, ob es darum ging, Kriege auszutragen, Geschäfte zu führen, Bilder zu malen, Gedichte zu schreiben oder einfach auf dem Marktplatz zu sitzen und über Philosophie zu diskutieren.

Dem könnte entgegengehalten werden, daß zumindest einige Frauen, zum Beispiel die Mitglieder des Adels in früheren Zeiten oder auch die Frauen und Töchter der Arrivierten heutzutage, reichlich Chancen hatten oder haben, kreative Ambitionen zu verwirklichen. Viele dieser Frauen taten sich in der Tat mit glänzenden Leistungen als Schriftstellerinnen und Dichterinnen hervor. Aber der Umstand, daß man der »begüterten Klasse« angehört, heißt noch nicht, daß man auch die Zeit und den Raum hat, um kreativ zu sein – das, was Virginia Woolf *Ein Zimmer für sich allein* nannte.[14] Unabhängig vom sozialen Status oder ihrer Position tragen die Frauen in den »fortschrittlichen« Kulturen traditionell die Hauptverantwortung für den Haushalt und die Erziehung der Kinder. Diese Verpflichtungen in bezug auf Familie und Kinder beraubten denn auch viele Frauen der Möglichkeiten, kreativen Aktivitäten nachzugehen. Prinzessin Elisabeth von Schweden brachte diese Situation in ihrem Briefwechsel im 17. Jahrhundert mit dem Philosophen Descartes treffend zum Ausdruck, als sie schrieb, daß das Leben, das sie zu führen genötigt sei, ihr nicht genügend Freizeit für Meditationsübungen nach den Regeln Descartes' lasse. Mal seien es die Interessen ihres Haushaltes, die sie nicht vernachlässigen dürfe, mal die Konversationen und Gefälligkeiten, denen sie sich nicht entziehen könne, die aber so nachhaltig ihren schwachen Geist mit Ärgernissen oder Langeweile deprimierten, daß dieser noch lange Zeit danach anderweitig nicht zu gebrauchen sei.[15]

Was für Prinzessin Elisabeth galt, gilt nicht minder für die Frauen in der heutigen Zeit, trotz aller arbeitssparenden Gerätschaften und sonstigen Einrichtungen, die die Lasten einer Ehefrau und Mutter erleichtern. B. W. Hayes verglich 174 Männer mit 174 Frauen, die im *Who's Who* aufgeführt waren.[16] Über 90 Prozent dieser Männer waren verheiratet, was der durchschnittlichen Heiratsrate der Männer in der übrigen Bevölkerung entspricht. Nur 62 Prozent der Frauen waren verheiratet, eine im

Vergleich zum Durchschnitt der Frauen wesentlich niedrigere Rate. Darüber hinaus hatten die verheirateten Frauen, gemessen an den männlichen Vergleichspersonen, weniger Kinder (durchschnittlich 1,5) als ihre männlichen Vergleichspersonen (durchschnittlich 2,5). Offensichtlich ist es für Frauen noch immer schwieriger als für Männer, beruflich Karriere zu machen und gleichzeitig den Interessen eines Haushaltes gerecht zu werden.

Das Problem liegt jedoch wesentlich tiefer, als daß es mit ungünstigen Umständen oder mangelnder Freizeit erklärt wäre. Auch Männer müssen Aufgaben und Verpflichtungen gerecht werden. Es gibt aber einen Unterschied. Die den Frauen traditionell offenstehenden Rollen waren und sind nicht dazu angetan, die Verwirklichung kreativer Ambitionen zu fördern. Um zu sehen, warum das so ist, müssen wir kurz etwas abschweifen.

Um eine Rolle zufriedenstellend auszufüllen, müssen vier Voraussetzungen erfüllt sein: die Fähigkeit, das Wissen, die Motivation und die gesellschaftliche Legitimation. Übertragen zum Beispiel auf die Rolle eines Richters innerhalb des Rechtssystems heißt das, daß die betreffende Person die Fähigkeit haben muß, komplexen Argumenten zu folgen, sie muß Kenntnis von den rechtlichen Verfahrensweisen und Präzedenzfällen haben, über die nötige Arbeitsmotivation verfügen und, das Wichtigste von allem vielleicht, sie muß ordnungsgemäß berufen und von den zuständigen Behörden anerkannt (legitimiert) sein.

Mit Blick auf die Fähigkeiten, gibt es keine Beweise, wonach Frauen für kreative Leistungen weniger befähigt als Männer sind. Was jedoch die übrigen drei Faktoren angeht, die für ein erfolgreiches Bestehen in einer sozialen Rolle erforderlich sind (Wissen, Motivation und Legitimation), sind Frauen seit jeher gravierend benachteiligt. Die den Frauen eingeräumten Möglichkeiten in Bildung und Ausbildung waren und sind begrenzt; Frauen wurden und werden dazu erzogen, sich um andere zu kümmern statt Karriere zu machen; und die von den Frauen wahrgenommenen Rollen sind oftmals weder sonderlich angesehen noch legitimiert. Diese beiden letzten Punkte sind von besonderer Relevanz.

Manche Rollen erlauben, verlangen sogar ein größeres Maß an Innovationsbereitschaft als andere. So wird von Wissenschaftlern und Unternehmern beispielsweise erwartet, daß sie mit neuen Ideen oder Produkten aufwarten. Innovation und Veränderung sind Voraussetzungen für die Rolle. Von Grundschullehrern wird im Gegensatz dazu nicht erwartet, daß sie innovativ sind – ausgenommen vielleicht in methodologischen Fragen; ihre Aufgabe ist es, den gesellschaftsinhärenten Grundstock an Wissen und Werten an die nächste Generation weiterzugeben.

Als Hauptmittler der Sozialisation für die Jungen sind Frauen die Vermittler der Konvention. So heben denn auch die traditionell weiblichen Rollen (Mutter, Lehrerin) die Konventionalität gegenüber der Innovation hervor. Und in dem Maße, wie Frauen sich sozialisierten, um den von ihnen erwarteten Rollen zu entsprechen, wurden einige eben jener der Förderung und Verwirklichung der Kreativität dienlicher Charakteristika bei Frauen gehemmt und sogar verurteilt – Einfallsreichtum, Unabhängigkeit, Unkonventionalität. Dieser »doppelte Maßstab« geht weit über den Bereich des geschlechtsspezifischen Verhaltens hinaus.

Die Schwierigkeit liegt jedoch nicht nur in einem Mangel an Möglichkeiten und Ermutigung oder Förderung. Tatsache ist nicht nur, daß die den Frauen traditionell offenstehenden Rollen Kreativität hemmten, sondern auch, daß, wenn Frauen Leistungen erbrachten, diese oftmals nicht anerkannt wurden. Aber auch das ist nur wiederum ein Teil eines noch weitreichenderen Problems. Eine Tatsache ist auch, daß die Arbeit von Frauen – egal, um was es sich dabei handelt – nicht als so wichtig wie die Arbeit von Männern angesehen wird. Ein Problem, das Ira Reiss prägnant wie folgt beschrieb:

> »Es ist dies nicht nur eine Frage unterschiedlicher Rollenzuweisung. Bei einer unvoreingenommenen Untersuchung der Rollenverteilung wird deutlich, daß den Rollen der Frau jeweils ein geringerer Status zuerkannt wird als denen des Mannes, und zwar unabhängig von der speziellen Tätigkeit; zum Beispiel: hütet der Mann Tiere, wird diese Tätigkeit hoch bewertet, nicht so jedoch, wenn diese Tätigkeit von einer Frau ausgeübt wird.«[17]

Die Zeiten ändern sich. So macht die moderne Technologie viele der zuvor bedingt rational begründeten Arbeitsteilungen hinfällig, etwa in Bereichen, wo Maschinen die Bedeutung von Geschlechtsunterschieden in puncto Muskelkraft aufheben. Ähnlich befreite die Technologie die Frauen von vielen Lasten des Kindergebärens und -großziehens, die zuvor einzig ihnen aufgebürdet waren. Die Biologie mag prädisponieren, aber die Gesellschaft disponiert. Was jetzt vonnöten ist, ist eine Änderung der Einstellung. Die Gesellschaft kann es sich nicht länger leisten, die kreativen Talente ihrer weiblichen Mitglieder ungenutzt zu lassen. Wenn man Frauen von der Kandare läßt, spricht nichts dagegen, wie Silvano Arieti in seinem Buch über Kreativität meint, daß sie ebenso kreativ wie Männer sein können. Arieti weiter:

>Uns muß das blanke Entsetzen packen, wenn wir uns die Vergeudung von so viel Talent auf seiten der Frauen, unterdrückten Minderheiten und Menschen vor Augen halten, denen durch den unentwickelten Zustand ihrer Gesellschaft der Zugang zu kulturellen Bereicherungen verwehrt wird. Wer könnte vorhersagen, um wieviel fortgeschrittener die Zivilisation heute wäre, würde allen Erdenbürgern die Möglichkeit gegeben, am Wachstum der Kultur teilzuhaben.«[18]

Die bisherigen Ausführungen zusammenfassend, stellten wir eine »Überlegenheit« der Frauen im emotionalen Bereich fest. Was aber nicht notwendigerweise bedeutet, daß Männer »von Natur aus« weniger emotional als Frauen sind, aber Emotionalität auf seiten der Männer wurde mit wenigen Ausnahmen (z. B. Wut) abgewertet und gehemmt. Wir stellten darüber hinaus eine »Überlegenheit« der Männer im Bereich kreativer Leistungen fest. Was wiederum nicht gleichbedeutend damit ist, daß Frauen »von Natur aus« weniger kreativ als Männer sind, aber, ähnlich wie die Emotionalität bei Männern, wurde bei Frauen die Kreativität abgewertet und gehemmt. Welche Unterschiede zwischen den Geschlechtern könnten sich nun angesichts diesen widersprüchlichen Sachstandes für die beide Bereiche tangierende emotionale Kreativität ergeben?

Unterschiede zwischen den Geschlechtern in puncto emotionale Kreativität

Von Männern wird erwartet, daß sie stoisch sind und »keine Miene verziehen«, vorgeben, daß alles in Ordnung ist, egal wie sie sich fühlen. Im Gegensatz dazu ist es Frauen erlaubt, wird sogar von ihnen erwartet, verbal und nonverbal auszudrücken, was und wie sie sich fühlen. Ausgehend davon könnte man erwähnen, daß Frauen emotional kreativer als Männer sind, selbst wenn ihre Kreativität in diesem Bereich weitestgehend unbeachtet bliebe.

Eine Erwartung, die von einer von Carol Thomas-Knowles durchgeführten Untersuchung im übrigen unterstützt wird. 100 Universitätsstudenten (48 Männer und 52 Frauen) wurden fünf Tests, drei zur emotionalen Kreativität und zwei zur intellektuellen Kreativität, vorgelegt. Ein Vergleich der Testergebnisse zeigte, daß Frauen möglicherweise kreativer als Männer sind, wobei auf der Ebene der intellektuellen Kreativität kein entsprechender Unterschied ermittelt wurde.[19]

Eine Studie kann aber, was wohl nicht eigens erwähnt zu werden braucht, nicht als das Nonplusultra betrachtet werden, insbesondere dann nicht, wenn sie sich auf eine Fragebogenerhebung als Grundlage zur Messung der emotionalen Kreativität stützt. Um weitere Einsichten über mögliche Unterschiede zwischen den Geschlechtern auf der Ebene der emotionalen Kreativität zu gewinnen, sichtete einer der Autoren dieses Buches, (EPN), die Aufzeichnungen über die Klienten ihrer psychotherapeutischen Praxis, die, um für weitere Untersuchungen in Betracht zu kommen, drei Kriterien erfüllen mußten: (a) sie waren bei Beginn der Therapie über 21 Jahre alt (das Durchschnittsalter lag bei 36 Jahren); (b) sie hatten mindestens zehn Sitzungen wahrgenommen (die Therapien erstreckten sich im Durchschnitt über 24 Sitzungen); und (c) die Therapeutin hatte sie in den letzten zwei Jahren mindestens einmal gesehen. 263 Klienten (110 Männer und 153 Frauen) erfüllten diese Kriterien.[20]

Diese Klienten wurden zunächst nach Maßgabe des bei ihnen auf der Grundlage der während ihrer Therapie erzielten Fortschritte und Erfolge vermuteten kreativen Potentials in zwei Gruppen eingeteilt. Die eine Gruppe umfaßte die Klienten, die als mittelmäßig oder sehr emotional kreativ eingeschätzt wurden; die andere setzte sich aus solchen zusammen, die kaum eine Fähigkeit für Veränderungen erkennen ließen, die sich in Wirklichkeit Veränderungen widersetzten oder ihr Potential destruktiv einsetzten. In der kreativen Gruppe übertrafen Männer die Frauen mit einem Anteil von 60 Prozent gegenüber 53 Prozent, ein Unterschied, der allerdings relativ gering und statistisch nicht unbedingt stichhaltig ist.

Auf den ersten Blick mag es so scheinen, als widersprächen diese

Ergebnisse der zuvor genannten Studie von Thomas-Knowles (wonach Frauen ein stärkeres Maß an emotionaler Kreativität als Männer erkennen ließen). Ein Widerspruch, der aber mehr nach dem Schein als in Wirklichkeit existiert, da auch im Falle der Klientinnen in einem wichtigen Punkt, wenn nicht gar in bezug auf das gesamte kreative Potential, eine Überlegenheit gegenüber den Männern zutage trat. Um diesen Unterschied zu erklären, müssen wir jedoch auf jene in den Kapiteln 1 und 8 skizzierten drei Phasen der emotionalen Kreativität zurückkommen. Diese drei Phasen sind:

Phase 1: *Akquisition* Entwicklung, Kultivierung oder Beherrschen des jeweiligen kulturspezifischen emotionalen Standards.

Phase 2: *Raffinement* Vervollkommnung oder Personalisierung einer Standardemotion.

Phase 3: *Transformation* Entwicklung einer neuen und andersartigen, in der jeweiligen Kultur nicht anerkannten oder unbekannten und unbenannten Emotion.

Nachdem die Klienten und Klientinnen des weiteren in Gruppen unterteilt worden waren, welche grob diesen drei Phasen entsprachen, wurde ein markanter Unterschied zwischen den Geschlechtern offensichtlich. Bei den der ersten Gruppe, entsprechend Phase 1 – Akquisition –, zugeteilten Personen handelte es sich um jene, die bei Beginn der Therapie nur wenige Emotionen erfuhren oder die, selbst wenn sie erheblich litten, unfähig waren, ihre Bedürfnisse in Form von Standardemotionen zum Ausdruck zu bringen. Die der Phase 2-Gruppe (Raffinement) zugeordneten Personen verfügten über ein normales Repertoire an Emotionen, waren in ihrem Ausdruck aber entweder ineffizient oder von der Norm abweichend. Die Personen der Phase 3-Gruppe (Transformation) verfügten ebenso über ein normales Repertoire an Emotionen, sie erfuhren aber, weitestgehend durch veränderte Lebensumstände bedingt, neue und andersartige emotionale Reaktionen.

207

Am Ende dieser Klassifizierung stand folgendes Ergebnis:

	Männer (%) (Z = 110)	Frauen (%) (Z = 153)
Phase 1: Akquisition	89	18
Phase 2: Raffinement	7	78
Phase 3: Transformation	4	4

Wie diese Tabelle zeigt, war die Mehrzahl der Männer (89 Prozent) in der Akquisitionsphase, wohingegen die Mehrzahl der Frauen (78 Prozent) in der Raffinement-Phase war.[21] Das heißt, daß Männer zu einem begrenzteren Emotionsspektrum neigten und weniger als Frauen in der Lage waren, die Emotionen, die sie erfuhren, zu identifizieren. Oft reagierten die Männer so, als ob sie einfach nicht wüßten, was in ihnen vor sich ginge. So bestand denn ihr erster Schritt hin zu einer emotionalen Kreativität im Kultivieren und Erkennen von Emotionen, die nicht nur innerhalb der Kultur die Norm, sondern auch bei den meisten Frauen gang und gäbe sind.

Die Frauen waren mehrheitlich emotional geschickter als die Männer und genossen ein breiteres Spektrum an emotionalen Erfahrungen und Ausdrucksweisen. Im Bereich der Emotionen also zu den Fortgeschritteneren zählend, waren Frauen denn in der Regel auch damit befaßt, an anderen Aspekten ihres Lebens zu arbeiten; und sofern sie an ihren Emotionen arbeiteten, ging es um die weitere Vervollkommnung und den Ausdruck bereits verfügbarer Emotionen. Daß dem so war, könnte leicht als ein Mangel an emotionaler Kreativität auf seiten der Frauen mißverstanden werden. Was dann vielleicht in die Richtung der Freudschen Anspielungen geht, als er feststellte:

»Wir sagen auch von den Frauen aus, daß ihre sozialen Interessen schwächer und ihre Fähigkeit zur Triebsublimierung geringer sind als die der Männer... Ein Mann um die Dreißig erscheint als ein jugendliches, eher unfertiges Individuum... Eine Frau um die gleiche Lebenszeit aber erschreckt uns häufig durch ihre psychische Starrheit und Unveränderlichkeit. Ihre Libido hat endgültige Positionen eingenommen und scheint unfähig, sie gegen andere zu verlassen. Wege zu weiterer Entwicklung ergeben sich nicht.«[22]

Freud interpretierte möglicherweise das größere Spektrum an Emotionen, das seine Patientinnen, allerdings nur ineffizient, erfahren und äußern konnten, als Mangel (die Unfähigkeit »zur Triebsublimierung«). Wir sind völlig anderer Meinung. Freuds Beobachtung ist möglicherweise nur ein weiteres Beispiel für die Mißachtung der Leistungen, die Frauen erbringen. Ebensowenig sind wir der Meinung, daß Frauen starrer und unveränderlicher als Männer seien, obgleich sich bei einem bereits erworbenen breiten Spektrum an emotionalen Reaktionen weitere Fortschritte natürlich in der Tat als schwierig erweisen können. Innovationen und Veränderungen gestalten sich mitunter einfacher, wenn eine Person dazu von einer weniger differenzierten Entwicklungsphase ansetzt.

Damit kommen wir zu der Frage: Warum verfügen die Klientinnen im Vergleich zu den Männern über ein breiteres emotionales Repertoire? Wie bereits an früherer Stelle dieses Kapitels ausgeführt, wird schon in der Kindheit das Verhalten von Jungen und Mädchen unterschiedlich interpretiert und entsprechend unterschiedlich darauf reagiert, und diese unterschiedliche Behandlung besteht ein Leben lang fort. Es ist wohl nicht übertrieben zu sagen, daß die Männer und Frauen in unserer hiesigen Gesellschaft in unterschiedlichen emotionalen Welten leben. Die Bemühungen der Sozialisation sind bei Frauen darauf ausgerichtet, zwischenmenschliche Beziehungen zu hegen und zu pflegen, eine Aufgabe, die emotionales Gespür erfordert. Umgekehrt zielt die Sozialisation bei Männern darauf ab, unabhängig und selbstsicher zu sein, rational Probleme zu lösen und Emotionalität in der Konsequenz als gefährlich und unmännlich zu betrachten. Wie ein stämmiger junger Mann in einer Beratung zu seiner Frau sagte:

Was du sagtest, verletzte mich. Es verletzte mich wirklich, wirklich, wirklich sehr. Es ist schwer für mich, dir zu sagen, daß ich verletzt bin, und ich kann nie sagen, daß ich Angst habe, und wenn ich nun verletzt bin, reagiere ich halt immer so, als ob ich wütend wäre. Denn in meinem ganzen Leben war es so, wenn ich sagte, ich sei verletzt, dann dachte immer gleich jemand an das Nächstbeste, das ihm einfiel, etwa daß ich ein rosa Ballettröckchen und Haarbänder trüge. Und in meinem Job wäre ich verraten und verkauft gewesen, wenn jemand gewußt hätte, daß ich verletzt war oder Angst hatte. Was ich also von früh auf lernte, war, alles in Form von Wut rauszulassen. Das ist es, wie ein Mann zu sein hat.

Die Sprache spielt in der Sozialisation der Emotionen eine wichtige Rolle (ein Thema, auf das wir in Kapitel 12 noch ausführlicher eingehen werden). So dürfte es nicht überraschen, daß Männer und Frauen auch unterschiedliche emotionale Sprachen sprechen. Die Worte sind die gleichen, natürlich, was allerdings ihre jeweilige Bedeutung angeht, so gibt es subtile Unterschiede. In Anlehnung an das, was Winston Churchill zu den Vereinigten Staaten und Großbritannien sagte, ist festzustellen, daß Männer und Frauen wie zwei große, durch eine gemeinsame Sprache getrennte Nationen sind.

Die Linguistin Deborah Tannen spricht von »geschlechtsspezifischen Sprechweisen«, um so die subtilen Unterschiede in der Bedeutung zwischen der Männer- und Frauensprache zu verdeutlichen. In ihrem Buch *Du kannst mich einfach nicht verstehen* zeigt Tannen auf, wieso und inwieweit diese »geschlechtsspezifischen Sprechweisen« fortwährend eine Quelle potentieller Konflikte in der Kommunikation zwischen den Geschlechtern sind: Männer wollen »Fakten«, Frauen sprechen von Gefühlen; Männer isolieren und analysieren, Frauen kombinieren und verbinden; Männer neigen dazu, Sprache als Mittel der Selbstdarstellung zu benutzen, Frauen, um Gemeinsamkeit auszudrücken.[23]

Traurig und unter Tränen sagte ein Klient: »Ich brauchte Sie, um mir zu sagen, es sei in Ordnung, so zu empfinden.« Männer sind nicht weniger als Frauen befähigt, ein weites Spektrum an Emotionen zu erfahren, was sie aber oft brauchen, ist die Erlaubnis dazu. Der Psychologe Murray Scher beschrieb sehr präzise die mißliche Lage vieler Männer: »Sie wurden dazu erzogen, sich selbst nicht zu erlauben, zu fühlen, schwach zu sein, bedürftig zu sein, abhängig zu sein, nach etwas zu fragen oder zu scheitern. Sie kommen in die Beratung, damit der Therapeut ihnen die Erlaubnis zu dem einen oder anderen davon gibt.«[24]

Hat ein Mann dann einmal die emotionale Sprache erworben und die Erlaubnis erhalten, von seinen Emotionen zu sprechen, entpuppt er sich oft als ein äußerst geschickter und emsiger Schüler. So ist etwa folgende Äußerung, die ein Mann während einer Familientherapie gegenüber seinen heranwachsenden Söhnen machte, durchaus typisch:

Was ich hinsichtlich meiner Emotionen lernte, ist, ich kann lachen, und ich kann weinen. Ich kann weinen, weil ich glücklich bin, und ich kann weinen, weil ich traurig bin. Ich habe auch gelernt auszudrücken, was ich fühle, und ich habe gelernt, wie ich das kann. Ich muß nicht mehr zulassen, daß sich Dinge in mir aufstauen, und dabei vorgeben, daß da nichts ist. Das nicht zu tun [emotionale Gefühle auszudrücken], brachte mich in gewaltige Schwierigkeiten und kostete mich fast meine Familie. Ja, wirkliche Männer weinen sehr wohl.

Wirkliche Männer weinen nicht *nur*. Wie wirkliche Frauen sind auch sie offen für das volle Spektrum der emotionalen Erfahrungen.

Epilog

Vielfalt fördert Kreativität. Frauen haben Stärken und Schwächen, die ihnen speziell zu eigen sind; das gleiche gilt für Männer. Es ist typisch für die menschliche Natur, daß man Sündenböcke finden will, andere, denen wir unsere Schwächen anlasten können. Ein solcher Sündenbock findet sich leichter, wenn der andere etwas anders ist, als wir es sind – Frauen im Falle von Männern und Männer im Falle von Frauen. Um derartige Vorurteile zu bekämpfen, sind viele Menschen verständlicherweise versucht, jedwede Unterschiede – Stärken wie auch Schwächen – zwischen den Geschlechtern abzustreiten. Ein weitaus besserer (und schwierigerer) Kurs wäre der, daß jeder, unabhängig vom Geschlecht, die Verantwortung für sein eigenes Leben akzeptiert.

Unterschiede zwischen den Geschlechtern sollten geschätzt, nicht beklagt werden. Unser Ziel sollte mitnichten die Homogenisierung der Geschlechter sein. Die Unterschiede, die wir dabei vor Augen haben, sind allerdings nicht mit jenen identisch, die traditionell Männern und Frauen auferlegt werden. Es ist an der Zeit, daß sich neue Frauen- *und* Männertypen durchsetzen – solche, die willens und bereit sind, sich selbst und den anderen in allen Bereichen des Wachstums und der Kreativität zu unterstützen. Ein Geschlecht kann nicht auf Kosten des anderen gewinnen. Entweder gewinnen beide oder beide verlieren.

Kapitel 12

Sprache, Selbst und Emotion

Die Sprache ist das Blut der Seele, mein Herr,
in welches unsere Gedanken sich auflösen,
und aus welchem sie entstehen.

Oliver Wendell Holmes,
Der Professor am Frühstückstische

Kleine Kinder möchten von fast allem, was sie sehen, den Namen wissen. Einem Objekt einen Namen zu geben, bringt Befriedigung – ein Gefühl der Macht oder Kontrolle. Dieser Name muß für das Kind keinen konkreten begrifflichen Gehalt oder eine konkrete begriffliche Bedeutung haben. Die Tatsache, daß ein Tier eine »Kuh« und ein anderes ein »Pferd« genannt wird, trägt als solches wenig dazu bei, daß ein Kind nun versteht, was Kühe oder Pferde sind. Was das Kind angeht, könnten die beiden Namen ebensogut ausgetauscht werden. Es ist der Vorgang der Namensgebung, nicht der Name selbst, der wichtig ist. Etwas einen Namen zu geben hat eine gewisse magische Qualität, ähnlich einem Zauberspruch.

Die Magie von Worten endet nicht mit der Kindheit. Die meisten von uns kennen die Erfahrung, im Frühling über eine Wiese zu gehen und im Staunen über die Blumen uns nach den Namen der einzelnen zu fragen. Ist das eine schwarzäugige Susanne? Ist das eine Goldrute? Die Natur so in ihrer Nacktheit zu sehen, scheint uns verlegen zu machen; wir müssen unser Erstaunen und unsere Bewunderung in Worte kleiden.

Wenn schon der bloße Vorgang der Namensgebung einen derart gewaltigen Einfluß haben kann, um wie vieles größer muß dann erst der Einfluß sein, wenn das Wort nicht nur eine willkürliche Bezeichnung, sondern einen Begriff mit Sinn und Bedeutung darstellt. Für den Botaniker ist die schwarzäugige Susanne nicht nur irgendeine weitere schöne Blume, sie ist eine *Rudbeckia hirta*. Einen noch größeren Einfluß haben Worte, wenn es sich bei dem benannten Objekt um einen Aspekt unseres Selbst handelt. Eine Rose ist eine Rose, auch mit irgendeinem anderen Namen, und das gleiche gilt für die schwarzäugige Susanne – aber beim Menschen ist es anders. Die Art und Weise, wie wir denken, fühlen und handeln, wird weitestgehend durch die Art und Weise bestimmt, wie wir uns selbst wahrnehmen.

Das konzeptuelle Selbst (beide, das Kern- und das periphere Selbst) steht in enger Relation mit den Worten, die wir verwenden, um uns selbst Namen zu geben und zu beschreiben. Nach- oder Beinamen werden oft zur Identifikation mit einem speziellen ethnischen oder nationalen Hintergrund und selbst im Sinne einer politischen oder sozialen Aussage benutzt (wenn Frauen etwa nach der Eheschließung ihren Geburtsnamen beibehalten oder ihn in einem Doppelnamen übernehmen). Ebenso reflektieren Vornamen oft individuelle Identitäten und tragen zu deren Herausbildung bei. Festgestellt wurde so zum Beispiel, daß die Beliebtheit von Kindern bei ihren Altersgenossen vom sozialen Beliebtheitsgrad ihrer Vornamen beeinflußt wird, eine Tatsache, die unweigerlich auch die Entwicklung ihres Selbst-Konzeptes beeinflussen muß.[1] So ist es zumindest vor einem näheren Kennenlernen unwahrscheinlicher, daß Bertha und Hugo, als daß Jennifer und Michael zu Klassensprechern gewählt werden.

Aber wichtiger als die richtigen Namen sind für die Formung des Selbstgefühls einer Person die Personalpronomen. *Ich* bin Jennifer – das ist *mein* Name; du magst auch Jennifer heißen, aber du wirst nie mit *mir* identisch sein. Es sind solche linguistischen Markierungen wie »ich«, »mir«, »mich« und »mein«, die wie Demarkationslinien die Konturen des Selbst zeichnen.[2] Wenn ich sage, »ich tat es«, lokalisiere ich damit den Ursprung einer Reaktion sowohl örtlich als auch zeitlich; das heißt, ich lokalisiere sie in einem bestimmten Augenblick in meinem Körper. Wichtiger noch, daß mit der Aussage, »ich tat es«, die Reaktion innerhalb einer moralischen Ordnung lokalisiert wird. Ich bin verantwortlich für das, was *ich* tue; umgekehrt, ich bin nicht verantwortlich für das, was *mir* widerfährt. So werden die Grenzen des Selbst gezogen; und innerhalb dieser Grenzen liegt alles, was *mein* ist – mein Name, meine Familie, mein Heim, mein Beruf und so weiter.

213

Normalerweise achten wir nicht sonderlich darauf, wie jemand Personalpronomen verwendet. Das ist ein Fehler, denn diese Verwendung im Sprachgebrauch kann sehr aufschlußreich sein:

Randys Großzügigkeit wurde allenthalben bewundert; er war immer bereit, anderen zu helfen. Was jedoch als seine herausragendste Stärke erschien, war in Wirklichkeit auf eine Schwäche zurückzuführen. Er hatte kein festumrissenes Identitätsgefühl. Er konnte sich selbst nur in Verbindung mit anderen sehen, was sich in seiner Sprache widerspiegelte. Wenn er davon sprach, was er tat oder plante, verwendete er selten das Pronomen »ich«. Statt dessen sprach er in der Regel auch von sich selbst in der »Wir«-Form (etwa: »Wir gehen arbeiten«).

Randy war das einzige Kind eines Paares mittleren Alters. Sein Vater starb, als er noch klein war, und er identifizierte sich sehr mit seiner Mutter, die innerhalb der Gemeinde ein hohes Ansehen genoß. Von Kindheit an machte er es sich zu eigen, von sich und seiner Mutter als von einer Person zu sprechen, was er in der Praxis nie aufgab. Weder in seiner Kindheit noch als Erwachsener ging er enge Beziehungen mit Gleichaltrigen ein. Als seine Mutter starb, verlor er seinen Halt. Er nahm ein Projekt nach dem anderen in Angriff, aber ohne wirkliche Zielsetzungen oder Erfolg. Er hatte seine Mitte verloren. Ohne das »Wir« gab es kein »Ich«.

Ebenso spiegelt sich der Unterschied zwischen Aktionen und Passionen in unserer Sprechweise durch die wahlweise Bevorzugung des Aktiv oder Passiv wider. Im Aktiv ist das Selbst der Initiator einer Reaktion (z. B. »Ich tat es«); im Passiv wird dem Selbst (und sei es vermeintlich) etwas zugefügt (z. B. »Ich wurde gezwungen, es zu tun«). Das Passiv kann auch indirekt, durch eine Umschreibung, zum Ausdruck gebracht werden (z. B. »Ich tat es, aber ich konnte nicht anders«). Emotionale Konzepte kommen im Passiv zum Ausdruck, entweder direkt (»Ich wurde von Wut überwältigt«) oder implizit (»Ich liebte sie, ich konnte nicht anders«). Was erklärt, warum Emotionen traditionell den Passionen, als Dingen, die wir erleiden, und nicht den Aktionen, den Dingen, die wir tun, zugeordnet werden.

Die Sprache kann ebenso irreführend wie aufschlußreich sein. Wie in Kapitel 5 erklärt, handelt es sich bei der Vorstellung, wonach Emotionen Passionen sind, weitestgehend um einen Mythos. »Die Sonne geht im Osten auf« ist ein ähnlicher Mythos, der als solcher durch die kopernikanische Revolution des Weltbildes entlarvt wurde. Die emotionale Kreativität braucht ihre eigene kopernikanische Revolution unserer Sicht der Emotionen. Selbst auf die Gefahr hin, daß wir uns wiederholen, sei nochmals gesagt: Emotionen sind Handlungen, die wir vom Selbst als dem Urheber trennen; sie sind mitnichten einfach »Ereignisse« oder »Vorkommnisse«, über die wir keine Kontrolle haben. Die Anerkennung dieser Tatsache mindert keineswegs die Bedeutung der Emotionen; sie werden damit lediglich dort eingeordnet, wo sie hingehören – nämlich im Bereich des *Ich* als dem autonomen Urheber.

Unsere bisherigen Ausführungen waren sehr allgemein gehalten. Im restlichen Kapitel möchten wir spezifischer auf die Worte eingehen, die wir verwenden, um Emotionen zu beschreiben und auszudrücken, wie auch auf die Relation zwischen Sprache und emotionaler Kreativität.

Die Sprache, so behaupten wir, ist eines der Hauptmittel, über die wir die Emotionen in unserer Kultur erwerben. Und gleichzeitig ist sie ein Hauptausdrucksmittel der emotionalen Kreativität.

Das emotionale Vokabular

»Es gibt Leute, die nie verliebt gewesen wären, wenn sie nie von der Liebe hätten sprechen hören.« Der französische Schriftsteller La Rochefoucauld war eigentlich niemand, der Untertreibungen frönte, aber in diesem Fall erscheint seine Feststellung übertrieben konservativ.[3] Würde sich irgend jemand verlieben, wenn er noch nichts davon gehört hätte, wenn es kein Wort für Liebe gäbe? Wir bezweifeln es. Wie in Kapitel 2 beschrieben, ist Liebe – zumindest die romantische Variante, auf die La Rouchefoucauld Bezug nimmt – das Produkt spezieller sozial-historischer Entwicklungen, die an den Höfen Europas des 11. Jahrhunderts ihren Anfang nahmen. Und diese Entwicklungen mündeten in unserem derzeitigen Konzept der Liebe; und ohne ein Konzept der Liebe würden wir Liebe nicht in der Form erfahren, wie wir es tun.

Die menschlichen Emotionen stellen ein Feld endloser Möglichkeiten dar. Nur ein Bruchteil dieser Möglichkeiten wurde je, gleich in welcher Kultur, verwirklicht. Jene Emotionen, die verwirklicht wurden, werden in der Regel in sprachlichen Begriffen reflektiert. Und wie viele Emotionen kennt die gewöhnliche Sprache?

Die Antwort auf diese Frage ist von Kultur zu Kultur eine andere. Wir beschränken unsere Überlegungen auf unsere Sprache, und selbst hier ergeben sich noch Komplikationen. So gibt es etwa keine scharfe Trennungslinie zwischen emotionalen und nicht-emotionalen Begriffen. Unstrittig dürfte sein, daß sich »Wut« und »Trauer« auf Emotionen beziehen. Aber was ist mit den Begriffen »Demut« und »Erschöpfung«? Beziehen sie sich auf Emotionen oder irgendwelche anderen Formen psychologischer Zustände? Um das Ganze noch weiter zu komplizieren, gibt es auch Begriffe, die sich klar erkennbar nicht auf Emotionen beziehen, aber dennoch einen emotionalen Beigeschmack haben. »Heim« hat zum Beispiel einen gefühlsmäßigen Unterton, der dem Begriff »Haus« fehlt, obwohl beides sich auf ein und dieselbe bauliche Substanz beziehen kann. Einigen Linguisten zufolge haben alle Begriffe eine emotionale Nebenbedeutung, zumindest soweit sie irgendwelche Werturteile oder Präferenzen zum Ausdruck bringen.

Wenn wir uns auf jene Begriffe mit einem relativ eindeutigen emotionalen Gehalt beschränken, so kennt die englische Sprache rund fünfhundert Worte zur Beschreibung emotionaler Zustände.[4] Eine Zahl, die problemlos verdoppelt oder gar vervierfacht werden könnte, wollte man die von der gleichen Wurzel stammenden Abwandlungen – z. B. rachsüchtig und rachgierig – mitzählen oder wenn der »emotionale Gehalt« in einem sehr weitgefaßten Sinne interpretiert würde. So erstellte Lynn Bush eine Liste mit über 2186 Adjektiven, die, in einem sehr weitgefaßten Sinne, durchaus Gefühle anzeigen.[5]

Ungefähr zwei Drittel der emotionalen Begriffe haben eine negative Bedeutung. Einfach ausgedrückt, es gibt viel mehr Möglichkeiten, unglücklich als glücklich zu sein. Die Gründe für dieses negative Übergewicht sind nicht absolut klar. Möglich ist, daß negative emotionale Zustände gesellschaftliche und persönliche Probleme darstellen, die, da sie einer Lösung bedürfen, feinere Unterscheidungen erforderlich machen. Möglich ist auch, daß der Beigeschmack der Passivität emotionale Begriffe weniger für positive als für negative Zustände prädisponiert. Nur allzu bereitwillig lehnen wir die Verantwortung für Handlungen mit potentiell negativen Konsequenzen ab. Ein Weg, wie wir das tun, ist, die Reaktion als eine Passion (Wut, Angst, Neid und ähnliches) statt als Handlung (eine bewußte Reaktion) zu interpretieren. Verbrechen aus Passion sind zahllos; gute Taten aus Passion sind rar. Aber welche Erklärung es auch immer für die Tatsache geben mag, daß wir mehr negative als positive Begriffe für Emotionen haben, die Tatsache als solche ist bereits interessant.[6]

Es gibt keinen Grund anzunehmen, daß der Mensch eher für negative als für positive Erfahrungen prädisponiert sei. Im Gegenteil, im allgemeinen sind die Menschen, laut eigener Aussage, mit ihrem Leben eher zufrieden als unzufrieden. Das gilt, (nahezu) unabhängig von den sozioökonomischen Bedingungen, für die meisten Gesellschaften.[7] Dennoch ist es möglich, daß die geringe Zahl der Begriffe für positive Emotionen einen gewissen Verarmungseffekt für unser affektives Leben hat. Wie Samuel Johnson treffend feststellte: »Wir werden hoffentlich alle... glücklich sein; aber wir dürfen nicht erwarten, alle in der gleichen Weise glücklich zu sein... Ein würdiger Kärrner wird so gut in den Himmel kommen wie Sir Isaac Newton. Aber obwohl sie gleichermaßen gut sind, werden sie nicht den gleichen Grad an Glückseligkeit haben.«[8]

Es gibt keine Beweise, daß Wissenschaftler oder Philosophen in irgendeiner Form glücklicher als Kärrner oder Bauern oder sonstwer sind. Dennoch trifft Johnson einen Punkt. Nehmen Sie beispielsweise folgende Liste von Begriffen, die sämtlich eine Form des Glücklichseins zum Ausdruck bringen.

ausgelassen	friedlich	idyllisch	selig
begeistert	fröhlich	jubelnd	überglücklich
ekstatisch	froh	lebensfroh	übermütig
entzückt	glücklich	lebhaft	vergnügt
fidel	heiter	lustig	verzückt
freudig	hingerissen	munter	zufrieden

Es gibt ausgesprochene Kenner in Sachen Glück, ebenso wie es Weinkenner gibt. Weinkenner zu sein setzt die Fähigkeit voraus, zwischen verschiedenen Rebsorten und Jahrgängen unterscheiden zu können. Eine Fähigkeit, die nicht nur einen ausgeprägten Geschmacks- und Geruchssinn, sondern auch ein gutes Maß an Hintergrundwissen erfordert. Noch größerer Fertigkeiten bedarf es, um einen besonders guten Wein *herzustellen* (statt nur zu genießen). Weine wachsen nicht einfach so an den Rebstöcken; sie sind ebensosehr ein Produkt menschlichen Schaffens und menschlicher Genialität, wie sie ein Produkt der Reben sind. Das gleiche kann vom Glück gesagt werden: Es muß kultiviert werden, genährt und gepflegt, extrahiert, zur Gärung gebracht und so weiter, ehe man es kosten und genießen kann.

Ein Punkt, der sich noch deutlicher am Beispiel der negativen Emotionen aufzeigen läßt, für die wir wesentlich mehr Begriffe haben. Die nachfolgende ist nur eine kleine Liste, wie eine Person Feindseligkeit – die »Früchte des Zorns« sozusagen – erfahren und / oder zum Ausdruck bringen kann:

angeekelt	erzürnt	heftig	ungeduldig
arrogant	feindlich	hinterhältig	ungehalten
aufgebracht	feindselig	mißgünstig	unwirsch
bedrückt	fuchtig	mürrisch	verabscheuend
belästigt	gallig	nachtragend	verächtlich
beleidigt	gekränkt	neidisch	verärgert
bestürzt	genervt	nörglerisch	verbissen
bissig	gequält	pikiert	verbittert
böse	gereizt	rachsüchtig	verdrießlich
boshaft	geringschätzig	rasend	verletzt
cholerisch	grantig	sarkastisch	verstimmt
eifersüchtig	griesgrämig	es satt habend	vorwurfsvoll
eingeschnappt	grimmig	scharf	wütend
empört	grollend	störrisch	wutschnaubend
entrüstet	hämisch	strafend	zornig
erbost	halsstarrig	streitsüchtig	
erregt	haßerfüllt	trotzig	

Es erfordert einiges an Geschick und Talent, wütend zu sein, ohne hämisch zu sein, arrogant zu sein, ohne trotzig zu sein, gekränkt zu sein, ohne ungeduldig zu sein, mürrisch zu sein, ohne eingeschnappt zu sein, neidisch zu sein, ohne bissig zu sein, eifersüchtig zu sein, ohne strafend zu sein, empört zu sein, ohne rachsüchtig zu sein – und so weiter und so fort. Noch schwieriger ist es, wütend und gleichzeitig froh zu sein, arrogant und gleichzeitig demütig zu sein, gekränkt und gleichzeitig optimistisch zu sein, mürrisch und gleichzeitig fröhlich zu sein, neidisch und gleichzeitig ruhig zu sein, eifersüchtig und gleichzeitig begeistert zu sein, empört und gleichzeitig frohgestimmt zu sein. Es ist nicht nur schwieriger, weil Wut und Freude zum Beispiel scheinbar unvereinbare Zustände implizieren. Letzten Endes machen uns solche unvereinbaren Dinge wie »süße Sorgen« kaum Probleme. Das Schwierige daran ist weitestgehend auf den Umstand zurückzuführen, daß uns die Begriffe, die Konzepte fehlen, um ebensolche Zustände zu beschreiben. Was wir jedoch bilden können, ist das, was Silvano Arieti als »Endozepte« bezeichnete – embryonale Konzepte, wenn man so will.[9] Mit einiger Phantasie können diese Endozepte zu neuen Formen der emotionalen Erfahrungen führen. Wir werden alsbald ausführlicher auf diese Endozepte eingehen. Vorab ist es jedoch noch erforderlich, intensiver zu untersuchen, was sich hinter emotionalen Begriffen verbirgt.

Die Bedeutung emotionaler Begriffe

Die Bedeutung der »Bedeutung« ist ein unter Philosophen und Psychologen vieldiskutiertes Thema. Ein sehr hilfreicher, wenn auch übertrieben vereinfachter Ansatz geht auf den Philosophen Wittgenstein zurück. Wir sollen uns, so Wittgenstein, eine Baustelle mit einem Vorarbeiter und einem Gehilfen vorstellen. Wann immer der Vorarbeiter »Platte« sagt, greift der Gehilfe nach einem flachen Stein und fügt diesen ins Mauerwerk ein. Die Reaktion des Gehilfen geht von einer Übereinstimmung mit dem Vorarbeiter aus, derzufolge das Wort »Platte« einen bestimmten Verwendungszweck (eine bestimmte Bedeutung) in Zusammenhang mit der Arbeit hat, die sie verrichten. Anders ausgedrückt, die Bedeutung des Begriffes »Platte« ist Teil eines *Sprachspiels*, das wiederum Teil weitergehender Bemühungen, in diesem Falle des Bauvorhabens, ist.[10]

Der Begriff des Sprachspiels verdeutlicht die Tatsache, daß Worte ihren Sinn und ihre Bedeutung als Teil einer weitergehenden Aktivität erhalten, mit der eine Person befaßt ist. Sprachspiele sind natürlich keine Spiele im üblichen Sinne; sie haben mit anderen Spielen aber gemeinsam, daß sie von bestimmten Regeln oder Voraussetzungen vor dem Hintergrund der jeweiligen Aktivität ausgehen.

In Wittgensteins Beispiel vom Vorarbeiter und dessen Gehilfen erhält der Befehl »Platte!« seine Bedeutung im Kontext des Bauvorhabens, an dem sie arbeiten. Sofern der Gehilfe seinen Job an dem Projekt aufkündigte, würde ein anderer an seiner Stelle eingestellt, und ebenso wäre es bei dem Vorarbeiter. Diese beiden Individuen besetzen soziale Rollen, die sich unter anderem in dem Befehl »Platte!« manifestieren. Und diese sozialen Rollen von Vorarbeiter und Gehilfe sind wiederum nur Aspekte einer weitergehenden sozialen Struktur, welche die Arbeitsteilung, die Arten der beim Bau verwendeten Materialien und so weiter bestimmen hilft.

Die vorgenannten Überlegungen auf die Bedeutung emotionaler Begriffe übertragend, nehmen wir den Ausdruck »Ich liebe dich« als Beispiel. Wie der Begriff »Platte« in der Szene mit dem Vorarbeiter und seinem Gehilfen ist auch die Bedeutung des Begriffes »Liebe« nur Teil einer sozialen Interaktion. Die liebende Person und die geliebte Person sind, wenn man so will, in sich gegenüberliegende soziale Rollen geschlüpft. Was sie ausführen, ist ein kulturell festgelegtes Szenario, und dieses Szenario – nicht irgendwelche spezifischen Reaktionen oder Erfahrungen auf seiten des Individuums – ist es, was dem Begriff der Liebe seine Bedeutung verleiht.

An diesem Punkt könnte der Einwand erhoben werden, daß wir nur über Worte, nicht aber über Emotionen per se sprechen. Schließlich verändert sich eine Steinplatte nicht in irgendeiner relevanten Hinsicht, nur weil sie benannt und damit Teil eines Sprachspiels wird. Diese Platte bleibt die Platte, ganz gleich, wie sie bezeichnet wird. Aber vielleicht trifft ja das gleiche für die Emotionen zu.

Bereits an früherer Stelle dieses Kapitels sind wir kurz auf diesen Einwand eingegangen; da er in unserem Denken jedoch so fest verankert ist, möchten wir uns nochmals eingehender damit auseinandersetzen. »Ist nicht mein Wort wie Feuer und wie ein Hammer, der Felsen zerschmettert?«[11] In mancherlei Hinsicht könnte man tatsächlich glauben, Emotionen seien so etwas wie Felsbrokken oder irgendwelche anderen harten, unveränderlichen Objekte, die mit einem Wort verbunden, aber mitnichten in irgendeiner fundamentalen Form verändert werden. Dem ist allerdings nicht so. Wenn es um Emotionen geht, können Worte in der Tat wie der Hammer sein, der den Felsen zerschmettert. Nehmen wir folgende Beispiele:

Ruth litt (wie schätzungsweise ein bis zwei Millionen Ameri-
kaner, mehrheitlich heranwachsende Mädchen und Frauen)
an einer als Trichotillomanie bekannten Sucht. Sie riß sich
buchstäblich die Haare aus, so daß nur einige Stoppeln auf dem
Kopf verblieben. Wenn sie das Problem mit ihrer heranwach-
senden Tochter beschrieb, die weggelaufen war, verwendete
Ruth Ausdrücke wie: »Es zerriß mich«; »es riß mich auseinan-
der«; »ich hatte das Gefühl, ich könnte mir die Haare ausrei-
ßen«; und »ich werde noch mein letztes Haar verlieren, bis das
alles vorbei ist«. Aussagen, die ebensosehr selbsterfüllende
Prophezeiungen waren, wie sie ihre Situation beschrieben.

Wenn man erst einmal eine gewisse Sensibilität für diese subtile
Wechselwirkung zwischen Sprache und Verhalten entwickelt hat,
trifft man allenthalben auf Beispiele wie das von Ruth.

Kate war magersüchtig. Sie ernährte sich weitestgehend von
Salaten, und um sich fit zu halten, joggte sie und arbeitete mit
Gewichten. Wenn sie ein Pfund zugenommen hatte, war sie
völlig außer sich. Sie wog sich morgens und abends. Kate war
als Kind mißbraucht worden. Als die damit für sie verbunde-
nen Probleme zur Sprache gebracht wurden, verwendete sie
Begriffe, die gleichzeitig auch ihre Schwierigkeiten mit dem
Essen symbolisierten. So verwendete sie zum Beispiel inner-
halb von fünfzehn Minuten Ausdrücke wie »es frißt mich ein-
fach auf« elfmal.

Damit soll natürlich nicht gesagt sein, daß Ruth sich wegen der
Sprache, die sie verwendete, die Haare ausriß oder daß Worte die
Ursache von Kates Magersucht waren. Beide Leiden sind zu weit
verbreitet, als daß es mit einer derart simplen Erklärung getan
wäre, und in beiden Fällen kann, angesichts der jeweils vermuteten sowohl organischen wie psychischen Ursachen, bedingt medikamentös Abhilfe geschaffen werden. Dennoch kann die Art und
Weise, wie wir, oft ohne die Bedeutung unserer Worte wirklich zu
erkennen, zu und von uns selbst sprechen, unsere Verhaltensweisen tiefgreifend beeinflussen. Es besteht ein dialektischer Zusammenhang zwischen der Art und Weise, wie wir sprechen, und der
Art und Weise, wie wir uns verhalten. Es ist selten, daß wir nur
einfach handeln. Die Regel ist vielmehr, daß wir, wenn wir (aus

welchem Grund auch immer) gehandelt haben, dieser Reaktion eine Bedeutung beimessen. Wir benennen sie, wir beschreiben sie, wir drücken sie in Worten aus. Die Sprache, die wir verwenden – das Sprachspiel, dessen wir uns bedienen –, ist dann die Rückkoppelung, die unser ursprüngliches Verhalten unterstreicht oder auch korrigiert. Dieses Faktum erweist sich in der Therapie oft als sehr nützlich; wenn Klienten sich neue Sprachmuster zu eigen machen, neue Wege finden, von und zu sich selbst zu sprechen, so erleichtert das oftmals den Erwerb neuer Verhaltensmuster.

Das hier Gesagte gilt sowohl für emotionales Verhalten wie für andere Formen der Reaktion – vielleicht sogar mehr, da die Mehrzahl der emotionalen Begriffe einen, wenngleich verschleierten, Entschluß zu handeln implizieren. So kann ich zum Beispiel nicht ehrlichen Herzens sagen, »ich liebe dich«, wenn mir an deinem Wohlbefinden nicht gelegen ist; und ich kann nicht sagen, »das macht mich wütend«, wenn ich nicht willens bin, etwas zur Korrektur der Situation zu tun, sofern es geboten und möglich ist. Worte zerschmettern nicht nur den Fels, sie bauen auch das Haus.[12]

Worte und Kreativität

Dem Kunsthistoriker Germain Bazin zufolge ist das Benennen von Dingen der erste kreative Akt.[13] Wem das als übertrieben erscheint, der möge sich die Erfahrungen Helen Kellers vor Augen halten. Im Alter von zwei Jahren wurde Helen von einer Krankheit heimgesucht, die sie erblinden und taub werden ließ. Obwohl sie bereits angefangen hatte zu sprechen und eine Reihe von Gegenständen benennen konnte, verlernte sie das Sprechen schon bald in ihrer dunklen und stillen Welt. Fünf Jahre später, als Helen sieben war, engagierten ihre Eltern eine Lehrerin, Ann Mansfield Sullivan. Wann immer das kleine Mädchen nun einen Gegenstand berührte, »schrieb« Miss Sullivan ihr mit den Fingern die entsprechenden Worte in die Hand. Lange Zeit wußte Helen nichts damit anzufangen. Sie hatte nicht nur das Wenige an Sprache vergessen, das sie einst beherrschte, sie hatte auch nie buchstabieren gelernt. Sie ging dann eines Tages mit Miss Sullivan zum Brunnen. Die Lehrerin hielt Helens Hand unter das fließende

Wasser. In die Innenfläche der anderen Hand schrieb sie die Buchstaben »w-a-t-e-r«, zuerst langsam, dann schnell. In ihrer Autobiographie beschreibt Helen Keller ihre Reaktionen wie folgt:

>Ich stand still, mit gespannter Aufmerksamkeit die Bewegung ihrer Finger verfolgend. Mit einem Male durchzuckte mich eine nebelhafte, verschwommene Erinnerung, ein Blitz des zurückkehrenden Denkens, und das Geheimnis der Sprache lag plötzlich offen vor mir. Ich wußte jetzt, daß water jenes wundervolle, kühle Etwas bedeutete, das über meine Hand strömte. Dieses lebendige Wort erweckte meine Seele zum Leben, spendete ihr Licht, Hoffnung, Freude, befreite sie von ihren Fesseln! Zwar waren ihr immer noch Schranken gesetzt, aber Schranken, die mit der Zeit weggeräumt werden konnten.

Ich verließ den Brunnen voller Lernbegier. Jedes Ding hatte eine Bezeichnung, und jede Bezeichnung erregte einen neuen Gedanken. Als wir ins Haus zurückkehrten, schien mir jeder Gegenstand von verhaltenem Leben zu zittern. Das kam daher, daß ich alles mit den seltsamen, neuen Augen, die ich erhalten hatte, betrachtete.«[14]

Auch wenn das Benennen für viele Menschen der erste kreative Akt ist, so ist er keineswegs nicht der einzige oder letzte. Die Sprache ist nicht das einzige Vehikel für kreative Gedanken, wie dies am Beispiel der Kunst und Musik, als fast ausschließlich nonverbalen Domänen, offensichtlich ist. Das gleiche gilt aber auch für die Mathematik und Wissenschaft. Im Bemühen, seine eigene Kreativität zu erklären, behauptete Einstein zum Beispiel, daß Worte in den Mechanismen seiner Gedanken keine Rolle zu spielen schienen und allenfalls sekundär zum Tragen kämen:

»Die in unserem Denken und in unseren sprachlichen Äußerungen auftretenden Begriffe sind alle – logisch betrachtet – freie Schöpfungen des Denkens und können nicht aus den Sinnen-Erlebnissen induktiv gewonnen werden. Dies ist nur deshalb nicht so leicht zu bemerken, weil wir gewisse Begriffe und Begriffsverknüpfungen (Aussagen) gewohnheitsmäßig so fest mit gewissen Sinnenerlebnissen verbinden, daß wir uns der Kluft nicht bewußt werden, die logisch unüberbrückbar die

Welt der sinnlichen Erlebnisse von der Welt der Begriffe und Aussagen trennt.«[15]

Arieti bezeichnete solche amorphen Kognitionen als »Endozepte«, um sie von den hinlänglich etablierten Konzepten zu unterscheiden, die allgemein in unserer Sprache zum Ausdruck kommen. Wenn man sagt, »ich weiß, was ich fühle, aber ich kann es nicht in Worte kleiden«, versucht man, ein solches Endozept auszudrükken.[16]

Endozepte sind da die Regel, wo eine Kombination herkömmlicher Begriffe einer Situation nicht angemessen erscheint. Wie würden Sie zum Beispiel eine Erfahrung beschreiben, die eine Kombination vieler Elemente von Wut und Angst darstellt? Wir haben in unserer Sprache keinen Begriff für eine derartige Erfahrung, aber die Kaingang-Indianer in Brasilien sehr wohl: *to nu*.[17]

Endozepten kommt insbesondere während der frühen Phasen der Kreativität eine wichtige Rolle zu. Am Ende kommen wir allerdings nicht umhin, das kreative Produkt – ob es sich dabei um eine neue Emotion oder eine neue Idee handelt – in Worte zu kleiden (oder mit irgendeinem anderen symbolischen Medium, etwa einem Gemälde, auszudrücken), die andere verstehen können. Im Zuge dieses Prozesses kann das Endozept weiter verfeinert, ihm kann durch Anknüpfung an allgemeinere Verhaltenssysteme eine zusätzliche Bedeutung gegeben und sein Wert und seine Effizienz, was vielleicht am wichtigsten ist, können getestet werden.

Wenn wir ein Merkmal nennen sollten, das den Menschen von anderen Lebewesen unterscheidet, so wäre dies die Fähigkeit der Sprache. Lebewesen in den Vorstadien des *Homo sapiens* sind im Netz präreflexiver Erfahrungen, im stetig fließenden *Jetzt*, gefangen. Die Fähigkeit der Sprache ermöglicht die für den Menschen charakteristische Form der Erfahrung, die wir als reflexiv bezeichnen (siehe Kapitel 4). Selbst und Emotionen sind Produkte reflexiver Erfahrungen.

Die Sprache kann, indem sie Erfahrungen vorzeitig in etablierte Kategorien (Begriffe) oder Denkmuster zwängt, die Entwicklung neuer Emotionen hemmen. Um so wichtiger war es uns in diesem Kapitel, den befreienden Einfluß der Sprache hervorzuheben. Allein durch feinere Unterscheidungen zwischen den üblichen emotionalen Kategorien und durch unübliche, ungewöhnliche Kombinationen dieser Kategorien eröffnen sich der emotionalen Kreativität zahllose Möglichkeiten. Das Ergebnis kann, zumindest anfänglich, ein Endozept – ein vages, begrifflich noch nicht völlig faßbares Gefühl – im Sinne Arietis sein. Im Zuge weiterer Vervollkommnungen und Erprobungen kann aus jenem intuitiven Gefühl eine neue Emotion erwachsen – zumindest für das Individuum – und, sofern es sich ausreichend artikulieren kann und genügend Einfluß hat, vielleicht sogar für die Gesellschaft insgesamt.

Die Sprache, so möchten wir betonen, ist kein vom übrigen Verhalten einer Person getrenntes, isoliertes Phänomen. Ebensowenig ist die Sprache getrennt von der übrigen Gesellschaft zu sehen. Worte haben nur als Teil eines weitergefaßten »Sprachspiels« Bedeutung, ein Spiel, das im weitesten Sinne die Gesellschaft *ist*. Jede Gesellschaft entwickelt ihren eigenen Weg, das Potential des Menschen zu verwirklichen – eine Verwirklichung, die durch die Sprache ermöglicht und über die Sprache manifestiert wird.

Kapitel 13

Emotionale Kreativität und Psychopathologie

Menschliche Rettung liegt in den Händen
des schöpferischen Nonkonformisten.

Martin Luther King Jr.,
Kraft zum Lieben

Es ist eine unselige Allianz, die die Begriffe Emotion, Kreativität und Psychopathologie verbindet. Die Verbindung zwischen Emotionen und Psychopathologie kommt in vielen umgangssprachlichen Redewendungen zum Ausdruck. So ist jemand zum Beispiel »verrückt« vor Wut, »irre« vor Angst, »krank« vor Liebe, »krankhaft« eifersüchtig und so weiter und so fort. Redewendungen, die auf eine lange Tradition zurückblicken. Fast durchgehend in der westlichen Geschichte (bis etwa Mitte des 18. Jahrhunderts) wurde das, was wir heute Emotionen nennen, in der Regel als Passionen bezeichnet. Eine Passion war alles, was eine Person »erlitt«, wozu sowohl Emotionen als auch Krankheiten zählten. Der gleichen Wurzel (dem griechischen *pathe* und dem lateinischen *pati, passiones*) haben wir also solche krankheitsspezifischen Begriffe wie »Patient«, »pathogen« oder »Pathologie« wie auch jene emotionsspezifischen Begriffe wie »Passion«, »Pathos« oder »Sympathie« zu verdanken. Angesichts dieser engen begrifflichen Verbindung überrascht es nicht, daß Emotionen (z. B. von den alten Stoikern und in jüngerer Zeit von Kant[1]) als Geisteskrankheiten gesehen wurden.

Ebenso alt ist die Verbindung zwischen Kreativität und Psychopathologie. So meinte Platon mit Blick auf die Prophetin in Delphi und die Priesterinnen in Dodona, die er als wahnsinnig bezeichnete, »daß zur größten Glückseligkeit dieser Wahnsinn den Menschen von den Göttern gegeben worden ist«.[2] Und, auf Aristoteles verweisend, erklärte der römische Philosoph Seneca, »daß es kein Genie gab ohne eine Spur von Wahnsinn«.[3]

Der Idee, wonach ein Zusammenhang zwischen Kreativität und Geisteskrankheiten besteht, wurde im 19. Jahrhundert von dem italienischen Psychiater Cesare Lombroso ein wissenschaftlicher Anstrich verliehen.[4] Lombroso stellte ein regelrechtes *Who's Who* von Künstlern, Schriftstellern und Wissenschaftlern zusammen, die vermeintlich an »Anfällen von Wahnsinn« gelitten hatten. In seiner Liste fanden sich so renommierte Namen wie Aristoteles, Vergil, Michelangelo, Shakespeare, Kant, Florence Nightingale, Haydn, Julius Caesar, Voltaire, Newton, Walter Scott und Dante, um nur einige wenige zu nennen.

Zu den »Degenerationszeichen«, die Lombroso sowohl beim Genie wie auch bei Verrückten feststellte, gehörten Stottern, Linkshändigkeit, Unfruchtbarkeit, Enthaltsamkeit (fehlender Geschlechtstrieb), Unähnlichkeit mit den Eltern oder dem »Volkstypus«, frühzeitige Entwicklung, verzögerte Entwicklung, Scheu vor Neuerungen (unbegründete Ablehnung der Entdeckungen anderer), unstetes Leben, Dämmerzustände, doppelte Persönlichkeit (doppeltes Bewußtsein), Epilepsie, »Albernheiten und Schnitzer« sowie Vergeßlichkeit und Dummheit (wie Victor Hugo in *Les Misérables* von einer bestimmten Dame bemerkte: »Sie konnte kein Latein, aber sie verstand es sehr gut«). Es war offensichtlich ein großes Netz, das Lombroso auswarf und dem nur wenige entkommen konnten.

Lombroso schrieb mit Charme, und die vielen Anekdoten, die er anbietet, sind ebenso witzig wie faszinierend. Als Analyse einer möglichen Verbindung zwischen Kreativität und Geisteskrankheiten ist sein Werk allerdings praktisch wertlos. Sein Fazit ist es dennoch wert, beachtet zu werden:

> »Endlich scheint uns die Natur durch die Aehnlichkeit und das Beisammensein der Erscheinungen von Genie und Geisteskrankheit daran mahnen zu wollen, dass man das höchste Unglück, das Irresein, zu achten habe, andererseits aber auch daran, dass man sich nicht verblenden lasse durch diese Genien, die, anstatt zur Sonne sich zu erheben, als verlorene Sternschnuppen in der Erdrinde, inmitten von Irrwegen und Abgründen, sich verlieren könnten.«[5]

Unbeschadet von Lombrosos ungebührlichen Übertreibungen hinsichtlich der Verbindung zwischen Genie und Wahnsinn, gibt es aber dennoch jüngere Forschungen, die zumindest auf eine indirekte Verbindung zwischen Kreativität und einer Form von Geisteskrankheit, der manisch-depressiven Psychose, hindeuten. Die an dieser Affektstörung leidende Person erfährt extreme Stimmungsschwankungen, wobei sich schwere Depressionen mit Normalzuständen (unipolare Depression) oder mit manischen Zuständen (bipolare Depression) abwechseln.

Über einen Zeitraum von fünfzehn Jahren bewertete Nancy Andreasen 30 Fakultätsmitglieder (27 Männer und 3 Frauen) des »Writers' Workshop« an der University of Iowa, eines der US-weit renommierten Programme zur Förderung kreativen Schreibens.[6] Andreasen verglich ihre Autorenversuchsgruppe mit einer anderen Berufen angehörigen Personengruppe, darunter Anwälte und Verwaltungsleute, die allerdings in puncto Alter, Geschlecht, Status und IQ vergleichbar war. Sie stellte fest, daß 80 Prozent der Autoren irgendwann in ihrem Leben unter einer schweren Affektstörung (unipolare oder bipolare Depression) gelitten hatten; zwei Drittel von ihnen mußten eine psychiatrische Behandlung in Anspruch nehmen, und zwei begingen am Ende Selbstmord. Im Vergleich dazu hatten nur 30 Prozent aus der Kontrollgruppe schwerwiegende Depressionen erlitten. Darüber hinaus fand Andreasen bei den Verwandten ersten Grades (Eltern, Geschwister) der Autoren ein weit häufigeres Vorkommen von Affektstörungen wie auch ein weit ausgeprägteres Maß an Kreativität im Vergleich zu den Verwandten der Kontrollgruppe vor. Andere wissenschaftliche Untersuchungen zeigten, unabhängig vom Bereich der Literatur, in einer Reihe von Feldern eine Verbindung zwischen Depression und Kreativität auf.[7]

Das sollte jedoch nicht zu dem Schluß verleiten, daß Geisteskrankheiten im allgemeinen oder Depressionen im besonderen Kreativität erleichterten. *Dem ist nicht so.* Bei Personen, die anfällig für Depressionen sind, scheinen die kreativen Erfolge vorrangig auf Perioden eines normalen Affektes oder gar der Hypomanie (einen Zustand leichter Übererregbarkeit) beschränkt zu sein. Was diese Forschungsergebnisse andeuten, ist, daß die gleichen bei diesen psychischen Krankheiten zugrunde liegenden neurologischen und psychologischen Bedingungen in abgeschwächter Form oder unter anderen Bedingungen Kreativität erleichtern können.

Viele Spekulationen gibt es auch über eine mögliche Verbindung zwischen Kreativität und einem anderen Krankheitsbild, der Schizophrenie. In diesem Fall mangelt es jedoch an direkten Beweisen, wonach ein Zusammenhang zwischen Kreativität und Schizophrenie per se hergestellt werden könnte. Was allerdings Schizophreniekranke ebenso wie kreative Individuen erkennen lassen, sind gewisse Parallelen im Temperament und in Denkprozessen – Zurückhaltung etwa, Mißachtung von Konventionen und eine Neigung zu abwegigen Assoziationen. Parallelen, die aber nur oberflächlicher Natur sind. Die Denkprozesse des Schizophreniekranken sind in der Regel bizarr, nicht nur neuartig, und haben kaum einen Realitätsbezug.[8]

Mögliche Verbindungen zwischen Kreativität und einer schwerwiegenden Psychopathologie wie etwa der manisch-depressiven Psychose oder Schizophrenie sind hochinteressant, jedoch nicht der Hauptgegenstand, mit dem wir uns in diesem Kapitel beschäftigen möchten. Erwähnt haben wir sie in erster Linie, um damit einem bestimmten, oft mit der Psychopathologie verknüpften Stigma entgegenzuwirken: Psychische Krankheiten sind, ob man selbst oder ein Mitglied der Familie betroffen ist, kein Grund, sich zu schämen. Unter günstigen Umständen können sie sogar mit Kreativität in Verbindung gebracht werden. Um die zuvor zitierten Worte Lombrosos nochmals zu wiederholen, so »scheint uns die Natur... mahnen zu wollen, daß man das höchste Unglück, das Irresein, zu achten habe«.

Was für die Psychosen gilt, gilt in noch verstärkterem Maße für jene alltäglichen, unter der Überschrift der Neurosen zusammengefaßten Probleme.

Neurose: Ein Hemmnis der emotionalen Kreativität

»Neurose« ist, im wörtlichen Sinne eine neurologische Dysfunktion implizierend, ein etwas unglücklich gewählter Begriff. Denn Neurosen sind psychologische Fehlanpassungen, typischerweise durch Belastungen verursacht, die die Fähigkeiten der Bewältigung einer Person übersteigen. Sie können, müssen aber nicht einen neuropathologischen Hintergrund haben.

Unser gegenwärtiges Konzept der Neurosen geht im wesentlichen auf Freud mit seiner bahnbrechenden Erforschung der psychologischen Ursprünge bestimmter psychischer Krankheiten zurück. Freud sah auch eine enge Verbindung zwischen neurotischen Symptomen und kreativen Handlungen:

> »Von den neurotischen Symptomen wissen wir bereits, daß sie der Erfolg eines Konfliktes sind... es ist kein Zweifel, daß das Verweilen bei den Wunscherfüllungen der Phantasie eine Befriedigung mit sich bringt, obwohl das Wissen, es handle sich nicht um Realität, dabei nicht getrübt ist... Diese Phantasien besitzen psychische Realität im Gegensatz zur materiellen, und wir lernen allmählich verstehen, daß in der Welt der Neurosen die psychische Realität die maßgebende ist... Der Künstler... überträgt all sein Interesse, auch seine Libido, auf die Wunschbildungen seines Phantasielebens... Er besitzt... das rätselhafte Vermögen, ein bestimmtes Material zu formen, bis es zum getreuen Ebenbilde seiner Phantasievorstellung geworden ist, und dann weiß er an diese Darstellung seiner unbewußten Phantasie so viel Lustgewinn zu knüpfen, daß durch sie die Verdrängungen wenigstens zeitweilig überwogen und aufgehoben werden.«[9]

Für Freud war beides, neurotische Symptome wie künstlerische, kreative Leistungen, auf die gleiche Quelle, nämlich unerfüllte Wünsche oder unbefriedigte Triebe (primär sexuelle und aggressive) zurückzuführen. Auf einige Mängel dieses motivationsspezifischen Ansatzes gingen wir bereits in Kapitel 6 ein. Otto Rank, einer der frühen Schüler Freuds, kam unseres Erachtens der Wahrheit näher.[10] Während Freud die Ursprünge der Kreativität in der Sublimierung primitiver Triebe sah, war Rank der Auffassung, der kreative Impuls sei allen lebenden Organismen in ihrem Streben nach Wachstum, Selbsterhalt, Ganzheit und Eigenständigkeit, kurz, dem Willen zu leben, inhärent. Rank zufolge tritt dieser kreative Impuls beim Menschen in besonderer Form zutage. Durch ihre Fähigkeit zur Selbstreflexion ist es den Menschen möglich, den Verlauf ihres Lebens zu beeinflussen. Neurosen entstehen, wenn dieser kreative Impuls, aus psychologischen Gründen, gehemmt oder in unkonstruktive Kanäle geleitet wird.

Im einzelnen unterschied Rank zwischen drei Funktionsebenen

oder -formen: (1) dem Realitätsbewußtsein (im Normalfall gegeben), (2) dem Schuldbewußtsein (beim neurotischen Individuum) und (3) dem Willensbewußtsein (beim schöpferischen Typus). Die erste Form, das Realitätsbewußtsein, stammt aus der Willensanpassung an die äußere Welt, einschließlich der gesellschaftlichen Normen. Der Durchschnittsmensch fühlt sich im Einklang mit der Realität und handelt im allgemeinen in sozial akzeptabler Weise. Er zahlt jedoch auch einen Preis, insbesondere mit dem Verlust von Individualität. Die zweite oder neurotische Form repräsentiert das Scheitern des Übergangs von der ersten (normalen) zur dritten (schöpferischen) Phase. Neurotische Personen empfinden äußere Forderungen und gesellschaftliche Normen als Zwänge, denen es sich zu widersetzen gilt; was ihnen aber fehlt, sind Ideale, die mit ihrem eigenen Willen, wie sie leben möchten, übereinstimmen. Der Neurotiker akzeptiert das dionysische Gebot, »Sei du selbst«. Aber mangels hinreichend ausgebildetem und integriertem Kern-Selbst führt dieses Gebot zu Verhaltensweisen, die bestenfalls persönlich ineffizient und schlimmstenfalls asozial oder unvereinbar mit ethischen Grundsätzen sind. Was im Ergebnis dazu führt, daß der Neurotiker unter vagen Gefühlen der Unzulänglichkeit und/oder Schuldgefühlen leidet. Im Falle der dritten oder kreativen Form werden äußere Forderungen oder Normen den individuellen Idealen untergeordnet. Diese Ideale, die, wie in Kapitel 10 beschrieben, das Kern-Selbst konstituieren helfen, entstehen nicht aus dem Nichts heraus; sie reflektieren notwendigerweise gesellschaftliche Normen und Werte. Kreative Personen haben jedoch keine Angst, über das, was gesellschaftlich akzeptiert und zweckmäßig ist, hinauszugehen; sie folgen dem von ihrem eigenen »Lebenswillen« diktierten, aber im Rahmen ihrer individuellen Verantwortung liegenden Kurs.

Über die grundlegenden Erkenntnisse Ranks hinausgehend, könnten wir Neurose als ein Hemmnis der Kreativität bei einem ansonsten gesunden Individuum definieren. Was bedeutet, daß die Kriterien für Neurosen denen der Kreativität exakt entgegengesetzt sind. Konkret beschreibt »neurotisch« ein Verhalten, dem das Neue fehlt (das z. B. unflexibel ist) oder das ineffizient (fehlangepaßt) und/oder unauthentisch (dem Selbst entfremdet) ist. Auf jedes einzelne dieser Kriterien werden wir alsbald näher eingehen.

Kreativität kann auf ein enggefaßtes Spektrum von Aktivitäten begrenzt sein (ein kreativer Künstler muß nicht auch noch ein glänzender Mathematiker oder ein guter Geschäftsmann sein); gleichermaßen kann eine Neurose eine auf nur einen Lebensbereich begrenzte partielle Störung sein. Was der allgemeinen Auffassung zuwiderläuft, die die Neurose als umfassenden, fast alle Lebensbereiche betreffenden Zustand sieht.[11] Eine Analogie zu einer physischen Erkrankung mag unser Anliegen verdeutlichen helfen. Eine ansonsten gesunde Person kann eine Krankheit oder ein organisches Leiden (etwa ein Magengeschwür) haben. Ähnlich kann eine Person auf einem Gebiet höchst kreativ (und folglich gesund) und dennoch in einem anderen Bereich relativ neurotisch sein. Der Chemiker Sir Henry Cavendish (1731–1810) liefert in dieser Hinsicht ein extremes Beispiel. Er stand als Chemiker ziemlich alleine und konnte seinesgleichen suchen. Dennoch hatte er entsetzliche Ängste, Fremden, insbesondere Frauen, zu begegnen. Er ließ sein Haus so bauen, daß er keinem seiner weiblichen Bediensteten begegnen mußte; und wenn per Zufall ihm doch eine über den Weg lief, so wurde sie sofort entlassen. Aber auch Männer stellten für ihn eine Bedrohung dar. So wurde Cavendish einmal bei einer wissenschaftlichen Versammlung mit großem Tamtam einem Gastwissenschaftler vorgestellt. Irritiert und verwirrt, stand er während der ganzen Vorstellung mit gesenktem Kopf da. Dann, eine Lücke in der Menge erspähend, rannte er, so schnell er konnte, davon und hielt nicht an, bis er seinen Wagen erreicht hatte.[12] Die psychische Gesundheit ist ebensowenig wie die physische aus einem Guß.

Gesehen werden muß allerdings auch, daß selbst eine fokale Neurose mitunter in vielerlei Hinsicht weitreichende Folgen für das Leben einer Person haben kann. Folgen, die oftmals negativ sind und bedeuten können, daß eine Person im Bemühen, ihr neurotisches Verhalten zu kontrollieren, so viel Zeit und Kraft investiert, daß das Leben insgesamt verarmt. Die Folgen einer Neurose müssen jedoch nicht sämtlich negativ sein. Auch hier mag eine Analogie zu physischen Krankheiten das Problem verdeutlichen. Jemand, der in einem Bereich behindert ist, kann versuchen, diese Behinderung zu kompensieren und sich so in einem anderen Bereich mit glänzenden Leistungen hervortun. Theodore Roosevelt, in seiner Jugend eher schwächlich, ist hierfür ein ausgezeichnetes Beispiel. Im Bemühen, seine körperliche Gebrechlichkeit zu überwinden, wurde er ein begeisterter Sportler, Autor, militärischer Führer und schließlich Präsident der Vereinigten Staaten.

Ähnlich lich können Personen, die in einem Bereich an einer Neurose leiden, möglicherweise in einem anderen Bereich, und sei es quasi als Kompensation ihrer Behinderung, mit Glanzleistungen hervortreten.

Wir möchten nun detaillierter untersuchen, inwieweit eine Neurose als Hemmnis der emotionalen Kreativität betrachtet werden kann. Maßstab sind, wie gesagt, mangelnde Neuartigkeit (Inflexibilität), Ineffizienz und/oder mangelnde Authentizität. Wir beginnen mit einem Fallbeispiel:

Zack war ein höchst selbstkontrollierter, beruflich erfolgreicher Mann. Er war stolz darauf, daß er sich selbst nie erlaubte, wütend, ängstlich, eifersüchtig oder auch nur erfreut oder aufgeregt zu sein. Jeder erfährt natürlich gelegentlich solche Emotionen. Aber als Zack noch jünger war, hatte er sich darin geübt und es sich zu eigen gemacht, seine Emotionen nicht zu zeigen oder zu fühlen. Ab und an zeigte er einen Anflug von Grinsen. Ansonsten wahrte er einen freundlichen, neutralen Gesichtsausdruck, den er als »professionelles Aussehen« bezeichnete. Obgleich in seinem Berufsleben selbstkontrolliert und erfolgreich, litt Zack an multiplen sexuellen Devianzen. Er war ein Exhibitionist und Voyeurist; er machte obszöne Telefonanrufe; und er masturbierte in öffentlichen Parkanlagen. Er lehnte die Verantwortung für diese Dinge mit der Begründung ab, daß sie weder seinen wahren Wünschen noch Absichten entsprächen.

Zacks Beispiel ist ein Extremfall. Aber gerade am Extremen läßt sich ein Punkt oft leichter veranschaulichen als am Üblichen. Anhand von Zacks Beispiel möchten wir untersuchen, inwieweit sein Verhalten die Kriterien einer Neurose erfüllt bzw. die Kriterien der Kreativität nicht erfüllt.

Mangelnde Neuartigkeit (Inflexibilität)

Neurotisches Verhalten ist oft höchst ungewöhnlich (»deviant«) und könnte in diesem Sinne als neuartig betrachtet werden. So ist beispielsweise das Masturbieren in Parkanlagen höchst außergewöhnlich. Neu ist es aber allenfalls im Sinne einer statistischen

Rarität – die meisten Menschen finden andere Möglichkeiten, sich sexuell zu entspannen. Als Kriterium der Kreativität impliziert das Neuartige mehr als nur eine statistische Devianz. Es impliziert auch Flexibilität. Das heißt, eine kreative neue Reaktion stellt nicht nur am Maßstab einer Gruppe eine Rarität dar, sie muß darüber hinaus auch, abhängig von den Umständen, variabel und veränderlich sein. Selbst aus Zacks eigener Sicht bewertet, hatte sein Verhalten eine inflexible und arthritische Qualität, wodurch es vermeintlich einer persönlichen und sozialen Kontrolle entzogen wurde. Eine derartige Rigidität, die zu den Hauptcharakteristika neurotischen Verhaltens zählt, ist mit dem Schaffen von Neuem nicht vereinbar.

Jeder von uns kennt Zeiten in seinem Leben, wenn seine emotionalen Reaktionen mehr als zu wünschen übriglassen. Die emotional kreative Person findet Wege und Möglichkeiten, das zu ändern; derjenige, der an einer Neurose leidet, empfindet Veränderungen als extrem schwierig, wobei es keine Rolle spielt, wie gerne er anders reagieren möchte. Sofern das neurotische Verhalten jedoch hinreichend eingegrenzt und moderat (wie im Regelfall) ist, muß es kein Hemmnis für Neuerungen in anderen Bereichen darstellen und kann, wie gesagt, sogar ein Anstoß zur Kreativität sein. In extremen Fällen sind die an Neurosen leidenden Personen jedoch so damit beschäftigt, ihr unerwünschtes oder schädliches Verhalten zu verändern, sich ihm anzupassen oder sich davor zu schützen, daß ihnen weder die Zeit noch die Energie für Wachstum und eine Erweiterung ihres Lebens bleibt.

Die ausgeprägteste Form rigiden, inflexiblen Verhaltens ist die Zwangsneurose mit ihren zwanghaft-besessenen Reaktionsmustern. Es waren mindestens vier Stunden täglich, die Josh für seine Zwangshandlungen aufwendete – die Kissen auf seinem Bett zu glätten, die Telefonschnur gerade zu legen, beim Zähneputzen jedes Ansetzen der Bürste zu zählen und so weiter. Er hatte Angst, seine Zwangsmuster könnten entdeckt werden, war aber dennoch außerstande, sie zu verändern. Frank lebte in der ständigen Angst, seiner Frau könnte etwas zustoßen, und er sah sich gezwungen, sie viele Male am Tag anzurufen. Wenn sie irgendwo war, wo er sie nicht erreichen konnte, geriet er in Panik. Lucy war derart besorgt, was die Nachbarn von ihrem Haus denken könnten, daß sie jeden Tag Stunden mit Putzen verbrachte. Millie sprach ständig mit jemandem und jedem, und sie schien unfähig, es zu lassen.[13]

Glücklicherweise sehen sich die meisten von uns nicht gezwungen, jeden Tag Stunden mit irgendwelchen zwanghaften Verhaltensweisen zuzubringen. Aber in anderer, weniger offensichtlicher Form tun auch wir möglicherweise Dinge, die inflexibel und einschränkend sind. Wir müssen uns nur oft genug sagen, daß wir blöde sind, nichts zu sagen haben, häßlich, dumm, nicht liebenswert, plump, ungeschickt, unwürdig, wertlos und so weiter und so fort sind, bis wir am Ende vielleicht so daran gewöhnt sind, diese Dinge zu sagen und zu hören, daß wir sie nicht einmal mehr bewußt wahrnehmen. Flexibilität, die Fähigkeit, neue und neuartige Reaktionen zu initiieren oder unerwünschtem Verhalten Einhalt zu gebieten, ist eine der wichtigsten Voraussetzungen für die psychische Gesundheit wie für die Kreativität.

Ineffizienz

Daß neurotisches Verhalten ineffizient ist, liegt eigentlich so auf der Hand, daß es kaum weiterer Erläuterungen bedarf. Zacks sexuelle Devianzen (Exhibitionismus, Voyeurismus, obszöne Telefonanrufe, Masturbieren in öffentlichen Parkanlagen) brachten ihm kaum wirkliche Befriedigung, sie stellten, im Gegenteil, eine Bedrohung seiner Ehe und seiner beruflichen Karriere dar. Die Dinge liegen jedoch selten so einfach und offensichtlich wie im Falle Zacks. Bei der Bewertung der Effizienz einer Reaktion ist es wichtig, sich vor Augen zu halten, daß ein Verhalten nicht an und für sich, sondern nur am Maßstab irgendeiner Situation oder irgendeines Zieles effizient sein kann. Eine Reaktion, die in einer Situation ineffizient ist, kann sich in einer anderen als effizient erweisen; und ebenso kann eine Reaktion, die kurzfristig ineffizient ist, sich auf lange Sicht als effizient herausstellen. So kann eine Person durch ihre Reaktionen in arge Bedrängnis gebracht werden, wobei der Fehler aber möglicherweise nicht bei der Person, sondern in der Situation liegt. Konfrontiert mit derartigen Situationen ist eine der schwierigsten Entscheidungen die, was es zu ändern gilt – sich selbst oder die Situation.

Die Frage, die hier mit Blick auf die Effizienz zu stellen ist, lautet: Ist das Verhalten dem Selbst und zwischenmenschlichen Beziehungen förderlich? Eine Frage, die nicht leicht zu beantworten ist. Nur wenige von uns sind so klug oder objektiv, daß sie alle

Konsequenzen ihrer Handlungen absehen können. Ein Verhalten, das im Augenblick höchst effizient erscheinen mag, kann verheerende Konsequenzen für unser Leben und / oder das Leben anderer nach sich ziehen. Carol liebte es, bummeln zu gehen und schöne Dinge zu kaufen. Sie tat dies teilweise, um, wie sie fand, eklatante Mängel in ihrem Äußeren auszugleichen. Wo immer sie in Erscheinung trat, erhielt sie Komplimente für ihr Aussehen und ihren tadellosen Geschmack in Kleiderfragen. Es war alles höchst lohnenswert. Sie hatte sich am Ende aber selbst in den Bankrott und an den Rand des Selbstmords getrieben. Fred wollte immer im Mittelpunkt stehen, und er tat, was immer angebracht war, um die Aufmerksamkeit anderer auf sich zu lenken – er lachte, machte Witze, flirtete, gab Geld aus, schmollte, wurde krank. Es funktionierte bestens, anfänglich. Aber nach einer Zeit wurden er und seine Mätzchen seiner Umgebung zuviel, sie hatten sich abgenutzt, und er war wieder allein.

Der sofortige Genuß und / oder die Befreiung von Schmerzen sind nicht die einzigen Belohnungen, die zum Aufrechterhalten neurotischer Verhaltensweisen beitragen. Mack schlug seine Frau, wenn sie nicht tat, was er sagte, oder wenn sie »aus der Reihe tanzte«. Es war nicht angenehm (wie er behauptete), so bekam er aber, was er wollte. Mißhandlungen in der Ehe können sich in den verschiedensten Formen zeigen und sind weder dem einen noch dem anderen Geschlecht vorbehalten. Maria war extrem eifersüchtig auf ihren Mann. Wenn sie ihren Mann in Situationen, die sie nicht absolut einschätzen konnte, mit einer Frau sprechen sah, reagierte sie mit einem Gefühlsausbruch – sie schrie, schimpfte, schlug und warf mit Dingen um sich. Derartige Verhaltensweisen können, obgleich unangenehm, höchst effizient sein, um den anderen gefügig zu machen. Auf lange Sicht sind sie für eine Beziehung aber fast immer destruktiv.

Mangelnde Authentizität

Eine authentische Reaktion geht vom Selbst aus, sie ist ein Spiegel der wahren Ideale und Werte einer Person. Zack verstand sich nicht als Voyeur oder Exhibitionist. Im Gegenteil. Mit diesem, seinem Verhalten wollte er nichts zu tun haben, er lehnte es ab, so als ob jemand anders diese Dinge täte, nicht aber er selbst.

Eine Reaktion kann neu und effizient, sie muß aber dennoch nicht authentisch sein. Mangelnde Authentizität ist das Ergebnis einer Vorherrschaft des peripheren Selbst. Ein gutes Beispiel ist der Hochstapler. Er kann, wenn es um seine Ziele geht, sehr erfinderisch und effizient und überdies mit seinem Leben relativ zufrieden sein. Folglich ist es unwahrscheinlich, daß er eine Psychotherapie in Anspruch nimmt. Dennoch würden wir sein Verhalten als neurotisch klassifizieren. (Neurotisch zu sein bedingt nicht, daß es jemandem schlecht geht, ebensowenig wie sich eine Person, wenn sie krank ist, auch krank fühlen muß.)

Die sich aus mangelnder Authentizität ergebende »Befriedigung« ist in der Regel jedoch eine Maskerade; und wenn dann die Party vorbei ist, setzen die Schwierigkeiten ein. Die üblichen Folgen mangelnder Authentizität sind Entfremdung, Leere und ein tiefes Gefühl der Einsamkeit – eine Einsamkeit, die durch noch so viele Aktivitäten oder noch so viele Personen, bei denen man Gesellschaft sucht, nicht aufgehoben werden kann, da sie auf einem Getrenntsein vom eigenen Selbst beruht. Manche Menschen versuchen, eine solche Entfremdung mit einer Art Pseudoauthentizität – nach dem Motto »alles rauslassen« oder »alles sagen« – zu überwinden. Wahre Authentizität dient allerdings nie als Entschuldigung für einen unkontrollierten oder ungebührlichen Gefühlsausdruck.

Carl G. Jung stellte fest: »Die Neurose ist stets ein Ersatz für legitimes Leiden.«[14] Das entspricht nur zum Teil der Wahrheit. Oft und insbesondere im Falle mangelnder Authentizität ist die Neurose ein Ersatz für legitime Freuden.

Persönliche Regeln der Emotion

Sowohl emotionale Kreativität als auch emotionale Störungen entwickeln sich in dem Maße, wie neue Regeln der Emotion erworben, vervollkommnet und transformiert werden. In Kapitel 4 unterschieden wir zwischen drei jeweils ineinander übergehende Arten emotionaler Regeln: verfahrensmäßige, regulative und konstitutive. Um kurz zu rekapitulieren: Verfahrensmäßige Regeln bestimmen die Taktik einer Reaktion; regulative Regeln die Angemessenheit einer Reaktion; und konstitutive Regeln die Art einer Reaktion. Diese drei Regeltypen (oder präziser, Aspekte der jeweiligen Regel) können in Relation mit drei Arten von emotionalen Störungen gesehen werden. Eine Person, der es nicht gelungen ist, einen angemessenen Satz verfahrensmäßiger Regeln zu erwerben, ist emotional *unfähig* und inkompetent; werden regulative Regeln gebrochen, kann diese Person als *delinquent* eingestuft werden; und sofern ineffiziente oder fehlangepaßte konstitutive Regeln entwickelt werden, läßt sich die daraus resultierende Emotion bestenfalls als *neurotisch* bezeichnen. Uns geht es in diesem Kapitel in erster Linie um letzteres.[15]

In Kapitel 4 wurde ebenfalls aufgezeigt, wie Liebe, um als »wahr« zu gelten, bestimmten Regeln entsprechen muß; das gleiche versuchten wir, am Beispiel der Wut zu verdeutlichen. Alle Standardemotionen (d. h. all jene, die weitestgehend als normal innerhalb einer Gesellschaft gelten) werden, zum Teil zumindest, nach gesellschaftlichen Regeln konstituiert. Neurotische Symptome könnten nun, im Gegensatz dazu, als Zeichen von »Widerspenstigkeit« gesehen werden. Aber nur in einem metaphorischen Sinne.

In jeder Gesellschaft gibt es subkulturelle und sub-subkulturelle Abwandlungen der Regeln der Emotion. Ein Differenzierungsprozeß, der sich bis in noch kleinere Einheiten hinein fortsetzen kann. Im Extremfall kann gesagt werden, daß jedes Individuum einen einmaligen Satz persönlicher Regeln entwickelt, die den Regeln der übergeordneten Gesellschaft entsprechen können oder nicht. An einem etwas drastischen Beispiel sei die Anwendung (oder Fehlanwendung) persönlicher Regeln der Liebe veranschaulicht:

Carrie hatte vermeintlich ein »Sexproblem«. Das Problem war, ihrem Ehemann Rod zufolge, daß sie einen abnormal gering ausgeprägten Sexualtrieb und nicht sehr oft ein Verlangen nach Sexualität hatte. Was ihn selbst anging, so wollte Rod mindestens einmal täglich Sex haben; und obwohl Carrie damit einverstanden war, war er nicht zufrieden, wenn sie nicht jedesmal zum Orgasmus kam. Nach seinem Verständnis war ein Orgasmus der Maßstab ihrer Liebe zu ihm. Wenn Carrie nicht zum Höhepunkt kam, reagierte Rod entweder wütend und aggressiv oder mürrisch und zog sich zurück. Bisweilen hielt Rod Carrie fast die ganze Nacht über wach, weil sie nicht zum Orgasmus kommen konnte (und in Wirklichkeit auch keinen haben wollte).

Zusätzlich zu ihren vermeintlichen sexuellen Unzulänglich-
keiten hatte Carrie ein »Problem« mit der Intimität. Rod wollte
ständig, selbst im Badezimmer, bei ihr sein. Wenn sie Zeit für
sich selbst, einfach um zu lesen oder Musik zu hören, haben
wollte, regte Rod sich auf. Er wollte alles mit ihr teilen, die
Dinge, die sie tat, das Essen, das sie aß, selbst ihre innersten
Gedanken und Gefühle. Sie konnte nicht aus dem Haus gehen,
ohne daß er bis in alle Einzelheiten wissen wollte, wohin sie
ging, mit wem sie sich traf, was gesprochen wurde usw.

Auf die Frage, was ihres Erachtens geschähe, wenn sie sich
einmal weigerte, auf bestimmte Forderungen Rods einzuge-
hen, meinte Carrie, das wisse sie nicht. Obwohl ihr sein perma-
nentes Eindringen in ihre Intimsphäre und ihren persönlichen
Raum zuwider war, hatte sie nie versucht, »nein« zu sagen. Sie
hielt sich daran fest, Rod werde eines Tages merken, daß sie ihn
wirklich liebte, und damit würde dann alles in Ordnung sein.
Die Dinge wurden aber nicht besser; statt dessen drohte Rod
ihr mit Scheidung und damit, eine »wirkliche« Frau finden zu
wollen, die ihn wirklich lieben und schätzen würde.

Welchen Regeln der Liebe folgten Rod und Carrie? Rods Regeln
konzentrierten sich auf Sexualität und Beisammensein. Für ihn
war Liebe gleichbedeutend mit dem Wunsch, nie getrennt voneinander zu sein, alles zu teilen und täglich Sex zu haben. Nein, es
war mehr als täglicher Sex; wenn Carrie nicht täglich zum Orgasmus kam, dann liebte sie ihn nicht. Seltsamerweise hatte Carrie
ebenso einige dieser Regeln verinnerlicht. Sie war gleichfalls
überzeugt, ein Sexproblem zu haben und daß es *das* war, was sie so
unzulänglich machte. Weder sie noch Rod erkannten die Regeln,
die ihre Beziehung beherrschten.

Nicht alle neurotischen Verhaltensweisen oder Symptome sind
allerdings so evident wie im Fallbeispiel von Rod und Carrie.

June kam wegen einer linksseitigen Taubheit und Lähmung
ihres linken Beines zur Therapie. Ihre Symptome waren an-
fänglich auf einen Schlaganfall zurückgeführt worden. Ärzte
und Spezialisten konnten jedoch keine physischen Ursachen
feststellen und empfahlen ihr eine Psychotherapie. Sechs Mo-
nate vor Junes »Schlaganfall« war ihre dreijährige Tochter an
einem bösartigen Gehirntumor gestorben. Dieser Tumor hatte

bei dem Mädchen gravierende linksseitige Schäden hervorge-
rufen, ebenjene Seite, auf der nun Junes Lähmung auftrat. Als
ihre Tochter starb, und selbst nach der Beerdigung hatte June
das Gefühl, relativ gut zurechtzukommen. Ihre Behinderun-
gen begannen sich erstmals nach dem Tag zu zeigen, der der
nächste Geburtstag ihrer Tochter gewesen wäre.

Natürlich kann nicht mit absoluter Sicherheit behauptet werden,
Junes Lähmung sei nicht auf einen Schlaganfall oder andere neurologische Ursachen zurückzuführen. Minimale neurologische
Schäden sind oft schwer feststellbar; oftmals werden sie erst nach
Jahren aufgrund weiterer Verschlechterungen und Verfalls-
erscheinungen offensichtlich. Die Art und das zeitliche Einsetzen
von Junes Verhaltenssymptomen geben jedoch Grund zu der Annahme, daß ihre Symptome, teilweise zumindest, eine Konversionsreaktion, also die Konversion normaler Trauer in eine soma-
tische Beschwerde, darstellten. Unterstützt wurde diese These
durch die Tatsache, daß ihre Symptome ihr gewisse Vorteile verschafften. Sie hatte vor vielen Dingen Angst, zum Beispiel vor
dem Alleinsein, vor Menschenmengen, vor dem Autofahren,
allein in ihrem Bett zu schlafen, sie litt an Panik- und Angstattak-
ken und unter extremen Schuldgefühlen in Zusammenhang mit
dem Tod ihrer Tochter (sie hatte die Schwangerschaft ursprünglich nicht gewollt). Durch ihren Zustand wurden andere an sie
gebunden, was verhinderte, daß sie allein war); er erleichterte gesellschaftliche und andere Verpflichtungen; und durch die
Schmerzen, die sie erlitt, wurden ihre Schuldgefühle gelindert.
Die Therapie erwies sich als ein langwieriger, mühsamer und
oft frustrierender Prozeß. Gleich zu Beginn hatte sie gesagt: »Ich
will Hilfe haben, aber ich werde bei jedem Schritt auf dem Weg
gegen Sie kämpfen.« Sie hielt ihr Wort. Persönliche Regeln der
Emotion werden nicht ohne Grund entwickelt, noch werden sie so
ohne weiteres aufgegeben. Von wissenschaftlichen Theorien wird
oft gesagt, sie würden, ungeachtet aller gegenteiligen Beweise, so
lange nicht fallengelassen, bis eine bessere Theorie verfügbar sei.
Das kann auch von den persönlichen Regeln der Emotion gesagt
werden. Nicht zuletzt sind Regeln, die eine bestimmte Emotion
konstituieren helfen, so etwas wie eine Minitheorie für die Bewältigung bedeutsamer Lebensereignisse. Die Aufgaben, die daraus
für die Therapie erwachsen, sind evident – es gilt, die in Frage

stehenden Regeln der Emotion zu entdecken und der betreffenden Person anpassungsfähigere Alternativen anzubieten. Einige spezifische Hinweise in dieser Richtung werden Sie in Kapitel 25 finden.

Trotz zahlreicher Rückschläge verbesserte sich Junes Zustand langsam, aber stetig im Laufe der Therapie. Sie geht jetzt ohne Stock, fährt überallhin, wo sie hin möchte, hat eine Dauerbeschäftigung und hat neue zwischenmenschliche Beziehungen geschaffen. Wir können nicht sagen, daß June wieder vollständig genesen ist, da sie beim Gehen nach wie vor humpelt und auch noch einige Sehprobleme hat. Möglich, daß also doch irgendwelche neurologischen Schäden neben den psychischen Faktoren mit im Spiel waren. Aber wie dem auch sein mag, June hatte eine Reihe idiosynkratischer Regeln für ihre Trauer und Reue entwickelt. Da diese Regeln persönlicher Natur waren (und nicht von anderen geteilt wurden), entzogen sie sich der üblichen sozialen Rückkoppelung und Korrektur. Sie wurden in Wirklichkeit als solche nicht einmal erkannt, bis sie ihre Therapie begann.

Die Frage der Verdrängung neu betrachtet

Neurotisches Verhalten wie im Falle von Junes Konversionsreaktion wird oft auf ein »Überströmen« verdrängter Emotionen zurückgeführt. Das Konzept der Verdrängung als psychologischer Abwehrmechanismus geht auf Freud und die Psychoanalyse zurück. Die ursprüngliche These ging davon aus, daß bestimmte Triebe, vorrangig sexueller und aggressiver Natur, für das Individuum zu bedrohlich sind, um sie direkt auszudrücken oder auch nur zuzulassen, daß es sie erfährt. So wird der Trieb verdrängt. Ein verdrängter Trieb verschwindet jedoch nicht einfach. Er sucht sich ein Ventil, aber nunmehr ein maskiertes.

Obgleich weitestgehend mit der Psychoanalyse assoziiert, ist der Begriff der Verdrängung inzwischen so weit verbreitet, daß er nicht mehr an irgendeine bestimmte Theorie geknüpft ist. Ganz allgemein ausgedrückt, suchen Menschen oft Hintertürchen, um unerwünschte oder schmerzvolle Erfahrungen aus ihrem Bewußtsein auszuschließen (»zu verdrängen«). Hierbei kommt es, der Theorie zufolge, zu Konflikten. Ein Beispiel der Verdrängung, das im übrigen mit unserer Theorie übereinstimmt, wonach die Neurose als ein Hemmnis der emotionalen Kreativität zu sehen ist, soll zeigen, daß Verdrängung kein Phänomen der Kategorie »Entweder-Oder« ist.

Sylvia hatte oft an Depressionen gelitten und verschiedene Male einen Selbstmordversuch unternommen. Als sie ihre Lebensgeschichte chronologisch aufschrieb, fiel ihr plötzlich ein, daß sie zweimal vergewaltigt worden war; einmal als Teenager und ein zweites Mal als Erwachsene. Wie sie sagte, hatte sie das damals alles »über die Schulter geworfen« (hinter sich gelassen) und sich an keinen der Vorfälle mehr erinnert, bis sie in der Therapie ihren Lebenslauf schrieb.

Wie konnte Sylvia vergessen, daß sie zweimal vergewaltigt worden war? Einfach, indem sie in abgewandelter Form die bekannte Kindheitsregel befolgte: »Schau nicht hin, und es wird von selbst verschwinden.« Als Heranwachsende hatte sie reichlich Gelegenheit, sich diese Regel zu eigen zu machen. Ihre Mutter starb, als sie noch jung war, und sie war sowohl von ihrem Vater als auch von ihrem Schwager sexuell mißbraucht worden. Sie lernte früh, »nicht hinzuschauen«.

Sylvias Fall ist allerdings kein treffendes Beispiel der Verdrängung, da sie sich, wenn auch mit einiger Mühe, an die problematischen Ereignisse in ihrer Vergangenheit erinnern konnte. Eine inflexiblere Anwendung dieser Regel (»Schau nicht hin...«) kann jedoch bewirken, daß eine Erinnerung unmöglich wird.

Sylvia hatte, wie gesagt, unter schweren Depressionen gelitten und sich mit Selbstmordgedanken getragen. Depressionen werden oft auf verdrängte, nunmehr gegen das Selbst gerichtete Wut zurückgeführt. Sylvia hatte mit Sicherheit Grund, wütend zu sein, wir glauben aber nicht, daß das die Ursache ihrer Depression war. Ehe wir jedoch darauf eingehen, möchten wir das grundsätzliche Problem noch über dieses einzelne Fallbeispiel hinaus beleuchten.

Zu der mißlichen Lage depressiver Frauen im allgemeinen stellte die Psychotherapeutin Sonya Friedman fest: »Je mehr ich mit einer Frau spreche, desto mehr Zorn decke ich auf. All die Depressionen, das frühe Zubettgehen, der Energiemangel, die Tatsache, daß sie nachmittags um drei noch immer im Morgenmantel herumsitzt – das alles sind verschiedene Äußerungsformen von Zorn.«[16]

242

Bisweilen kann frühes Zubettgehen, Energiemangel oder die Tatsache, daß man nachmittags um drei noch immer im Morgenmantel herumsitzt, tatsächlich eine Form passiver Aggression (z. B. wenn es anderen Unannehmlichkeiten verursacht) sein. Und wenn sich die Frau der Bedeutung ihrer Reaktion nicht bewußt ist, können wir sogar von verdrängter Wut sprechen. In diesem Zusammenhang ist der Begriff »Wut« aber eher metaphorisch zu verstehen, da das Verhalten der Frau erkennbarerweise nicht den Standardregeln der Wut entspricht. Eine etwas bescheidener klingende Erklärung wäre die, daß die Frau für diese Situation zumindest eine Reihe persönlicher Regeln lernte, die zur Konstituierung einer Emotion beitragen, welche sowohl gewisse Ähnlichkeiten mit Wut (als Widerstand gegen empfundenes Unrecht) als auch mit Depressionen (bis drei Uhr nachmittags im Morgenmantel herumsitzen) aufweist.

Sie erinnern sich an die in Kapitel 3 beschriebenen Beispiele aggressiver Symptome aus anderen Kulturen (der Zustand des »wildgewordenen Schweines« bei den Gururumba, *liget* bei den Ilongot und *song* bei den Ifaluk). Symptome, die gewisse Ähnlichkeiten mit der Wut in unserer Kultur haben, aber nach anderen Regeln konstituiert sind und folglich andere Emotionen darstellen. Ähnlich können Personen *innerhalb* unserer Kultur persönliche Regeln entwickeln, aus denen eine Emotion erwächst, die gewisse Ähnlichkeiten mit Wut aufweist; und weil wir keinen besseren Begriff haben, um das Verhalten zu beschreiben, sind wir versucht zu sagen, es sei in Wirklichkeit Wut, nur in verdrängter Form.

Auf Sylvia zurückkommend, ist festzustellen, daß der Mißbrauch in früher Kindheit und die spätere Vergewaltigung ihr reichlich Gründe für Wut geben, aber verdrängte, gegen das Selbst gerichtete Wut war nicht die Hauptursache ihrer Depression. Sylvia hatte auch einschneidende Verluste in ihrem Leben hinnehmen müssen, angefangen mit dem frühen Tod ihrer Mutter. Eine ihrer Töchter war schwer – und möglicherweise sterbenskrank; und im Zuge der Scheidung, die gerade hinter ihr lag, hatte sie ihr Heim und vieles an Besitz verloren. Was Sylvia erfuhr, war eine Mischung unterschiedlicher Emotionen, darunter Aspekte der Trauer, der Scham, der Wut und der Angst.

Ein weiteres Beispiel mag verdeutlichen helfen, wie eine kulturspezifische Standardemotion (in diesem Falle Wut) mittels persönlicher Regeln in neurotische Symptome transformiert werden kann.

Nellie aß sich im wahrsten Sinne des Wortes in die Fettleibigkeit hinein, teils, um damit ihren Mann zu bestrafen. Sie hatte jung geheiratet und vier Kinder, die inzwischen erwachsen und außer Haus waren. Einige Jahre vor Beginn ihrer Therapie hatten sie und ihr Mann sich einer Gruppe, die sich dem Partnerwechsel verschrieben hatte, angeschlossen und angefangen zu »swingen«. Sie wollte es nicht, ging aber auf Drängen ihres Mannes geraume Zeit mit in die Gruppe. Am Ende kam sie zu dem Schluß, wenn sie fett wäre, würde kein Mann mehr von seiner Frau zu ihr wechseln. Sie begann, alles zu essen, was sie nur in die Finger bekam. Außerdem wußte sie, daß ihr Mann keine dicken Frauen mochte. So konnte sie zwei Fliegen mit einer Klappe schlagen – mit dem Swingen aufhören und ihren Mann bestrafen.

Nellies »Wut« war nicht unbewußt (verdrängt). Sie erkannte meistenteils, was sie tat. Sich selbst in die Fettleibigkeit hineinzuessen, ist allerdings kaum der übliche Weg, Wut zu erfahren oder auszudrücken. Hinzu kam, daß Nellie relativ ehrlich behauptete, sie wolle ihren Mann nicht verletzen. Sie fühlte sich ihrer Familie sehr verbunden und umgekehrt. (Ihre Kinder, obwohl inzwischen erwachsen, riefen sie fast täglich an.) Aber sie wollte mehr Unabhängigkeit und hatte das Gefühl, ihre Familie verlasse und stütze sich zu sehr auf sie. Ihre Fettleibigkeit bewirkte jedoch, daß sie sich selbst verabscheute, was in der Konsequenz die von ihr ersehnte Unabhängigkeit hemmte.

Bei Nellies Verhalten handelte es sich, mit anderen Worten, um eine Mischung von widerstreitenden Wünschen und Neigungen, von denen nur einige der Wut im herkömmlichen Sinne entsprechen. Zu sagen, daß Nellie aus Wut heraus aß, macht ebensowenig Sinn wie zu sagen, die Ilongot schnitten Köpfe ab, um damit Wut (statt eine spezifische Emotion, *liget*) auszudrücken. Gegeben bei Nellie war ein eigenständiger, für sie einmaliger emotionaler Symptomenkomplex, unbeschadet dessen, daß er im Sinne der Inflexibilität, Ineffizienz und mangelnder Authentizität neurotisch war.

Jemandem, der nicht über Nellies Einsichten verfügte, könnten die Gründe, warum sie soviel aß, leicht verborgen geblieben sein. Selbst Standardemotionen sind komplex und leicht fehlinterpretierbar. (So ist zum Beispiel der Verliebte gelegentlich der letzte, der sein Verliebtsein erkennt.) Zu Fehlinterpretationen verleiten insbesondere Emotionen, die ein Produkt persönlicher statt gemeinhin geläufiger sozialer Regeln sind. Nichts wird jedoch im Sinne der Klarheit gewonnen, im Gegenteil, vieles kann verlorengehen, wenn wir eine solche Reaktion mit irgendeinem Namen (etwa »Wut« oder »Depression«) etikettieren und ihren Mangel an Kenntlichkeit dann als Verdrängung verbuchen. Die Verdrängung ist, wenn man sie denn als solche bezeichnen möchte, lediglich eine weitere Regel, nach der die Emotion konstituiert ist.

Ein letzter Punkt, ehe wir das Thema wechseln: Idiosynkratische Regeln der Emotion können sich aus einer Vielzahl von Gründen entwickeln. So erwirbt ein Kind zum Beispiel aufgrund einer unzulänglichen oder unangemessenen Sozialisation vielleicht nie die Standardregeln für eine bestimmte Emotion. Oder diese Regeln werden, unmittelbar nach ihrem Erwerb, zum persönlichen Vorteil sozusagen »zurechtgebogen«. Eine Person, die gewohnheitsmäßig andere mit ihrer Wut einschüchtert, ist ein solches Beispiel. In manchen Fällen mögen physiologische Dysfunktionen (deren Ergebnis Depression oder Hyperaktivität ist) zur Entwicklung unangemessener persönlicher Regeln beitragen. Uns ging es hier jedoch weniger um die Gründe, warum persönliche Regeln entwickelt werden, als vielmehr darum, inwieweit diese Regeln, einmal entwickelt, zur Konstituierung neurotischer Symptomenkomplexe beitragen können.

Das Rätsel der Angst

Die meisten Neurosen werden mit hohen Angstzuständen in Verbindung gebracht. Weitverbreitet ist in der Tat die These, wonach neurotische Symptome mehrheitlich Abwehrmechanismen gegen Ängste darstellen. Aber was ist Angst? Eine Frage, über die möglicherweise mehr als über irgendeine andere im Bereich der Psychopathologie geschrieben wurde. Es gibt sogar eine internationale Zeitschrift (*Anxiety Research*), die sich ausschließlich diesem Thema widmet. So können auch wir, selbstredend, nicht hoffen, in diesem kurzen Kapitel das Rätsel der Angst zu lösen. Aber ebensowenig können wir das Thema völlig aussparen. Die Angst ist nicht nur eine reguläre Begleiterscheinung neurotischer Symptome, sie kommt auch oft in den Frühphasen der Kreativität zum Tragen, wenn es gilt, gewohnte Denk- und Reaktionsmuster fallenzulassen. Wir gehen sogar so weit, daß wir behaupten, daß *das Potential für Kreativität ebenso wie für Neurosen proportional dem Potential für Ängste entspricht.*

Wir alle kennen das Gefühl gemäßigter Angst. Die Erfahrung einer durchschlagenden Angstattacke blieb den meisten von uns glücklicherweise erspart. Nancy zählt nicht zu diesen Glücklichen:

> *Manchmal, mitten in der Nacht, während sie sicher in ihrem Bett, oder während des Tages, wenn sie sicher zu Hause war, überfiel Nancy eine unerklärliche Furcht, oder schlimme Ahnungen brachen über sie herein. Ein andermal konzentrierte sich ihre Angst auf kleine und belanglose Ereignisse. Wenn jemand unerwartet auf sie zukam oder sie jemandem begegnete, auf den sie nicht vorbereitet war, stand sie in der Regel einige Augenblicke wie angewurzelt und sprachlos da, »starb innerlich«, wurde puterrot und fing an zu weinen. Sie verließ ihre Wohnung nicht allein, aus Angst, draußen könnte ein Vogel oder ein kleines Tier auf sie fallen oder sich ihr nähern. Sie fuhr nie irgendwohin, wo sie sich nicht auskannte, noch ging sie auswärts essen (aus Angst, jemand könnte sie anschauen). Nancy wähnte sich »hilflos« und glaubte, keine Kontrolle über ihr Leben zu haben. Sie hatte ein sehr geringes Selbstwertgefühl und betrachtete ihr Leben als sinnlos.*

Nancy zeigte viele der für die Angstneurose typischen Merkmale. Zu den Hauptsymptomen gehören eine namenlose Furcht, gekoppelt mit dem Gefühl der Sinnlosigkeit und Hilflosigkeit, Erstikkungsgefühle, Herzjagen (schneller Herzschlag), Benommensein, Übelkeit, Konzentrationsschwierigkeiten und Reizbarkeit.[17] Eine Erfahrung, die so schmerzhaft ist, daß viele Personen ihre Angst auf irgendein triviales oder harmloses Objekt (einen Vogel oder Autofahren) konzentrieren, um ihrer Erfahrung so zumindest eine gewisse Struktur und einen Sinn zu geben.

Um Angst zu verstehen, müssen wir einen Augenblick auf unsere Ausführungen über das Kern-Selbst zurückkommen. Wie in

Kapitel 10 beschrieben, steht das Kern-Selbst für die Ideen und Vorstellungen, wer wir sind und was unser Platz in dieser Welt ist. Es wird im Laufe des ganzen Lebens aufgebaut, hat seine Grundlage aber im wesentlichen in den frühen Erfahrungen mit wichtigen Personen, insbesondere Eltern oder anderen Vertrauens- bzw. Bezugspersonen. In seiner kognitiven, über die Erfahrung erworbenen Struktur ist das Kern-Selbst nie absolut sicher. Und Angst ist eine Begleiterscheinung jeder fundamentalen Veränderung des Selbst, ob diese Veränderung nun erwünscht oder wünschenswert ist oder nicht. Im extremsten Fall, bei einer katastrophenartigen Reaktion, reflektiert die Angst den tatsächlichen oder drohenden Kollaps des Kern-Selbst.

Aus diesen Überlegungen leitet sich die Schlußfolgerung ab, daß es bei Ängsten um die Unfähigkeit geht, Ereignissen einen Sinn und eine Bedeutung beizumessen. Diese Unfähigkeit mag absolut oder auch nur (wie es in der Regel ist) partiell und temporärer Natur oder auch ein seit langem bestehendes Persönlichkeitsmerkmal sein. Ihre Ursprünge können auf viele verschiedene Faktoren zurückzuführen sein – etwa auf frühe Kindheitstraumata, neurologische Verletzungen, extreme Belastungen, psychische oder zwischenmenschliche Konflikte oder auch kreative Anstrengungen.

Der Punkt, den wir hervorheben möchten, ist, daß Angst die Antithese einer von Regeln geleiteten Reaktion ist. Das unterscheidet sie grundsätzlich von anderen Emotionen und selbst von den meisten anderen neurotischen Symptomen. Emotionen werden nach Regeln konstituiert; ohne Regeln wäre unser emotionales Leben unvorhersehbar und chaotisch. Angst ist ein Zustand des emotionalen Chaos.[18]

Als Menschen sind wir naturgemäß innovativ. Besonders innovativ sind wir, wenn es um die Abwehr von Ängsten geht. Sofern diese Abwehr allerdings zu inflexiblem, ineffizientem und unauthentischem Verhalten führt, ist das Ergebnis eine Neurose.

Ganz gewöhnliche Helden

Wir möchten nicht den Eindruck entstehen lassen, jeder, der eine Psychotherapie in Anspruch nimmt, leide an einer neurotischen Störung. Das ist mit Sicherheit nicht der Fall. Die meisten der

Klienten kommen in einer Situation, die einfach jeweils momentan ihre Fähigkeiten der Bewältigung übersteigt. Sie brauchen Hilfe, um mit dieser situativen Krise fertig zu werden. Nehmen wir Alice:

Alice ist Anfang Sechzig und leidet an Diabetes. Aufgrund ihrer Krankheit hat sie zahlreiche physische Probleme: Fettleibigkeit, ein schwaches Herz und ein sich zunehmend verschlechterndes Augenlicht. Den Großteil ihres Lebens war sie Hausfrau, und sie verfügt über keine beruflichen Qualifikationen, die mit den ihr gesundheitlich auferlegten Schranken vereinbar wären. Sie kam zur Therapie, als ihr Mann sich von ihr hatte scheiden lassen und sie allein und in schlechten finanziellen Verhältnissen zurückgelassen hatte.

Die Kraft und Courage, die viele Klienten angesichts ihrer Not aufbringen, ist geradezu inspirierend. Das mag abgedroschen klingen, entspricht aber nichtsdestoweniger den Tatsachen. Selbst wenn die Krise, wie bei manchen neurotischen Störungen, sozusagen selbstgemacht ist, kann mitunter eine Lösung nur nach harten Kämpfen und schmerzhaften Prozessen gefunden werden. Kurzfristig zumindest ist es wesentlich einfacher, sich in Selbstmitleid zu ergeben oder sich hinter eine Wand der Selbsttäuschung zurückzuziehen, als die Verantwortung für das eigene Verhalten zu übernehmen.

An früherer Stelle erwähnten wir Zacks Fall, der multiple sexuelle Devianzen offenbarte – Exhibitionismus, Voyeurismus, Masturbieren in öffentlichen Parkanlagen. Dieses Verhalten trat nicht einfach auf. Zack wuchs in einer Reihe von Pflegefamilien auf. Er lernte Liebe nie so wie die meisten Kinder kennen, und um sich vor Verletzungen zu schützen, lernte er, seine Emotionen zu hemmen. Es ist schwer zu sagen, was genau Zacks sexuelle Devianzen auslöste. Vielleicht war es nur ein Zufallsprodukt – daß er von ähnlichen Vorkommnissen hörte oder darüber las, als er sich in einem entsprechend anfälligen Zustand befand. Vielleicht war es auch das Ergebnis der normalen Experimente eines Heranwachsenden, das sich in der Folge in ein zwanghaftes Verhaltensmuster verfestigte. Die genaue Ursache ist aber weniger wichtig als die Tatsache, daß Zack am Ende die Verantwortung für sein Verhalten übernahm. Er arbeitete gezielt daran, jene Emotionen zu erwerben und zu vervollkommnen, die er sich als Kind verwehrt hatte. Er wurde in seinem persönlichen Leben ebenso kreativ wie in seinem beruflichen. Seine sexuellen Devianzen sind sämtlich verschwunden; die Beziehung zu seiner Frau verbesserte sich erheblich, und sein Leben hat eine neue Vitalität gewonnen. Zack zeigte – nicht minder als Alice – eine Form von Mut, der unter anderen Umständen und Vorzeichen als heroisch beschrieben würde.

Teil IV

Emotionale Kreativität: Voraussetzungen und Komponenten

Kein Zufall ist so unglücklich,
als daß kluge Leute
nicht daraus einigen Vorteil zögen,
und keiner so glücklich,
als daß Unkluge ihn nicht
zu ihrem Nachteil wenden könnten.

La Rochefoucauld,
Maximen und Reflexionen

Kapitel 14

Herausforderungen und begünstigende Faktoren

Mutig sein, heißt die Furcht überwinden und beherrschen, nicht von Natur furchtlos sein. Wer nicht ein gut Teil Feigheit in sich hat, den kann man füglich nicht tapfer nennen... Den besten Beweis dafür liefert uns – der Floh. Wäre völlige Furchtlosigkeit gleichbedeutend mit Mut, so müßte man ihn für das tapferste Geschöpf Gottes erklären. Er verfolgt ihn mit seinen Angriffen, ob du wachst oder schläfst, trotzdem du ihm an Kraft und Größe so weit überlegen bist...

Mark Twain,
Querkopf Wilson

Die situativen Voraussetzungen für emotionale Kreativität können in zwei sich teilweise überschneidende Kategorien unterteilt werden. Die erste Kategorie umfaßt Ereignisse, die eine kreative emotionale Reaktion opportun, sogar erforderlich machen. Diese Ereignisse bezeichnen wir als *Herausforderungen*. Auf diese Art der Herausforderungen möchten wir in diesem Kapitel kurz allgemein eingehen und in den Folgekapiteln auf spezifischere Herausforderungen, wie etwa Freude und Schmerz, Tod, Einsamkeit und Intimität sie darstellen. In die zweite Kategorie fallen alle persönlichen und umweltspezifischen Konditionen, die innovative emotionale Reaktionen, wenn auch nicht verlangen, so aber ermöglichen. Wir bezeichnen diese Konditionen als *begünstigende Faktoren*. Zu den begünstigenden Faktoren der emotionalen Kreativität gehören Autonomie, Freiheit, Phantasie, Kunst und Dramen. Diese Herausforderungen und begünstigenden Faktoren sind selbstredend nicht die einzigen situativen Voraussetzungen für emotionale Kreativität, aber mit die wichtigsten.

Herausforderungen

Wie in Kapitel 6 ausgeführt, muß eine Reaktion, um im umfassendsten Sinne kreativ zu sein, nicht nur neuartig und authentisch, sondern auch effizient sein. Und effizient kann eine Reaktion nicht in sich, sondern nur am Maßstab und in Verbindung mit einer Herausforderung oder einem Problem sein. Diese Herausforderung kann praktischer Natur (wie auf dem Gebiet der Wissenschaft und Technologie), ästhetischer (wie in der Kunst) oder psychosozialer Natur (wie auf der emotionalen Ebene) sein. Gleich welcher Natur sie ist, in jedem Fall kommt das alte Sprichwort zum Tragen: »Not macht erfinderisch.«

Unter hinreichend extremen oder herausfordernden Bedingungen werden wir gewissermaßen zur Kreativität gezwungen. Entweder ändern wir etwas und passen uns an, oder wir erliegen der Situation. Natürlich erliegen einige – indem sie sich in das schützende Schneckenhaus der Apathie und Depression zurückziehen, vorschützend, alles nütze doch nichts oder habe keinen Wert, oder indem sie den letzten verzweifelten Schritt der Selbstaufgabe unternehmen – Selbstmord. Der Überlebenswille ist jedoch stark, und jeder von uns verfügt über das Potential für eine kreative Reaktion, wenn wir nur den Mut aufbringen, die sich stellende Herausforderung anzunehmen.

Stellen Sie sich einen Augenblick vor, in einer Situation zu sein, in der Sie Tag für Tag mit Hunger, Krankheit, Demütigung, Erniedrigung und der allgegenwärtigen Drohung konfrontiert sind, bei jedwedem Anzeichen von Schwäche oder Rebellion vernichtet zu werden. Das war die Herausforderung, der sich der Wiener Psychiater Viktor Frankl gegenübersah, als er von den Nazis ins Konzentrationslager nach Auschwitz geschickt wurde. Dank seines kreativen Geistes, der sich nicht unterwerfen und brechen ließ, und einer guten Portion reinen Glücks überlebte er und konnte seine Geschichte erzählen.[1]

Nach einer anfänglichen Phase des Schocks versanken die Neuankömmlinge in Auschwitz, sobald die Lagerroutine sich ihrer bemächtigt hatte, in der Regel in eine stumpfsinnige Apathie. Gewöhnliche menschliche Empfindungen wurden, aus Selbstschutzgründen vor einer unerbittlich feindseligen Umwelt, ausgeblendet und stumpften ab. Aber unter der Oberfläche der Apathie war das emotionale Leben nicht völlig erloschen. Scheinbar triviale Anlässe – eine witzige Bemerkung zum Beispiel, ein Sonnenuntergang, eine Scheibe schlechtes Brot – konnten in Ereignisse überschwenglicher Freude gewandelt werden. Die größte Aufgabe war, ein gewisses Maß an Selbstachtung zu wahren – das Gefühl, ein Individuum und nicht nur ein namenloses Mitglied einer Herde eingepferchter Tiere zu sein, auf die die Schlachtbank wartete, wenn sie für eine nützliche Arbeit zu schwach oder zu rebellisch waren.

In einem Umfeld, das keine Intimsphäre und Abgeschiedenheit kennt, kann sich ein fast unwiderstehliches Verlangen nach Alleinsein entwickeln, das Verlangen, mit sich und seinen Gedanken allein zu sein. Eine physische Abgeschiedenheit war in Auschwitz unmöglich; dennoch konnten sich manche Häftlinge aus ihrer entsetzlichen Umgebung in ein Leben geistiger Freiheit und inneren Reichtums zurückziehen. »Der Fortfall einer Befriedigung der entsprechenden primitivsten Bedürfnisse läßt ihn deren Erfüllung im primitiven Wunschtraum erleben… Denn in diesem Augenblick war mir so ganz intensiv zu Bewußtsein gekommen, daß kein Traum, auch nicht der schrecklichste, so arg sein kann wie die Realität, die uns dort im Lager umgab… Trotz aller Primitivität, in die der Mensch im Konzentrationslager nicht nur äußerlich, sondern auch in seinem Innenleben zurückgeworfen ist, machen sich, wenn auch sporadisch, doch Ansätze bemerkbar im Sinne einer ausgesprochenen Tendenz zur Verinnerlichung.«[2] Sie stießen auf – oder schufen – neue Formen der emotionalen Erfahrung, die ihnen halfen zu überleben. Frankl berichtet von einer solchen Erfahrung, die er machte. Eines frühen Wintermorgens, als die Männer aus dem Lager zur Baustelle hinausmarschieren mußten, sah Frankl das Bild seiner Frau im Geiste vor sich: »Ich sehe ihren fordernden und ermutigenden Blick, und – leibhaftig oder nicht – ihr Blick leuchtet jetzt mehr als die Sonne, die soeben aufgeht.« Er sprach mit ihr, und sie antwortete ihm. Da durchzuckte ihn ein Gedanke: »Das erste Mal in meinem Leben erfahre ich die Wahrheit dessen, was so viele Denker als der Weisheit letzten Schluß aus ihrem Leben herausgestellt und was so viele Dichter besungen haben; die Wahrheit, daß Liebe irgendwie das Letzte und Höchste ist, zu dem sich menschliches Dasein aufzuschwingen vermag. Ich erfasse jetzt den Sinn des Letzten und Äußersten, was menschliches Dichten und Denken und – Glauben auszusagen hat: die Erlösung durch die Liebe und in der Liebe.«[3]

Die Liebe, die Frankl in jenem Augenblick empfand und nach der er in der Folge strebte, war nicht die Liebe, die herkömmlicherweise in Liebesromanen beschrieben wird. Es war eine Liebe, die, über die physische Person der Geliebten hinausgehend, ihren Sinn und ihre Bedeutung im spirituellen Selbst findet. Dabei ist dann die tatsächliche Präsenz der geliebten Person nicht einmal mehr wichtig. Um kein Mißverständnis aufkommen zu lassen, bei der Art der Liebe, von der Frankl spricht, geht es nicht um eine rein intellektuelle Wertschätzung des anderen. Sie ist höchst emotional, sogar mit höchsten Glücksgefühlen verbunden. Dante hätte das verstanden.

Eine weitere höchst kreative emotionale Reaktion (oder eine Reihe von Reaktionen) ist in Frankls Kampf, seinem Leiden – und damit seinem Leben und wahrscheinlichen Tod – einen Sinn abzuringen, ablesbar. Er fand jenen Sinn, nicht allerdings, indem er die Schrecknisse leugnete, mit denen er konfrontiert war, sondern indem er sich seines Leidens würdig erweisen, zeigen wollte, »daß der Mensch imstande ist, auch eine ausweglose Situation menschlich gesehen noch in eine Leistung zu verwandeln... das Leben mit Sinn zu erfüllen. Ich erzählte... davon, daß menschliches Leben immer und unter allen Umständen Sinn habe, und daß dieser unendliche Sinn des Daseins auch noch Leiden und Sterben, Not und Not in sich mit einbegreife... Im Erfüllen von Sinn verwirklicht der Mensch sich selbst. Erfüllen wir nun den Sinn von Leiden, so verwirklichen wir das Menschlichste im Menschen, wir reifen, wir wachsen über uns selbst hinaus.«[4]

Das Leiden hört auf, *reines* Leiden zu sein, je nach der Einstellung, die man dazu annimmt. So kann der Märtyrer Leiden als Ehre betrachten, der Masochist als eine Form des Vergnügens, der Held als eine Chance, Mut zu beweisen. Der Punkt ist, daß es uns freisteht zu wählen, welche Haltung wir einnehmen und entsprechend unserem Leiden einen Sinn geben. Das ist die Freiheit, die uns niemand, unter welchen Umständen auch immer, nehmen kann.

Nur wenige von uns werden glücklicherweise mit der extremen Herausforderung konfrontiert werden, der Frankl sich gegenübersah. Aber irgendwann müssen wir alle einmal mit einem Unglück fertig werden, was eine Änderung unserer gewohnten Reaktionsformen verlangt. Wenn wir Leiden nicht nutzen, um zu wachsen, sondern nur den Schmerz empfinden, laufen wir Gefahr, in

Selbstmitleid unterzugehen und uns in anderen unproduktiven Reaktionsweisen zu verstricken. Nutzen wir demgegenüber das Leid, um zu wachsen, so können Krisen zu Wendepunkten im positiven Sinne werden. Eine Tatsache, die wir am Beispiel eines jungen Mannes, den wir Ben nennen wollen, verdeutlichen möchten.

Bei einem Hausbrand verlor Ben den Großteil seiner Habe. Er und seine Frau rangen hart, um finanziell über die Runden zu kommen, und hatten es so immer wieder aufgeschoben, eine Hausversicherung abzuschließen. Nicht einmal eine Woche, nachdem sein Haus abgebrannt war, fing sein Auto Feuer, und die gesamte Elektrik wurde zerstört. Er reagierte auf diese Rückschläge mit Wut und Aggression. Mit der Konsequenz, daß er an seinem Arbeitsplatz einen Streit anfing und seinen Job verlor. So stand er binnen nur einer Woche ohne Haus, ohne Auto, ohne Arbeit da und hatte eine Frau und zwei kleine Kinder zu ernähren. Bei einem späteren Gespräch sagte er hierzu:

Es war die schwierigste, aber am Ende, langfristig gesehen, nutzbringendste Zeit meines Lebens. Ich war am Anfang wütend, und mir war nach Aufgeben zumute. Ich hatte vorgehabt, mich selbständig zu machen, hatte es aber aus Angst seinlassen. In der Situation merkte ich dann, daß ich nichts mehr zu verlieren hatte. Einige der schlimmsten Dinge, von denen ich befürchtet hatte, sie könnten eines Tages passieren, waren nun alle auf einmal passiert, und ich schaffte es immer noch irgendwie, über die Runden zu kommen. Und mit diesem Bewußtsein und der Ermutigung meiner Frau und meiner Mutter entschloß ich mich dann, mich als Installateur selbständig zu machen. Ich hatte einen Freund, bei dem ich und meine Familie unterkommen konnten, und so begann ich, mit nichts als etwas Werkzeug und meinen Fertigkeiten, mich auf die Suche nach Kundschaft zu machen. Binnen drei Wochen hatte ich genügend Geld zusammen, um mein Auto zu reparieren und ein Haus zu mieten. Ich merkte, ich hatte den Mut, mich nahezu allem zu stellen. Was ich in Wirklichkeit bei mir feststellte, war ein Gefühl aus einer Kombination von Mut und Stolz. Ein für mich neues Gefühl. Wenn ich sage, das war die schwierigste und nutzbringendste Zeit meines Lebens, dann ist es das, was ich meine.

In den letzten Jahren setzte sich unverkennbar ein Trend durch, die Bedingungen für eine positive Veränderung (im Sinne von Wachstum oder »Selbstverwirklichung«) in einem allzu vereinfachten Licht darzustellen. Nach dem Motto: Wenn alle Grundbedürfnisse erfüllt sind (Nahrung, Unterkunft, Liebe usw.), dann können Menschen in gesunder Weise wachsen und reifen und ihr volles Potential ausschöpfen. Belastungen und Widrigkeiten sind zu meiden, da sie bestenfalls unnütz und schlimmstenfalls der Selbstverwirklichung abträglich sind. Eine Sicht, die nicht nur kraß vereinfachend, sondern auch verhängnisvoll ist, da sie uns schlecht darauf vorbereitet, mit den unausweichlichen Unglücksfällen, mit denen wir alle bei Gelegenheit konfrontiert sind, in kreativer Weise fertig zu werden. Und ebenso wichtig ist, daß sie uns schlecht darauf vorbereitet, die Chancen, die solche Situationen bieten, anzunehmen und zu nutzen. Erfolgsängste und Versagensängste entspringen der gleichen Quelle.

Versuchen Sie, sich an die Ereignisse zu erinnern, die am meisten zu Ihrem Wachstum und Ihrer Reife beitrugen. Als diese Ereignisse eintraten, empfanden Sie sie als positiv oder negativ, als erfreulich oder belastend? Die meisten Menschen erinnern sich bei dieser kurzen gedanklichen Rückblende an negative, belastende Lebensereignisse. Wir plädieren mitnichten dafür, Not und Unglück als Mittel zum Wachstum zu suchen. Eine Fehlbewältigung belastender Lebensereignisse kann verheerende Folgen für die spätere Entwicklung haben. Erkannt werden muß jedoch, daß Wachstum sich nicht quasi von selbst, problemlos einstellt. Leid ist unvermeidlich. Wir zahlen dafür einen hohen Preis; also können wir genausogut daraus lernen und wachsen.

Es versteht sich von selbst, daß Not und Unglück nicht die einzigen Anlässe für Veränderungen sind. Sich verlieben, heiraten, die Geburt eines Kindes, eine lang ersehnte Beförderung, all das sind Situationen, die erhebliche Neuanpassungen erfordern können. Glück kann ebenso herausfordernd wie Pech und ebenso schwierig zu handhaben sein.

Die meisten Menschen geben sich damit zufrieden, so zu bleiben, wie sie sind, bis sie sich mit irgendeinem Problem oder irgendeiner ausgesprochenen Glückssträhne konfrontiert sehen. Wir lassen uns gerne von dem Sprichwort leiten: »Was nicht brennt, das versuche nicht zu löschen.« Was oft ein guter Rat ist. Nicht vergessen werden sollte allerdings auch, daß nur wenige

Dinge so gut funktionieren, daß sie nicht verbessert werden könnten. »Sehr gut« und nicht »ausreichend« sollte unser Ziel sein.

Wir müssen nicht auf Katastrophen oder Glücksfälle warten, um zu entdecken, daß unser Leben in vielerlei Hinsicht alles andere als optimal und produktiv ist. Eines Tages wird uns bewußt, daß unser Leben in seinem immer gleichbleibenden, uniformen Muster stagniert, es zur Routine wurde, Menschen anzulächeln, die wir nicht sehen, Personen zu antworten, die wir nicht hören. Wir stehen am Morgen auf, gehen zur Arbeit, es fehlt aber das Gefühl, etwas geleistet zu haben; wir kommen am Abend nach Hause, gehen zu Bett, müde, aber nicht befriedigt; wir stehen am nächsten Morgen auf, und der Zyklus beginnt von neuem, Tag für Tag. Das Leben ist angenehm, ihm fehlt aber der Sinn oder das Schöne oder die Herausforderung.

Offen und aufgeschlossen für Erfahrungen zu sein, ist eines der Merkmale sich »selbstverwirklichender Menschen«, wie Abraham Maslow sie beschrieb. Diese äußerst kreativen Individuen verfügen:

> »... über die wundervolle Fähigkeit, das grundlegend Positive im Leben immer wieder und wieder, aufgeschlossen und naiv, mit Erstaunen, Freude, gleich einem Wunder und sogar ekstatisch zu würdigen, wie fade diese Erfahrungen für andere auch immer geworden sein mögen. So kann für die betreffende Person jeder Sonnenuntergang so schön wie der erste und jede Blume von einem atemberaubenden Liebreiz sein, selbst wenn sie schon eine Million Blumen gesehen hat... Für solche Menschen kann selbst der gewöhnliche Arbeitstag, der Alltag des Lebens aufregend, erregend und mit ekstatischen Gefühlen verbunden sein. Diese intensiven Gefühle treten nicht immer auf, eher gelegentlich als in der Regel, aber in den unerwartetsten Augenblicken.«[5]

Manche Herausforderungen stellen eher Einladungen als tatsächliche Forderungen dar. Gemeint sind jene, die wir als begünstigende Faktoren bezeichneten und bei denen persönliche Charakteristika wie eine aktive Phantasie eine Rolle spielen. Um das Außergewöhnliche im Gewöhnlichen zu sehen, um die Wunder des Lebens mit der Aufgeschlossenheit eines Kindes und dennoch mit dem Wissen und der Klugheit eines Erwachsenen zu erfahren: Die

Einladung ist da, und jedem steht es frei, sie anzunehmen oder abzulehnen. Aus vielen unterschiedlichen Gründen – allen voran: der Ignoranz, Ängstlichkeit und Faulheit – wird sie weitaus häufiger abgelehnt als angenommen.

Ein Überblick über die nachfolgenden Kapitel

Die nächsten acht Kapitel sind spezifischen Herausforderungen und begünstigenden Faktoren für die emotionale Kreativität gewidmet. Diese Kapitel bauen zwar in gewisser Weise aufeinander auf, wir waren jedoch bemüht, sie gleichzeitig auch so in sich geschlossen abzufassen, daß sie als eigenständige Essays gelesen werden können. Um Ihnen einen Überblick über die im einzelnen behandelten Themen zu geben, möchten wir an dieser Stelle einen Kurzabriß jedes Kapitels einfügen.

Freude und Schmerz (Kapitel 15). Nichts könnte weniger als eine Herausforderung erscheinen als der Genuß von Freude. Die Geschichte und die Erfahrungen im Alltag belehren uns jedoch eines Besseren. Jene Personen, die wir am meisten als Helden verehren, sind in der Regel Personen, die sehr viel gelitten haben. Der Hedonist, die Person also, die ein bequemes und vergnügliches Leben zu genießen weiß, wird demgegenüber mit Argwohn und als eine Art Anti-Held betrachtet. Das »glückliche Ende«, wenn es sich denn ergibt, erscheint ohne vorheriges Leiden bedeutungslos. Leiden gibt nicht nur der Freude einen Sinn, es steigert auch die unmittelbare Erfahrung. Erinnern Sie sich an Frankls Erfahrungen im Konzentrationslager: Angesichts großen Leids wurden selbst banale Ereignisse zu einer Quelle großer Freude. Ein praktischeres Beispiel: Eine Person mit starken Zahnschmerzen kann sich keine größere Freude als die einfache Schmerzlinderung vorstellen. Angesichts dessen überrascht es nicht, daß viele hedonistische Philosophien, der Antike wie der Moderne, Freude als die Abwesenheit von Schmerz definieren. Eine Sicht, die, wenn auch anders ausgedrückt, unter Psychologen ebenso geläufig ist. Freuds »Lustprinzip« postuliert zum Beispiel die Freisetzung von Spannung als Quelle der Lust. Wir sind nicht der Meinung, daß Freude gleich der Abwesenheit von Schmerz ist; nicht bestritten werden kann allerdings, daß Freude und Schmerz eng miteinander verbunden sind. Eine Person kann nicht Freude bewußter wahrnehmen, ohne den Schmerz bewußter wahrzunehmen; und umgekehrt kann eine Person sich nicht gegen die Erfahrung des Schmerzes abschotten, ohne sich gegen die Erfahrung der Freude abzuschotten. Das ist das Paradox – und die Herausforderung – der Freude.

Tod und Sterben (Kapitel 16). In seinem Buch *Dynamik des Todes*, für das er mit dem Pulitzer-Preis ausgezeichnet wurde, behauptet Ernest Becker, die Angst vor dem Tod sei der Urquell menschlicher Kreativität.[6] Frankl vertritt eine ähnliche Auffassung, wenn er sagt, daß jedes Leiden ertragen werden kann, wenn wir ihm nur einen Sinn geben können. Der Tod scheint dem Leben den Sinn zu nehmen, und so wollen wir seine Endgültigkeit leugnen. Ein Weg, den Tod zu leugnen, ist, ein Vermächtnis zu schaffen, das uns überleben wird – sei es über die Geburt eines Kindes, eine Stiftung, ein Kunstwerk, ein Unternehmen oder einfach über einen guten Namen und eine Reputation. Die Angst ist aber nicht der einzige Weg, wie der Tod Kreativität fördert. Im Fall der Trauer ist das Befürchtete eingetreten, und wir trauern um den Verlust. Der Tod eines geliebten Menschen gehört zu den niederschmetterndsten Ereignissen, die jeder von uns erfährt, und ist zugleich Quelle einiger unserer emotionalsten kreativen Reaktionen. Jeder von uns muß natürlich sterben. Wie ist es, den eigenen Tod zu erfahren? Das ist keine müßige Frage. Die »Wunder« der modernen Medizin ließen und lassen so manchen Lazarus wieder aufstehen – Menschen, die (z. B. aufgrund eines Unfalles oder Herzanfalles) an der Schwelle des Todes standen und wiederbelebt wurden. Aus ihren »Nahtod-Erfahrungen« können wir vieles über die Möglichkeiten emotionaler Kreativität lernen.

Alleinsein (Kapitel 17). Kreativität erfordert Alleinsein. Viele Menschen assoziieren Alleinsein mit Einsamkeit. Der Mensch ist von Natur aus ein geselliges Wesen. Einsamkeit kann eine schmerzhafte, trübselige und deprimierende Erfahrung sein – mit der wir einem Vorgeschmack des Todes am nächsten kommen. So kann der Schmerz der Einsamkeit ein Stachel zur Kreativität sein, aber nur, wenn wir ihm nicht zu schnell entfliehen. Eine Person, die Alleinsein nicht ertragen kann, wird ihr kreatives Potential nie voll ausschöpfen. Alleinsein ist aber mehr als Einsamkeit. Zuviel oder erzwungene Gesellschaft kann, wie Frankl in Zusammenhang mit den Häftlingen in Auschwitz feststellte, ebenfalls quälend sein. Alleinsein bedeutet die Möglichkeit, *mit* und nicht nur *durch* mich, umständehalber, allein zu sein. Im Alleinsein können wir ohne Ablenkung oder Einmischung die Tiefen unserer inneren Erfahrungen durchforsten. In einer Gesellschaft wie der unseren, in der Aktivsein alles ist, werden wir fortwährend gezwungen, etwas zu tun, zu handeln, aus uns herauszugehen und gesellig zu sein. Der »Einzelgänger« wird mit Ambivalenz beäugt, ihm wird sowohl mit Neid als auch mit Mißtrauen begegnet. Kein Wunder, daß nur wenige die Fähigkeit zum Alleinsein und damit eine wichtige Voraussetzung für emotionale Kreativität entwikkeln.

Intimität (Kapitel 18). Liebe besteht darin, schrieb Rainer Maria Rilke, »daß zwei Einsamkeiten einander schützen, grenzen und grüßen«. [7] Demjenigen, dem die Fähigkeit zum Alleinsein fehlt, fehlt auch die Fähigkeit für jene Art der Intimität, die die Liebe bedingt – eine Intimität, die den anderen als eigenständiges und gleichberechtigtes Individuum akzeptiert und nicht als Anhängsel, Fortsatz des eigenen Selbst sieht. Intimität verlangt emotionale Kreativität, denn es geht darum, zwei unabhängige Leben miteinander zu verzahnen, ohne daß dabei eines der beiden beeinträchtigt wird. Jenseits der Anforderungen, die sie an die Individuen stellt, begünstigt Intimität aber ebenso die emotionale Kreativität, da sie eine Atmosphäre der Wärme und des Akzeptiertwerdens gewährt, in der neue Reaktionen erkundet, erprobt und, je nachdem, verworfen oder weiter vervollkommnet werden können. Eine solche Intimität ist wesentlich mehr als jene Betörung, die gegeben ist, wenn zwei Menschen sich ineinander verlieben. Der Fall Frankls zeigte, daß hierbei nicht unbedingt die physische Präsenz der anderen Person gegeben sein muß, noch muß sie auf ein einziges Individuum beschränkt sein. Der Mystiker weiß, was Intimität bedeutet, ebenso ein wahrer Freund und Menschen, die sich lieben.

Autonomie (Kapitel 19). Autonomie und Intimität werden oft als Kontrast gesehen, wenn etwa gesagt wird, Männern sei die Autonomie wichtiger und Frauen die Intimität. Hier ist von einem Kontrast die Rede, der so nicht existiert. Autonomie, im wörtlichen Sinne also »Selbstherrschaft«, ist ein höherrangiges Konstrukt. Es bedingt die Fähigkeit, auf der Grundlage selbstgewählter Prinzipien wählen zu können, statt geleitet von Lust und Laune oder Zweckdienlichkeiten. Anders ausgedrückt: Die autonome Person ist in der Lage, konkurrierende, aber legitime Wünsche miteinander zu vereinbaren, ohne daß notwendigerweise der eine wegen dem anderen völlig auf der Strecke bleibt. So ist die autonome Person zum Beispiel angesichts widerstreitender Wünsche, nach Alleinsein auf der einen und nach Intimität auf der anderen Seite, imstande, beide in prinzipieller und emotional kreativer Weise miteinander zu vereinbaren. Wobei der Konflikt zwischen Alleinsein und Intimität nur einer von vielen Konflikten ist, die den Lebensweg jedes Menschen markieren. Zuvor zitierten wir Becker, demzufolge die Angst vor dem Tod als der Urquell kreativer Aktivität zu verstehen ist. Die Angst vor dem Tod ist aber nur insofern relevant, wie Becker selbst verdeutlicht, als daß sie den Konflikt schafft. Kein anderes Lebewesen fürchtet den Tod, da anderen Kreaturen jede Vorstellung von Tod fehlt. Der Tod symbolisiert unsere Kreatürlichkeit, und wir fühlen uns sowohl von ihm abgestoßen wie zu ihm hingezogen. Natürlich haben nicht alle Konflikte diese Größenordnung, aber selbst die banalsten können kreative Lösungen erfordern. Wenn also irgend etwas es verdient, der Urquell der Kreativität genannt zu werden, dann ist es der Konflikt. Und das ist der Grund, warum Autonomie – die Fähigkeit, in prinzipieller Weise mit Konflikten fertig zu werden – so wichtig ist.

Freiheit (Kapitel 20). Ohne Freiheit ist Kreativität undenkbar; dem pflichtet jeder bei. Aber damit endet das Einvernehmen auch schon. Was der eine als Freiheit betrachtet, sieht der andere als Gefangenschaft. Was ist Freiheit? Gang und gäbe, aber falsch ist, Freiheit mit Autonomie gleichzusetzen. Es gibt einen Zusammenhang, natürlich, wonach die autonome Person selbst-bestimmt ist. Die autonome Person muß jedoch in zweierlei Hinsicht nicht frei sein und ist es oft nicht. Erstens: Die autonome Person kann wegen ihrer Prinzipientreue verfemt oder sogar inhaftiert werden – wie etwa Andrej Sacharow in der Sowjetunion und Martin Luther King Jr. in den Vereinigten Staaten. Zweitens: Der autonomen Person kann es an den Ressourcen (materiell, intellektuell, spirituell) fehlen, um prinzipientreu zu handeln. Wir können folglich zwei Formen der Freiheit unterscheiden, die sich beide deutlich von der Frage der Autonomie abheben: Die eine nimmt das *Recht* zu reagieren in Anspruch, die andere nimmt die *Fähigkeit* zu reagieren in Anspruch. Wie im Falle des Alleinseins und der Intimität geraten auch diese beiden Formen der Freiheit, die beide gleichermaßen wichtig sind, in Konflikt. Personen können uneingeschränkte Rechte genießen, sich aber dennoch unterdrückt fühlen; ohne Restriktionen oder Richtlinien wissen sie nicht, wie sie sich verhalten oder in welche Richtung sie sich bewegen sollen. Die Konsequenz ist die, die Erich Fromm als die »Flucht vor der Freiheit« bezeichnete.[8] Ähnlich können sich Personen mit ausgesprochen großen Fähigkeiten unterdrückt fühlen, aber aus einem völlig anderen Grund: Die Verantwortlichkeiten wachsen mit den Ressourcen. Das ist ebenjene Moral, die auch aus Mark Twains klassischer Novelle *Der Prinz und der Bettelknabe* spricht. Selbstredend, daß die Ressourcen nicht materieller Natur, wie im Falle des Prinzen, sein müssen: Personen mit außerordentlichen Fähigkeiten sehen sich oft großem Druck, »produzieren« zu müssen, ausgesetzt – ein Druck, der so stark ist, daß viele versuchen, vor ihrer eigenen Form der Freiheit zu fliehen und sich zum Beispiel in Drogen und in den Selbstmord flüchten.

Imagination (Kapitel 21). Der Unterschied zwischen den zwei zuvor genannten Formen der Freiheit wird möglicherweise in Zusammenhang mit der Imagination am deutlichsten. Wie eingeschränkt wir durch äußere Umstände auch sein mögen, wir sind nichtsdestotrotz frei (im Sinne der ersten Kategorie), uns in unserer Imagination eine andere Wirklichkeit als die, in der wir uns befinden, vorzustellen. Um diese Freiheit jedoch nutzen zu können, müssen wir zunächst die Fähigkeit entwickeln, unsere Imagination zu nutzen. Das heißt, wir müssen über die entsprechenden Ressourcen verfügen (Freiheit im Sinne der zweiten Kategorie). Erinnern wir uns nochmals an Frankls Leid: In einem Konzentrationslager der Nazis hatte ein Häftling keine Rechte. Das Lagerleben war in höchstem Maße reglementiert und von der allgegenwärtigen Aussicht zu sterben beherrscht. Dennoch schaffte es Frankl, teilweise aufgrund des kreativen Einsatzes seiner Imagination, die Härten seiner Umwelt zu überwinden. Er und niemand anders bestimmte die Haltung, die er gegenüber seinem Leiden einnahm, und im Zuge dieses Prozesses wurde sein Leid gewandelt. Frankls Fähigkeiten, seine Imagination zu nutzen, waren exzeptionell, aber wir alle können lernen, unsere Imagination zu nutzen und sie vollendeter zum Tragen zu bringen. Bei den Emotionen kommt die Imagination nicht minder als bei anderen Verhaltensweisen ins Spiel. Im Notfall haben wir keine große Wahl, welche Art der Emotion wir erfahren. Wir greifen statt dessen auf zuvor erworbene Gewohnheiten und Muster zurück. Mit Hilfe der Imagination können wir jedoch neue Formen der Emotion entwickeln und testen. Glück, Traurigkeit, Wut, Neid, Hoffnung und andere können über die Imagination hervorgerufen, geschliffen und vervollkommnet werden. Aber mehr noch, über die Imagination integrieren wir unsere Emotionen mit der Gesamtheit unseres Selbst, so daß sie ein Teil von uns und nicht irgendwelche fremden Kräfte sind, die wir kontrollieren müssen, sofern sie denn nicht gar uns kontrollieren.

Kunst, Dramen und die kathartische Methode (Kapitel 22). Das Thema der Imagination wäre niemals ohne Einbeziehung der Kunst, einschließlich der Literatur, abgehandelt. Ein Gebiet, das sich allenthalben anbietet und höchst effiziente Bedingungen für emotionale Kreativität schafft. Über die Kunst können wir in der behaglichen Atmosphäre des Theaters oder auch zu Hause jene Emotionen neu entstehen lassen, die die Imagination großer Künstler und Schriftsteller auf der ganzen Welt und zu allen Zeiten der Geschichte gefangennahmen. Die Kunst geht über die Grenzen von Zeit und Raum hinaus. Aber wie entsteht dieser Effekt? Bei einem Kunstwerk ist (zweifelsohne recht willkürlich) zwischen zwei Aspekten zu unterscheiden: seiner Form und seinem Inhalt. Die Form hat mit den ästhetischen Werten zu tun; der Inhalt ist, wovon das Werk handelt, zum Beispiel die Unternehmungen Odysseus', die Drangsale Hamlets oder die Liebesaffären Don Juans. Wir gehen kurz auf die Natur ästhetischer Werte und die Emotionen ein, die sie hervorrufen (Erstaunen, Ehrfurcht, Faszination). Unser Hauptanliegen ist allerdings der Inhalt. Die Tragödie wirft insbesondere eine Frage auf, die seit Jahrhunderten für Kontroversen sorgt: Warum sollten wir ein Werk genießen, das in uns in erster Linie Gefühle der Sorge und des Mitleids weckt? Aristoteles' umstrittene und vieldiskutierte Antwort auf diese Frage war, daß die Tragödie eine Katharsis (Reinigung) der Emotionen ermögliche. Freuds Erklärung für die nutzbringenden Effekte der Psychoanalyse war ähnlich, er sprach anfänglich von der »kathartischen Methode«. Wir interpretieren Katharsis nicht als Reinigung, sondern als Vervollkommnung der Emotionen. Kunst, Dramen und Psychotherapie tragen sämtlich zur Erweiterung und Ausprägung der Emotionen bei.

Die Herausforderung der emotionalen Kreativität

Zum Abschluß dieser Übersicht über die situativen Voraussetzungen für emotionale Kreativität ist noch die vielleicht größte Herausforderung überhaupt zu nennen – die emotionale Kreativität selbst. Nietzsche behauptete, er wünsche sich nichts mehr, als jeden Tag etwas von seinem beruhigenden Glauben zu verlieren.[9] Das war sein Verständnis von Glück. Heute scheint die programmatische Zielvorgabe des »Streßmanagements« in der Psychologie demgegenüber die zu sein, jeden Tag möglichst ein Stückchen beruhigenden Glaubens zu gewinnen – Glück ist Zufriedenheit, Ruhe, Befriedigung. Das sind zweifelsohne erstrebenswerte Zustände, die allerdings keine Voraussetzungen für emotionale Kreativität schaffen. Emotionale Kreativität ist die Herausforderung, beruhigende Glaubenssätze und Einstellungen abzuschütteln, und neue Wege der Wahrnehmung, des Denkens und der Reaktion zu erkunden und zu entwickeln. »In jedem Wechsel liegt zugleich etwas Niederträchtiges und etwas Angenehmes, etwas von Untreue und Umzug«, bemerkte Baudelaire.[10] Emotionale Kreativität kann ohne eine gewisse Untreue gegenüber dem vorherigen Selbst, einer Art von Umzug aus dem inneren Haushalt nicht zum Tragen kommen. Sie verspricht dafür ein volleres, vitaleres und produktiveres Leben, bei dem allerdings auch Schmerzen, Trauer, Einsamkeit, Konflikte und Ängste nicht fehlen werden.

Kapitel 15

Schmerz und Freude

Ich weiß nicht, was ich noch als Gutes ansehen soll, wenn ich die Freuden des Geschmacks, die Freuden der Liebe, die Freuden des Gehörs, schließlich die Erregungen beim Anblick einer schönen Gestalt abziehe.

Epikur,
Fragmente: Über die irdische Glückseligkeit

Wenn wir nun also sagen, daß Freude unser Lebensziel ist, so meinen wir nicht die Freuden der Prasser, denen es ums Genießen schlechthin zu tun ist. Das meinen die Unwissenden oder Leute, die unsere Lehre nicht verstehen oder sie böswillig mißverstehen. Für uns bedeutet Freude, keine Schmerzen haben im körperlichen Bereich und im seelischen Bereich keine Unruhe verspüren.

Epikur,
Brief an Menoikeus

Freude stellt ein Paradox dar, und dieses Paradox tritt nirgends offener als in den Lehren Epikurs zutage, jenes alten griechischen Philosophen (341–270 v. Chr.), für den Freude das höchste und einzige uneingeschränkte Gut war.

Unserem heutigen Sprachschatz entnommen, bedeutet der Begriff »epikureisch« auf Genuß, auf das Genießen gerichtet; ein »Epikureer« ist jemand, der die materiellen Freuden des Daseins unbedenklich genießt, eben ein Genußmensch. Epikur selbst war kein Epikureer im heutigen Sinne. Er ernährte sich denkbar einfach (weitestgehend von Brot und Wasser); er mied Ruhm und Ehre (»Lebe im Verborgenen!« lehrte er[1]); er enthielt sich sogar des Geschlechtsverkehrs (»Denn der Liebesgenuß bringt keinen Nutzen, man kann sogar froh sein, wenn er nicht schadet«[2]). Epi-

267

kur fand seine größten Freuden in Gesprächen mit Freunden. Alles in allem war er eher ein Asket als ein Hedonist. Die Gründe sind ebenso lehr- wie aufschlußreich, sie veranschaulichen die Herausforderungen, die sich mit der Freude stellen.

Epikur war ein absoluter Materialist; er glaubte nicht an ein Weiterleben nach dem Tod, in dem irgendwelches Leiden zu Lebzeiten vergolten würde. Für manche ist eine solche Philosophie deprimierend; für Epikur war sie wesentliche Voraussetzung für Glück. Der Nicht-Glaube an ein Weiterleben nach dem Tod, so argumentierte er, befreie uns vor der Angst vor Hades, dem griechischen Äquivalent der Hölle. Konkreter zum Thema dieses Kapitels heißt das auch, daß wir die Freuden des diesseitigen Lebens maximieren sollen, da wir über das, was wir haben hinaus, nichts mehr bekommen.

Aber was ist Freude genaugenommen? Epikur zufolge ist Freude die Abwesenheit von Schmerz. Nach dieser Definition wäre ein gutes Leben, ein wahrhaft glückliches Leben ein Leben ohne Schmerz. Diese Vorstellung hat jedoch einen Haken, wie der Satiriker H. L. Mencken treffend bemerkte:

»Das Glück ist, wie die Gesundheit, eine vorübergehende Zufallserscheinung. Für einen Augenblick oder auch zwei Augenblicke wird der Organismus so minimal gereizt, daß er sich dessen nicht einmal bewußt ist; für die Dauer jenes Augenblicks ist er glücklich. Somit ist ein Schwein stets glücklicher als ein Mensch, und ein Bazillus ist stets glücklicher als ein Schwein.«[3]

Diese *reductio ad absurdum* legt den Schluß nahe, daß Freude nicht einfach die Abwesenheit von Schmerz oder die Befriedigung von Wünschen bedeutet. Und daß sie bestenfalls nur ein Teil der Geschichte ist. Darüber hinaus gibt es Freuden, die wir um einer begrifflichen Präzisierung willen als spontane, »unbeschwerte« Freuden bezeichnen möchten. Hierzu zählen etwa einfache sensorische Freuden wie der süße Geschmack von Schokolade, der Duft einer Rose, der Klang eines Kinderlachens, das Gefühl einer guten Massage, der Anblick eines herrlichen Sonnenuntergangs. Freuden dieser Art sind in dem Sinne unbeschwert, daß ihr Genuß nicht von irgendwelchen vorherigen Entbehrungen und leidvollen Erfahrungen abhängt. Ebenso gibt es unbeschwerte geistige Freuden: ein guter Witz, Gespräche mit Freunden, ein Geistesblitz...

Der Fairneß gegenüber Epikur halber sei gesagt, daß er ein vehementer Befürworter unbeschwerter Freuden war, obgleich diese, entsprechend seiner allgemeinen Philosophie, seines Erachtens denn doch nicht ganz so unbeschwert waren. Das Ziel sollte ihm zufolge sein, ein Leben lang die Freuden insgesamt zu maximieren. Freuden des Augenblicks, die über das hinausgehen, was für das persönliche Wohlbefinden natürlich und notwendig ist, können langfristig eine Steigerung der Schmerzen bewirken und sollten folglich gemieden werden. Ein ebenso offensichtliches wie mitnichten banales Beispiel ist die Person, die fortwährend zuviel ißt, weil ihr das Essen gut schmeckt, die aber unausweichlich unerfreuliche Konsequenzen davontragen wird.

Die größten Freuden sind, wie Epikur meint, die des Geistes, nicht die des Körpers, da letztere nur temporärer Natur seien. Der Körper lebe in der Gegenwart, der Geist er- und umfasse – über Gedächtnis und Erwartungen – sowohl die Vergangenheit als auch die Zukunft. Der Kluge speichere die Erinnerungen zurückliegender Freuden und die Erwartungen zukünftiger Freuden. Diese Erinnerungen und Erwartungen seien die Ressourcen, auf die man zur Überwindung gegenwärtiger Schmerzen oder gegenwärtigen Leids zurückgreifen könne.

Epikur erkannte richtig, daß sensorische Freuden eine Herausforderung darstellen. Nicht einverstanden sind wir jedoch mit dem von ihm offenkundig propagierten Rückzug vor der Herausforderung. Freude kann und sollte man in jedem Augenblick des Tages finden, das setzt allerdings voraus, daß wir uns aktiv bemühen, Freuden in einfachen Dingen zu suchen. Allzuoft sind wir mit den Schmerzen von gestern und den Ängsten von morgen so beschäftigt, daß wir das Heute aus den Augen verlieren. Das Ideal ist – und hier stimmen wir mit Epikur überein –, aus der Vergangenheit zu lernen, für die Zukunft zu träumen, aber in der Gegenwart zu leben.

Das läßt sich wohl leicht sagen, aber Epikurs eigenes, asketisches Leben legt, trotz seiner explizit hedonistischen Philosophie, den Schluß nahe, daß selbst der besonnene Genuß unbeschwerter Freuden mit Schwierigkeiten behaftet ist. Wir kommen nicht umhin, die Verbindung zwischen Freude und Schmerz näher zu untersuchen. Ist diese tatsächlich so eng, wie Epikur unterstellte?

Nicht unerwähnt bleiben sollte, daß Epikur den Großteil seines Lebens bei schlechter Gesundheit war, was möglicherweise seine

Sicht färbte. Jemand, der an Schmerzen leidet, kann sich oft keine größere Freude vorstellen als die, von seinem Leiden befreit zu sein. Das erklärt jedoch noch nicht die Anziehungskraft, die Epikur auf seine Anhänger ausübte, die ihn fast wie einen Halbgott verehrten. Noch wäre dieser Erklärungsansatz auf die Kyrenaiker übertragbar – die Anhänger eines weiteren griechischen Philosophen, Aristippos aus Kyrene.

Wie die Epikureaner waren auch die Kyrenaiker Materialisten. Das Leben nach dem Tod war für sie kein Anlaß für Bedenken, die ihr Streben nach Lust in dieser Welt gehemmt hätten. Anders als die Epikureaner betrachteten die Kyrenaiker Freude und Lust als ein eigenständig existierendes Phänomen und nicht nur als die Abwesenheit von Schmerz. Nach Lust und Freude sollte man um ihrer selbst willen streben, wie Aristippos riet: Der Mensch, der die Lust kontrolliere, sei nicht derjenige, der ihr fernbliebe, sondern vielmehr derjenige, der sie nutze, ohne von ihr dahingerafft zu werden; ebenso wie der Herr eines Schiffes oder Pferdes nicht derjenige sei, der sie nicht nutze, als vielmehr derjenige, der sie dahin führe, wohin immer es ihm beliebe.[4]

Aristippos hielt sich an seinen eigenen Rat. Zeller zufolge war er ein gewandter »Weltmann, der nie in Verlegenheit ist, wenn es sich darum handelt, sich die Mittel zum Genusse (mitunter auf unwürdige Weise) zu verschaffen, oder zur Verteidigung seines Verhaltens eine witzige und treffende Wendung zu finden«.[5] Seine Anhänger waren nicht alle ebenso erfolgreich. Es erforderte Geschick und Klugheit und gelegentlich eine gute Portion Mut, um Herr eines Schiffes oder Pferdes zu sein. Und es erscheint mitnichten einfacher, Herr über seine eigenen Freuden zu sein. Noch während die Kyrenaiker ihre Philosophie entwickelten, rückte der Schmerz angesichts seines hohen Verbreitungsgrades immer mehr in den Mittelpunkt der Überlegungen, so daß am Ende, wie bei den Epikureanern, die eher kleineren, aber dauerhaften Freuden, die aus Zufriedenheit, Freundschaften, Dankbarkeit, der Liebe zu Landschaften erwachsen, in den Vordergrund gestellt wurden. Hegesias, der Anhänger Aristippos', war gar von einem solchen Pessimismus geprägt, daß er sich den Spitznamen »Anwalt des Todes« einhandelte. Seine Vorlesungen in Alexandria führten zu so vielen Selbstmorden, daß sie am Ende verboten wurden.

Das Streben nach Lust und Freude ist keine Aufgabe für einen

Feigling. Die Geschichte zeigt sogar, daß ein asketisches Leben – mit der Annahme von Schmerzen, Leid und Selbstkasteiung – leichter als ein hedonistisches Leben zu führen ist. Es genießt definitiv eine allgemein höhere Wertschätzung. Warum?

Das ist eine der Fragen, die William James beschäftigte, und seine Antwort ist es wert, kurz erwähnt zu werden. James zufolge ist die Askese ein Symbol für den Glauben, daß diese Welt von wahrem Unrecht beherrscht wird. Man müsse sich Schmerzen, Leiden und tragischen Todesfällen aller Art stellen und sie neutralisieren. Aber wie? Nicht durch die Verehrung von materiellem Luxus und Wohlstand oder hedonistischem Streben. Das seien Dinge, die bestenfalls temporäre Genugtuung oder Linderung verschafften, schlimmstenfalls aber zur Verweiblichung und Unmännlichkeit, zu einer »gewissen Minderwertigkeit des Charakters« führten. »Bei diesen Bemerkungen stütze ich mich«, so versichert James, »nur auf den gewöhnlichen Instinkt der Menschen für Realität, der in der Tat stets die Welt im wesentlichen für einen Schauplatz des Heroismus gehalten hat. Wir fühlen, im Heroismus ist das höchste Geheimnis des Lebens verborgen.«[6]

Askese ist also Teil unseres »gewöhnlichen Instinkts für Realität«. Es ist nicht absolut klar, welche Absichten James mit dieser recht rätselhaften Behauptung verfolgte. Instinkt impliziert einen biologischen Ursprung. Wir möchten diese Implikation aufgreifen, ob sie nun James' Absichten entspricht oder nicht.

Im Laufe der Evolution waren, wie wir wohl unterstellen dürfen, die Organismen – darunter der Mensch – am ehesten in der Lage zu überleben und Nachkommen zu hinterlassen, die am besten Schmerzen und Leiden ertragen konnten. Aber wie könnte dieses Ertragenkönnen erreicht werden? Nur indem man, wenn man so will, Feuer mit Feuer bekämpft. Über das Leiden lernen wir, Leiden zu überwinden. Derjenige, der keine Schmerzen ertragen konnte, der Mühsal und die Gefahren der Jagd mied, der nicht auf die Freuden der Sexualität, des Essens und geruhsamer Entspannung verzichtete, weckte bei seinen Mitmenschen kaum Bewunderung und hinterließ nur wenige Nachkommen, die seine hedonistischen Tugenden preisen und rühmen würden. Das bedeutete aus biologischer Sicht, daß Menschen die Gefahr suchten, Vitalität im Leiden fänden – kurz, über irgendeinen »gewöhnlichen Instinkt für Realität« verfügen. Und genau hier stoßen wir auf ein Parodox.

Gegebenheiten, die im Kampf ums Überleben nützlich sind, haben im allgemeinen eine angenehme, erfreuliche Qualität – reife Früchte schmecken süß, der Paarungsakt ist lustvoll. Allerdings ist wohl auch nicht von der Hand zu weisen, daß ebenso geringfügige Formen von Schmerzen mit einer gewissen perversen Freude verbunden sein können. So können wir etwa bei einem lockeren Zahn oder einem geschundenen Muskel nicht anders, als mit der Zunge an dem Zahn herumzuspielen oder den Muskel zu bewegen, trotz (oder vielleicht gerade wegen) des leichten Schmerzes, der dadurch hervorgerufen wird. Und auf einer etwas komplexeren Ebene genießen wir ein ordentliches Weinen oder fühlen uns durch den Reiz von Gefahren belebt.

Wonach die meisten Menschen in abgeschwächter Form um des nutzbringenden Effektes willen streben, danach streben andere, sei es genetisch oder durch unangemessene frühe Erfahrungen bedingt, in einem fehlangepaßten Extrem. Der Unersättliche ißt zum Beispiel, bis er fett ist. Gibt es auch Unersättliche in puncto Schmerzen? Zweifelsohne.

»Ihre Liebe zu Schmerzen und Leiden war unersättlich... Sie sagte, sie könne freudig bis zum Tag des Jüngsten Gerichts leben, vorausgesetzt, sie habe stets einen Anlaß, für Gott zu leiden; daß aber ein einziger Tag ohne Leiden zu leben unerträglich sein würde. Wiederum sagte sie, daß sie von zwei Arten unaufhörlichen Fiebers verzehrt würde, einem nach der heiligen Kommunion, einem anderen nach Leiden, Demütigung und Vernichtung. ›Nichts als Schmerz‹, sagte sie beständig in ihren Briefen, ›macht mir das Leben erträglich.‹«

So beschrieb ein Biograph Arguerite-Marie Alacoque (1647–1690), die Gründerin des Ordens vom Heiligen Herzen Christi.[7]

Man muß jedoch kein religiöser Eiferer sein, um Freude am Schmerz zu finden. Nehmen wir den Masochismus – der bereitwillig Schmerzen und Demütigung um des sexuellen Genusses willen sucht. Schätzungen zufolge gehen 1 bis 2 Prozent der US-Bevölkerung regelmäßig und zwischen 5 und 10 Prozent gelegentlich masochistischen sexuellen Praktiken nach.[8] Wir sehen, im Gegensatz zu den Verfechtern, im Masochismus keine emotional kreative Reaktion. Der hohe Verbreitungsgrad dieser Praktiken zeigt jedoch den mitunter synergetischen Effekt von Schmerz und Lust.

Viele Menschen verbinden ihren Schmerz aber nicht einmal mit sexuellen oder anderen Formen der Lust; der Schmerz als solcher scheint Reiz und Verlockung genug. Ein Beweis ist die Selbstverstümmelung, die nach der Definition Barent Walshs und Paul Rosens ein Verhalten in Form eines »bewußten, nicht lebensbedrohlichen, selbstzugefügten körperlichen Schadens oder eine Entartung in Form einer gesellschaftlich nicht akzeptablen Veranlagung« darstellt und die ihren Schätzungen zufolge jährlich bei 14 bis 600 Personen pro 100 000 vorkommt.[9] Diese gewaltige Diskrepanz, wenn da von 14 bis 600 Personen die Rede ist, ergibt sich aus der Definition der Selbstverstümmelung auf der einen und der Nichtbereitschaft der Betroffenen, über ihr Verhalten zu berichten, auf der anderen Seite. Aber welche Rechnungen auch immer aufgestellt werden, es sind viele, die betroffen sind. So liegt die Zahl derjenigen, die sich jedes Jahr selbst verstümmeln, allein in den Vereinigten Staaten (mit einer Bevölkerung von rund 240 Millionen Menschen) bei 33 600 bis 1 440 000 Personen. Die Gründe für solche Verhaltensweisen sind unklar. Daß sie eine Form von Selbstmordversuch darstellen, ist per Definition ausgeschlossen. Selbstverstümmler wollen leben, und, aus welchem Grund auch immer, scheinen Schmerzen ihnen zu einem Gefühl des Lebendigseins zu verhelfen.

Kurz: Die Askese übt – selbst wenn sie sich in der extremen Form von selbstzugefügten Schmerzen und Verletzungen präsentiert – auf viele eine seltsame Faszination aus. Sofern sich das Leiden von Asketen mit einem von uns abgesegneten Grund rational erklären läßt, behandeln wir sie als Heilige oder Helden: Können sie demgegenüber keinen Grund anführen, oder wir teilen den von ihnen genannten Grund nicht, so sind sie für uns Neurotiker. In jedem Fall haben wir wohl wie James das Gefühl, daß in ihrem Leiden das höchste Mysterium des Lebens verborgen ist.

Wir möchten nun zur Freude zurückkommen, die gleichsam ihre Mysterien hat. Ein Leben der Freude mag zwar nicht auf gleiche Weise wie ein Leben der Schmerzen und des Leidens unser Erstaunen und unsere Bewunderung hervorrufen, aber auch an den Hedonisten ist etwas, das uns fasziniert und unsere Aufmerksamkeit erregt. Der große Liebhaber, der Meistergourmet, der Virtuose des Gesangs und Tanzes – wir beneiden sie ob ihrer Fähigkeit zu sinnlichen Genüssen. Auch Don Juan ist so etwas wie ein Held.

In seinem Buch *Life Against Death* unterstreicht Norman Brown nochmals das Gewicht, das Freud dem Konflikt zwischen Lebens- und Todesinstinkt beimaß: Eros und Thanatos. Sie symbolisieren denn auch aus Browns Sicht die beiden Möglichkeiten des Umgangs mit der Welt. Eros ist der Impuls, das Leben zu erhalten und zu bereichern; Thanatos ist der Drang, zum Frieden des Todes zurückzukehren.[10] Wir teilen diese Sicht dahingehend, daß es in gewisser Weise einen solchen Gegensatz gibt, der auf der einfachsten Ebene in den Neigungen zu Freude und Schmerz zum Tragen kommt. Nicht einverstanden mit Brown sind wir jedoch in einem grundsätzlichen Punkt. Thanatos ist nicht der Drang, zum Frieden des Todes zurückzukehren. Thanatos stellt im Gegenteil ebenso wie Eros einen Weg des Erhalts und der Bereicherung des Lebens dar. Es sind zwei verschiedene Wege zum gleichen Endpunkt. Der eine, Eros, bedeutet uns das Gute über die Freude; der andere, Thanatos, ermöglicht es uns, das Schlechte über die Beherrschung von Schmerzen zu überwinden.

Diese Analyse untermauernd, ist festzustellen, daß kulturelle Helden, ob im Mythos oder in der Realität, meistenteils Individuen sind, die über *beide* Fähigkeiten, die zu großer Freude und zu großem Schmerz, verfügen. Diese zweigleisige Fähigkeit ist vielleicht nirgends besser veranschaulicht als in dem Hindu-Mythos über Schiwa. In Kapitel 10 (über das Selbst) erzählten wir, wie Indra, der Gott, und Virochana, der Dämon, ratsuchend einen Weisen aufsuchten. Indra war es, den Rat des Weisen beherzigend, möglich, über die Freuden des Körpers (wie auch jedes diskursive Denken) hinauszugehen und dabei die Identität seines transzendentalen Selbst (*Atman*) mit dem unerschütterlichen Urgrund allen Seins (*Brahman*) zu erkennen. Virochana verstand demgegenüber als Dämon den ersten Rat des Weisen falsch und frönte materiellem Luxus und sinnlichen Freuden. Soweit kommt diese Geschichte vermeintlich nur einem weiteren Lobgesang auf die Askese gleich. Zu Indra ist jedoch noch mehr zu sagen. Er befahl einst dem Gott der Liebe, Kama, die endlose Meditation des einsiedlerischen Schiwa, des archetypischen Asketen und Meisteryogi der Hindu-Philosophie, zu unterbrechen und in Schiwa ein leidenschaftliches Begehren für die schöne Göttin Parvati zu entflammen. Ohne ins Detail zu gehen, die Dinge entwickelten sich nicht ganz so, wie geplant. In höchster Wut entbrannt, äscherte Schiwa Kama im wahrsten Sinne des Wortes ein. Kamas Geist lebte jedoch fort, und er schwebt nunmehr über den Liebenden, die er auf unfaßbare Weise sich gegenseitig in die Arme zwingt.

Was Schiwa anbelangte, so verliebte er sich tatsächlich in Parvati – und in viele andere Frauen neben ihr. Er war nicht nur der archetypische Asket, er war auch ein Lüstling *par excellence*. So wird er denn auch oft als Phallokrat, mit einem permanent erigierten Penis, beschrieben. In Schiwa kombinieren sich die zwei scheinbar unvereinbaren Lebensformen der Askese und der Erotik in einer emotional kreativen Weise. Ebenso wie Liebe und Haß können Erotik und Askese sich abwechseln oder sogar in einer ambivalenten, aber kreativen Spannung koexistieren.[11]

Jene kreative Spannung zwischen Erotik und Askese tritt auch im *Kamasutra*, dem klassischen, dem Gott Kama gewidmeten Werk der Aphorismen über die Kunst der Liebespraktiken, zutage. Ungeachtet der exquisiten erotischen Details, wird die Askese nicht mit Verachtung gestraft; im Gegenteil, der Asket, der seine Sinne und Gelüste kontrollieren kann, wird als der erstrebenswerte und bewährte Liebhaber dargestellt. Nach Indrana, der Gefährtin Indras, ist sogar eine Stellung beim Geschlechtsverkehr benannt.

Der renommierte Indienexperte Heinrich Zimmer sah im *Kamasutra* ein Gegengewicht zu den asketischen Tendenzen des Hinduismus wie auch einen Ausgleich zu den Frustrationen aus Ehen, die mehr aus Zweckmäßigkeiten als aus Liebe arrangiert wurden. »Es war eine Gesellschaft mit eingefrorenen Gefühlen, nicht eine zu Ausschweifungen neigende, für die dieser technische Leitfaden der Anpassungs- und Anreizungstechnik geschrieben wurde.«[12] »Eingefrorene Gefühle« mag übertrieben sein. Aber unbeschadet dessen bleibt die Kernaussage die: Das Ziel von *Kamasutra* ist das Gleichgewicht, nicht die Zügellosigkeit.

Diese Spannung zwischen Schmerz und Freude finden wir aber nicht nur im Mythos und bei kulturellen Helden. In ihrer Langzeitstudie über die Bandbreite der von Tag zu Tag wechselnden emotionalen Reaktionen stellten Ed Diener und seine Kollegen fest, daß Personen, die bei positiven Ereignissen starke positive Emotionen berichten, auch bei negativen Ereignissen starke negative Emotionen erfahren.[13] Unverkennbar ist bei diesen Personen mit anderen Worten die allgemeine Neigung, sowohl im positiven wie im negativen Sinne intensiv zu reagieren. Unser Wunsch ist es vielleicht, das Positive zu maximieren und das Negative zu minimieren, das allerdings kann kein realistisches Ziel sein, wie die Epikureaner und Kyrenaiker bereits vor langer Zeit entdeckten.

Als Fazit ist festzuhalten, daß sowohl Schmerzen als auch Freuden eingestanden werden müssen, und daß man ihnen Rechnung tragen muß. Jeder muß die für sein Temperament und seine Situation passende Spannung und Balance finden. Es gibt kein für jeden und jede Situation passendes Rezept. Fest steht jedoch, daß die Herausforderung der Freude nicht einfach darin besteht, Schmerzen zu meiden. Das führt lediglich zu jener Art von hedonistischem Neutralismus, den Mencken in der Satire beschrieb, wonach ein Bazillus glücklicher als ein Schwein und ein Schwein glücklicher als ein Mensch ist.

Kapitel 16

Tod und Sterben

Erst stirbt unsre Freude, – dann
Die Hoffnung, dann die Furcht, – und wann
Diese todt, wird, Staub zum Staub,
Unser Leib dem Grab zum Raub.

Shelley,
Der Tod

Wir müssen uns alle dem Tod stellen, zumindest einmal – unserem eigenen. Die meisten von uns werden aber auch bei anderen Gelegenheiten mit dem Tod konfrontiert – wenn ein Eltern- oder Geschwisterteil, ein Kind oder ein anderer geliebter Mensch stirbt. Der Tod zählt zu den schwersten Herausforderungen, denen wir denkbarerweise begegnen, und zugleich zu den stärksten Quellen des Ansporns für Kreativität.

Wir sollten uns zunächst folgende Fakten vor Augen halten: Im Durchschnitt haben etwa 8 Prozent der US-Bevölkerung vor Erreichen des 16. Lebensjahres den Verlust eines Elternteils zu beklagen. Bei Kriminellen (männlichen und weiblichen Häftlingen und Delinquenten) liegt die Rate derer, die in der Kindheit ein Elternteil verloren, zwischen 20 und 40 Prozent, also weit über dem allgemeinen Bevölkerungsdurchschnitt. Aber etwa der gleich hohe Prozentsatz des Verlustes eines Elternteils während der Kindheit wurde bei Individuen festgestellt, die sich auf unterschiedlichsten Gebieten mit herausragenden Leistungen auszeichneten, darunter Künstler, Wissenschaftler und politische Führungspersönlichkeiten.[1]

Ebenso kann aber auch ein Trauerfall im Erwachsenenalter (z. B. durch den Tod des Ehepartners) den Hinterbliebenen zu einem neuen Kreativitätsschub inspirieren oder diesen gar erforderlich machen. Der Verlust eines geliebten Menschen bedeutet unweigerlich, daß die zerbrechliche Struktur unserer Welt erschüttert wird und zusammenbricht. Und von den übriggebliebenen Scherben müssen wir eine neue Welt zusammenfügen, eine Welt, die neuerlich unserem Leben einen Sinn gibt. Entweder wir kreieren, oder wir gehen unter. Was wir kreieren, hängt natürlich von unseren Talenten und Ressourcen ab.

Unser Thema ist jedoch die emotionale Kreativität, nicht die Kreativität im allgemeinen. Kann ein Trauerfall neue und andere Formen der Emotion hervorbringen? Ohne jeden Zweifel. Einige der Reaktionen, die wir typischerweise während der Trauer erfahren (z. B. Depression, Schlafstörungen, Apathie), haben ihren Ursprung in unserem biologischen Erbe; solche Reaktionen können auch bei anderen Primaten (z. B. Schimpansen) beobachtet werden. Aber das ist nur ein Teil der Geschichte. Als kohärentes emotionales Syndrom ist die Trauer ebenso ein Produkt kultureller Schöpfung. Der Hinterbliebene muß es lernen, entsprechend der von seiner Kultur diktierten Weise zu trauern. In manchen Gesellschaften wird der Tod als Anlaß für Feierlichkeiten genommen, eine Abschiedsfeier für den Verstorbenen, der nun die Reise zu einem besseren Ort antritt. In anderen Gesellschaften wird von dem Hinterbliebenen erwartet, daß er sich dem Verstorbenen auf dieser Reise anschließt, wie etwa bei der Sitte des *suttee* (wo die Frau zusammen mit ihrem Mann bei dessen Beerdigung auf dem Scheiterhaufen verbrannt wird). In wiederum anderen Gesellschaften ist die Trauer eine Zeit der Vergeltung, um reales oder imaginäres Unrecht, das dem Verstorbenen zugefügt wurde, wiedergutzumachen. Das Spektrum ist nahezu endlos. In dem einen Extrem wird der Kontakt mit dem Toten als Verunreinigung betrachtet, und die Hinterbliebenen werden mit Reinigungsritualen »behandelt«. Im anderen Extrem wird von den Hinterbliebenen erwartet, daß sie das Fleisch des Verstorbenen essen, um sich auf diese Weise dessen besondere Kräfte und Talente einzuverleiben.

Auch *innerhalb* der Kulturen wird Trauer höchst unterschiedlich erfahren und zum Ausdruck gebracht. Leider begleiten und kümmern wir uns in der Regel nur um jene Ausdrucksformen, die sich als Fehlanpassung erweisen und folglich »behandelt« werden müssen. Nehmen wir den berühmten Fall der Anna O. (Bertha Pappenheim), der (in den Jahren 1880–1882) von Josef Breuer behandelt und später auf das Drängen Freuds in ihrer gemeinsamen Publikation *Studien über Hysterien* geschildert wurde.[2] Annas Symptome traten erstmals auf, als sie ihren unheilbar kranken Vater pflegte, dem sie sehr verbunden war. Ihr Zustand verschlechterte sich erheblich nach seinem Tod. Sie zeigte ein ausgesprochen breites Spektrum an Symptomen, wozu verschiedentlich Lähmungen diverser Körperteile, Sprachstörungen (bis hin zur Unfähigkeit, in ihrer Muttersprache zu sprechen) und sogar eine hysterische Schwangerschaft (die Breuer zum Anlaß nahm, sich als ihr behandelnder Arzt zurückzuziehen) zählten.

Annas Reaktionen auf die Krankheit und den Tod ihres Vaters waren höchst ungewöhnlich (und äußerten sich in vielfältigster Weise); wären sie allerdings innerhalb ihres persönlichen und kulturellen Rahmens nicht so ineffizient gewesen, hätte man sie sogar als kreativ betrachten können.[3] Unstrittig ist, daß Anna über außerordentliche kreative Fähigkeiten verfügte. Sie machte sich in der Folgezeit als Autorin, als Führerin der jüdisch-feministischen Bewegung in Deutschland und als Pionierin der Sozialarbeit einen Namen. In Erinnerung ihrer Leistungen brachte die Bundesregierung 1954 eigens eine Briefmarke heraus.

In vielen westlichen Gesellschaften hat man inzwischen von den traditionellen Trauergepflogenheiten Abstand genommen, sei es, weil sie als Aberglaube oder als zu kostenaufwendig betrachtet wurden – mit dem Ergebnis allerdings, daß die Hinterbliebenen, ob jung oder alt, oft nicht wissen, wie sie sich verhalten oder was sie empfinden sollen. In solchen Situationen kann die Trauer als solche ein hohes Maß an emotionaler Kreativität verlangen. Viele schaffen es ohne professionelle Hilfe nicht.[4]

In den letzten Jahren ist eine weitere Komplikation hinzugekommen. Die medizinisch-technologischen Fortschritte haben dazu beigetragen, daß die Trennungslinie zwischen Leben und Tod immer mehr verschwamm. Allein in den Vereinigten Staaten liegen derzeit schätzungsweise 10 000 Patienten im Koma; sie sind Opfer von unfall- oder schlaganfallbedingten Schwerstverletzungen und können weder sehen noch hören, weder lachen noch weinen. Dennoch sind sie nicht tot im absoluten Sinne. Solange sie künstlich über Schläuche zum Magen oder in die Venen ernährt werden, können sie weiter »leben«, manchmal jahrzehntelang. Für die Hinterbliebenen wird so eine Trauer ohne Ende geschaffen. Die Lebenden können ihr Leben nicht wirklich weiterführen, weil den Sterbenden der Tod nicht zugestanden wird.

Als Individuen und als Gesellschaft haben wir gerade erst angefangen, uns mit dem grausamen Dilemma auseinanderzusetzen, mit dem die technologischen Fortschritte in der Medizin uns konfrontiert haben. In dem Zuge, wie wir zunehmend Kämpfe im »Krieg« gegen Krankheiten gewinnen, scheinen wir auch zunehmend größere Schwierigkeiten zu haben, uns mit der Unausweichlichkeit des Todes abzufinden. Im Sinne dieser Kriegsmetapher kann eine aufschlußreiche Parallele zwischen den von der Medizin gegen Krankheiten aufgefahrenen Geschützen und den vom Militär aufgebotenen Waffen zur Vernichtung des Menschen gezogen werden. Hier wie dort sorgte die technologische Innovation dafür, daß es unsere Fähigkeiten und Möglichkeiten übersteigt, die potentiellen Konsequenzen noch beherrschen zu können. Ob es um eine Bombe mit einer unvorstellbaren Zerstörungskraft oder um ein künstliches Herz geht, das in irgendeinem Kasten in Gang gehalten wird, unser Leitmotiv scheint stets zu sein: »Wenn es gebaut werden kann, baut es.« Diese Haltung wird in Zukunft nicht mehr genügen. Denn die potentiellen Kosten, finanzieller wie spiritueller Natur, sind zu hoch.

Der Kampf, ein Leben zu retten, sei es das eigene oder das eines anderen Menschen, hat etwas Nobles. Wir wollen nicht aufgeben und, um es mit den Worten Dylan Thomas' auszudrücken, »gütig und ritterlich in jene gute Nacht gehen«. Auf der anderen Seite hat die Vorstellung, Leben sollte, ungeachtet seiner Qualität, um jeden Preis erhalten werden, auch etwas Herabwürdigendes. Der Tod ist schließlich ein natürlicher Bestandteil des Lebens, und wenn wir uns dem Tod nicht mit Mut und Würde stellen können, werden wir auch nicht in der Lage sein, ein volles und kreatives Leben zu leben.

Der Tod eines geliebten Menschen ist glücklicherweise für die meisten von uns eine seltene Erfahrung. Trauer ist jedoch eine relative Erfahrung. In der Kindheit mit einem Fremden allein gelassen zu werden, das Entwickeln neuer Rollen in der Adoleszenz, das Verlassen des Elternhauses, um arbeiten oder zur Universität zu gehen, der Bruch einer Beziehung, ein Arbeitsplatzwechsel, ein Umzug in eine neue Umgebung – diese und viele andere gewöhnliche Erfahrungen können gleichbedeutend mit Verlust, Trennung oder dem Bruch sozialer Beziehungen sein und entsprechend eine Reorganisation des Verhaltens erfordern, die in relevanter Hinsicht denen der Trauer ähnlich sind.

Die Art und Weise, wie wir auf solche notwendigen Verluste in unserem Leben reagieren, läßt Rückschlüsse zu, wie wir auf unseren eigenen Tod reagieren werden. Wir können uns voller Angst zurückziehen, tief in Depression aufgeben, frustriert und wutentbrannt rebellieren – oder den Tod als Herausforderung sehen, die wir annehmen, wenn nicht gar überwinden können. Für die meisten von uns ist unser eigener Tod überwiegend etwas Undenkbares – zumindest erlauben wir es uns nicht, daran zu denken. Das ist durchaus gesund. Und dennoch können wir das Thema nicht vollends ausklammern. Denn, um es mit den Worten von William James zu sagen: »Laß die sanguinische kräftige Geistesart mit ihrer merkwürdigen Kraft, im Augenblick zu leben, zu ignorieren und zu vergessen, ihr Bestes tun, der böse Hintergrund ist immer noch wirklich da, will bedacht sein, und der Schädel wird während des Festmahls grinsend auftauchen.«[5]

Wie ist es, dem Tod Auge in Auge gegenüberzustehen? Können wir das Grinsen des Schädels beim Festmahl erwidern? Albert Heim, Professor der Geologie in Zürich, stürzte beim Bergsteigen ab. Er überlebte den Sturz, sah sich seinerzeit aber dem sicheren Tod gegenüber. Während er abstürzte, flackerten blitzlichtartig Szenen aus der Vergangenheit und ebenso Vorahnungen über die Zukunft vor ihm auf, als er sich seine Familie beim Erhalt der Todesnachricht vorstellte. Er geriet jedoch nicht in Panik. Er konnte nichts tun, als sein Schicksal akzeptieren. Alles mußte, wie er später erklärte, so geschehen, wie es geschah; es erschien absolut folgerichtig. Über sich sah er »einen herrlichen blauen Himmel mit rosenfarbenen Wölkchen« und er hörte »schöne Musik« und habe das Gefühl gehabt, sanft, ohne Angst, ohne Schmerz, in diesen herrlichen Himmel »hineinzufallen«. Es war, wie er schrieb, ein großartiger und erhebender Moment.[6]

Fasziniert von seiner eigenen Erfahrung, sammelte Heim zahlreiche Berichte anderer, die Ähnliches überlebt hatten. In 95 Prozent der Fälle seien die Erfahrungen ähnlich gewesen.

Typisch für einen »Sturz« sei, wie er schreibt, daß weder eine Schmerzempfindung noch ein lähmendes Angstgefühl eintritt, wie es in Fällen geringerer Gefahr (etwa bei einem plötzlichen Brand) um sich greifen kann. Da war keine Angst, keine Spur von Verzweiflung, kein Schmerz; statt dessen aber eine stille Ernsthaftigkeit, eine tiefe Annahme der Situation und eine frappierende gedankliche Klarheit sowie ein Gefühl der Sicherheit. Die

Gedankentätigkeit wurde enorm, um ein Hundertfaches an Schnelligkeit oder Intensität gesteigert. Die Beziehungen von Ereignissen und deren möglicher Ausgang konnten mit objektiver Klarheit übersehen werden. Es trat keinerlei Verwirrung auf. Der Begriff der Zeit wurde enorm erweitert. Der Stürzende reagierte mit einer an Lichtgeschwindigkeit grenzenden und präzise auf seine Situation abgewogenen Schnelligkeit. In vielen Fällen konnte er sein bisheriges Leben klar überblicken, das nun schlaglichtartig an ihm vorüberzog; und oft »hörte der Stürzende schöne Musik« und schien »in einen herrlichen blauen Himmel mit rosenfarbenen Wölkchen hineinzufallen. Dann erlischt das Bewußtsein schmerzlos«, für gewöhnlich im Augenblick des Aufpralls.[7]

»Nahtod-Erfahrung« ist der Begriff, der üblicherweise für die von Heim beschriebene Reaktion verwendet wird.[8] Ein Begriff, der aus zweierlei Gründen nicht ganz treffend ist. Erstens ist der bevorstehende Tod nicht notwendigerweise Voraussetzung für solche Erfahrungen; die bloße Annahme, man sei dabei zu sterben, genügt oft, um die Reaktion auszulösen. Aber nicht einmal eine solche Annahme ist unabdingbar. Viele der Manifestationen von Nahtod-Erfahrungen können auch in Drogen induzierten Zuständen sowie bei bestimmten Yoga- oder anderen Meditationsübungen beobachtet werden. Zweitens nähert sich nicht jeder seinem Ableben in einem Zustand mystischer Glückseligkeit.

Nichtsdestotrotz hat sich der Begriff »Nahtod-Erfahrung« und vor allem die Abkürzung NTE inzwischen durchgesetzt, und so wollen auch wir uns daran halten. Die Nahtod-Erfahrung beinhaltet eine Reihe ineinander übergreifender Symptome und Manifestationen, die vor allem von einem Gefühl des Friedens und Wohlbefindens beherrscht werden. Andere charakteristische Merkmale sind die Erfahrungen, sich plötzlich außerhalb des eigenen Körpers zu sehen (und die Ereignisse aus der Distanz wie ein Zuschauer zu verfolgen), lebhafte Sinneswahrnehmungen (z. B. strahlende Farben, ungewöhnliche Klänge und körperliche Empfindungen), Visionen, einen dunklen Tunnel zu passieren oder durch einen leeren Raum zu schweben, ein schlaglichtartiger Schwenk durchs eigene Leben, das Eintauchen in ein Licht sowie ans Mystische grenzende Gefühle der Freude und großen Wissens.

Wie gewöhnlich sind solche Erfahrungen? Heim behauptete,

wie gesagt, daß 95 Prozent der von ihm untersuchten Personen Nahtod-Erfahrungen ähnlich seiner eigenen hatten. Seine Mustererhebung war ohne jeden Zweifel fundiert, aber seine Ergebnisse suggerieren, daß Nahtod-Erfahrungen weiter verbreitet sind als allgemein angenommen. Einer Gallup-Umfrage zufolge gaben 15 Prozent der US-Bevölkerung an, irgendwann in ihrem Leben dem Tod nahe gewesen zu sein, und davon berichteten 34 Prozent von Nahtod-Erfahrungen in dieser oder jener Form. Das heißt, daß rund acht Millionen Amerikaner Nahtod-Erfahrungen hatten.[9]

In Studien über nicht gesondert ausgewählte Opfer (Patienten, die einen Herzstillstand erlitten hatten, Personen, die Opfer potentiell tödlicher Unfälle geworden waren etc.) kamen verschiedene Forscher zu dem Ergebnis, daß rund 25 Prozent relativ umfassende, mystikähnliche Nahtod-Erfahrungen und möglicherweise weitere 20 Prozent ähnliche Erfahrungen in moderater Form hatten. Die Wahrscheinlichkeit von Nahtod-Erfahrungen ist bei Opfern von Krankheiten am höchsten, gefolgt von Unfallopfern, und bei Suizidopfern am geringsten. Zwischen den Geschlechtern wurden nur wenige, wenn überhaupt irgendwelche Unterschiede beobachtet.[10]

Nahtod-Erfahrungen erlöschen nicht und gehen an den Betroffenen nicht spurlos vorüber. Die Erinnerungen an das Erlebte bleiben lebendig, und Rückblenden sind keine Seltenheit. Anfänglich hat die betreffende Person möglicherweise Hemmungen, mit anderen über ihre Erfahrungen zu sprechen, zweifelt vielleicht sogar ihren gesunden Menschenverstand an. Ist dieser Befremdungseffekt jedoch erst einmal überwunden, so sind die Konsequenzen überwältigend positiv. Eine geminderte Angst vor dem Tod, eine erhöhte Wertschätzung des Lebens sowie ein erneuertes Gefühl, daß das Leben einen Sinn hat, ein gesteigertes Gefühl des Lebendigseins, eine Abwertung materieller Dinge, ein Sich-hingezogen-Fühlen zum Alleinsein und zu kontemplativen Übungen sowie eine Erweiterung und Vertiefung spiritueller Werte, insbesondere in bezug auf Liebe, Akzeptanz und Mitgefühl für andere, gehören zu den geläufigsten Konsequenzen.

Ehe wir uns weiter mit den Nahtod-Erfahrungen beschäftigen, möchten wir, sozusagen ausgleichend, noch etwas anderes in die Waagschale werfen. Der hohe Verbreitungsgrad von Nahtod-Erfahrungen überrascht viele. Intuitiv möchte man annehmen, daß die unmittelbare Reaktion auf die Androhung des Todes sich in Form extremen Stresses äußert. Diese Intuition ist richtig. Die erste Reaktion auf eine lebensbedrohliche Situation ist Angst. Erst wenn das Individuum den Kampf ums Überleben aufgegeben hat, treten in der Regel die positiveren Manifestationen der Nahtod-Erfahrung zutage. Und bei vielen stellen sie sich nie ein. Das Diagnostic and Statistical Manual der American Psychiatric Association (DSM-III-R) unterscheidet insbesondere zwischen zwei Syndromen als Folge extremer Belastungen: der *kurzen reaktiven Psychose* sowie der *posttraumatischen Streßstörung*. Ersteres setzt plötzlich ein und hält nur wenige Stunden oder allenfalls Wochen an; letzteres setzt oftmals verzögert ein und kann Jahre fortbestehen. Wir möchten uns in diesem Zusammenhang auf die posttraumatische Streßstörung konzentrieren, die meistenteils (aber nicht immer) den Schweregrad der ursprünglichen Belastungsreaktion reflektiert und folglich ein Gegengewicht zu den zuvor beschriebenen eher positiven Nahtod-Erfahrungen darstellt.

Eine posttraumatische Streßstörung kann durch jede überwältigende Bedrohung des persönlichen Selbstgefühls oder Wohlbefindens ausgelöst werden, was den unmittelbar drohenden Tod einschließt, aber keineswegs darauf beschränkt ist. Übliche Auslöser sind etwa militärische Kampfhandlungen, Vergewaltigung oder Überfälle, Naturkatastrophen, ein potentiell tödlicher Unfall oder der Tod einer geliebten Person. Die posttraumatische Streßstörung ist also im Vergleich zu der Nahtod-Erfahrung ein allgemeineres Phänomen, es gibt aber dennoch ausreichend Parallelen, um fundierte Vergleiche anzustellen.

Typisch für die posttraumatische Streßstörung sind immer wiederkehrende Alpträume und eindringliche Rückblenden, die das ursprüngliche Trauma, oft im lebhaften Detail, wieder aufleben lassen können. Andere geläufige Symptome sind Hypererregung, eine übertrieben schreckhafte Reaktion, Reizbarkeit und Feindseligkeit, Angst und Nervosität, Depression und Konzentrationsschwierigkeiten. Schübe erhöhter Ansprechbarkeit können mit einer Art psychologischer Taubheit und Abgestumpftheit oder einer Affekthemmung bis hin zur Ablösung und Entfremdung von anderen einhergehen.

Die Schätzungen über den Verbreitungsgrad posttraumatischer Streßstörungen gehen weit auseinander, eine Tatsache, die sich vor dem Hintergrund der jeweils einbezogenen Diagnosekriterien und der Art des auslösenden Ereignisses (z. B. Vergewaltigung, tätlicher Überfall, eine fast tödliche Verletzung oder Miterleben der Verletzung oder des Mordes an einer anderen Person) erklärt. Uns geht es hier jedoch nicht um die Art des Ereignisses. Für unsere Zwecke genügt die Feststellung, daß manche Personen auf den drohenden Tod mit einer nahezu mystischen Erfahrung (NTE) und andere mit extremen Streßsymptomen (Entsetzen, gefolgt von posttraumatischen Streßstörungen) reagieren. Was gibt bei diesen unterschiedlichen Reaktionen den Ausschlag? Sind diese zwei Formen der Reaktion tatsächlich so völlig unterschiedlich? Leider müssen wir es bei der Beantwortung dieser Fragen bei reinen Spekulationen belassen. Forscher, die sich mit Nahtod-Erfahrungen beschäftigen, nehmen nur selten Bezug auf die Forschungen über posttraumatische Streßstörungen und umgekehrt.

Den Forschungen zufolge haben einige der Symptome posttraumatischer Streßstörungen möglicherweise einen physiologischen Hintergrund. Unter extremem Streß werden von den Hirnmechanismen Hormone freigesetzt, die den Körper auf Kampf- oder Fluchtreaktion vorbereiten; andere Hirnstrukturen setzen natürlich vorkommende Opiate (z. B. Endorphine) frei, die das Schmerzgefühl dämpfen. Bei einer anfänglich ausreichend gravierenden Bedrohung entwickeln diese Hirnmechanismen eine Hyperempfindlichkeit (indem sie sich wie ein Thermostat neu einstellen, um bereits bei einer geminderten Hemmschwelle zu reagieren), wodurch sich die Wahrscheinlichkeit erhöht, daß zuvor harmlose Ereignisse wiederholt Streßreaktionen hervorrufen.[11]

Einige ebendieser physiologischen Mechanismen, die bei Streß zusammenwirken, könnten denkbarerweise auch bei den Nahtod-Erfahrungen eine Rolle spielen. Ein Adrenalinschub und andere ergotrope Reaktionen könnten erhöhte mentale Aktivitäten (z. B. lebhafte sensorische Erfahrungen, ein rascher Rückblick durch das eigene Leben) und die Freisetzung von Opiaten im Gehirn eine Abstumpfung gegenüber allen Schmerzen und Ängsten und in der Konsequenz ein Gefühl des Friedens und der Ruhe bewirken.

Fest steht, physiologische Spekulationen einmal außer acht lassend, daß psychologische und soziale Faktoren sowohl bei der Manifestation der Nahtod-Erfahrung als auch der posttraumatischen Streßstörung eine wichtige Rolle spielen. So ist es keineswegs ungewöhnlich, daß, abhängig von den Umständen, ähnliche physiologische Reaktionen zu relativ unterschiedlichen emotionalen Erfahrungen führen. Drogeninduzierte »Trips« können, abhängig von der Situation und der Erwartungshaltung des Konsumenten, in einer Horror- oder Euphorieerfahrung enden. Möglicherweise gilt das gleiche Prinzip bei den infolge lebensbedrohlicher Situationen natürlich einsetzenden physiologischen Reaktionen. Die Hypothese, die wir aufstellen möchten, ist, daß beide Syndrome, Nahtod-Erfahrungen und posttraumatische Streßstörungen, emotional kreative Reaktionen auf Situationen extremer Gefahr darstellen.

Carol Zaleski stellte einen Vergleich zwischen den bei den Nahtod-Erfahrungen feststellbaren Motiven im Mittelalter und den heutigen Ausführungen über dieses Thema an. [12] Der bemerkenswerteste Unterschied zwischen dem Mittelalter und der heutigen Zeit ist, Zaleski zufolge, daß bei ersteren die Überwindung von Hürden und das Durchstehen von Reinigungs- und Läuterungsprozessen sowie eine regelrechte Verdammnis eingeschlossen waren. Die Nahtod-Erfahrungen im Mittelalter waren nicht immer so erfreulich wie sie es heutzutage sind. Unter den zahlreichen von Zaleski angeführten Beispielen ist das eines Eremiten, dessen Geschichte in den *Dialogen* Papst Gregors des Großen aus dem 6. Jahrhundert erzählt wird. Vom Tod wieder zum Leben erweckt, bezeugt der Eremit, in der Hölle gewesen zu sein, wo er Gestalten sah, die sich im Feuer wanden. Gerade, als er auch in die Flammen gezogen werden sollte, sei er von einem Engel gerettet worden, der ihm riet, sorgsam zu bedenken, wie er von nun an lebe. Was er offensichtlich tat.

Ebenso werden posttraumatische Streßstörungen von sozialen und persönlichen Erwartungshaltungen beeinflußt. So war zum Beispiel bei den Vietnam-Kriegsveteranen ein erheblicher Anstieg dieser Störung bei Soldaten festzustellen, die nach 1968 ihre Kampferfahrungen machten. Vor 1968 lag die Rate psychiatrischer Vorfälle (Dienstbefreiung aufgrund psychiatrischer Gründe) sowohl unter der des Korea-Krieges als auch der des Zweiten Weltkrieges und war nicht höher als die bei den in Übersee stationierten Soldaten zu verzeichnende Rate. [13] Mit der nach 1968 wachsenden Antikriegshaltung in den USA wurde auch die posttraumatische Streßstörung ein wichtiges Thema.

Womit nicht gesagt sein soll, die gewandelte innenpolitische Einstellung zum Vietnam-Krieg sei die einzige Ursache für den

Anstieg dieser Störungen nach 1968 gewesen. Allerdings sind uns auch keine Fakten bekannt, wonach sich die Art der Gefechte in der fraglichen Zeit in irgendeiner Form drastisch geändert hätte oder ein anderer Soldatentypus zum Einsatz gekommen wäre (etwa ein kampferprobter Veteran im Vergleich zu einem jungen Rekruten). Jede Veränderung der innenpolitischen Meinung spiegelt sich natürlich in der Einstellung der im Kampf befindlichen Soldaten wider, was wiederum Einfluß auf das Ausmaß von Streß haben kann, das sie erfahren. Aber wie dem auch sei, unstrittig ist, daß die negative Publicity und mitunter unverhohlene Ablehnung, auf die die Soldaten bei ihrer Rückkehr in die Staaten stießen, entscheidend ihre Folgereaktionen mitbeeinflußten.

Catherine Lutz beschreibt den Fall eines jungen Veteranen, der relativ stolz auf seine Taten während des Krieges war, die er allgemein als erheiternd empfand.[14] Nach Hause zurückgekehrt, sah er sich dann aber mit einer Reihe anderer Werte konfrontiert, die ihn die Legitimität seiner ursprünglichen Reaktionen in Frage stellen ließen. Was einst eine Quelle des Stolzes war, wurde jetzt eine Quelle der Belastung. Wir konnten sehen, wie die Nahtod-Erfahrungen während des Mittelalters einen Abstieg ins Fegefeuer einschließen konnten. Bei diesem jungen Soldaten, dem besonders Szenen der Zerstümmelung und unnützer Gewalt zu schaffen machten, zeigte die posttraumatische Streßstörung ähnliche Merkmale – es ging darum, Buße zu tun zur Tilgung seiner Schuld.

Extremer ist der von den Psychiatern Harry Holloway und Robert Ursano geschilderte Fall eines Veteranen.[15] Der Mann litt unter Erinnerungen, die ständig vor seinem geistigen Auge aufstiegen und in denen er sich, »genau wie in Vietnam«, sagte er, in der Rolle eines Heckenschützen sah. In Wirklichkeit war er in Vietnam einem Nachschubdepot zugeteilt worden und hatte nie ernstere Kampfhandlungen erlebt. Gegenstand seiner posttraumatischen Streßstörung war nicht etwaige Sühne zur Tilgung seiner Schuld, als vielmehr das Ausleben nicht begangener Taten in seiner Phantasie – um wie sein hochdekorierter Vater ein Held zu sein.

Weder die Nahtod-Erfahrung noch die posttraumatische Streßstörung stellen, wenn man so will, »unbearbeitete« emotionale Reaktionen auf lebensbedrohliche Ereignisse dar. Im Sinne einer Analogie sind diese emotionalen Syndrome mit Moralspielchen vergleichbar, im Rahmen derer Menschen versuchen, ihrem Leben einen Sinn zu geben und dabei vielleicht angesichts des nahenden Todes sich ihre Vergangenheit, die gegenwärtigen Umstände, in denen sie leben, und ihre Ambitionen für die Zukunft (wenn auch nicht unbedingt bewußt) vor Augen halten.

Emotionen stellen nicht einfach Reaktionen auf Ereignisse dar; sie verkörpern auch die Bedeutung, die wir Ereignissen beimessen. Diese Bedeutung und damit die Emotionen können sich im Laufe der Zeit so verändern, wie sich das Individuum und die sozialen Gegebenheiten ändern. Das ist ein Punkt, auf den Freud oft verwies, wenn es um die Folgen von Kindheitstraumata im späteren Leben ging. So bemerkte er zum Beispiel in seinen Ausführungen über Leonardo da Vinci: »Die Kindheitserinnerungen der Menschen haben oft keine andere Herkunft; sie werden überhaupt nicht, wie die bewußten Erinnerungen aus der Zeit der Reife, vom Erlebnis an fixiert und wiederholt, sondern erst in späterer Zeit, wenn die Kindheit schon vorüber ist, hervorgeholt, dabei verändert, verfälscht, in den Dienst späterer Tendenzen gestellt, so daß sie sich ganz allgemein von Phantasien nicht strenge scheiden lassen.«[16]

Hinzufügen möchten wir nur, daß das, was für die Erlebnisse in der Kindheit gilt, auch für die Erlebnisse im späteren Leben gilt. Und was für Erinnerungen gilt, gilt ebenso für Antizipationen. Das heißt, wir messen Ereignissen, *wenn sie geschehen*, und nicht nur im nachhinein eine Bedeutung bei, und diese Bedeutung trägt mit zur Fixierung unserer emotionalen Erfahrung bei – ja, ist Teil derselben.

Angesprochen wurden bisher die Reaktionen auf den Tod einer anderen Person (Trauer) sowie die Reaktionen auf den drohenden eigenen Tod (wie sie bei der Nahtod-Erfahrung und der posttraumatischen Streßstörung zum Tragen kommen). Noch nicht angesprochen wurde der Vorgang des Sterbens selbst sowie die Auswirkungen der modernen Technologie auf die Art und Weise, wie wir sterben.

Betrachtet man die westliche Geschichte, so war der krankheits- oder unfallbedingte Tod in jungen Jahren in weiten Teilen etwas durchaus Gewöhnliches. In den Hoch-Zeiten des Römischen Reiches lag die durchschnittliche Lebenserwartung nur bei etwa 25 bis 30 Jahren, eine Situation, die sich bis Ende des 19. Jahrhunderts nicht wesentlich verbesserte. Im Mittelalter orchestrierte der Sterbende auf seinem Totenbett sozusagen in Gegenwart seiner Familie, seinen Freunden und seinen Kindern seinen eigenen Tod. Der Tod war ein öffentlicher, kollektiver Ritus. Die »Kunst des Sterbens« wurde gelehrt – explizit vermittelt durch entsprechende Schriften und implizit durch Beispiele (etwa in den *chansons de geste*, den epischen Erzählungen von Rittern und Helden).[17]

Heutzutage ist unsere Einstellung zum Tod von Konflikten und Ambivalenz geprägt. Auf der einen Seite stellt die plastische Zurschaustellung von Gewalt in Filmen eine Art Pornographie des Todes, ähnlich der Sexpornographie, dar, mit der sie im übrigen nicht selten Hand in Hand geht. Auf der anderen Seite behandeln wir den Tod als etwas Befremdliches, Fremdes, als ob das Sterben generell etwas Unnatürliches sei. Kommt der Zeitpunkt, der unweigerlich kommen muß, so wird der Sterbende in ein Krankenhaus verfrachtet, um dort zu sterben – unter Fremden und durch Beruhigungsmittel so gedämpft, daß er nicht mehr bei vollem Bewußtsein ist.

Es gibt bereits erste Anzeichen einer Re-Aktion auf diese Entwicklung. Jeder, der nach einem Unfall oder einer Krankheit nicht im Koma »am Leben« erhalten werden möchte, ist zumindest schon einmal gut beraten, zu Lebzeiten in einer Art »Testament« festzuschreiben, welche Arten der medizinischen Versorgung akzeptabel und welche es nicht mehr sind. Für die Todkranken und ihre Familien gibt es inzwischen Einrichtungen und Selbsthilfegruppen, die eine humane Alternative zur herkömmlichen Krankenhausversorgung bieten. Für die etwas Freimütigeren oder auch Wagemutigeren gibt es Ratgeber, wie man einen »guten« Tod stirbt. Ein Beispiel ist etwa das Taschenbuch von Anya Foos-Graber, *Deathing: Den Tod bewußt erleben*.[18] Auf traditionelle Yoga- und Übungen zur Beruhigung und Konzentration (z. B. Atemübungen) zurückgreifend, beschreibt Foos-Graber Techniken, die, wie sie behauptet, bewirken, daß der Augenblick des Todes, statt unbewußt und hilflos, »bewußt, wach, eigenverantwortlich und mit Freude erlebt werden kann«. All das sind jedoch bescheidene Ansätze im Vergleich zu dem, was auf wesentlich breiterer Ebene vonnöten wäre.

In den meisten Industrienationen ist die am schnellsten wachsende Bevölkerungsgruppe die der über 75jährigen.[19] Eine derart lange Lebenserwartung ist ein Novum in der Geschichte der Menschheit. Was unsere Emotionen angeht, so sind sie weitestgehend für die Jugend zugeschnitten. Welche Emotionen können und sollten wir nun aber modellieren, wenn wir älter werden, um auch dann noch ein reiches und befriedigendes Leben zu haben? Oder müssen wir uns, wie Epikur, mit jenen Freuden abfinden, die wenig mehr als die Abwesenheit von Schmerz sind?

In diesem Zusammenhang werden die Fragen des Alleinseins und der Intimität relevant, auf die wir in den Folgekapiteln noch näher eingehen werden. Eine Tatsache ist, daß in jeder Altersgruppe die Sterberate von Männern höher als die der Frauen ist. Somit wächst proportional mit fortschreitendem Alter der Bevölkerungsanteil der Frauen. Sollten nun die meisten Frauen sich darauf einstellen, daß sie in späteren Jahren auf den Genuß sexueller Intimität verzichten müssen? Sollten sie sich nach jüngeren Liebhabern umsehen? Sollten sie sich auf Dreierbeziehungen mit einem Mann einlassen? Oder lesbische Beziehungen eingehen? Und was ist mit den Männern? Sie haben zwar die größeren Möglichkeiten, heterosexuelle Beziehungen einzugehen, aber nicht unbedingt die Fähigkeit, sei es physisch oder psychisch bedingt. Viele Männer wissen nicht, wie sie ohne Sexualität mit einer Frau intim sein können.

Aber noch drängendere Fragen werden durch den nahenden Tod, mit dem sich ältere Menschen konfrontiert sehen, aufgeworfen. Wie sollen wir auf den nahenden Tod von Freunden, geliebten Menschen, unserem eigenen, reagieren? Wie sollen wir trauern, wenn der Vorgang des Sterbens über viele Monate, sogar Jahre hinausgezogen wird? Ist Euthanasie jemals gerechtfertigt? Und sollte es jemandem zugestanden werden, Selbstmord zu begehen, sollte er sogar unterstützt werden, wenn es eine Entscheidung der rationalen, freien Wahl ist? Wir stellen diese Fragen, nicht, weil wir irgendwelche Antworten darauf hätten, sondern um die Art der Herausforderungen zu verdeutlichen, mit denen wir konfrontiert sind. Die größten Hindernisse, mit diesen Herausforderungen umzugehen und ihnen gerecht zu werden, sind emotionaler, nicht technologischer Natur. Es bedarf emotionaler Kreativität, wenn die Technologie ein sinnvolles Leben verlängern und nicht nur den Tod hinausschieben soll. [20]

Kapitel 17

Alleinsein

Die Einsamkeit umringt und umringelt ihn,
immer drohender, würgender, herzzuschnürender,
jene furchtbare Göttin und
mater saeva cupidinum –
aber wer weiß es heute,
was Einsamkeit ist?

Friedrich Nietzsche,
Menschliches, Allzumenschliches

Das Wagnis, alleine zu leben,
ist der Mut, den man am seltensten trifft;
denn es gibt so viele, die lieber
ihrem ärgsten Feind auf dem Feld
als ihrem eigenen Herzen in der Kammer
begegnen möchten.

Charles Caleb Colton,
Lacon

Unsere heutige Gesellschaft ist von einer ambivaltenten Haltung zum Alleinsein geprägt. Das Individuum, das allein ist, ist einerseits ein Volksheld – der Fremde, der auf einem Pferd in die Stadt reitet, praktisch mit einer Hand alle Gauner und Schurken erledigt, nur um dann wieder davonzureiten, allein und unbehelligt. Der einsame Wissenschaftler oder Künstler, der gegen ein verkrustetes Establishment ankämpft, ist nur eine etwas tiefgründigere Version des gleichen romantischen Mythos. Andererseits wird aber Alleinsein oftmals mit der Unfähigkeit, Freundschaften zu schließen oder aufrechtzuerhalten, gleichgesetzt. Nach dieser Vorstellung ist das Individuum, das allein ist, dann ein gesellschaftlicher Außenseiter (»Einzelgänger«) und mitnichten ein Held. Für jemanden, der diese negative Haltung genügend verinnerlicht hat, kann die Aussicht auf auch nur einen Abend, den er alleine zu Hause sein wird, Angst, Schamgefühle und Gefühle der Einsamkeit hervorrufen.

Diese ambivalente Haltung zum Alleinsein ist jedoch kein Unikum unserer heutigen Gesellschaft. Aristoteles erklärte, die Person, die allein lebe, sei entweder ein Tier oder ein Gott. Nietzsche hielt dem viele Jahrhunderte später eine dritte Möglichkeit entgegen, nämlich, daß die Person, die allein lebe, ein Tier *und* ein Gott sei. Alleinsein, Einsamkeit, ist nach den eingangs zitierten Worten Nietzsches eine furchtbare Göttin und grausame Mutter der Passionen. Wir sehnen uns nach ihrer Umarmung und fliehen dennoch vor Entsetzen, wenn wir an ihren Busen gezogen werden.

Was ist es, daß das Alleinsein einerseits so verlockend und andererseits so erschreckend macht? Der Mensch ist von Natur aus ein geselliges Wesen. Das Leben in der Gesellschaft bietet viele Vorteile – gemeinsame, geteilte Ressourcen, Schutz vor Feinden sowie die Entwicklung der Kultur. Isoliert würde ein Mensch, mit nur wenigen Mitteln der natürlichen Verteidigung, nicht lange »in der Wildnis« überleben können. Kein Wunder also, daß wir die Gesellschaft anderer suchen und genießen und daß umgekehrt eine zwangsweise Isolation oder ein erzwungenes Alleinsein zu den schmerzlichsten menschlichen Erfahrungen gehört.

Ebenso kräftezehrend kann eine unfreiwillige oder übermäßig lange soziale Inanspruchnahme sein. Um wachsen und kreativ sein zu können, ist es notwenig, daß wir uns von anderen trennen und eigenständige Individuen werden. Wir müssen uns die Zeit zum Alleinsein zugestehen – um nachzudenken, uns Dinge vorzustellen und unsere Gedanken ungehemmt wandern zu lassen. Wir müssen die Tiefen unseres inneren Selbst ausloten – unsere Gefühle, Gedanken, Ideen, Träume und Reaktionen auf das Leben. Das mag leicht, gar schön klingen. In Wirklichkeit gibt es aber nur wenige Dinge, die schwieriger sind.

Nicht unüblich ist, daß manche Menschen mitunter keinen Kunstgriff scheuen, um nicht allein zu sein. Ein gängiger Fluchtweg ist etwa, sich in einen Strudel von Aktivitäten zu stürzen – sei es auf gesellschaftlicher oder auf beruflicher Ebene. Ein Weg, der aber oft zu Gefühlen noch größerer Einsamkeit führt; wenn diese Aktivitäten kaum von Belang oder persönlich bedeutend sind, verstärkt nämlich die Gegenwart anderer nur noch das Gefühl der eigenen Isolation. Im Extremfall zieht eine Person es vielleicht sogar vor, in einer unbefriedigenden Beziehung zu bleiben, in der sie vielleicht sogar mißhandelt wird – alles erscheint besser als die Einsamkeit des Alleinseins.

Ethel war seit über dreißig Jahren mit einem Mann verheiratet, der sie fast täglich sowohl körperlich als auch psychisch miß-handelte. Sie verließ die Beziehung erst (ließ sich scheiden), nachdem ihr Mann ihr gedroht hatte, er werde sie umbringen, wenn sie bliebe. Gefragt, warum sie so lange in der Beziehung geblieben sei, antwortete sie, sie habe den Gedanken an das Alleinsein nicht ertragen können. Die finanzielle Sicherheit war ein Punkt, aber nicht der wichtigste. Ethel war zuvor schon einmal berufstätig gewesen, und sie wußte, daß sie in der Lage war, sich selbst durchzubringen.

Kurz nach ihrer Scheidung kam sie wegen Depressionen zur Therapie. Was sie mit am meisten fürchtete, war, daß sie, wenn ihr Ex-Mann sie fragte, wieder in die Beziehung zurück-kehren würde. Es gab keinen Grund anzunehmen, daß sie in dieser erneuerten Beziehung weniger mißhandelt würde, aber fast alles schien erträglicher als die Einsamkeit, die sie jetzt erfuhr.

Geschichten wie die Ethels sind leider hinlänglich bekannt. Allein in den Vereinigten Staaten werden alljährlich rund 1,8 Millionen Frauen von ihren Ehemännern geschlagen, und fast 1700 sterben infolge der Mißhandlungen. Fast 30 Prozent aller Ehepaare be-richten von mindestens einem Vorfall der Mißhandlung während ihrer Ehe. Obwohl sich aufgrund der Dunkelziffer genaue Stati-stiken kaum aufstellen lassen, steht fest, daß ein erheblicher An-teil der Frauen, die Mißhandlungen in ihrer Beziehung ausgesetzt sind, es vorziehen zu bleiben. Selbst von denjenigen, die vorüber-gehend Schutz in Frauenhäusern suchen, kehrt die Mehrzahl am Ende zu ihrem Ehemann oder Liebhaber zurück.[1] Aber umgekehrt ziehen es auch Männer, die in ihren Beziehungen mißhandelt werden, oftmals vor, an diesen Beziehungen festzuhalten, obwohl gesagt werden muß, daß die Konsequenzen für sie, zumindest was physische Verletzungen angeht, selten so schwerwiegend wie für Frauen sind.

Wir behaupten nicht, daß der einzige Grund, warum Personen – Männer oder Frauen – an Beziehungen festhalten, in denen sie mißhandelt werden, die Angst vor dem Alleinsein ist – unstrittig ist aber, daß diese Angst vielfach ein wichtiger Faktor ist.

Als Gesellschaft haben wir nicht nur die Fähigkeit zum Alleinsein verloren, sondern auch aufgehört, seine Notwendigkeit und seinen Wert zu sehen. Der Psychiater Anthony Storr sieht im Verlust dieser Fähigkeit eines der Hauptprobleme unserer Zeit.[2] Die vorherrschende protestantische Arbeitsmoral stellt das *Tun* statt des *Seins* in den Vordergrund; und so fühlen wir uns schuldig oder beschämt, wenn wir keine direkte und meßbare Leistung hervorbringen. Aber genau wie ein Feld ab und an brachliegen muß, um fruchtbar zu bleiben, so ist auch das Alleinsein für das Individuum unabdingbar.

Was wir aus dem Alleinsein machen, liegt an uns – wir können es als Einsamkeit empfinden oder als eine Chance zur Erneuerung und Kreativität. Storr nennt zahlreiche Beispiele berühmter Persönlichkeiten (Newton, Kant, Beethoven, Admiral Byrd, Edward Gibbon und andere), die auf ihre Fähigkeit zum Alleinsein bedacht waren und großen Nutzen daraus zogen. Wir wählen ein weniger berühmtes Beispiel, um diese Frage zu verdeutlichen. Der Dichter Robert Francis lebte den Großteil seines Lebens allein. Von 1931 bis 1954 hielt er seine Gedanken und Beschäftigungen in einem Tagebuch fest, das 1986, kurz vor seinem Tod, veröffentlicht wurde. Bei einer der ersten Eintragungen (vom 22. Juli 1931) fragte der damals 30jährige Francis sich: »Warum genieße ich so überreichlich das Alleinsein?« Und er antwortete: »Weil es mir eine größere Harmonie mit mir selbst und meiner Umwelt als jede Form des gesellschaftlichen Lebens bringt, und weil mein Geist im Alleinsein auf einer kontemplativen und kreativen Ebene aktiver als im Beisein anderer Menschen ist.«[3] Er griff dieses Thema wiederholt auf. So etwa mehr als zwanzig Jahre später, in einer Zeit, als er Schwierigkeiten hatte, zu schreiben und publiziert zu werden, ließ er sein Telefon kappen und zog sich »Nacht für Nacht, abgeschieden und völlig isoliert von der Außenwelt, in mein Schlafzimmer zurück, wo ich, im absoluten spirituellen und physischen Alleinsein schwelgend, las und schrieb und dachte«.[4] Alleinsein bedeutet natürlich nicht unweigerlich Isolation, insbesondere nicht eine erzwungene Isolation. Francis, auf ein Bild aus der Weberei zurückgreifend, schrieb: »Wenn mein Alleinsein die

Kette meines Lebens ist, dann sind Menschen der Schuß. Ich habe nicht den Wunsch, sie zu verringern, und selbst wenn ich diesen Wunsch hätte, könnte ich es nicht. Wenn ich allein bin, habe ich die Freiheit, die Gesellschaft meiner Freunde zu suchen und bin nicht ein Gefangener derer, die zufällig hier sind.«[5]

Unbestritten, das Alleinsein kann eine positive wie auch negative Erfahrung sein, und genau hierin liegt eine Gefahr anderer Art, zumindest wenn es um die Frage der Kreativität geht. Im Einklang mit anderen Autoren, die wir zitierten, stellt Rollo May als Voraussetzung für Kreativität fest: »Es erfordert, daß wir imstande sind, uns aus einer Welt zurückzuziehen, die uns ›zu nahe ist‹.«[6] Er fügt allerdings ergänzend hinzu, daß nicht jede Form von Rückzug aus der Welt dem Genüge tut. So setzt zum Beispiel die transzendentale Meditation eine absolute, nicht unterbrochene Ruhe voraus, und sie hat viele nutzbringende Effekte, zu denen aber offensichtlich eine gesteigerte Kreativität nicht gehört. Zumindest schneiden den von May zitierten Untersuchungen zufolge Lehrer der transzendentalen Meditation bei Kreativitätstests nicht besser als Kontrollpersonen ab. Zu seinen eigenen Erfahrungen mit der Meditation schreibt May: »Wenn ich etwas für mich Wichtiges schreiben will und vorher die üblichen zwanzig Minuten meditiere, dann habe ich festgestellt, ist mein Universum zu geordnet und zu geglättet. Ich habe dann nichts mehr, worüber ich schreiben könnte. Meine Begegnung hat sich in Luft aufgelöst. Ich fühle mich großartig, das stimmt; aber ich kann nicht schreiben.«[7] Das die Kreativität fördernde Alleinsein ist nicht das, das sich mit Ruhe und Behaglichkeit zufriedengibt, sondern jenes, das Komplexität und Verworrenheit und ein gewisses Maß an innerem Chaos zuläßt.

In jedem Fall ist das Alleinsein wichtig für die Kreativität in intellektuellen und künstlerischen Bereichen, die weitestgehend einsame Beschäftigungen darstellen. Aber wie verhält es sich bei der emotionalen Kreativität? Abgesehen von wenigen Ausnahmen (z. B. plötzliches Erschrecken vor einer potentiell physischen Gefahr oder Abscheu vor einem ekelhaften Geruch), haben Emotionen einen interpersonellen Hintergrund: Sie werden durch die (realen oder imaginären) Aktionen anderer Personen bei uns erzeugt, und umgekehrt rufen wir durch unseren eigenen emotionalen Ausdruck Reaktionen bei anderen hervor. Selbst die bloße Gegenwart anderer kann sich, auch ohne irgendeine direkte Interaktion, als potenter Moderator des emotionalen Verhaltens erweisen. Allein lachen wir nur selten so herzlich, wie wenn wir mit anderen zusammen sind, noch weinen wir so ausgiebig, wenn niemand da ist, der unsere Tränen sieht. Es gibt also Grund zu der Annahme, daß gesellschaftliches Engagement für die emotionale Kreativität wichtiger als für die Kreativität in anderen Bereichen sein kann.

Dem ist aber nicht unbedingt so. Der gesellschaftliche Umgang mit anderen kann das Schlupfloch sein und ist es oft, um eine konstruktive Konfrontation mit den eigenen Emotionen zu meiden. In ihre sozialen Aktivitäten verstrickt, können Menschen den Kontakt mit sich selbst, damit, wer sie sind und was sie fühlen, verlieren. Auch dieser Punkt läßt sich wieder am besten durch ein Beispiel veranschaulichen. Edgar Allan Poe war eine ebenso emotional wie intellektuell höchst kreative Persönlichkeit. Seine mysteriösen und Horrorgeschichten bewirken ebenso wie seine Gedichte über Liebe und Tod, daß unsere Emotionen die üblichen Grenzen überschreiten. In einem Gedicht, *Alone*, beschreibt Poe die Ursprünge seiner eigenen ungewöhnlichen Emotionen:

From Childhood's hour I have not been
As others were – I have not seen
As others saw – I could not bring
My passions from a common spring –
From the same source I have not taken
My sorrow – I could not awaken
My heart to joy at the same tone –
And all I lov'd – I lov'd alone –
Then – in my childhood – in the dawn
Of a most stormy life – was drawn
From ev'ry depth of good and ill
The mystery which binds me still
From the torrent, or the fountain –
From the red cliff of the mountain –
From the sun that round me roll'd
In its autumn tint of gold –
From the lightning in the sky
As it pass'd me flying by –
From the thunder, and the storm –
And the cloud that took the form

(When the rest of Heaven was blue)
Of a demon in my view –[8]

Für die meisten von uns liegt die »gewöhnliche Quelle« unserer Emotionen in sozialen Beziehungen. Aber nicht für Poe. Ihm gaben der Wildbach, die Berge, die Sonne, Blitz und Donner, besonders Blitz und Donner, die Inspiration für ein stürmisches und oft einsames Leben.

Es lohnt, an dieser Stelle kurz die Biographie Poes wiederzugeben, da sie sehr gut die Beobachtung Nietzsches verdeutlicht, wonach Alleinsein, die Einsamkeit, nicht nur eine »grausame Mutter der Passionen«, sondern auch eine »furchtbare Göttin« sein kann. Kurz nach seiner Geburt von seinem Vater im Stich gelassen, wurde Poe, als seine Mutter starb, drei Jahre später als Waise in einer Pflegestelle großgezogen, wo ihm zwar ein gewisser materieller Komfort, aber kaum wirkliche Zuneigung und Wärme geboten wurden. Sein Leben als Erwachsener war von Armut, Verbitterung und Groll gekennzeichnet.

Obwohl er oft allein war, entwickelte Poe seltsamerweise nie die Fähigkeit zum Alleinsein. Sein Alleinsein war weitestgehend erzwungen, selbst wenn dieses Erzwungensein oft das Ergebnis seines eigenen feindseligen Verhaltens war. Wie kreativ und einfühlsam er auch in einigen Bereichen war, so ließ seine emotionale Entwicklung in anderen doch deutlich zu wünschen übrig. Im Alter von 26 Jahren schrieb er an seine Tante, sie solle ihn bedauern, er habe niemanden, zu dem er nun fliehen könne – er sei unter Fremden, und sein Elend sei mehr, als er ertragen könne. Er fragte, für was er leben solle, so unter Fremden, ohne eine Seele, die ihn liebe.[9] Kurz darauf heiratete er die Tochter seiner Tante, seine Cousine, die damals erst 13 Jahre alt war. Seine Ehefrau entwickelte sich zu einer schönen Frau, sie starb aber, genau wie seine Mutter, in jungen Jahren an Lungenschwindsucht, und er war wieder allein.

Poe idealisierte die Schönheit von Frauen, war aber sexuell gehemmt. Schönheit war für ihn eng mit Bildern des Todes verbunden. Seine Liebe war intellektueller Natur, in mancher Hinsicht an die Liebe Dantes zu Beatrice erinnernd. Es war eine Liebe, die mehr in der Poesie und Phantasie als im geschlechtlichen Umgang zum Ausdruck kam. Poe starb während eines Besäufnisses, als gerade die Vorkehrungen zur Hochzeit mit einer ehemals Angebeteten getroffen wurden – einer Witwe, deren Einkommen ihm schließlich eine gewisse Sicherheit geben konnte. Seine lebenslängliche Romanze mit dem Tod wurde so also zum Abschluß gebracht.

Wenn wir einerseits die Wichtigkeit des Alleinseins für die emotionale Kreativität betonen, möchten wir damit andererseits mitnichten die Bedeutung gesunder sozialer Beziehungen herunterspielen. Diese Beziehungen können sich in den verschiedensten Formen gestalten – angefangen von der engen Bindung zwischen guten Freunden und Ehe- oder Liebespartnern, über die Bekanntschaften am Arbeitsplatz, bis zur Anonymität einer Menschenmenge bei einer Sportveranstaltung. Alle diese Formen der sozialen Interaktion tragen zu unserem Gefühl des Wohlbefindens bei, für die emotionale Kreativität ist aber keine wichtiger als die intime Freundschaft und Liebe. Sie gehören zu den wichtigsten Komponenten, die unser Glück ausmachen und auf der anderen Seite die Quelle unserer tiefsten Verzweiflung sind. Das Rohmaterial für neue Emotionen finden wir möglicherweise in den eisigen Gewässern des Alleinseins, aber das Endprodukt wird oft erst im Feuer einer intimen Beziehung geschmiedet.

Kapitel 18

Intimität

Du mußt wissen, David, einige Männer können
ohne Frauen auskommen,
sie tragen genug Leben in sich;
aber du, mein Freund, mußt eine Lebensquelle
außerhalb deines Selbst suchen.
Du hast sie nicht in dir,
sondern brauchst die Zufuhr von außen.

Pearl S. Buck,
Und fänden die Liebe nicht

Schweigen ist der Raum um jede Tat
und jede Gemeinschaft von Menschen.
Freundschaft bedarf keiner Worte –
sie ist Einsamkeit,
frei von der Angst der Einsamkeit.

Dag Hammarskjöld,
Zeichen am Weg

Viele Menschen suchen Intimität, sehnen sich vielleicht mehr danach als nach allem anderen, aber wenn sie genauer spezifizieren sollen, was es ist, wonach sie suchen, können nur wenige eine präzise Antwort geben. Die üblichen Definitionen der Intimität beziehen sich auf sexuelle und / oder körperliche Nähe. Die Frage: »Leben Sie in einer intimen Beziehung?«, wird oft gleichgesetzt mit: »Haben Sie eine sexuelle Beziehung?« Zur sexuellen Intimität ist vieles zu sagen. Wir setzen uns selbst (und unserem Potential für emotionale Kreativität) jedoch Grenzen, wenn wir die Frage der Intimität nur in einem sexuellen Zusammenhang sehen.

In weiten Teilen der westlichen Geschichte wurde Intimität

nicht in sexuellen Beziehungen, sondern vielmehr in Freundschaften gesucht – und gefunden. Der Begriff »Freund« wird heute relativ oberflächlich verwendet, wenn da etwa gesagt wird: »Bei der Party gestern abend lernte ich drei neue Freunde kennen.« Das entspricht nicht der traditionellen Sicht einer Freundschaft. Im Mittelalter erwartete man beispielsweise, daß man nur einige wenige Freunde hatte. Die Zahl war klein, aber das Engagement groß, die Bindung war tief und hielt oft ein Leben lang. Man lernte Freunde also nicht einfach kennen; sie wurden ausgesucht und die Freundschaften gezielt kultiviert. In dieser Hinsicht ist folgender Briefwechsel aufschlußreich. Ende der 1120er Jahre schrieb Hildebert de Levardin, Erzbischof von Tours, an Bernard de Clairvaux: Alles, was er von ihm gehört habe, habe ihn dazu bewegt, ihn zu lieben, und den sehnlichsten Wunsch in ihm entbrannt, daß ihm die Gnade seiner Freundschaft zuteil werde.[1]

Bernard antwortete, was ihn angehe, so sei er entschlossen, ihn, was auch immer er tue, zu lieben, selbst wenn er seine Liebe nicht erwidere. Er werde an ihm hängen, selbst gegen den Willen Levardins; er werde selbst gegen seinen eigenen Willen an ihm hängen. Wenn er sich erst einmal mit einer starken Bande an ihn gebunden habe, in aufrichtiger Nächstenliebe, so werde diese Liebe nie scheitern.[2]

Aus dem Zusammenhang herausgenommen, möchte man meinen, es handele sich dabei um einen Briefwechsel zwischen Liebenden. Wir erwähnen ihn, um den Umstand zu verdeutlichen, daß Intimität nicht auf Liebende beschränkt ist, obgleich das der heute üblichste Kontext ist. Dennoch: Allzuoft scheinen gerade die sexuelle Intimität und die Intimität einer Freundschaft in Konflikt zu geraten. So erscheint zum Beispiel es vielen Paaren, wenn die sexuelle Leidenschaft abgekühlt ist, fast unmöglich, die geistige oder emotionale Nähe, die sie einst hatten, wiederzufinden. Aber mit einem Optimum an Kreativität kann eine intime Beziehung intellektuelle, emotionale und körperliche Nähe miteinander kombinieren, ohne daß eine Komponente dominiert oder die anderen verdrängt.

Das Wort »intim« stammt von dem Lateinischen *intimus*, was soviel bedeutet wie »der Innere«, »mehr nach innen gelegen«. Kombinieren wir nun diese Bedeutung mit dem lateinischen Begriff *caritas*, der unter anderem Liebe oder Nächstenliebe bedeutet, so gelangen wir zu folgender Definition:

Intimität ist, wenn zwei Menschen in gegenseitiger Liebe und Achtung, zu beider Nutzen, im Geben und im Nehmen ihre innersten Gedanken und Gefühle miteinander teilen.

In einer intimen Beziehung hat jeder die Freiheit, mit dem anderen das Intimste oder Innerste zu teilen (oder nicht zu teilen), ohne Angst, sich lächerlich zu machen oder auf Ablehnung zu stoßen. Das Schlüsselwort ist die *Freiheit*. Intimität bedingt nicht, sich dem anderen unterschiedslos zu offenbaren. Derjenige, der in dem verzweifelten Ringen um Intimität zuviel von seinem Selbst hergibt, ist ebenso schlecht beraten wie derjenige, der aus Angst vor Ablehnung zu wenig aus sich herausgeht. Viele Einzelheiten aus dem Leben einer Person sind für eine Beziehung irrelevant (und potentiell schädlich). Das Ziel ist, den anderen zu *kennen*, nicht, möglichst viel *über* ihn zu *wissen*. Liebe (Nächstenliebe) und Achtung sind, mehr als die gegenseitige Offenbarung, das, was Intimität kennzeichnet. Wird diese Tatsache ignoriert, gerät die Beziehung in Gefahr. Robert Nisbet formulierte diesen Punkt treffend:

>»Hat man sich erst einmal mit einer anderen Person darauf eingelassen, so birgt Intimität die entsetzliche Gefahr in sich, in eine Falle zu geraten. Intimität hat etwas Tyrannisches, dann nämlich, wenn einer der Individuen ihrer überdrüssig ist oder sich ihr entfremdet hat. Manche Individuen, sowohl Männer als auch Frauen, verspüren eine Art Lust nach intellektueller Intimität miteinander. In der Regel geduldig und subtil vorgehend, warten sie auf den Tag, an dem der andere merkt, daß er so viel von sich preisgegeben, so viele seiner Schutzhüllen verloren hat, daß er in der Falle sitzt. Zu dieser Falle gibt es nur eine Lösung, eine Form der Befreiung von der Tyrannei der Intimität: *Ecrasez l'infame*.«[3]

Intime Beziehungen haben nicht in jedem Fall Ewigkeitsbestand. Das gilt insbesondere für solche Beziehungen, bei denen die sexuelle Leidenschaft ein wichtiger Motor ist. Durch veränderte Umstände können die beiden Partner auseinanderdriften. Wie kann eine solche Beziehung beendet werden? Wenn sich zwei Menschen erst einmal voreinander, körperlich oder psychisch, entblößt haben, ist es unmöglich, zum *status quo ante* zurückzukehren. Vertraulichkeiten, die dem anderen einmal offenbart wurden, können nicht rückgängig gemacht werden; Schwächen, die aufgedeckt wurden, lassen sich nicht mehr verbergen. Verlegenheit ist somit am Ende einer intimen Beziehung ebenso unausweichlich wie am Anfang. Diese Verlegenheit kann sich in Scham und in der Folge in Haß verkehren. Der andere weiß zuviel. Was ist zu tun? Vernichte das Infame! *Ecrasez l'infame*, im wahrsten Sinne des Wortes.

So muß es aber nicht sein – nicht, wenn beide Liebe und Achtung für einander empfinden. Das Wesen einer intimen Beziehung, das, was sie ausmacht, kann sich im Laufe der Zeit verändern, was oft der Fall ist. Was durch Offenbarung verloren wurde, ist nie wieder rückholbar; aber ebenso gilt, daß das, was in einer Beziehung gewonnen wurde, nie verloren gehen muß. Wahre Intimität reißt nicht die Schutzhüllen der Seele herunter, sie respektiert, daß der andere ein Recht darauf hat.

Die Suche nach Intimität setzt in früher Kindheit ein und hält ein Leben lang an. In der Grundschule war es unser Wunsch, einen besonderen Freund zu haben, mit dem wir lachen und weinen und unsere innersten Gedanken und Geheimnisse teilen konnten. Diese ersten Versuche sind es denn auch, die unsere Einstellung zur Intimität formen. Einstellungen, die aber oft, obgleich in mancher Hinsicht schlüssig, zu einer oberflächlichen Vorstellung von Intimität führen und in der Konsequenz in Erwachsenenbeziehungen kontraproduktiv sein können.

Wichtig ist, wahre Intimität von den verschiedensten Pseudo-Intimitäten zu unterscheiden. Eine Form ist das unverbrüchliche Aneinanderklammern zweier Individuen, die durch die intensive Angst vor dem Alleinsein aneinandergeschweißt sind. In diesem Falle versucht jeder über den jeweils anderen Ganzheit zu erlangen oder eine innere Leere zu füllen. Das ist keine intime, sondern eine parasitäre Beziehung. Parasitäre Beziehungen können, so lange sie bestehen, intensiv sein, allerdings bestehen sie selten sehr lange. Was am Ende bleibt, ist, daß wir uns ausgesaugt und ausgebrannt fühlen. Um das Problem aufzuzeigen, sei der Fall eines Klienten, den wir Sol nennen möchten, geschildert. Sol ist berufstätig und in den Vierzigern:

Sol kam zur Therapie, weil er sich, wie er sagte, »emotional wie ein Klavier fühlt, das nur eine Note spielt«. Er war zu jener Zeit

zum zweitenmal verheiratet. Seine Frau war eine schöne, kon-
trollierende, aber gleichzeitig ängstliche und abhängige Frau,
von der er sagte, daß er sie liebe, aber nicht gern habe. Im
zurückliegenden Jahr hatte er sich zunehmend allein und leer
gefühlt und immer weniger einen Sinn in seinem Leben gese-
hen. Seine Frau und ihre Beziehung beschreibend, erklärte er:
»Ich habe manchmal das Gefühl, daß sie wie ein Schwamm ist,
der, meine Gedanken, meine Gefühle und meine Emotionen
aufsaugend, einfach in meinen Geist und in meine Seele ein-
dringt. So mache ich dicht und zeige ihr nicht mehr, was ich
empfinde oder was auch immer.« Dann hielt er einen Augen-
blick inne und fügte mit leiser Stimme hinzu: »Ich glaube, es
ist schrecklich, irgend jemandem so etwas anzutun.«

Eine andere Form der Pseudo-Intimität ist eher symbiotischer als
parasitärer Natur. In einer symbiotischen Beziehung (wie sie von
Biologen definiert wird) gibt jeder dem jeweils anderen die Ressourcen, die er benötigt, der beiderseitige Kontakt bleibt jedoch
oberflächlich. In vielen Gesellschaften beginnt die vorrangig aus
gesellschaftlichen oder ökonomischen Zweckmäßigkeiten heraus
arrangierte Ehe oftmals als eine symbiotische Beziehung. Erst
später, wenn überhaupt, entwickeln die Partner eine wahre intime
Beziehung. Umgekehrt verkehren sich, wie in unserer Gesellschaft, intime Beziehungen oft, wenn die anfängliche Leidenschaft erloschen ist, in symbiotische (»kameradschaftliche«) Beziehungen. Im Optimalfall können solche Beziehungen, wie eine
Geschäftspartnerschaft, recht stabil und für beide Seiten lohnend
sein. In dem Maße, wie sich die Interessen oder Bedürfnisse der
Partner verändern, bröckeln solche symbiotischen Beziehungen
jedoch häufig. In diesem Fall kann, trotz des engen körperlichen
und selbst psychischen Kontaktes miteinander, sich zwischen beiden so etwas wie eine Anonymität in bezug auf innerste Gedanken
und Gefühle durchsetzen. Ein Zustand, den folgendes Beispiel
sehr gut veranschaulicht:

Fred und Nell waren seit über zwanzig Jahren verheiratet. Fred
suchte therapeutische Hilfe, weil er sein Leben als schmerzhaft
und öde empfand, aber nicht wußte warum. Es war ihm egal,
ob er lebte oder starb, und er spielte oft mit Selbstmordgedan-
ken. Kurz nachdem er seine Therapie angefangen hatte, kam

auch seine Frau. Sie kam, weil sie grundsätzlich das tat, was er tat. Außerhalb von seiner Arbeit waren sie ständig zusammen. Ein Zusammensein, das jedoch vorrangig aus körperlicher Nähe bestand. Ihre Beziehung war kaum durch eine emotionale Nähe, nur durch gemeinsame Freizeitinteressen geprägt.

Beziehungen dieser Art sind kaum ein Impetus für Wachstum oder Veränderung. Außenstehenden mögen beide als das perfekte Paar erscheinen, aber innerhalb der Beziehung ist »alles wie gehabt«. Der Dichter Matthew Prior schrieb im 18. Jahrhundert ein für viele solche Paare passendes Epitaph:

Without Love, Hatred, Joy or Fear,
They led – a kind of – as it were:
Nor Wish'd nor Car'd nor Laugh'd nor Cry'd:
An so they liv'd: and so they dy'd.[4]

Ein Leben also ohne Liebe, Haß, Freude oder Angst, bar jeder Wünsche und Sorgen, jeden Lachens und Weinens: So lebten sie, und so starben sie.

Dem möchten wir ein wahrhaft intimes, von Henry Murray beschriebenes Paar gegenüberstellen, dem Murray nur halbwegs scherzhaft die Namen Adam und Eva gab. Beide hatten gescheiterte Ehen hinter sich und waren entschlossen, aus den Trümmern ihres vorherigen Lebens eine neue Form der Beziehung aufzubauen. Das herausragendste Merkmal dieser Beziehung war, Murray zufolge, eine »dyadische Kreativität«, im Rahmen derer Gefühle und Emotionen frei und ungehemmt zum Ausdruck kamen, zirkulierten und sich am Ende zu neuen Kombinationen integrierten. Ein Prozeß, den Murray, gestützt auf Adams Bericht, wie folgt schilderte:

»Praktisch ohne Übergang – zumindest konnte Adam sich an kein auslösendes Ereignis erinnern – und ohne Vorsatz fanden er und Eva sich immer wieder in ernsthaften und dennoch verspielten intensiven Gefühlsausbrüchen, wilden Phantasien und leidenschaftlichen Interaktionen hingegeben wieder, bei denen einer von ihnen – manchmal Adam, manchmal Eva – seinen Gefühlen jeweils freien Lauf ließ und ausdrückte, was nach Ausdruck drängte. Sie nannten diese Episoden so intensiv her-

vorbrechender Gefühlswallungen Walpurgis. Es war für gewöhnlich Eros, der die Energie lieferte, zusammen mit einer
Art Rauschmittel – das sie nach dem Hindu Dionysios Soma
nannten –, welches die Grenzen des Bewußtseins verschwim-
men ließ. Aber jenseits von Eros war da auch das drängende
Bedürfnis nach Dominanz, ein förmlich schreiendes Geltungs-
bedürfnis, der Drang nach Attestierung der eigenen Allwissen-
heit, da waren Wut und Ressentiments, ganz zu schweigen von
den Gefühlen der Hilflosigkeit und Minderwertigkeit, Gefühle,
die durch die gegenseitige Fürsorglichkeit und Ermutigung
aufgefangen wurden. Und so ließ jede dieser zwei Psychen,
durch zahllose Wiederholungen – Schicht für Schicht, wenn
man so will –, ihren Neigungen, den bisher zurückgehaltenen
wie auch den neu auftauchenden, freien Lauf, bis man fast jede
Form der Sexualität und fast jede nur denkbare Ergänzung dya-
discher Rollen voll und intensiv ausgelebt hatte. Und all das im
Rahmen dessen, was ihnen an Abschweifungen und im Sinne
des spiralenförmig fortschreitenden kreativen Prozesses notwendig erschien, und all das eingebunden in das im Zusam-
mengehörigkeitsgefühl ihrer Liebe ständig wachsende Vertrauen – bezeugt durch eine scheinbar grenzenlose beiderseitige Toleranz für Neues und emotionale Extravaganz während
der Walpurgis-Episoden.«[5]

Warum ist wahre Intimität, im Gegensatz zu den Formen, die wir
in parasitären und symbiotischen Beziehungen antreffen, wichtig
als Voraussetzung für emotionale Kreativität? Vor allem aus vier
Gründen:

Erstens, die Intimität ermöglicht es uns, unsere innersten Gedanken und Gefühle frei und ungehemmt preiszugeben und zum
Ausdruck zu bringen. Das können wir natürlich auch, wenn wir
alleine sind, aber im Alleinsein fehlt das Feedback, das eine intime
Partnerschaft gibt. Hier dient der Intimpartner quasi als psychologischer Spiegel oder auch als Vergrößerungsglas, das es uns
ermöglicht, uns in neuer und anderer Weise zu sehen.

Zweitens, Intimität ist mehr als Selbstdarstellung; sie ist ein
harmonisches Synthetisieren. Dergestalt, daß durch das Kombinieren zweier separater und unabhängiger Leben neue Eigenschaften zutage gefördert werden. Ebenso wie durch die Kombination chemischer Elemente neue Eigenschaften entstehen können,

so können auch neue Arten von emotionalen Erfahrungen entstehen, wenn zwei Individuen eine wahrhaft intime Beziehung eingehen.

Drittens, in einer wahren intimen Beziehung wahrt und verteidigt jeder Partner seine Individualität. Interessenkonflikte und aufeinander prallende unterschiedliche Bedürfnisse sind somit unausweichlich. Die Lösung solcher Konflikte erfordert nicht nur Engagement und Mühe, sondern auch Kreativität. Wenn Selbstgefälligkeit ein Feind der Kreativität ist, dann ist der Konflikt ein Feind der Selbstgefälligkeit.

Viertens, die in einer intimen Beziehung gegebenen intensiven Emotionen stellen als solche bereits eine Triebkraft für weitere emotionale Innovationen dar.

Wahre Intimität ist ein Weg zu jenen – realen oder vermeintlichen – spirituellen Realitäten, von denen Mystiker oft sprechen und die ultimativ unseren Beziehungen und unserer Existenz Bedeutung verleihen.

> »Aber laßt Raum zwischen euch. Und laßt die Winde des Himmels zwischen euch tanzen... Und steht zusammen, doch nicht zu nah: Denn die Säulen des Tempels stehen für sich, und die Eiche und die Zypresse wachsen nicht im Schatten der anderen.«[6]

Kapitel 19

Autonomie

Hier stehe ich. Ich kann nicht anders.
Gott helfe mir! Amen.

Luther,
Auf dem Reichstag von Worms

Man muß sich selbst kennen:
dient das nicht dazu, die Wahrheit zu finden,
so dient es zum mindesten dazu,
unser Leben zu leiten,
und Richtigeres gibt es nicht.

Blaise Pascal,
Gedanken

Was ist wichtiger für die emotionale Kreativität: Alleinsein oder Intimität? Keine einfache Frage, denn beides ist wichtig. Aber wichtiger noch als jedes der beiden allein genommen, ist der potentielle Konflikt zwischen beiden. Manche Menschen genießen das Alleinsein; andere (die Mehrzahl) ziehen die Vorteile einer intimen Beziehung vor. Aber welches von beidem wir auch bevorzugen, das andere verliert nie seinen Reiz. Wenn wir allein sind, sehnen wir uns nach der Gesellschaft eines anderen Menschen; und wenn wir in einer intimen Beziehung leben, sehnen wir uns nach der Behaglichkeit des Alleinseins.

Das Individuum, das die Fähigkeit zu beidem, Alleinsein und Intimität, hat und imstande ist, den Konflikt zwischen diesen beiden grundlegenden menschlichen Bedürfnissen zu lösen, ist möglicherweise am treffendsten mit dem Begriff *autonom* beschrieben (ausgehend von dem Griechischen *autos*, Selbst, und *nomos*, Gesetz). Die autonome Person ist selbstbestimmt, was im Umkehrschluß aber nicht in jedem Fall gilt: Nicht jede selbstbestimmte Person ist autonom. Weitergehend als die Selbstbestimmung, bedingt Autonomie die Fähigkeit, wählen zu können, divergente Ziele zu verfolgen und angesichts von Unwägbarkeiten flexibel zu bleiben.

Autonomie spielt auch bei zwei der drei Hauptkriterien für die Bewertung einer kreativen Reaktion eine Rolle: dem Neuen und der Authentizität. Mit Blick auf die Authentizität ist der Zusammenhang so offensichtlich, daß hierzu kaum mehr gesagt werden muß. Autonomie setzt ein fundiert entwickeltes Selbstgefühl voraus. Ohne Autonomie sind wir hohl und leer, und unser Selbst ist nichts weiter als ein Spiegelbild der anderen, in denen und durch die wir leben. Um autonom zu sein – um unserem authentischen und echtem Selbst zu entsprechen –, müssen wir es vermeiden, Rollen zu spielen und Masken zu tragen; wir müssen uns unserer eigenen Werte und Bestrebungen bewußt und willens sein, eine deutliche Position zu beziehen, wer und was wir sind.

»Jede Verzerrung, jede unechte, künstliche Handlung schafft ein verfälschtes Selbst, das die betreffende Person in eine auf alles andere als auf Ganzheit abzielende Richtung zieht und dem Selbst einzelne Fragmente des Lebens aufzwängt: die Augen einer anderen Person, das Herz einer anderen Person, die Seele einer anderen Person.«[1]

Die Relation zwischen Autonomie und Neuem ist weniger offensichtlich und somit der Punkt, auf den sich dieses Kapitel im wesentlichen konzentriert. Das Hervorbringen von Neuem läßt die Kreativität als etwas Mysteriöses, manchmal sogar als etwas Erschreckendes erscheinen. Die neue Reaktion scheint keine Vorgeschichte, keinen Grund zu haben. Es ist die Muse, die durch den Dichter spricht, oder der Dämon, der den Verrückten beherrscht. Aber Musen und Dämonen treten nicht einfach so in Erscheinung; ihnen muß ein Nährboden bereitet werden. Wie in Kapitel 6 erläutert, gibt es eine Vielzahl von Techniken, um kreativ Neues zu stimulieren. So kann der Maler einen Ortswechsel vornehmen, ein Musiker mit neuen Instrumenten oder Tonleitern experimentieren, ein Mathematiker die Konsequenzen eines neuen Axioms untersuchen.

Von allen Quellen des Neuen ist vielleicht keine wichtiger als der Konflikt. Mit konkurrierenden Wünschen oder Zielen konfrontiert, werden fast sicher neue Reaktionen hervorgebracht. Freud baute seine Psychologie im wesentlichen von dieser Tatsache ausgehend auf. Er führte nicht nur neurotische Syndrome, sondern vielmehr auch die Ergebnisse künstlerischen Schaffens auf den Konflikt zwischen Triebbedürfnissen (vorrangig sexuelle) und internalisierten Moralbegriffen zurück. So kann ein Maler, Freud zufolge, zum Beispiel unterdrückte sexuelle Wünsche in einem Kunstwerk sublimieren. Ein anderes Beispiel: Otto Rank argumentierte, daß der Konflikt zwischen den konkurrierenden Bedürfnissen nach Unabhängigkeit auf der einen und Abhängigkeit auf der anderen Seite die Hauptquelle der Kreativität sei.

Die von Freud und Rank hervorgehobenen Konfliktarten sind zweifellos relevant, mit ihnen ist das Spektrum der Möglichkeiten aber bei weitem nicht erschöpft. In Kapitel 15 sprachen wir über den Konflikt zwischen Schmerz und Freude (Askese und Hedonismus). Diese Liste könnte endlos fortgeführt werden. Das Leben ist voller Konflikte: Wir lieben das Abenteuer, möchten niemandem als uns selbst verantwortlich sein, können uns aber dennoch nicht vor unseren Pflichten und Aufgaben drücken; wir sehnen uns nach der Zustimmung anderer, derweil wir vorgeben, ihre Sicht als kleinkariert zu verachten; wir geben, aber nicht ohne die Erwartung, etwas zurückzubekommen; wir vertrauen und sind mißtrauisch, unser Vertrauen werde mißbraucht.

Aber Konflikte führen, selbstredend, nicht immer zu neuartigen Reaktionen. Mit einem Konflikt konfrontiert, ist die geläufigste Reaktion die, sich bereitwillig auf eine Alternative zu stürzen und die andere zu verwerfen, oder, wenn eine Wahl unmöglich erscheint, sich in Ohnmacht zurückzuziehen, wobei jeder Wunsch nach einer der Optionen in Abrede gestellt wird. Das ist der Punkt, an dem die Autonomie wichtig wird. Autonomie beinhaltet die Fähigkeit, sich scheinbar unlösbaren Konflikten zu stellen, ohne sich engstirnig und voreilig in die eine oder andere Alternative zu flüchten. Ohne Autonomie sind wir wie Fliegen, die von der Süße des Honigs angelockt werden: Wir machen uns einen bestimmten Lebensmodus zu eigen – und bleiben stecken. Schlimmer, bedingt durch die Süße registrieren wir vielleicht nicht einmal die Falle, in der wir stecken. Die Autonomie ermöglicht es, widerstrebende Ziele in einen größeren Rahmen zu fügen, in einem umfassenderen Aspekt des Selbst aufzunehmen und so Optionen offenzuhalten. Angesichts von Autonomie wird der Konflikt zu einer Quelle der Kreativität und nicht zu einem Anlaß zum Rückzug.

Die Bedeutung der Autonomie oder selbst ihre Existenz ist allerdings kein unstrittiges Thema. So argumentiert B. F. Skinner beispielsweise: »Der ›autonome Mensch‹ ist ein Mittel, dessen wir uns bei der Erklärung jener Dinge bedienen, die wir nicht anders erklären können. Er ist ein Produkt unserer Unwissenheit, und während unser Wissen wächst, löst sich die Substanz, aus der er gemacht ist, immer mehr in Nichts auf.«[2] Jener »autonome Mensch«, den Skinner hier so scharf kritisiert, ist »der innere Mensch, der Homunkulus, der besitzergreifende Dämon, der Mensch, der von der Literatur der Freiheit und der Würde verteidigt wird«.[3] Auch wir sind dafür, Homunkuli und Dämonen aus wissenschaftlichen Diskursen zu verbannen. Sie sind nichts weiter als fiktive Erklärungsversuche, die zu nichts führen. Aber die Autonomie, von der wir sprechen, hat nichts mit einem »inneren Menschen« zu tun, der den »äußeren Menschen« irgendwie führt und dirigiert – was auch immer damit gemeint sein soll. Autonomie bezieht sich auf ein Charakteristikum des ganzen und einheitlichen Menschen. Wie bei jedem anderen psychologischen Charakteristikum (z. B. Intelligenz, Energie, Freundlichkeit) gibt es auch bei der Autonomie graduelle Unterschiede. So sind manche Menschen autonomer als andere, ebenso wie manche intelligenter oder energiegeladener oder freundlicher als andere sind. Außerdem sind wir im Gegensatz zu Skinner der Auffassung, daß Autonomie zu den persönlichen Charakteristika zählt, die zu Recht »von der Literatur der Freiheit und der Würde verteidigt« werden.

Wir kommen nicht umhin zu präzisieren. Was genau ist Autonomie? Autonomie bedeutet, wie gesagt, Selbstbestimmung oder »Selbstverwaltung«. Um auf der Grundlage dieser Definition weiterzukommen, ist eine kurze Exkursion in die Geschichte vielleicht hilfreich.

Die meisten zeitgenössischen Diskussionen über Autonomie lassen gewisse Anbindungen an den Philosophen Kant erkennen. »Autonomie des Willens«, so schrieb Kant, »ist die Beschaffenheit des Willens, dadurch derselbe ihm selbst (unabhängig von aller Beschaffenheit der Gegenstände des Wollens) ein Gesetz ist.«[4] Soweit also nichts Neues. Es wirft jedoch die Frage auf: Was ist das Gesetz, durch das der Wille sich selbst regiert? Kant schrieb: »Das

Prinzip der Autonomie ist also: nicht anders zu wählen als so, daß die Maximen seiner Wahl in demselben Wollen zugleich als allgemeines Gesetz mit begriffen seien.«[5] Etwas anders ausgedrückt: Wir sollten stets so handeln, daß wir die unser Verhalten leitenden Regeln als allgemein verbindlich angewendet wissen möchten – sowohl bei unserem eigenen als auch bei dem Verhalten anderer in vergleichbaren Situationen.

Das Kantsche Prinzip der Autonomie klingt sehr nach der Goldenen Regel – »Was du nicht willst, das man dir tu, das füg auch keinem anderen zu.« Oder auf einer anderen Ebene: »Liebe deinen Nächsten wie dich selbst.« Der Hauptunterschied ist, daß Kant überzeugt war, sein Prinzip nach streng rationalen Grundlagen, ohne irgendwelche religiösen Verhaftungen, verteidigen zu können.

Nach unserem Verständnis muß die autonome Person keinem Moralkodex anhängen. Befreit von jedwedem moralischen Inhalt, bedeutet Autonomie lediglich, daß die Person von allgemeinen Prinzipien geleitet wird und daß diese Prinzipien Teil des Kern-Selbst dieser Person sind. Autonome Personen können Prinzipien nicht verletzen, ohne ihr Selbstgefühl zu opfern. Um es mit den eingangs zitierten Worten Martin Luthers zu sagen: »Hier stehe ich. Ich kann nicht anders.«

In mancher Hinsicht ist die Autonomie auf der psychologischen Ebene mit der Homöostase auf der physiologischen Ebene vergleichbar. Homöostase bezieht sich auf die Fähigkeit des Körpers, das »innere Milieu« aufrechtzuerhalten (Körpertemperatur, Elektrolythaushalt usw.), so daß eine gewisse Unabhängigkeit von äußeren Bedingungen gewahrt bleibt. Diese physiologische Homöostase wird durch die hierarchische Strukturierung des Körpers ermöglicht. Zellen bilden Gewebe; Gewebe bilden Organe; Organe werden zu größeren Funktionseinheiten zusammengefaßt – Herz-Kreislauf- oder Magen-Darmsystem; und die Tätigkeiten dieser Systeme werden schließlich so organisiert und koordiniert, daß ein stabiles inneres Milieu gewährleistet wird.

Auch das Verhalten ist hierarchisch gegliedert. Auf der untersten Stufe finden wir die hinlänglich eingeübten, mehr oder weniger automatisch erfolgenden Reaktionen wie Schuheanziehen oder das Rasieren am Morgen. Auf einer allgemeineren Ebene sind jene Verhaltensweisen angesiedelt, die eine gewisse bewußte Wahl, aber kaum reifliche Überlegung erfordern – wenn es etwa darum geht, was wir zu Mittag essen. Etwas höher in der Hierarchie stehen Handlungen, die zwar wichtig, aber ohne nachhaltige Auswirkungen für das persönliche Selbstkonzept sind. Beispiele sind etwa Entscheidungen, welches Auto man kauft, oder wo man seinen Urlaub verbringt. Als nächstes in der Hierarchie kommen wichtige Entscheidungen über langfristige Pläne und Ziele – Berufswahl, Heiraten, Kinderhaben und ähnliches. Und an der Spitze der Hierarchie stehen schließlich jene umfassenden Prinzipien – Werte, Ambitionen, grundlegende Vorlieben und Abneigungen –, welche das Kern-Selbst konstituieren.

Auf allen Ebenen der psychologischen Hierarchie treten Konflikte auf, und, sofern sie gelöst werden, werden sie durch Rückgriff auf die Prinzipien der jeweils höheren Ebenen gelöst. Man kann nicht zur Arbeit gehen und gleichzeitig im Bett bleiben, wie sehr man beides auch wünschen mag. Die meisten dieser sich auf einer niedrigen Ebene abspielenden Konflikte sind leicht lösbar. Aber je höher wir auf der Leiter der Hierarchie steigen, desto schwieriger werden die Konflikte und desto schwerwiegender die Konsequenzen, die am Ende vielleicht sogar ein Leben verändern können. So kann sich zum Beispiel der Konflikt zwischen Alleinsein und Intimität dann auf einer sehr hohen Ebene abspielen, wenn der Hintergrund eine langfristige Bindung an einen bestimmten Lebensstil oder einen anderen Menschen ist.

Autonomie bedingt, wie gesagt, Selbstbestimmung. Das heißt, sie beginnt an der Spitze der psychologischen Hierarchie mit dem Selbst und übt ihren Einfluß von oben nach unten aus. Präziser: Autonomie ist die Fähigkeit des Selbst, die unausweichlich vorkommenden Konflikte in sinnvoller Weise mit den jeweils niedrigeren Ebenen in der Hierarchie zu integrieren. Die autonome Person schließt den Konflikt nicht aus, sie ist vielmehr ein Meister der Integration.

Wir alle streben danach, autonom und Herr unseres eigenen Lebens zu sein. Es ist ein Prozeß, der früh beginnt. Nach den von Erik Erikson bekannten »acht Phasen des Menschen« ist die Autonomie das Hauptziel der zweiten Phase.[6] In der ersten, sich etwa über das erste Lebensjahr erstreckenden Phase, ist das Kind für die Befriedigung seiner Bedürfnisse von anderen abhängig. Wenn alles gutgeht, entwickelt das Kind während dieser ersten Phase ein gewisses Urvertrauen. Die zweite Phase umfaßt grob das zweite Lebensjahr. Hier beginnen Kinder ihre Unabhängigkeit und

Wünsche geltend zu machen. Sie lehnen oft Hilfe ab, bestehen darauf, Dinge selbst zu tun und gehorchen selbst bei den einfachsten und begründetsten Aufforderungen der Eltern nicht. Paradoxerweise werden Kinder gleichzeitig sehr ritualistisch. Die Art und Weise, wie etwas das erstemal gemacht wurde, wird automatisch der Gradmesser, wie es richtig gemacht wird, und jede Abweichung davon kann schärfste Proteste auslösen. Eine solche Halsstarrigkeit ist für ein zweijähriges Kind, das gerade dabei ist, ein Gleichgewicht zwischen Unabhängigkeit und dem Erkennen von Grenzen zu entwickeln, angemessen *und* notwendig. Was diese Phase repräsentiert, ist jedoch nur eine Autonomie im rudimentärsten Sinne. Das Erlangen der vollen Autonomie ist erst nach der Entwicklung eines kohärenten Selbstgefühls und einer kohärenten Reihe von Regeln oder Prinzipien, die das Verhalten bestimmen, möglich.

Die autonome Person handelt, wie gesagt, nach Prinzipien. Als Maßstab einer vollen Autonomie müssen diese Prinzipien drei Bedingungen erfüllen. Erstens, sie müssen Teil des persönlichen Selbst und dürfen nicht von außen aufoktroyiert sein. Natürlich werden alle Prinzipien, soweit sie ein Produkt des Lernens und der Sozialisation sind, von außen erworben. Das autonome Individuum hat jedoch nur die sein Verhalten leitenden Prinzipien als seine eigenen internalisiert und akzeptiert. Zweitens, diese Prinzipien müssen allgemein sein, so daß sie ein breites Spektrum von Verhaltensweisen umfassen. In diesem Zusammenhang ist das zuvor genannte Kantsche Prinzip der Autonomie ein gutes Beispiel. Drittens, diese Prinzipien müssen hinreichend flexibel und offen für Neuerungen und Veränderungen sein.

Wird irgendeine dieser drei Bedingungen nicht oder nur unzulänglich erfüllt, so bedeutet dies eine Beeinträchtigung der Autonomie. David Shapiro behauptet, daß »eine gewisse Beeinträchtigung der Autonomie... jeder Psychopathologie innewohnt«.[7] Soweit gehen wir nicht; Psychopathologie kann viele Ursachen haben. Fest steht jedoch, daß eine Beeinträchtigung der Autonomie fast unweigerlich ein Hemmnis für ein optimales psychisches Funktionieren und ebenso für die Kreativität darstellt. Drei Formen der Beeinträchtigung sind zu unterscheiden: Hyperautonomie, Hypoautonomie und blockierte Autonomie.

Hyperautonome Individuen handeln zwar nach allgemeinen Prinzipien, wenden diese Prinzipien jedoch nach einer rigiden und alles beherrschenden Fasson an. Der religiöse oder politische Eiferer, der um einer Sache willen alles, selbst sein Leben opfert, ist ein Musterbeispiel für die hyperautonome Persönlichkeit. Was diese Individuen auszeichnet, ist ihr fortwährender Konkurrenzkampf, in dem sie sich selbst ihre Überlegenheit und Erhabenheit beweisen wollen. Die hyperautonome Person ist konsequent, wenn auch vielleicht sonst nichts. Aber, um es mit Ralph Waldo Emerson auszudrücken: »Eine unvernünftige Konsequenz ist der Plagegeist und das Schreckgespenst aller kleinen Geister.«[8] Die hyperautonome Person ist in unvernünftiger Weise konsequent. Konflikte werden gelöst, aber nicht durch Abwägen in der Form, daß den legitimen Ansprüchen jeder Seite Rechnung getragen, sondern indem eine Seite zugunsten der anderen ignoriert wird. So wird das Selbst zum »Kleingeist«, besetzt von Plagegeistern und Schreckgespenstern.

Ebenso können hypoautonome Individuen nach allgemeinen Prinzipien handeln, in ihrem Fall sind diese Prinzipien jedoch nicht ein internalisierter Teil ihres Selbst, sie werden vielmehr aus dem unmittelbaren Umfeld bezogen. So kann die hypoautonome Person sich zum Beispiel die allgemeinen Sittenregeln zu eigen machen, ihr Beweggrund ist aber einzig deren gesellschaftliche Akzeptanz. Der »Manager«, der seine Ansichten dem vorherrschenden Geschäftsklima anpaßt, ist ebenfalls ein Beispiel für Hypoautonomie. Solche Personen folgen, sie führen nicht. Sie stellen selten ein Problem für andere dar, zumindest nicht offen. Was überdies erklärt, warum sie selten in Therapien anzutreffen sind. Hypoautonomie ist jedoch eine graduelle Angelegenheit. Wir sind alle weniger autonom als wir sein könnten, ebenso wie wir alle körperlich nicht so gesund sind, wie wir es sein könnten.

Individuen mit einer blockierten Autonomie zeigen viele der für die hyperautonome Person typischen Charakteristika. Beide sind besonnen und sehr auf die Vermeidung von Fehlern bedacht; sie verabscheuen Schwäche; und sie sind argwöhnisch, was die Motive anderer angeht. Der Unterschied zwischen beiden ist: Während die hyperautonome Person nach allgemeinen Prinzipien handelt, sitzt die Person mit einer blockierten Autonomie auf niedrigeren Stufen der psychologischen Hierarchie fest. Sie ähnelt dem Spitzenmanager, der keine Befugnisse, nicht einmal in den trivialsten Angelegenheiten delegieren kann. Ein derart ausgeprägtes Kontrollbedürfnis ist ein bis ins Erwachsenenalter mit-

geschlepptes Relikt der für Zweijährige typischen Verhaltens-
merkmale. Folgendes Beispiel verdeutlich die extremen Formen,
die eine blockierte Autonomie mitunter annehmen kann:

*Oberflächlich betrachtet, war Gerald das Musterbeispiel eines
»netten Kerls«. Er war mittleren Alters, Akademiker, seit
knapp einem Jahr wiederverheiratet. Seine erste Ehe wurde
nach fünfzehn Jahren geschieden. Er willigte in eine Therapie
ein, nachdem seine zweite Frau gedroht hatte, ihn zu verlassen. Zunächst war kaum einsichtig, warum seine Frau unglücklich war. Gerald verdiente gut, war fürsorglich, freundlich und nett und jederzeit bereit, anderen zu helfen.*

*Kurz nach seiner zweiten Heirat bat er seine Frau, ihre Be-
rufstätigkeit aufzugeben, damit sie ihre Zeit entspannter, ohne
zusätzlichen Arbeitsdruck miteinander verbringen könnten.
Bald wurde jedoch deutlich, daß das nicht der einzige Grund
war. Gerald hatte ein übertriebenes Kontrollbedürfnis, aber
nicht nur über sein eigenes Leben, sondern auch über das seiner Frau. Sein Tagesablauf hatte eine feste Routine, von der er
selten abwich. Er traf alle Entscheidungen, wie der Haushalt zu
führen und wie das Geld auszugeben war. Er entschied selbst,
welche Fernseh- und Radiosendungen er sich zusammen mit
seiner Frau ansah bzw. anhörte. Er verlangte von seiner Frau,
daß sie seinen Anweisungen buchstabengetreu folgte und täglich Protokoll über ihre Beschäftigungen führte. Alles und jedes
hatte seinen festen Platz, und er erwartete, daß die Dinge auch
dort blieben, wenn sie nicht benutzt wurden. Er strich über die
Möbel, wenn er nach Hause kam, um zu kontrollieren, ob sie
staubfrei waren. Er erwartete, daß die Uhren genau gingen – auf
die Minute. Wenn seine Frau rebellierte, was sie oft tat, reagierte er kalt und wütend und weigerte sich, sie zu berühren oder
mit ihr zu sprechen; und wenn sie ihn zum Reden zwang, drohte
er mit körperlicher Gewalt. In Geralds Leben war kein Platz für
Spontaneität, Flexibilität oder Unklarheiten.*

Wie eine Schlange, die sich in den Schwanz beißt und dann an-
fängt, sich selbst zu verzehren, so kann auch das die blockierte und
Hyperautonomie charakterisierende übertriebene Kontrollgefühl
»selbstverzehrend« wirken. Eine Person muß unter adäquaten
Umständen fähig sein, die Kontrolle aufzugeben. Paradoxerweise

kann die real autonome Person wählen, nicht autonom zu sein – was sie oft tut. Mehrheitlich geben wir im Alltag bei vielen Dingen unsere Autonomie auf – wir lassen zu, daß Sitten oder Gewohnheiten unser Verhalten bestimmen, und nicht die bewußte Wahl. Wäre das anders, so würden wir nie irgend etwas Nennenswertes zu Wege bringen, da selbst die banalsten Dinge – was wir anziehen, was wir essen, welchen Film wir uns anschauen – dann Anlaß für unnütze Überlegungen und Debatten wären.

Beeinträchtigungen der Autonomie erweisen sich im Bereich der emotionalen Kreativität als besonders folgenschwer. Personen, die sich durch eine blockierte oder durch Hyperautonomie auszeichnen, sind in der Regel kalt und verschlossen. Ebenso wie sie versuchen, ihre unmittelbare Umwelt zu kontrollieren, versuchen sie auch, ihre Emotionen zu kontrollieren. Sie überlassen nichts dem Zufall. Sie können die Wärme einer intimen Beziehung nicht erfahren, weil das einen gewissen Kontrollverlust voraussetzte. Das Launenhafte, das Spielerische, das Neue und Unerwartete hat bei ihnen keinen Platz.

Hypoautonomie ist der emotionalen Kreativität ebenfalls abträglich, aber aus einem etwas anderen Grund. Hypoautonomen Personen mangelt es an Authentizität. Sie sind wie die Fähnlein, die sich mit dem Wind drehen. Ihr Leben wird offensichtlich von außen kontrolliert – mit dem Ergebnis, daß ihr Verhalten praktisch Manipulationen und Mißbrauch provoziert. Sie haben weder die Kraft und Stärke noch das Durchhaltevermögen, um kreativ zu sein, ganz zu schweigen von dem Mut, sich der Opposition zu stellen, die Kreativität oft bedingt. Das geflügelte Wort, daß »Macht korrumpiert«, ist nur eine Teilwahrheit. Mangelnde Macht kann ebenso korrumpieren.

Autonomie, das möchten wir nochmals betonen, ist nicht eine in sich eigenständige Größe, sie ist nicht irgendeine innere Kraft oder mysteriöse Einheit (Homunkulus), die die Handlungen einer Person irgendwie dirigiert und leitet. Wie die Homöostase auf der physiologischen Ebene, so stellt die Autonomie auf der psychologischen Ebene einen dem Leben selbst inhärenten Prozeß dar. Sie ist ein Vehikel für eine stetig wachsende Integration im Innern und eine stetig wachsende Unabhängigkeit nach außen.

Es versteht sich von selbst, daß Autonomie nicht etwas Globales ist. So kann eine Person auf einem Gebiet autonom und dennoch auf einem anderen erheblich beeinträchtigt sein. Der Punkt, den wir hervorheben möchten, ist, daß die Autonomie auf einem bestimmten Gebiet entscheidend für die Kreativität auf diesem Gebiet ist. Emotionale Kreativität setzt somit die Erlangung von Autonomie im Bereich der Emotionen voraus. Umgekehrt ist eine Beeinträchtigung der Autonomie im emotionalen Bereich oft eine Komponente der Psychopathologie, ganz gleich, wie kompetent und erfolgreich das Individuum vielleicht in anderen Bereichen ist.

Kapitel 20

Freiheit

Freiheit bedeutet...
eine Abwesenheit äußerlicher Hindernisse.

Thomas Hobbes,
Leviathan

Verdient es den Namen Freiheit,
wenn man die Freiheit besitzt,
den Narren zu spielen und sich selbst
in Schande und Unglück zu stürzen?

John Locke,
Versuch über den menschlichen Verstand

Der kreative Mensch ist ein »freier Geist«; Kreativität »macht sich frei« von traditionellen Banden; Kreativität kann nur in einer »Atmosphäre der Freiheit« gedeihen. Klischees wie diese werden von den Ergebnissen der formalen Psychologieforschung unterstützt. Faktoren, welche die Freiheit des Individuums hemmen, wie von außen aufoktroyierte Ziele, Wettbewerb, ein enger Zeitplan, vorgegebene Regeln und ähnliches, hemmen in der Regel auch die Kreativität.[1] Aber was, genauer, ist Freiheit? Und welcher Zusammenhang besteht zwischen Freiheit und Emotionen?

Im 17. Jahrhundert sprach der große holländische Philosoph Spinoza, auf Emotionen eingehend, von der »menschlichen Knechtschaft«.

>»Die menschliche Ohnmacht, die Affekte zu meistern und zu hemmen, nenne ich Knechtschaft; denn der von seinen Affekten abhängige Mensch handelt nicht aus eigenem Recht, son-

dern unterliegt dem Schicksal, in dessen Gewalt er in dem Maße steht, daß er oft gezwungen ist, dem Schlechteren zu folgen, obgleich er das Bessere sieht.«[2]

Wenn Freiheit für die Kreativität unverzichtbar ist und Emotionen eine Form der Knechtschaft sind, wie ist es dann um die emotionale Kreativität bestellt? Spinozas Argumentation folgend, bedeutete emotionale Kreativität nichts weiter als eine Form der Knechtschaft (eine alte Emotion) zugunsten einer anderen Art der Knechtschaft (eine neue Emotion) aufzugeben. Das hat mit Freiheit nichts zu tun.

Spinoza zufolge zeigen Emotionen (Passionen) mangelhaftes Wissen an; Freiheit werde nur erreicht, wenn man nach den Geboten der Vernunft lebe. Aber Vernunft und Wissen ergeben eine seltsame Form der Freiheit, wie selbst Spinoza erkannte. Es steht uns frei anzunehmen, daß $2 + 2 = 5$ ist, aber nur mit dem Risiko, für verrückt erklärt zu werden. Wie dieses einfache Beispiel zeigt, ist nichts zwingender als die Vernunft. Eine Tatsache, auf die wir oft zurückgreifen, wenn wir eine Entschuldigung (»rationale Erklärung«) für unvernünftiges Verhalten brauchen: »Ich hatte keine Wahl; es war das einzig Logische, das ich tun konnte.« (Vergleichen Sie das mit: »Ich konnte nicht anders; ich war von meinen Emotionen überwältigt.«)

Die Rationalität kann ebenso wie die Emotionalität als eine Art Knechtschaft betrachtet werden. Ist dann irgendein Verhalten überhaupt wirklich frei? Eine mögliche Antwort wäre, daß der kreative Akt frei ist. Es würde zumindest erklären, warum Freiheit für die Kreativität so wichtig ist. Diese Antwort wird jedoch der Frage nicht gerecht. Von seinen musikalischen Inspirationen sprechend, bemerkte Mozart einst, er wisse weder wann und wie sie kämen, noch könne er sie erzwingen.[3] Eine Aussage, die wohl kaum Indiz eines freien Aktes ist. Am Ende kommen wir vielleicht gar wie der Dichter Shelley zu dem Schluß, daß die Freiheit selbst eine »süße Knechtschaft« ist.[4]

Wir möchten dieses Thema aber nicht weiter auf der Grundlage von »Freiheit contra Determinismus im menschlichen Verhalten« weiterverfolgen. Diese kurze Einleitung diente einzig dem Zweck, mit der uralten Vorstellung zu brechen, wonach es den Emotionen, mehr als anderen Formen des Verhaltens, an Freiheit mangelt. Eine solche Auffassung ist nur eine weitere Abwandlung des in Kapitel 5 erläuterten Mythos von den Passionen. Freiheit ist für die Kreativität im emotionalen Bereich gleichermaßen wichtig wie für die Kreativität in allen anderen Bereichen.

Diese Aussage aber, daß Kreativität Freiheit voraussetzt, bleibt eine Platitüde, solange wir nicht genauer spezifizieren, was wir mit »Freiheit« meinen. In diesem Zusammenhang ist der Fall von Andrej Tarkowsky erhellend, einem Regisseur, der 1986 starb.

> »Tarkowsky erhielt zahlreiche internationale Auszeichnungen für seine künstlerischen Leistungen. Den Großteil seiner beruflichen Laufbahn verbrachte er in der staatlich kontrollierten Filmindustrie der Sowjetunion. Er erhielt zwar großzügige Produktionsbudgets, aber nur wenige seiner Arbeiten kamen durch die Zensur. Die Behörden ›spuckten‹, wie er sagte, ›auf meine Seele‹. Da ihm die künstlerische Freiheit fehlte, die er sich wünschte, lief Tarkowsky 1984 in den Westen über, wo er abwechselnd in Italien, Frankreich und Schweden lebte. Aber obwohl er hier die Freiheit gewann, die ihm in der Sowjetunion fehlte, so hatte er dennoch das Gefühl, etwas verloren zu haben. ›Je länger ich im Westen bin, desto mehr stelle ich fest, daß der Mensch seine innere Freiheit verloren hat. Im Westen hat jeder seine Rechte, aber in einem inneren, spirituellen Sinne gibt es ohne Zweifel in der Sowjetunion mehr Freiheit.‹«[5]

Es gibt also offensichtlich nicht nur eine Form der Freiheit. Tarkowsky gewann eine Form der Freiheit, als er in den Westen überlief, aber er verlor eine andere Form, die er in der Sowjetunion genossen hatte. Zur Verdeutlichung des Unterschiedes zwischen diesen beiden Formen der Freiheit möchten wir auf den britischen Essayisten und Sozialtheoretiker Sir Isaiah Berlin zurückgreifen.[6]

Berlin unterscheidet zwischen zwei Formen der Freiheit, der »negativen« und der »positiven«. Diese Begriffe beinhalten keine Bewertung, sie verweisen einzig auf die Quelle der Freiheit. Negative Freiheit betont die *Abwesenheit* von Zwängen oder Einschränkungen; positive Freiheit betont die *Präsenz* von Ressourcen, sie es einer Person ermöglichen, irgendein erstrebtes (oder erstrebenswertes) Ziel zu erreichen. Als Tarkowsky in den Westen floh, gewann er die negative Freiheit; die Zensoren konnten nicht länger »auf seine Seele spucken«. Was er aber verlor, war die positive Freiheit, jene intellektuellen oder spirituellen Ressourcen, die er in seinem Heimatland gefunden hatte.

Umgangssprachlicher ausgedrückt, entspricht der Unterschied zwischen negativer und positiver Freiheit in etwa dem Unterschied zwischen »dürfen« und »können«. Eine mittellose Person *darf* auf die Bahamas fliegen, um dort den Winter zu verbringen, sie *kann* es aber nicht, weil ihr die finanziellen Mittel fehlen. Sie hat die negative, aber nicht die positive Freiheit, den Winter, wo immer sie will, zu verbringen.

Diese negative und positive Freiheit ist auf innere wie äußere Konditionen übertragbar. So fehlt zum Beispiel der Person, die sich ständig unwiderstehlichen Impulsen ausgesetzt sieht, die negative Freiheit; sie ist eine Gefangene ihrer eigenen Wünsche. Das ist offensichtlich das, was Spinoza meinte, als er, auf die Emotionen verweisend, von der »menschlichen Knechtschaft« sprach. Ähnlich fehlt der Person, die von kulturellen Ressourcen abgeschnitten ist, die positive Freiheit; sie ist geistig verarmt. Und das meinte zweifelsohne Tarkowsky, als er sagte: »Im Westen hat jeder seine Rechte, aber in einem inneren, spirituellen Sinne gibt es ohne Zweifel in der Sowjetunion mehr Freiheit.«[7]

Wie die Erfahrungen Tarkowskys zeigen, sind die negative und positive Freiheit weder unbedingt und absolut miteinander vereinbar, noch bestärken sie sich wechselseitig. Die inneren Ressourcen, von denen die positive Freiheit abhängt, florieren nicht automatisch in dem von der unbeschränkten negativen Freiheit geschaffenen Vakuum. Mitunter mögen gewisse Beschränkungen der negativen Freiheit notwendig sein, damit eine Person jene inneren Ressourcen gewinnen kann, die für die positive Freiheit unabdingbar sind. Nietzsche erkannte genau das:

> »Wonach mißt sich die Freiheit, bei einzelnen wie bei Völkern? Nach dem Widerstand, der überwunden werden muß, nach der Mühe, die es kostet, *oben* zu bleiben. Den höchsten Typus freier Menschen hätte man dort zu suchen, wo beständig der höchste Widerstand überwunden wird: fünf Schritte weit von der Tyrannei, dicht an der Schwelle der Gefahr der Knechtschaft.«[8]

Hochkreative Personen können in der Atmosphäre der negativen Freiheit nur erfolgreich sein, weil sie sich ihre eigenen Barrieren in Form von Leistungsmaßstäben setzen. Ihre Gefahr der Knecht-schaft ist allgegenwärtig, da sie von innen, nicht einfach von außen kommt.

Der Inbegriff der negativen Freiheit schlechthin, zumindest soweit es die intellektuellen Anstrengungen anbelangt, ist vielleicht das Institute for Advanced Study an der Princeton University. 1933 eröffnet, sollte das Institut eine Stätte sein, an der kreative Denker der Natur- und Geisteswissenschaften in einer Atmosphäre frei von finanziellen Sorgen und unbelastet von Lehraufträgen, Termindruck und sonstigen alltäglichen Unannehmlichkeiten des akademischen Lebens arbeiten konnten. Albert Einstein wurde das erste Mitglied des Instituts. Andere folgten ihm im Laufe der Jahre, und einige der wichtigsten wissenschaftlichen Durchbrüche dieses Jahrhunderts reiften in der erlesenen Atmosphäre dieses Institutes heran. Das heißt aber nicht, daß alles eitel Freude und Sonnenschein war, wie Edward Regis in seinem Buch *Einstein, Gödel & Co. – Genialität und Exzentrik* über die Geschichte des Institutes verdeutlicht. Er zitiert Clifford Geertz, Anthropologe und Mitglied des Instituts, der sagte: »Wer hierher kommt, sollte besser ein Genie sein. Er sollte auf Wasser wandeln können. Einstein wandelte auf Wasser, aber der Rest von uns nicht. Und wenn man dann herkommt und nicht nur nicht auf Wasser wandelt, sondern nicht einmal richtig waten kann, hat man seine Schwierigkeiten. Psychologisch gesehen ist es ein schweres Leben.«[9] Mit anderen Worten, wenn die Ideen ausbleiben, macht sich die Angst breit.

Eine Beobachtung, die sich auf viele gewöhnliche Situationen übertragen läßt. Wenn äußere Zwänge und Schranken wegfallen, fühlt man sich zunächst erleichtert und begeistert, eine Begeisterung, die in der Regel allerdings der Angst weicht, wenn man praktisch ohne Richtlinien zwischen Alternativen wählen muß. Eine Erfahrung, die vor allem Heranwachsende üblicherweise machen. Erstmals weg zu Hause macht sich in ihnen ein überschwengliches Gefühl der Befreiung breit. Wenn sie dann aber gezwungen sind, die Verantwortung für ihr eigenes Handeln zu übernehmen und, praktisch ohne Orientierungshilfe, Entscheidungen zu treffen, wissen sie oft nicht, was sie tun sollen. Nicht willens und bereit, sich selbst in die Verantwortung zu nehmen, geben sie dem »System« die Schuld, sie durch irgendwelche Repressalien am Handeln zu hindern. Und so mancher schließt sich einer Sekte oder einer streng organisierten Gruppe an, um dann mit einem paradoxen Seufzer der Erleichterung auszurufen, daß er nun endlich frei sei.

Was für Heranwachsende eine durchaus normale und in der Regel harmlose Erfahrung ist, kann allerdings mitunter gefährliche Ausmaße annehmen, dann nämlich, wenn davon weite Teile der Bevölkerung betroffen sind. Erich Fromm beschrieb, wie Deutsche sich in den 30er Jahren auf der »Flucht vor der Freiheit« der totalitären Nazi-Ideologie unterwarfen.[10] Die Freiheit, vor der sie flohen, war die in der Weimarer Republik gebotene negative Freiheit. Aber sie flohen nicht nur *vor* der an Anarchie grenzenden negativen Freiheit; sie flohen auch *zu* etwas. Und dieses Etwas war ebenfalls eine Form der Freiheit – eine positive Freiheit, die über die Identifikation mit einer mystischen Vergangenheit und einer irrealen Zukunft Erleichterung und Erfüllung versprach.

Das der positiven Freiheit zugrunde liegende psychologische Prinzip formulierte bereits der alte Philosoph und Stoiker Epiktet in seiner Lehre:

»Manches steht in unserer Macht, manches nicht... Was nun in unserer Hand liegt, ist seiner Natur nach frei, es kann von niemandem behindert oder gehemmt werden, was aber nicht in unserer Hand liegt, ist schwankend, gefährdet und fremder Gewalt unterworfen. Und jetzt merke auf!... Erkennst du aber nur die Dinge in dir als dein eigen und alles außer dir, wie es richtig ist, als fremd, so wird dich niemand zwingen, niemand behindern können, du wirst dich über niemanden beklagen, du wirst nichts ungern tun.«[11]

Es gibt zwei Möglichkeiten, positive Freiheit zu erlangen. Die eine ist, unsere Fähigkeiten auszubauen, so daß sie ein stetig weitreichenderes Spektrum an Aktivitäten abdecken. Diese Strategie hat jedoch ihre Grenzen, da vieles auf immer außerhalb dessen liegt, was wir erreichen können. Wie sehr wir uns auch bemühen mögen, wir können nicht alle Konzertpianisten oder Fußballprofis werden. Die zweite Möglichkeit ist, die Ambitionen aufzugeben, die unsere Mittel und Fähigkeiten übersteigen und uns statt dessen auf das zu konzentrieren, was im Rahmen unseres Leistungsvermögens liegt. Das ist das, was Epiktet rät. Wenn unsere Ambitionen und Wünsche mit unseren Fähigkeiten übereinstimmen, sind wir frei. Diese beiden Strategien (Erweiterung unserer Fähigkeiten und Begrenzung unserer Ambitionen) können nicht völlig unabhängig voneinander gesehen werden.

Einer der leichtesten Wege, die eigenen Fähigkeiten und damit die eigene Macht zu erweitern, ist, sich mit anderen zu identifizieren, die diese Fähigkeiten oder Macht haben, oder als Teil einer Gruppe zu handeln, die diese Macht kollektiv ausübt. Die Identifizierung mit einer Gruppe bedingt jedoch oftmals ein Leugnen des eigenen Strebens nach Unabhängigkeit. Wenn wir unsere Interessen also auf die der Gruppe abstimmen, erreichen wir nicht nur größere Macht, wir entsagen damit gleichzeitig auch dem, was wir mit unserer Macht nicht erreichen.

Die Gruppenidentifikation findet auf vielen Ebenen statt. Auf der Ebene der Dyade begegnen wir der Intimität in dieser oder jener Form, wie sie in Kapitel 18 beschrieben wurde. Niemand würde bestreiten, daß wahre Intimität unsere Freiheit sowohl fördern als auch einengen kann. Uns geht es im Augenblick jedoch um die Identifizierung mit größeren Gemeinschaften – ethnischen oder religiösen Gruppen, einem Nationalstaat –, die oft durch einen charismatischen Führer oder (im Falle religiöser Gruppen) eine Gottheit personifiziert werden. »Folgt mir, und ich werde euch befreien«, ist der Ruf der Demagogen auf der ganzen Welt.

Was durchaus überrascht, ist die Tatsache, daß kreative Personen oft eine außergewöhnliche Identifikation mit Gruppen oder mächtigen und einflußreichen Personen erkennbar werden lassen, denen sie geradezu übernatürliche Fähigkeiten und Kräfte beimessen. Ein Phänomen, das der Psychiater Heinz Kohut als »Übertragungskreativität« bezeichnete.[12] Diese Identifikation ist nicht nur eine Quelle der Inspiration, sondern auch des Mutes, um jene Ängste und Zweifel zu überwinden, die kreative Bemühungen, insbesondere während der Anfangsphasen, oft begleiten. Das ist die »spirituelle Freiheit«, die Tarkowsky in der Sowjetunion (einer kollektivistischen Gesellschaft) fand. Diese Gruppe fordert allerdings oft einen Preis für die Freiheit ein, die sie gewährt. Dieser Preis ist die Konformität. Um es mit Tarkowsky auszudrükken, die Zensoren »spuckten auf meine Seele«.

Fazit: Wenn wir von Freiheit als Voraussetzung für Kreativität sprechen, so meinen wir in der Regel eine gewisse Kombination aus positiver und negativer Freiheit. Die positive Freiheit liefert die Ressourcen, um schöpferisch tätig zu sein; die negative Freiheit erlaubt den vollen und ungehinderten Ausdruck der Kreativität. Aber jede Form der Freiheit hat auch ihre negativen Seiten. So kann eine Überbetonung der positiven Freiheit eine Reduzierung der Ambitionen nach sich ziehen (»Tu nur das, was du glaubst, tun zu können«) oder auch eine lähmende Konformität (»Tu nur das, von dem andere sagen, daß du es tun kannst«). Eine uneingeschränkte negative Freiheit, in der jedem Individuum und selbst jedem Wunsch auf seiten eines Individuums der ungehinderte Ausdruck garantiert ist, kann sich als gleichermaßen hemmend erweisen, da sie jede Herausforderung und Verantwortlichkeit aufhebt. Um wirklich frei zu sein, müssen wir unablässig an der Erweiterung unserer Fähigkeiten arbeiten und uns selbst herausfordern, wenn denn schon andere uns nicht herausfordern. Und um diesen Herausforderungen gerecht zu werden, bedarf es einer Koordination der Individuen innerhalb einer Gesellschaft und der Wünsche innerhalb eines Individuums. Eine derartige disziplinierte Freiheit ist, im Gegensatz zur Anarchie, die Quelle für Kreativität.

Kapitel 21

Imagination

Die Einbildungskraft (als produktives Erkenntnisvermögen) ist nämlich sehr mächtig in Schaffung gleichsam einer andern Natur, aus dem Stoffe, den ihr die wirkliche gibt.

Immanuel Kant,
Kritik der Urteilskraft

To see a world in a grain of sand,
And heaven in a wild flower:
Hold infinity in the palm of your hand,
And eternity in an hour.

William Blake,
Auguries of Innocence

Von allen Bereichen menschlicher Aktivität ist die Imagination derjenige, der die größte Freiheit genießt; unter welchen Zwängen und Einschränkungen wir umständehalber auch leben mögen, wir haben nichtsdestotrotz die Freiheit, uns eine völlig andere Realität als die, in der wir uns konkret befinden, vorzustellen. Mit unserer Imagination können wir eine »andere« Natur aus dem Stoffe schaffen, den ihr die »wirkliche« gibt (Kant); oder, poetischer ausgedrückt, wir können in einem Sandkorn die Welt und in einer Wildblume den Himmel erkennen (Blake). Ein Prozeß, im Rahmen dessen natürlich jede Natur transformiert wird.[1]

Das Epigramm Blakes veranschaulicht darüber hinaus treffend eine der wichtigsten Funktionen der Imagination, nämlich die, die Kluft zwischen abstraktem Denken (die Welt, Ewigkeit) und konkreten sensorischen Erfahrungen (eine Blume, ein Sandkorn) zu überbrücken. Blakes poetische Imagination nahm in den Erfahrungen Gustav Fechners, eines der Pioniere der modernen Psychologie, konkret Gestalt an. Mitte des 19. Jahrhunderts als Professor der Physik an der Universität Göttingen tätig, entwickelte Fechner, unter finanziellen Sorgen und extremen Arbeitsbelastungen leidend, an einem Punkt seiner Laufbahn ein schweres Augenleiden. Er reagierte am Ende so überempfindlich auf Licht, daß er nicht mehr ohne Augenbinden aus dem Haus gehen konnte und praktisch im Dunkeln lebte. Die genauen Ursachen seines Leidens sind nicht bekannt, psychische Faktoren dürften aber eine entscheidende Rolle gespielt haben. Als Fechner sich schließlich soweit erholt hatte, daß er sich wieder in seinen Garten hinauswagte, war er von seinen ersten Reaktionen überwältigt:

»Gar wohl erinnere ich mich noch, welchen Eindruck es auf mich machte, als ich nach mehrjähriger Augenkrankheit zum ersten Male wieder aus dem dunklen Zimmer ohne Binde vor den Augen in den blühenden Garten trat. Das schien mir ein Anblick schön über das Menschliche hinaus, jede Blume leuchtete mir entgegen in eigentümlicher Klarheit, als wenn sie ins äußre Licht etwas von eigenem Lichte würfe. Der ganze Garten schien mir selber wie verklärt, als wenn nicht ich, sondern die Natur neu erstanden wäre; und ich dachte, so gilt es also nur, die Augen frisch zu öffnen, um die altgewordene Natur wieder ganz jung werden zu lassen. Ja man glaubt es nicht, wie neu und lebendig die Natur dem entgegentritt, der ihr selbst mit neuem Aug' entgegentritt.«[2]

Diese Erfahrung beeindruckte Fechner so sehr, daß er zu der Überzeugung gelangte, daß Pflanzen – die Erde und ebenso Planeten – sowohl eine physische als auch spirituelle Dimension haben. Um seine These zu beweisen, entwickelte er die *Psychophysik*, wonach es eine gesetzmäßig konstante und meßbare Relation zwischen einer physikalischen Größe, einem Ausgangsreiz (z. B. Lichtstärke), und einer psychischen Größe, der Empfindungsstärke (Empfindung der Helligkeit), gibt. Heute sind es nur noch wenige, die Fechners Spekulationen über das Seelenleben von Pflanzen und Planeten ernst nehmen, sofern sie denn überhaupt noch bekannt sind. Die von ihm zur Untermauerung seiner These begründete Psychophysik und die für die Lautstärke entwickelte

Dezibelskala haben allerdings bis auf den heutigen Tag ihren festen Platz in der Psychologie.

Wir erzählen die Geschichte Fechners, weil sie sehr anschaulich die Natur und Funktion einer kreativen Imagination aufzeigt. Wir leben als Menschen in zwei Welten – in der Welt des abstrakten Denkens und der Welt der sinnlichen Wahrnehmung. Die Welt des abstrakten Denkens ist eine symbolische Welt, die, wie Fechners mathematische Formeln, kalt und leblos erscheinen kann. Demgegenüber ist die Welt der sinnlichen Wahrnehmung von Wärme und Vitalität geprägt.

In allen Jahrhunderten und allen Kulturen wurden die Unterschiede zwischen diesen zwei Welten jeweils anders beschrieben: das Leben der Seele gegenüber dem Leben des Körpers, das Psychische gegenüber dem Physischen, das Heilige gegenüber dem Profanen. Diese dualistische Darstellungsform hat, so könnte eingewendet werden, trotz Fechner, in einer modernen, wissenschaftlichen Weltsicht keinen Platz. Streng genommen, sollten wir also vielleicht nicht von zwei Welten, sondern von zwei Formen der Bezugnahme auf die eine Welt, in der wir leben, sprechen. Aber auch eine andere Terminologie mindert nicht die psychologische Realität jener Kluft zwischen diesen beiden Aspekten des menschlichen Daseins. Diese Sinneswahrnehmung ist in dieser oder jener Form allen Lebewesen gemein. Das abstrakte Denken ist demgegenüber das Ergebnis späterer evolutionärer Entwicklung, die beim Menschen ihren Höhepunkt erreichte. Bei vielen Tieren sind die Sinne ausgeprägter als beim Menschen, aber keines verfügt über eine dem Menschen ebenbürtige Fähigkeit zum abstrakten Denken.

Welche philosophische Position wir auch vertreten mögen, eine monistische oder dualistische, wir erfahren alle die Kluft zwischen abstraktem Denken und Sinneswahrnehmungen. Erfahrungen, die so unterschiedlich und mitunter so schmerzlich unvereinbar erscheinen können. Dem muß aber nicht so sein. Mit der Imagination können wir jene Kluft überbrücken – nicht, indem wir eines von beiden fallenlassen oder austauschen, sondern zulassen, daß sie wechselseitig mit Elementen des jeweils anderen bereichert werden können. Das ist die Lektion, die wir von Fechner lernen können, egal wie wir im übrigen zu seinen Thesen stehen.

Als Brücke zwischen dem Abstrakten und dem Sinnlichen muß die Imagination auf beiden Seiten fest verankert sein. Was allerdings nicht bedeutet, daß die Imagination beide Seiten jedesmal gleichermaßen intensiv ins Spiel bringt. Die Kunst (Malen, Musik) steht mehr auf der sinnlichen Seite; die Wissenschaften (Mathematik, Physik) mehr auf der abstrakten, und die Literatur, insbesondere die Poesie, ist irgendwo in der Mitte zwischen beiden angesiedelt. Das gleiche gilt für die Emotionen. Aber, ganz gleich, wo man auf der Brücke steht, die Imagination bringt das Abstrakte mit dem Sinnlichen in Kontakt und umgekehrt.

Wie am Beispiel der Tiere erwähnt, kann sinnlichen Wahrnehmungen jede Imagination fehlen. Oder nehmen Sie den Unterschied, ob man Sonnenblumen oder ein Gemälde von Sonnenblumen, etwa das von van Gogh, sieht. Letzteres ist nicht nur eine Darstellung von Sonnenblumen, der würde eine Photographie besser gerecht. Van Goghs Gemälde zeigt vielmehr Imagination: Es umschließt sowohl ein Element abstrakten Denkens wie auch der sinnlichen Wahrnehmung; es veranlaßt zum Denken wie zum Sehen; es weist über sich selbst hinaus. Eine Biene würde sich von van Goghs Gemälde nicht irritieren lassen, aber ebensowenig würde eine Biene verstehen.

Aber auch beim Menschen können sinnliche Erfahrungen jeder Imagination entbehren. Es gibt Situationen, in denen wir nur einen Augenblick lang die Sonne auf unserer Haut fühlen oder beobachten, wie der Schnee fällt, ohne damit irgendeinen Gedanken oder irgend etwas anderes als das rein sinnliche Erlebnis zu verbinden. Das ist legitim. Es gibt jedoch andere, weniger legitime Situationen, wie folgende Beispiele zeigen. Carl pflegte, nur um des Geschmackes willen, einen ganzen Schokoladenkuchen auf einmal aufzuessen; Esther nahm Tabletten, um sich zu stimulieren; Wesley hatte häufig viermal am Tag Sex, jedesmal mit einer anderen Frau. Vielleicht könnte man sagen, daß sie sich mit Genuß »animalischen Trieben« hingaben, damit würden wir den Tieren aber Unrecht tun. Carl, Esther und Wesley handelten nicht wie intakte Tiere, sie handelten wie nicht intakte Menschen. Sie griffen auf sinnliche Stimulanzien als Fluchtmittel zurück. Aber: Sinnliche Erfahrungen, die losgelöst vom abstrakten Denken sind, sind sinn- und bedeutungslos; was sie bewirken, ist bestenfalls nur ein flüchtiges Vergnügen – und in dessen Sog das neuerliche Gefühl der Entfremdung, der Leere und Sinnlosigkeit.

Auch dem abstrakten Denken fehlt mitunter die Imagination. Das ist schwieriger zu verdeutlichen, da allzuoft unterstellt wird, beim Denken sei automatisch die Imagination im Spiel. Dem ist nicht so: Auch ein Computer kann in einem gewissen Sinne »denken«; er kann komplexe mathematische Probleme lösen, Schach spielen und sogar medizinische Diagnosen stellen. Einem Computer fehlt jedoch jede Imagination.

Genau wie Computer können auch Menschen sich durch ein herausragendes abstraktes Denkvermögen auszeichnen und kaum Imagination zeigen. Hal hatte vor langer Zeit entschieden, wie sein Leben aussehen sollte; und er war um nichts auf der Welt bereit, irgendwelche Abweichungen oder Störungen zuzulassen, die nicht zu seinem selbstfixierten Muster oder Glaubenssystem paßten. Lloyd war sehr genau bei allem, was er tat; seine Arbeit ging praktisch mechanisch und routinemäßig vonstatten. Beide, Hal und Lloyd, waren intelligent, aber es fehlte ihnen an Imagination. In ihrem übermäßigen Streben nach Ordnung und Einträchtigkeit verdrängten sie jede Vitalität aus ihrem Leben; ihr Denken ähnelte dem eines Computers. Ein Defizit an Imagination, das im übrigen bei hyperautonomen Personen, wie sie im letzten Kapitel besprochen wurden, keine Seltenheit ist.

Durch die Imagination wird das abstrakte Denken mit den Sinnen in Kontakt gebracht und »lebendig« gemacht. In Kapitel 12 zitierten wir Einstein, der behauptete, daß Worte in den Mechanismen seiner Gedanken keine Rolle spielten und allenfalls sekundär zum Tragen kämen. Ebenso bemerkte Poincaré (in Kapitel 6 zitiert), daß jeder Mathematiker über die »spezielle Sensibilität« und »ästhetische Sensibilität« verfüge. Ohne Imagination und deren Verbindung mit den Sinnen ist abstraktes Denken etwas Totes, Lebloses, Mechanisches.

Mehr noch als die Kreativität in den Bereichen der Kunst und Wissenschaft erfordert die emotionale Kreativität eine Integration des Sinnlichen mit dem Abstrakten. Es sind viele Gründe, die oftmals eine solche Integration verhindern. Ein besonders prägnantes Beispiel ist der Mißbrauch in der Kindheit. Um psychologisch zu überleben, lernen mißbrauchte Kinder es oft, sich psychisch von dem, was sie erfahren, zu lösen. Das Ergebnis ist ein Stillstand in der emotionalen Entwicklung. Während sich die Fähigkeiten des abstrakten Denkens weiterentwickeln, bleiben die emotionalen Reaktionen oftmals auf dem Kindheitsniveau stecken. Im Falle von Bedrohungen wird dann das »Kind« auf den Plan gerufen, um die Arbeit eines Erwachsenen zu erledigen. Für diese Personen ist es besonders wichtig, »die Kluft« zwischen dem Sinnlichen und dem Abstrakten »zu überbrücken«. Besonders hilfreich in diesem Zusammenhang ist die Technik, in der Imagination in die ursprüngliche Situation des Mißbrauchs zurückzugehen und, nunmehr als Erwachsener, das Kind zu retten, zu beschützen und ihm zu helfen, so daß es emotional wachsen kann.

Die Überbrückung der Kluft zwischen abstraktem Denken und Sinneswahrnehmungen ist allerdings nur eine Funktion der Imagination. Eine zweite, die mitunter im Gegensatz zu dieser ersten steht, ist, uns aus den uns umständehalber auferlegten Schranken zu befreien und die Fesseln der unmittelbaren Erfahrungen und des konventionellen Denkens zu sprengen. Wenn wir diese zweite, befreiende Funktion der Imagination betonen möchten, sprechen wir von der Phantasie. Manche Personen haben so lebhafte Phantasien, daß ihr Vorstellungsvermögen Wachträumen gleichkommt. Sheryl Wilson und Theodore Barber interviewten 19 Frauen, auf die diese Qualitäten zutrafen und die sie im Rahmen einer Intensivstudie über Personen mit einer hohen Hypnoseempfänglichkeit ermittelt hatten. Für diese Frauen gehörte die Phantasie zu den wichtigsten und lohnendsten Aspekten ihres Lebens. Eine Frau beschrieb es folgendermaßen:

> »Phantasie bedeutet, daß man alles ist, was man sein kann, sein könnte oder ist. Sie macht das Mögliche möglich. Es ist erhebend, aufregend, belebend. Wer kann schon sagen, daß das, was gerade jetzt passiert, die Realität ist? Die Phantasie ist deine eigene private Realität, deine eigene persönliche Welt. Du schaffst die Bühne. Du inszenierst. Es ist wie Gott spielen. Alles, was du glaubst, ist, wenn du daran glaubst, wahr.«[3]

Die Phantasien der von Wilson und Barber untersuchten Frauen waren oftmals von entsprechenden physiologischen Reaktionen begleitet. So mußte sich etwa eine Frau, während sie sich im Fernsehen den Film *Doktor Schiwago* anschaute, obwohl ihr Wohnzimmer angenehm warm war, bei den Szenen, die in der sibirischen Kälte spielten, in eine Decke einwickeln. Alle 19 Frauen berichteten von sexuellen Phantasien, die für sie oft befriedigender und lustvoller als tatsächliche sexuelle Begegnungen waren. Die Mehrzahl von ihnen konnte nur durch Phantasie zum Orgasmus kommen.

Nur ein kleiner Prozentsatz von Personen (wahrscheinlich nicht einmal 5 Prozent) ist zu solch ausgeprägten Phantasien fähig, wie sie von den Versuchspersonen Wilsons und Barbers beschrieben wurden. Was ist mit den übrigen 95 Prozent? Wir verfügen alle über weitaus größere Fähigkeiten zu lebhaften Imaginationen als wir glauben. Jede Nacht geben wir uns im Schlaf dramatischen Formen von Vorstellungen hin – im Träumen. J. Allen Hobson verwendet den Begriff *autokreativ*, um die Qualität von Träumen zu beschreiben, in denen eigentlich unvereinbare, bizarre Elemente mühelos miteinander kombiniert und als real erfahren werden. Diese imaginative und dennoch gleichzeitig realistische Qualität der Träume inspirierte eine Schule von Schriftstellern und Malern, die sich als *Surrealisten* bezeichneten. In unseren Träumen sind wir, wie Hobson meint, alle Surrealisten, worin wir uns nur unterscheiden, ist das Maß, in dem wir unseren inneren Erfahrungen ästhetischen Ausdruck geben können:

»Da Träumen etwas Universales ist, ist es zugleich ein Zeugnis für die Universalität der künstlerischen Erfahrung. In unseren Träumen werden wir alle zu Schriftstellern, Malern und Filmemachern, die außergewöhnliche Charakterzüge, Handlungen und Örtlichkeiten zu seltsam kohärenten Erfahrungen kombinieren.«[4]

Träume sind natürlich selten in dem Sinne kreativ, daß sie effiziente Lösungen zu Problemen lieferten. Womit sich der Kreis zur ersten, zuvor beschriebenen Funktion der Imagination schließt: Die *kreative* Imagination muß in der Realität verankert sein, ebenso wie sie durch die Sinneswahrnehmung erfahren und durch das abstrakte Denken begriffen wird. Die kreative Imagination bedingt mehr, als Bilder in unser Bewußtsein zu bringen oder uns selbst Geschichten zu erzählen. Sie ist vielmehr ein Weg, die Lücken unseres Wissens zu überwinden, um besser auf Umstände und Situationen reagieren zu können.

Und genau an diesem Punkt begegnen wir einem Paradox: Wir sagten, die Imagination genieße von allen Bereichen der menschlichen Aktivität die größte Freiheit; dennoch ist die Welt, die wir uns in unserer Vorstellung schaffen, mitunter das genaue Gegenteil von Freiheit. Sie ist wie ein Alptraum, aus dem wir nicht erwachen können. So war zum Beispiel Gladys fortwährend von Sorgen über sich selbst und ihre Familie geplagt; in ihrer Vorstellung malte sie sich alle denkbar negativen Ereignisse aus und durchlebte sie (Unfälle, Krankheiten, Tod, finanzielle Katastrophen und so weiter und so fort). Sie lebte ihr Leben in ständigen Ängsten und Nöten, erzeugte Ablehnung bei denjenigen, die sie »schützen« wollte, und war dennoch scheinbar machtlos, etwas zu verändern.

William Lynch führt derart negative Vorstellungen auf eine, wie er es nennt, »Absolutheitstendenz« zurück.[5] Eine Neigung, die insbesondere bei Kindern evident ist, die wundervoll imaginativ, aber gleichzeitig frustrierend egozentrisch sein können. Imaginäre Gefährten besetzen ihre Welt; eine ganze Menagerie von Stofftieren verwandelt Schlafzimmer in Dschungel; Elfen, Kobolde und eine endlose Schar von Geistern und Schelmen schützen und jagen sie. Aber, da sie nur Kinder sind, verfügen sie noch nicht über die Fähigkeit, ihre Phantasien einer krititischen Analyse zu unterwerfen. Sie unterstellen automatisch, daß ihre Sicht die einzig gültige ist und daß ihre Gedanken und Vorstellungen in gewisser Weise die absolute Realität widerspiegeln.

Aus dieser kindlichen Absolutheitstendenz wachsen wir selbst als Erwachsene nie ganz heraus. Eine Tatsache, die insbesondere bei neurotischen Syndromen augenscheinlich wird. Die depressive Person dramatisiert belanglose Schwächen zu gravierenden Fehlern und Mängeln, so daß sie es nicht wert ist, geliebt oder gemocht zu werden; die ängstliche Person sieht sich von kleineren oder potentiellen Gefahren bereits überwältigt; und die paranoide Person nimmt einen kleinen unabsichtlichen Affront als Beweis einer gegen sie gerichteten Verschwörung. Natürlich hat jeder von uns Schwächen, die wir gelegentlich als deprimierend empfinden; und die Welt ist voller Gefahren (die sich aber mehrheitlich nie bewahrheiten). Der Neurotiker konzentriert sich auf diese Unzulänglichkeiten und von der Wahrscheinlichkeit her nie eintretenden Gefahren und läßt durch die Absolutheitstendenz seiner Imagination aus einem Segment ein Ganzes entstehen.

Es sind aber nicht nur Kinder und Neurotiker, die diese Absolutheitstendenz zeigen. Hochkreative Personen scheinen ebenso anfällig für eine blinde Loyalität zu ihren Ideen und ein nahezu paranoides Mißtrauen gegenüber den Ideen anderer. Cesare Lombroso zitiert zahlreiche Beispiele von Fanatismus und Intoleranz, die ausgesprochen kreative Personen prägten:

»Menschen, die doch eine neue Weltordnung schaffen, sind, wie das Volk insgemein und wie die Kinder, Feinde aller Neuerungen. Sie geben sich erstaunliche Mühe, die Entdeckungen anderer zu verwerfen... Wer das seltene Glück hat, in der Gesellschaft von geistvollen Männern zu verkehren, der wird sehr bald bemerken, wie leicht dieselben geneigt sind, die Handlungsweise anderer übelzunehmen, sich selbst für verfolgt zu halten und überall ernstlichen Grund für nicht enden wollende Leiden und Trübsal herauszufinden.«[6]

Es gibt keinen Grund, die berühmten Namen alle aufzulisten, die Lombroso zufolge an einer Scheu vor Neuerungen litten. Selbst wenn man Lombrosos ausgeprägten Hang für Übertreibungen ausklammert, so erkennt dennoch jeder, der auch nur entfernt mit der Geschichte der Kunst und Wissenschaft vertraut ist, die traurige Wahrheit dessen, was er sagt.

Daß hochkreative Individuen mit einem Absolutheitsanspruch an die Produkte ihrer Imagination herangehen sollen, würde kaum sonderlich überraschen. Kreative Werke erfordern große Anstrengungen, und das für gewöhnlich zum Ausschluß anderer Interessen. Das eigene Selbstgefühl wird mit dem kreativen Produkt identifiziert. Mehr noch: In dem Maße, wie das kreative Produkt dem Kriterium der Authentizität gerecht wird, stellt es eine Erweiterung des Selbst dar. Die Situation ist durchaus mit der Identifizierung eines Elternteils mit einem Kind vergleichbar. Jede Kritik oder Infragestellung des kreativen Produktes gerät zu einer Kritik des Selbst, zu einer Infragestellung des Selbstwertes.

Wie können wir dieser bei Kindern, Neurotikern und kreativen Genien so typischen Absolutheitstendenz entgegenwirken? Indem wir eine andere, ebenso für Kinder sehr typische Neigung mobilisieren, nämlich die des Spielens. Über das Spiel können wir die Produkte unserer Imagination testen, jene Aspekte verwerfen, die sich als ineffizient oder unangemessen erweisen, und diejenigen erhalten, die sich als anpassungsfähig herausstellen. Das Spiel ist in Handeln umgesetzte Imagination.

Die Jungen aller Säugetiere spielen, ebenso wie manche Vogel- und sogar Reptilienjungen (z. B. Alligatoren). Bei Tieren hat das Spiel jedoch eine andere Qualität als bei Menschen, da Tieren die Imagination der Menschen fehlt.

In seinem klassischen Werk *Homo Ludens* (in dem die Fähigkeit

»zum Spiel« an die Stelle der »Intelligenz« als das die Spezies des *Homo sapiens* definierende Charakteristikum rückt) beschreibt der niederländische Kulturhistoriker Johan Huizinga eine Reihe von Merkmalen, die typisch für das Spiel von Menschen sind. Zu den – vor dem Hintergrund unseres Themas – wichtigsten Kennzeichen gehören: (1) Das Spiel ist »ein freies Handeln«, es ist, im Gegensatz zur Pflicht oder einer Aufgabe, frei. (2) Während des Spiels wird die »reale« Welt transzendiert, und neue Realitäten werden geschaffen. (3) Dieses Schaffen neuer Realitäten bedeutet nicht, daß das Spiel einer Ordnung oder Regeln entbehrt; im Gegenteil, das Spiel schafft seine eigene Ordnung und etabliert seine eigenen Regeln. (4) Die das Spiel charakterisierende Ordnung hat eine ästhetische Qualität; so ist das Spiel zum Beispiel von Spannung, Gleichgewicht, Auswägen, Ablösung, Kontrast, Variation, Bindung und Lösung sowie Auflösung geprägt. (5) Das Spiel fesselt und bannt, das heißt, es bezaubert.[7]

Kurz: Das Spiel der Menschen geht über das der Tiere sowohl in bezug auf den Einsatz der Imagination zur Schaffung neuer Welten als auch in bezug auf das Aufstellen von Regeln, die festlegen, was in diesen Welten zulässig und effizient ist, hinaus. In dieser Hinsicht können Kunst und Wissenschaft als die höchsten Manifestationen des menschlichen Spiels betrachtet werden. Manche, wie der Theologe Hugo Rahner, sehen selbst die Religion in dieser Kategorie. »Das Spiel ist in seiner Wurzel und in seiner Blüte ein sakrales Geheimnis«, schreibt Rahner, und weiter:

»Spiel ist Verzauberung, Darstellung des ganz Anderen, Vorwegnahme des Kommenden, Leugnung des lastend Tatsächlichen. Das Irdische wird im Spiel auf einmal zum Vorläufigen, bald Überwundenen, demnächst endgültig Erledigten: und der Geist wird bereitet, das Unerhörte aufzunehmen, in die Welt ganz anderer Gesetze einzugehen, entschwert zu sein und frei und königlich ungebunden, göttlich.«[8]

Eine Beschreibung, die praktisch ohne ein Wort zu verändern auf die Emotionen übertragbar wäre. Mit Hilfe der Emotionen können wir auf magische Weise »das lastend Tatsächliche« in eine unseren Bedürfnissen und Wünschen gerechter werdende Welt verwandeln.[9] Im Notfall haben wir natürlich kaum eine andere Wahl als bei der Art der Emotion, die wir erfahren, auf zuvor erworbene Gewohnheiten zurückzufallen. Aber mit Hilfe der Imagination und des Spiels können wir Emotionen und damit diese Situation verändern und neue Formen der Emotionen entwickeln und testen und emotional kreativ werden. Genau wie kleine Kinder Doktor, Krankenschwester, Mechaniker und Eltern spielen, so spielen sie auch emotional, zum Beispiel wütend, erschreckt und traurig zu sein. Als Erwachsene neigen wir dazu, beides, die Emotionen wie das Spiel, als »kindisch« zu betrachten, und so verlieren wir unsere Fähigkeit, frei und ungehemmt zu reagieren. Das ist ebenso unnütz wie traurig.

Stellen Sie sich einen Augenblick vor, wie Sie sich wohl fühlten und reagierten, wenn Sie am gleichen Tag zehn Millionen Dollar gewännen und die Bestätigung erhielten, unheilbar krank zu sein. Oder, um etwas realistischere Beispiele zu wählen, wie würden Sie sich wohl fühlen, wenn Ihr Sohn sich als Schwuler entpuppte und einen homosexuellen Liebhaber nähme? Oder wenn Ihr Partner Sie informiert, er habe sich einen Herpes genitalis zugezogen, wisse aber nicht wie? Würden Sie in einer Weise reagieren, die für Sie und Ihre soziale Bezugsgruppe neu ist, zu den Umständen paßt und Ihre eigenen langfristigen Ziele und Werte reflektiert? Oder würden Sie sich in vertrautere, aber möglicherweise ineffiziente emotionale Reaktionen flüchten?

Wenn wir uns ungewöhnliche Situationen vorstellen, können wir uns oft besser mit dem Alltäglichen auseinandersetzen. Wir müssen – und sollten – unsere Imagination aber nicht auf das Ungewöhnliche oder Unwahrscheinliche beschränken. Alltägliche emotionale Erfahrungen – der Liebe, Wut, Hoffnung und Angst – bieten reichlich Gelegenheit für Verbesserungen, wenn wir nur unsere Imagination nutzen.

Eine Emotion, die man sich vorgestellt hat, kann vervollkommnet und sogar transformiert werden. Das ist die Grundlage einer therapeutischen Methode, von Jungschen Psychologen als »aktive Imagination« bezeichnet, die allerdings an keinerlei theoretische Orientierung gebunden ist:

»Diese Methode besteht im wesentlichen in der Konfrontation mit der Stimmung oder Emotion, der es in einer offenen, kontemplativen Atmosphäre erlaubt wird, in Worten, in visuellen Bildern, in plastischer Form usw. voll zum Ausdruck zu kommen. Ist das erreicht, so hat das Ego die Aufgabe, darauf so zu reagieren, als sei das zum Ausdruck Gebrachte real und nicht ›nur eine Emotion‹ oder ›nur eine Phantasie‹. Durch bewußtes Hinterfragen, Interpretieren und Präzisieren wird eine dialektische Beziehung zwischen dem emotionalen Phantasieprodukt und dem darauf konzentrierten Ego hergestellt. Das Ziel ist, die Bedeutung (den stellvertretenden Gehalt oder das instinktive Bild) der Stimmung oder Emotion zu ermitteln und durch den dialektischen Austausch eine Transformation sowohl dieser Stimmung oder Emotion als auch der Einstellung des Egos zu bewirken.«[10]

Genau wie Anleitungen zum Fahrradfahren sind auch die Anleitungen für die aktive Imagination täuschend einfach. Aber, es ist ein Leichtes zu sagen, was zu tun ist; es dann auch zu tun, ist ungleich schwerer – zumindest ohne gelegentlichen Lapsus. In Kapitel 25 werden wir auf dieses Thema zurückkommen. Glücklicherweise sind wir für Anleitungen nicht einzig auf unsere eigene Imagination angewiesen. Kunstwerke und die Literatur gewähren uns Zugang zu den Visionen und Träumen höchst talentierter und phantasiereicher Personen aus unterschiedlichen Zeiten und unterschiedlichen Kulturen.

Kapitel 22

Kunst, Dramen und die kathartische Methode

In der Kunst werden Formen als Symbol menschlicher Gefühle geschaffen.

Susanne Langer,
Feeling and Form

Ein Kunstwerk kann in zweierlei Hinsicht Emotionen wecken; oder präziser wäre es vielleicht zu sagen, daß zwei relativ verschiedene Arten der Emotion von einem Kunstwerk geweckt werden können. Es sind ästhetische Emotionen, die durch die Form eines Werkes, und nicht durch dessen Inhalt, hervorgerufen werden. Uns fehlen spezifische Begriffe für das weite Spektrum aller möglichen ästhetischen Emotionen, die sich aber im wesentlichen durch ein Gefühl der Schönheit, des Erstaunens und der Faszination auszeichnen. Diese ästhetischen Emotionen sind von anderen Emotionen wie Wut, Angst, Trauer, sexueller Erregung und ähnlichen zu unterscheiden, die eher durch den Inhalt des Werkes als durch seine Form hervorgebracht werden. So kann zum Beispiel die Darstellung von Ungerechtigkeit Wut wecken; die Darstellung von Gefahr Angst und die Darstellung von Verlust Trauer.

Ästhetische Emotionen lassen sich möglicherweise am besten am Beispiel der Musik veranschaulichen. Die meisten musikalischen Stücke erzählen keine Geschichte, noch schildern sie ein Ereignis. Es sind der Klang und der Rhythmus, die in sich und als solche gefallen und als angenehm empfunden werden. Ähnlich können visuelle Kunstwerke (Gemälde, Skulpturen) unabhängig von dem, was sie darstellen, wegen ihres ästhetischen Wertes geschätzt werden. Die Literatur hat, wie etwa Dramen, ebenfalls einen ästhetischen Wert, die von ihr ausgehende emotionale Anziehungskraft beruht allerdings in erster Linie auf ihrem Inhalt.

Und was ist nun genauer der »ästhetische Wert«? Im Sinne einer ersten Eingrenzung könnten wir sagen »Schönheit«. Was aber nur eine weitere Frage aufwirft: Was ist Schönheit? Platon zufolge ist es die »Abgemessenheit und Verhältnismäßigkeit«.[1] Wie viele Thesen Platons, so hat auch diese ihr modernes Pendant, in der Vorstellung nämlich, daß ein Objekt, um schön zu sein, diverse Elemente zu einem harmonischen Ganzen integrieren muß; oder, einfacher ausgedrückt, der Maßstab ist der der »Vielfalt und Harmonie«.

Es kann des Guten aber auch zuviel sein. Ein Kunstwerk kann, ungeachtet von Platons Feststellung, soviel »Abgemessenheit und Verhältnismäßigkeit« aufweisen, daß diese seiner Schönheit eher abträglich als zuträglich sind. Eine künstliche Blume kann zum Beispiel wesentlich ebenmäßiger als eine wirkliche Blume, aber dennoch nie so schön sein. Eine wirkliche Blume, die aus sich heraus wächst, muß zwangsläufig gewisse »Unebenmäßigkeiten«, bedingt durch Sonneneinfluß oder Bodenverhältnisse, aufweisen. Ähnlich werden handwerkliche Produkte (Töpferwaren zum Beispiel) oftmals als schöner empfunden, wenn sie gewisse Mängel und damit Anzeichen ihres handwerklichen Ursprungs aufweisen. Plotin, ein Neo-Platoniker, der im 3. Jahrhundert n. Chr. (204–270) lebte, war möglicherweise der erste, der dieses Prinzip klar formulierte. Das Gesicht einer toten Person, so Plotin, habe die gleiche Gestaltung wie das Gesicht einer lebenden Person, und dennoch seien beide nicht gleichermaßen schön. Schönheit sei eine Frage der inneren Lebendigkeit.[2]

Es sind im wesentlichen also drei Kriterien, die ausschlaggebend für Schönheit sind: Vielfalt, Harmonie und Lebendigkeit. Diesen könnten weitere Kriterien hinzugefügt werden, etwa, daß Schönheit, wie es im Volksmund heißt, nur im Auge des Betrachters liegt. »Fragen Sie eine Kröte, was Schönheit ist, das erhaben Schöne, so antwortet sie Ihnen: ›Mein Krötenweibchen mit seinen zwei großen runden vorstehenden Augen, seinem breiten platten Maul, seinem gelben Bauch und braunen Buckel.‹«[3] Was nichts anderes heißt, als daß eine Kröte die für die Schönheit ausschlaggebenden Kriterien, Vielfalt, Harmonie und Lebendigkeit, in einer anderen Kröte findet.

Aber was auch immer unter Schönheit verstanden werden mag,

sie allein genügt nicht, um das Ästhetische zu definieren. So wird eine Tragödie beispielsweise normalerweise nicht als schön empfunden, und dennoch kann sie einen ästhetischen Wert haben. Und manche Kunstwerke sind geradewegs abschreckend. Die Geschichte der Malerei ist voll von den Bildern menschlichen Leids – Märtyrertum, Massaker und die Qualen der Hölle. Das Groteske kann ebenso faszinierend wie das Schöne sein. Das »Ästhetische« könnten wir somit vielleicht als die Fähigkeit definieren, Aufmerksamkeit auf sich zu ziehen und in beifälliger oder morbider Faszination gefangenzuhalten.

Das heißt nicht, daß das Schöne und das Groteske gleichermaßen zum ästhetischen Wert eines Kunstwerkes beitragen. Ein Kunstwerk kann nicht zu schön, wohl aber zu grotesk sein. Fehlt das Schöne, so bleibt das Groteske nur das – grotesk. Es ist die Spannung zwischen dem Schönen und dem Grotesken, die den ästhetischen Wert eines Werkes steigern kann, genau wie die Spannung zwischen Freude und Schmerz den Genuß einer Erfahrung erhöhen kann (vergleiche Kapitel 15), was aber verhindert wird, wenn letzteres (das Groteske) ersteres erdrückt.

Welcher Zusammenhang besteht zwischen den ästhetischen Werten und der emotionalen Kreativität? Ästhetische Emotionen (ein Empfinden von Schönheit, Erstaunen, Spannung) können als solche bereichernd sein, und, da sie relativ nebulös oder vage sind, es uns ermöglichen, die Bedeutung jener Erfahrung frei und ungehemmt zu erforschen. Des weiteren gilt, daß ästhetische Werte in dem Maße, wie sie unsere Aufmerksamkeit gefangennehmen und unseren Genuß an einem Werk steigern, ungeachtet der spezifischen Emotionen, die ein Werk wecken mag, generell als Motor zur Erweiterung unseres Erfahrungsspektrums dienen. So sind es zum Beispiel die ästhetischen Qualitäten von Shakespeares Dichtung, die bewirken, daß uns die Tragödie Hamlets um so mehr anrührt.

Soweit ein Kunstwerk einen ästhetischen Wert hat, ist seine Anziehungskraft nicht schwierig zu verstehen. Manche Kunstwerke, insbesondere in der Literatur, werden jedoch weniger wegen ihrer ästhetischen Anziehungskraft als vielmehr wegen der Botschaft geschätzt, die sie transportieren. Die Tragödie ist ein gutes Beispiel. Warum genießen wir ein dramatisches Werk, das von Szenen des Schmerzes und des Leidens beherrscht wird? Eine Frage, die auch Aristoteles beschäftigte. Nach seinem Dafürhalten war es die »Nachahmung von Handelnden... die Jammer und Schaudern hervorruft und hierdurch eine Reinigung von derartigen Erregungszuständen bewirkt«.[4] Eine Erklärung, die bestenfalls vieldeutig ist. Aber in der Geschichte der Theorien kann gerade die Vieldeutigkeit, wenn sie denn schon nicht zur Aufklärung führt, eine Quelle der Langlebigkeit sein.

»Die gewaltige, weitestgehend von Deutschen in Büchern, Pamphleten, Schriften und Artikeln ausgetragene Kontroverse darüber, was Aristoteles nun wirklich [mit der Reinigung, Katharsis] gemeint haben könnte, ist einer der Schandflecke der menschlichen Intelligenz, ein groteskes Monument der Unfruchtbarkeit.«[5]

Wir möchten diesem Monument mitnichten einen weiteren Stein hinzufügen, sondern lediglich den bescheidenen Versuch machen, auf die emotional nutzbringenden Effekte der Tragödie, ja, der Kunst allgemein hinzuweisen. Als Ausgangspunkt möchten wir die Beobachtung eines der prominentesten Philosophen des 20. Jahrhunderts, Alfred North Whitehead, nehmen, der nicht weniger als Aristoteles von der Fähigkeit der alten griechischen Dramatiker, unsere Emotionen zu beeinflussen, beeindruckt war.

»Äschylos, Sophokles und Euripides waren Abenteurer in der Welt des Denkens. Wenn man ihre Dramen liest, ohne ein Gefühl dafür zu entwickeln, wie die Welt in ihnen auf eine neue Art verstanden und die Emotion auf eine neue Weise ausgekostet wird, verfehlt man das, was an ihnen lebendig ist und ihren eigentlichen Wert ausmacht.«[6]

Mit anderen Worten, der Wert der Tragödie besteht nicht, wie Aristoteles behauptete, in der Reinigung bereits gebildeter Emotionen, sondern vielmehr darin, neue Einsichten und neue Formen der Emotionen zu stimulieren. Katharsis ist weniger eine Frage der emotionalen Erleichterung als der emotionalen Kreativität.

Um diesen Punkt anhand konkreter Beispiele zu verdeutlichen, möchten wir die Geschichte des Hauses Pelops erzählen, nach dem der Peloponnes, die südliche Halbinsel Griechenlands, benannt ist. Diese über viele Generationen reichende Geschichte lieferte den Stoff für viele alte, klassische wie auch moderne Dramen (z. B. *Agamemnon, Die Totenspende, Die Eumiden* von Aischylos und *Elektra, Alkestis, Iphigenie in Tauris* von Euripides sowie *Trauer muß Elektra tragen* von Eugene O'Neill und *Der Familientag* von T. S. Eliot). Die geschilderten Ereignisse, vorausgesetzt sie werden entsprechend dramatisch von einem befähigten Dramaturgen in Szene gesetzt, rühren und spannen unweigerlich die Emotionen des Publikums an.

Die Geschichte beginnt mit Tantalus, Vater des Pelops und legendärer König von Sipylus in Lydien, Kleinasien. Tantalus war, durch die Nymphe Pluto, ein direkter Nachfahre Zeus'. Einem Mythos zufolge ermordete Tantalus seinen Sohn Pelops und setzte sein Fleisch den Göttern als Speise vor. Die Götter entdeckten das Verbrechen jedoch, verzehrten das Fleisch nicht und erweckten Pelops wieder zum Leben. Nach einem anderen Mythos verriet Tantalus die Geheimnisse der Götter an Menschen. Welches Vergehen auch vorgelegen haben mag, fest steht, seine Strafe war schwer, er mußte in der Unterwelt ewigen Hunger und Durst leiden: Er mußte bis zum Kinn im Wasser stehen, das aber, wenn er sich vorbeugte, um zu trinken, außer Reichweite zurückwich; und Früchte hingen über seinem Kopf, wenn er aber versuchte, danach zu greifen, so blies der Wind sie außer Reichweite.

Erwachsen geworden, war Pelops einer der vielen, die um die Hand Hippodameias, der Tochter des Königs von Pisa (einer Stadt nahe des Olymps), anhielten. Die Wahl zwischen den Bewerbern sollte über einen Wettbewerb entschieden werden. Derjenige, der den König, Hippodameias Vater, in einem Wagenrennen schlagen würde, sollte Hippodameia als Braut gewinnen. Im Falle, daß der Herausforderer jedoch verlor, war der Tod der für ihn ausgesetzte Preis. Pelops schlug den Vater, aber nur durch eine List – mit dem Ergebnis, daß über sein ganzes Haus sowie die nachfolgenden Generationen der Fluch der Götter kam. Was unter anderem zum Trojanischen Krieg führte.

Trotz seines Frevels erfreute Pelops sich beachtlicher weltlicher Erfolge. Der Fluch holte jedoch seine beiden Söhne, Atreus und Thyestes, ein. In einem Streit um Macht und eine Frau tötete Atreus die Söhne seines Bruders Thyestes und setzte sie ihm als Speise vor. Ein grausigeres Schicksal für Vater und Söhne ist kaum vorstellbar.

Atreus' eigenen Söhnen war ein besseres Los beschieden, anfänglich zumindest. Der eine, Menelaus, wurde König von Sparta, der andere, Agamemnon, König von Mykene (Argos). Als ob das nicht des Glückes genug gewesen wäre, heiratete Menelaus Helena, die als die schönste Frau galt, und Agamemnon heiratete ihre Schwester, Klytämnestra. Die Glückssträhne sollte jedoch keinen Bestand haben.

Mit Hilfe und dem Segen der Göttin Aphrodite verführte Paris, Sohn des Königs von Troja, Helena und nahm sie mit zurück in ihre Geburtsstadt. Menelaus rief die Griechen nun zum Angriff auf Troja und zur Befreiung Helenas auf. Eine mächtige Armada wurde zusammengestellt und Agamemnon als Oberbefehlshaber erwählt. Bei einer Jagd hatte Agamemnon jedoch einen der Göttin Artemis heiligen Hirsch erlegt, worauf sie eine absolute Windstille eintreten ließ, so daß die Schiffe der Griechen nicht nach Troja segeln konnten. Um die Göttin zu besänftigen, so wurde Agamemnon unterrichtet, müsse er seine Tochter Iphigenie opfern. Unter dem Vorwand, sie solle den Helden Achilles heiraten, ließ er sie zu sich bringen. Als Agamemnon gerade mit seinem Messer zustoßen wollte, besann sich Artemis und ersetzte Iphigenie durch eine Hirschkuh. Agamemnon und andere glaubten, das Opfer sei vollbracht und Iphigenie tot. Was sie nicht wußten, war, daß sie auf einer Wolke schwebend nach Tauris gebracht und dort Priesterin im Tempel der Artemis wurde. Die Griechen erhielten günstigen Fahrtwind und segelten nach Troja.

Der Trojanische Krieg dauerte zehn Jahre. Während seiner Abwesenheit nahm sich Agamemnons Frau, Klytämnestra, als Geliebten seinen Cousin Ägisthus. Auch Agamemnon nahm sich eine Geliebte, Kassandra. Bei seiner Rückkehr brachte Klytämnestra ihn und Kassandra, teils auch aus Rache für das vermeintliche Töten ihrer Tochter Iphigenie, um.

Agamemnon und Klytämnestra hatten neben Iphigenie zwei weitere Kinder: Elektra und Orestes. Elektra wurde von Klytämnestras Liebhaber, Ägisthus, gezwungen, einen Bauern zu heiraten, um zu verhindern, daß ein Nachkomme ihres Sprosses eine Anwartschaft auf den Thron hatte. Orestes, das jüngste von Agamemnons drei Kindern, sollte getötet werden. Orestes konnte jedoch fliehen und diesem Schicksal entkommen; mit Hilfe Elektras kehrte er einige Jahre später zurück und tötete, um den Tod seines Vaters zu rächen, seine Mutter und ihren Liebhaber.

Die eigene Mutter zu töten, ist eine Schreckenstat, die ihrerseits Sühne verlangt. So wurde Orestes von Land zu Land von den Furien, den Rachegeistern, verfolgt. Am Ende erhält er Weisung, nach Tauris zu gehen und ein Bildnis der Artemis nach Griechenland zurückzuführen. Nach Tauris war auch seine Schwester, Iphigenie, gebracht worden. Sie hatte die Aufgabe, alle Fremden, die auf der Insel ankamen, den Göttern zu opfern. Orestes wird gefangengenommen, und Iphigenie sieht sich vor eine entsetzliche Wahl gestellt: ihren Pflichten als Priesterin treu zu bleiben oder ihren Bruder zu töten. Sie verschont ihren Bruder, und beide entfliehen zusammen von der Insel.

Wir müssen mit dieser Geschichte nicht fortfahren. Stellen Sie sich eine Situation vor, in der Ihre grundlegendsten Bedürfnisse wie Hunger und Durst auf immer ungestillt bleiben (Tantalus), in der Sie Ihre eigenen Kinder als Speise verzehren (Thyestes), Ihre Tochter bei ihrer Hochzeit umbringen (Agamemnon), Ihren Ehemann töten (Klytämnestra), Ihre Mutter ermorden (Elektra, Orestes) oder die Wahl haben zwischen Pflicht und brüderlicher Liebe (Iphigenie). Situationen wie diese sind unseren alltäglichen Erfahrungen genügend vertraut, um sie uns vorstellen zu können, und dennoch genügend ungewöhnlich, um das Spektrum unserer Emotionen zu erweitern, genau wie unerwartete empirische Entdeckungen zur Erweiterung unseres intellektuellen Horizonts beitragen können.

Um nicht den Eindruck zu hinterlassen, die alten Griechen seien mit ihrer Faszination vom Grotesken so etwas wie ein Unikum: Es gibt in der Kunst seit jeher die Richtung, deren Funktion traditionell darin besteht, der Selbstgefälligkeit entgegenzuwirken – anzustacheln, aufzurütteln und Gefühle zu verletzen. Eine Tradition, die heute in der als »shock art« bekannten Kunstrichtung bis ins Extrem fortgeschrieben wird. Hierbei wird die Trennungslinie zwischen dem Ästhetischen und dem rein Grotesken mitunter überschritten, vor allem von »Künstlern«, deren Talente nicht an ihre Ambitionen heranreichen. Bei einer Veranstaltung der Boston Film and Video Foundation (am 29. Oktober 1989) biß Joe Coleman einer weißen Maus den Kopf und die Vorderbeine ab, umarmte einen Zuschauer, nachdem er einen Eimer Blut über sich selbst ausgegossen hatte und entzündete Feuerwerke auf seiner Brust. Das ging selbst den Schirmherren zu weit, die ansonsten durchaus geneigt sind, im Namen der Kunst fast jeden Exzeß zu entschuldigen. (Der Vorsitzende der Boston Film and Video Foundation distanzierte sich denn auch von Coleman, vorgebend, die Veranstaltung sei unabhängig von der Stiftung, als Privatinitiative eines Stiftungsmitgliedes zustande gekommen.)

Um auf die Frage der Katharsis zurückzukommen: Aristoteles sah, wie gesagt, im Drama die Möglichkeit der Reinigung von Emotionen. Eine einleuchtendere Erklärung für die Anziehungskraft der Tragödie – wie auch der Romanze und Komödie sowie der Gemälde und anderer Formen der Kunst – läßt sich von unserer Analyse der emotionalen Kreativität ableiten. Die große Kunst beschenkt uns mit Situationen, die neue und andersartige Emotionen wecken; sie fordert uns zu neuen Denk- und Gefühlsrichtungen heraus. Die Kunst ist nicht die Plattform zur Freisetzung unterdrückter oder aufgestauter Emotionen; das ist zumindest kein Hauptkriterium, das ihre Anziehungskraft ausmacht. Sie schafft vielmehr neue Emotionen, die wir zuvor nicht oder nur unzulänglich erfahren haben. Das Ergebnis kann gewaltig sein.

Jenseits der Kunst ist die Idee der Katharsis in der Psychotherapie am geläufigsten. »Ich habe bei mir häufig die kathartische Psychotherapie mit chirurgischen Eingriffen verglichen«, schrieb Freud, »meine Kuren als psychotherapeutische Operationen bezeichnet, die Analogien mit Eröffnung einer eitergefüllten Höhle, der Auskratzung einer kariös erkrankten Stelle u. dgl. verfolgt.«[7] Eine lebhafte Analogie; aber Freud nahm schon bald von der kathartischen Methode (das erinnerungsmäßige Rückholen und Wiederbeleben traumatischer emotionaler Erfahrungen während einer psychotherapeutischen Sitzung) Abstand, da die erzielten Ergebnisse seines Erachtens zu transitär oder unbeständig waren. Demgegenüber propagieren andere die Katharsis weiterhin als therapeutische Methode, und das oft, ohne die zugrundeliegenden Prozesse wirklich zu verstehen.[8]

Ein Großteil der psychologischen Forschung beschäftigt sich seit langem mit der Untersuchung möglicher kathartischer Effekte des emotionalen Ausdrucks, insbesondere vor dem Hintergrund der Wut und Aggression. Insgesamt unterstützen die Forschungsergebnisse mitnichten die These, wonach Wut wie Eiter aus einer Wunde abgelassen werden kann (um bei Freuds Analogie zu bleiben). Die Regel ist vielmehr, daß der bei einer Gelegenheit erfolgte Ausdruck von Wut dazu ermutigt und es erleichtert, sie in der Folge bei weiteren Gelegenheiten zum Ausdruck zu bringen. Wobei es keine Rolle spielt, ob dieser Ausdruck direkt (etwa in Form von tatsächlichem Ausagieren der eigenen Wut) oder stellvertretend erfolgte (z. B. durch Anschauen aggressiver Filme oder Sportereignisse). Die Übung macht den Meister, wenn man so will, vorausgesetzt, daß der erste Ausdruck nicht unangemessen war, denn dann werden die nachfolgenden Ausdrucksweisen zwangsläufig noch unangemessener sein. Ein Beispiel: Typisch für Gewalttätigkeiten in der Ehe ist, daß sie sich langsam entwickeln und damit beginnen, daß man der aufgestauten Wut bei einer Gelegenheit »Luft macht«. Nach einer gewissen Zeit (in der Regel einigen Wochen oder Monaten) kommt es zu einem weiteren Vorfall und noch zu einem weiteren und noch zu einem weiteren, wobei Häufigkeit und Intensität steigen, bis die Mißhandlung schließlich zu einem etablierten Interaktionsmodus wird.[9]

Trotz vorgenannter Vorbehalte muß eingeräumt werden, daß der reine Ausdruck von Emotionen in der Psychotherapie mitunter nutzbringende und langanhaltende Effekte bewirken kann. Warum? In der Theorie ist die Antwort einfach, in der Praxis allerdings komplex. *Unter angemessenen Umständen* kann ein Emotionsausbruch die persönliche Interpretation einer Situation verändern und damit die Notwendigkeit des weiteren Ausdrucks beeinflussen. Nehmen wir zum Beispiel die Person, die unfähig war, die Trauer über den Tod eines geliebten Menschen zum Ausdruck zu bringen. »Zusammenzubrechen« und zu weinen bedeutet das Eingeständnis des Verlustes und des eigenen Bedürfnisses nach Unterstützung. Mit einem solchen Eingeständnis kann der Heilungsprozeß beginnen. Oder wir nehmen die Person, die wutentbrannt vehement auf ein Kissen einschlägt. Ein derart scheinbar sinnloser Akt kann doch, wenn er sich in der Praxis eines Therapeuten abspielt, nichts verändern. Oder doch? Selbst wenn niemand diesen Vorgang beobachtet, so hält er doch der betreffenden Person in nachdrücklicher Weise ihre eigenen gehemmten, zuvor möglicherweise geleugneten Bedürfnisse vor Augen und ermutigt, zur Korrektur der belastenden Situation weitere Konsequenzen zu ziehen.

Wenn der Ausdruck von Emotionen zu beständigen nutzbringenden Effekten und nicht nur zu einer vorübergehenden Befreiung von Spannung führen soll, muß er mit einer adäquaten

Reinterpretation von Ereignissen und einem realistischen Handlungsablauf in Verbindung gebracht werden. Die Rolle des Therapeuten besteht, in Kooperation mit dem Klienten, darin, einen Rahmen zu finden – oder, präziser, zu konstruieren –, in dem die Reaktion Sinn und Bedeutung erhält. Das heißt, ein geschickter Therapeut hilft dem Klienten nicht nur, neue Emotionen auszudrücken, sondern diese Emotionen auch zu einem sinnvollen und effizienten Bestandteil seines Lebens zu machen.

Wir können jetzt die Relation zwischen der »Katharsis«, wie sie in der Psychotherapie und in der Kunst vorkommt, erkennen. Genau wie die Kunst trägt die Psychotherapie nicht nur zur Erweiterung der Emotionen bei, sie erzieht sie auch.

Teil V

Der Weg zu emotionaler Kreativität

Zu schaffen und im Schaffen tiefres Leben
Zu finden, darum dichten, formen wir
Den Traum der Seel und ernten, was wir geben,
Dasein der Phantasie.

Lord Byron,
Childe Harolds Pilgerfahrt

Kapitel 23

Emotionen als eine Form der Kunst

*Der Körper des Menschen
ist ein Instrument,
das in seiner Seele Kunst hervorbringt.*

A. N. Whitehead,
Abenteuer der Ideen

Durchgängig in diesem Buch wurde von der Kunst der Emotionen gesprochen und »ART« als Akronym für Akquisition, Raffinement und Transformation der emotionalen Erfahrung verwendet. Wir möchten jedoch, daß die »Kunst der Emotion« ernster genommen und nicht nur als ein griffiger, wenn auch etwas abgedroschener, mnemonischer Begriff betrachtet wird. In Ausführungen über die Ästhetik wird die Kunst, wie wir im letzten Kapitel sehen konnten, immer wieder als Ausdruck von Emotionen beschrieben. Wenn das zutrifft, wovon wir überzeugt sind, dann kann die Kunst uns vielleicht zu einem besseren Verständnis der Emotionen verhelfen und sie sogar fördern. Mehr noch: Im Optimalfall, mit einem Maximum an Kreativität, können Emotionen als eigenständige Form der Kunst betrachtet werden.

Zunächst möchten wir präzise spezifizieren, was wir unter »Kunst« verstehen. Im weitesten Sinne bezieht »Kunst« sich auf alles, was von Menschen gemacht ist, im Gegensatz zu Werken oder Produkten der Natur. So kann ein Schmied zum Beispiel genau wie ein Klempner seine Kunst betreiben. Im Vergleich dazu ist weder eine Wolkenformation noch ein Sonnenuntergang ein Kunstwerk, wie schön sie auch sein mögen. Auf die Emotionen übertragen heißt das, wenn Emotionen nichts weiter als naturbedingte Phänomene, also etwas wären, das uns durch unsere biologische Natur widerfährt, dann würde es allerdings kaum einen Sinn machen, von einer Kunst der Emotion zu sprechen. Sofern es sich bei den Emotionen demgegenüber aber, wie wir argumentierten, um soziale und persönliche Konstrukte handelt, dann sind sie im weitesten Sinne des Wortes auch Kunstwerke (Artefakte).

Natürlich kann nicht jedes Artefakt als Kunstwerk betrachtet werden – ein Müllberg zum Beispiel. Um als Kunst gewertet zu werden, sollte ein Werk einen gewissen Wert darstellen. Die Kunst eines Schmiedes hat einen *praktischen* Wert. Dieser praktischen Kunst stehen die *schönen* Künste gegenüber, jene Kunst also, die ihren Wert in erster Linie aus der *Ästhetik* bezieht. (»Schöne Künste« heißt nicht in jedem Fall, daß es sich dabei auch um »gute Kunst« handelt. Ebensowenig bedeutet die Feststellung, die schönen Künste würden in erster Linie wegen ihres ästhetischen Wertes betrieben, daß alle Kunstwerke diesem Anspruch gleichermaßen gerecht werden.)

In früheren Zeiten hatte jede Kunst bis zu einem gewissen Grad einen praktischen Hintergrund. Die Skulpturen von Göttern, Kaisern usw. wurden nicht nur zur Freude der Sinne auf den Marktplätzen und in den Tempeln aufgestellt, sie sollten auch erziehen und inspirieren. Die Idee der schönen Künste – Kunst um der Kunst willen – ist relativ neuen Datums und stammt aus dem 18. Jahrhundert. Aber selbst heute gilt, daß Kunstwerke überwiegend sowohl aus praktischen als auch aus ästhetischen Gründen geschaffen werden.

Die Emotionen haben einen praktischen Wert; sie sind Wege, Probleme zu lösen und Herausforderungen gerecht zu werden. Die Kunst der Emotion ist somit eine praktische Kunst. Wäre es auch möglich, die Kunst der Emotion bei den schönen Künsten einzugruppieren? Der Bereich der schönen Künste kann nach einer Vielzahl verschiedener Dimensionen untergliedert werden – zum Beispiel: visuelle Kunst (Gemälde, Skulpturen), akustische Kunst (Musik) und symbolische Kunst (Literatur). Eine für unsere Zwecke aber wesentlich relevantere Unterscheidung ist die zwischen der Kunst, die unabhängig von der schöpferischen Handlung existiert (z. B. ein Gemälde), und jener Kunst, die nur während ihrer Darbietung präsent ist (z. B. ein Tanz). Die Emotionen können der Darstellenden Kunst zugerechnet werden – vorausgesetzt, sie können einen ästhetischen Wert bieten.

Ein Werk bezieht, wie im letzten Kapitel ausgeführt, seinen ästhetischen Wert aus seiner Form und nicht aus seinem Inhalt. Konkreter: Um einen ästhetischen Wert zu haben, sollte ein Werk jene drei Eigenschaften besitzen, die grundlegend für die Definition von Schönheit sind, nämlich Vielfalt (Komplexität), Harmonie (Einheitlichkeit) und Vitalität; und es sollte fesseln, und sei es über eine Mischung von grotesken und schönen Elementen.

Nichts von dem bisher Gesagten schließt aus, daß eine emotionale Handlung künstlerischer Natur sein kann. Emotionen sind menschliche Konstrukte, die sich ohne weiteres durch eine Harmonie in der Vielfalt wie auch durch Vitalität auszeichnen können, und fesselnd sind sie allemal, ob nun in gefälliger oder weniger gefälliger Form. Ehe wir jedoch die Kunst als Orientierungshilfe für ein besseres Verständnis und die Förderung der Emotionen nutzen können, möchten wir einen potentiellen Einwand zur Sprache bringen. Die Kunst, so heißt es manchmal, erfordert eine »ästhetische Distanz«. Und so könne eine Person, die von situativen Gefühlswallungen gefangen, von Wut »gepackt« oder von Angst »ergriffen« ist, nicht künstlerisch kreativ sein. Zu einem späteren Zeitpunkt vielleicht kann die entsprechend talentierte Person sich die aufregenden Erlebnisse in einem Gefühl der Sicherheit ins Gedächtnis zurückrufen und sie im Sinne der Kunst wiederaufleben lassen, sie »rekreieren«. Das zumindest war die von Whitehead vertretene Auffassung:

> »Denn das Geheimnis der Kunst liegt in ihrer Freiheit: die Emotion und andere Elemente des ursprünglichen Erlebnisses werden noch einmal durchlebt, aber diesmal ohne den Zwang der Notwendigkeit... Wenn Odysseus im Reich der Schatten Homer, den Sänger der Odyssee, getroffen haben sollte, war das für ihn die Gelegenheit, die Gefahren seiner Irrfahrten noch einmal, und zwar in Freiheit und in der Freude des Erinnerns, zu durchleben.«[1]

Dieser Maßstab der ästhetischen Distanz scheint die Emotionen aus dem Bereich der Kunst auszuklammern, soweit zumindest, wie es sich dabei nicht um sublimierte oder nachempfundene Kopien des Originals handelt. Diesem Einwand können allerdings zwei Argumente entgegengehalten werden.

Erstens, wir garantieren, daß ein unkontrollierter emotionaler Ausbruch, aus dem Moment der Notwendigkeit heraus geboren, kaum dazu angetan ist, sehr künstlerisch zu sein. Das ist aber ebensowenig ein hastig gemaltes, unter Druck zustande gekommenes Bild. Durchgehend in diesem Buch betonten wir allerdings immer wieder, daß wir mehr Kontrolle über unsere Emotionen haben, als allgemein unterstellt, und daß emotionale Kreativität sich nicht spontan, ohne Vorbereitung und eine Zeit der Inkubation, einstellt. Genau wie gute Kunst erfordern auch gute Emotionen oftmals eine gewisse ästhetische Distanz.

Zweitens, es stimmt nicht, daß Kunst stets in einer eher abgeklärten, leidenschaftslosen Form geschaffen oder geschätzt wird. Ein Tänzer, der sich voll und ganz von seiner Darbietung fesseln läßt, erbringt eher eine bessere und nicht eine weniger künstlerische Leistung als ein eher desinteressierter Tänzer. Mit einem adäquaten Maß an Vorbereitung und Geschick bedeutet die vollständige Gefangennahme in einem emotionalen Ausbruch nicht automatisch, daß dieses Ausagieren nicht in den Bereich der Kunst fällt.

Form und Medium

Bei der Herstellung jedes Kunstwerkes ist zwischen zwei Aspekten zu unterscheiden: der Form und dem Medium. Die Form ist das Arrangement von Teilen zu einem sinnvollen (ästhetischen) Ganzen; das Medium ist das, woraus das Werk geschaffen ist. Jede Kunstart hat ihr eigenes Medium: feste Materialien für Skulpturen; Öl-, Wasser- und Acrylfarben für Gemälde; Musikinstrumente für Musik; Sprache für Literatur und so weiter. Im Bereich der Darstellenden Kunst wie des Tanzes ist der Körper das Hauptmedium.

Ein Medium ermöglicht ein Kunstwerk, setzt ihm gleichzeitig aber auch seine Grenzen. So kann ein besonders schönes Stück Marmor einem Bildhauer die Möglichkeit geben, eine herrliche Statue zu schaffen, es setzt ihm gleichzeitig aber auch mit Blick auf die Größe und Gestaltungsform der Statue Grenzen. Entsprechend variiert der künstlerische Ausdruck im Rahmen der von dem Medium vorgegebenen Grenzen. Diese Grenzen sind bei Skulpturen enger als bei Gemälden und bei Gemälden enger als bei der Musik gesetzt. Die Literatur ist von allen Künsten möglicherweise der Bereich mit den geringsten Schranken, da ihr Medium hauptsächlich einen symbolischen Charakter hat.

In der zeitgenössischen Kunst können zwei Trends beobachtet

werden, die sich dadurch unterscheiden, ob der Künstler die Form oder das Medium in den Vordergrund stellt. Beim abstrakten Expressionismus wird die Form dem Medium geopfert. Bei einem Gemälde dieser Kunstrichtung sticht dem Betrachter zum Beispiel ein scheinbar formloser Strudel von Farben und Strukturen ins Auge. Jackson Pollock, einer der Begründer dieser Schule, entwikkelte das sogenannte »Dripping«, das Auftropfenlassen oder Spritzen von Farben auf die waagerechte Bildfläche, wodurch ein höchst kompliziertes Farbmuster entstand. Natürlich ist es unmöglich, jedwede Form zu eliminieren. Einem absolut willkürlichen Gefüge würde die Harmonie und damit wohl auch weitestgehend der ästhetische Wert fehlen. Ehe er sich dem abstrakten Expressionismus zuwandte, war Jackson Pollock als Maler gegenständlicher Kunst erfolgreich. So wird denn auch sein Formgefühl selbst in seinen »Drippingarbeiten« offenbar.

Am anderen Extrem steht die Minimal art, die durch die Konzentration auf die »reine Form« die Grenzen des Mediums zu überwinden versucht. Diese Kunstrichtung läßt sich bei der Komposition eines Werkes von rational abgeleiteten (sogar mathematischen) Verfahren leiten. So kann ein Gemälde zum Beispiel aus geometrischen Figuren bestehen, die so arrangiert sind, daß sie mehr eine Stimulation der Imagination als der Sinne bewirken. Minimal art ist aber nicht auf den Bereich der visuellen Kunst beschränkt. Auch einige Musiker möchten die ihnen durch die Instrumente auferlegten Schranken sprengen, indem sie ihre Musik leise von den Notenvorlagen ihrer Komposition »vorlesen«. Dieser Minimal-art-Musiker könnte dann wohl mit dem Dichter verglichen werden, der schweigend seinen Text liest. Jemand, der ausreichend erfahren und talentiert ist, kann die sensorischen Aspekte jedes Mediums in einem überraschenden Maße, ohne die Form zu zerstören, eliminieren.[2] Ein bekanntes Beispiel aus der Musik ist Beethoven, der seine 9. Symphonie komponierte, als er bereits taub war. Er hörte sein Meisterwerk nie, nur in seiner Imagination.

In der Kunst der Emotion ist der Körper das Medium und die Bedeutung der Reaktion die Form. Traditionelle Ansätze in der Forschung der Emotionen stellen in der Regel die Bedeutung körperlicher Veränderungen in den Vordergrund (siehe den Mythos von den viszeral gesteuerten Emotionen in Kapitel 5). Um gute Kunst zu schaffen, ist es natürlich wichtig, das Medium zu kennen und zu verstehen. Dieses Verständnis allein reicht jedoch nicht. Der Wissenschaftszweig der Akustik kann zum Beispiel zwar bei dem Entwurf von Musikinstrumenten und Konzerthallen behilflich sein. Aber die Töne, die zu einer Symphonie werden, hören auf, einfach Klanglaute zu sein, wenn sie zu einer Partitur zusammengefügt werden; das Stück Marmor, das zu einer Statue wird, hört auf, ein Stein zu sein; und die Farbe, die ein Porträt koloriert, hört bei der entsprechenden Formgebung auf, einfach nur pigmentiertes Öl zu sein. Ähnlich hören physiologische Reaktionen auf, einfach nur körperliche Veränderungen darzustellen, wenn sie zu einer Emotion zusammengefügt werden.

Gibt es im Bereich der Emotionen etwas ähnliches wie den abstrakten Expressionismus (wo das Medium wichtiger als die Form ist) und die Minimal art (wo die Form wichtiger als das Medium ist)? Ja – ersteres möchten wir als den »emotionalen Expressionismus« und letzteres als den »emotionalen Minimalismus« bezeichnen. Ein Beispiel des emotionalen Expressionismus ist der Hedonist, der der sinnlichen Stimulation um ihrer selbst willen nachrennt, manchmal mit Charme und erstaunlichem Flair, aber ohne auf die Form oder Bedeutung zu achten. Ebenso können sich der Asket und Masochist an rein »fleischlichen Werken« ergötzen – in ihrem Fall aber mehr um des Leidens als um der Freude willen. So kann der emotionale Expressionismus, genau wie der abstrakte Expressionismus, für den Augenblick die gesuchte Befriedigung bringen. Eine Befriedigung, die allerdings den Nachteil hat, daß man fortwährend in ihrem Sinne tätig sein muß, da das Verhalten über die unmittelbare sinnliche Belohnung hinaus kaum von Bedeutung ist.

Im anderen Extrem bedingt der »emotionale Minimalismus«, daß der Körper dem Geist um der Emotion willen unterworfen wird. Das beste Beispiel des emotionalen Minimalismus ist möglicherweise der Mystizismus. Um die »reine Emotion« zu erfahren, ist der Mystiker bemüht, die Grenzen des Körpers zu überwinden. Der griechische Philosoph Plotin ist hierfür ein exzellentes Beispiel.

Plotin war ein Mystiker und der letzte in der Reihe der großen griechischen Philosophen. Seiner Lehre zufolge fließt alles Seiende bis zur »bösen« Materie stufenweise aus dem Einen oder Guten oder Göttlichen (die »Emanation«). Die von ihm definierten Stufen beginnen bei dem Einen, einer transzendenten Kraft, und in dem Maße, wie die Realität und der Wert der Seinsformen abnehmen, nimmt ihre Distanz zu dem Einen zu. Das Eine ist durch die Emanation die Quelle der Schönheit. Die Materie ist die dritte und letzte Emanation des Einen, der Punkt, an dem seine schöpferischen Kräfte versiegen.

Plotin zufolge ist es das Bestreben jeder Natur, von niedrigeren zu höheren Seinsformen zurückzukehren. Für den Menschen ist diese mystische Vervollkommnung möglich, aber nur über die Lossagung von den sinnlichen und körperlichen Trieben.

»Durch solche Reinigung wird die Seele Gestalt und Form, völlig frei vom Leibe, geisthaft und ganz dem Göttlichen angehörig, aus welchem der Quell des Schönen kommt, und von wo alles ihm Verwandte schön wird.«[3]

Plotin begriff die Seele wohlgemerkt in einem platonischen, nicht christlichen Sinne. Wichtig ist jedoch der Punkt, daß die Seele, obgleich »Gestalt und Form«, nicht jeder Leidenschaft entbehrt.

»Betroffenheit, süße Erschütterung, Verlangen, Liebe, lustvolles Beben, das sind Empfindungen, die gegen jegliches Schöne eintreten müssen... Und wenn ihr euch selbst erblickt in eurer eigenen inneren Schönheit, was empfindet ihr, warum seid ihr dabei in Schwärmerei und Erregung und sehnt euch nach dem Zusammensein mit eurem Selbst, das ihr aus den Leibern versammelt? Das nämlich sind die Empfindungen dieser echten Liebebewegten. Und was ist es, woran sie solches empfinden? Nicht Gestalt, nicht Farbe, nicht irgendeine Größe, sondern die Seele, selbst unfarbig, in sich tragend die unfarbige Selbstzucht und den Glanz der andern Tugenden: in euch selbst wahrzunehmen oder beim andern zu schauen Großherzigkeit, gerechten Sinn, lautere Selbstzucht, die Tapferkeit ihrem grimmigernsten Antlitz, die Würde und darüber erschimmernd die Ehrfurcht, all das in einem ruhigen, von keiner Wallung und keiner Leidenschaft erregten Seelenzustand, und über ihm leuchtend den Geist, den gottgleichen – das ist es, was wir bewundern und lieben.«[4]

Die mystische Erfahrung ist sowohl ein Weg der Erkenntnis als auch ein Weg des Fühlens. Sie ist eine minimalistische Emotion par excellence.

Der emotionale Expressionismus und Minimalismus sind die Extreme einer langen fortlaufenden Linie. Wie ihre Pendants in den anderen Bereichen der Kunst sind sie weitestgehend »experimenteller« Natur, und die Resultate sind, wie bei vielen Experimenten, nicht immer positiv. Der emotionale Expressionismus kann leicht zu Ausschweifungen und der Minimalismus zu puritanistischen Tugendhaftigkeiten degenerieren. Im Optimalfall können diese Experimente jedoch den Weg zu neuen Visionen, neuen Formen der emotionalen Erfahrung bahnen. Aber sobald diese neuen Möglichkeiten aufgetan wurden, müssen Expressionismus und Minimalismus einer ausgewogeneren Formgebung und einem ausgeglicheneren Medium weichen.

Wo diese Balance liegt, hängt von der Art der Emotion ab. Plötzliches Erschrecken würde eher zur expressionistischen und Hoffnung demgegenüber zur minimalistischen Kategorie tendieren. Aber abhängig von der Person und der Situation kann jede Emotion eine expressionistische oder minimalistische Formgebung erhalten. Nehmen wir das Beispiel der sexuellen Liebe. Zügelloser Sex ist eine Form des emotionalen Expressionismus. Sich über die Schranken der konventionellen Moral hinwegsetzend, erlaubt der sexuelle Expressionismus eine umfassendere und freiere Erforschung der Sexualität. Am anderen Extrem ist die fast mystische Liebe Dantes zu Beatrice das vielleicht beste Beispiel des sexuellen Minimalismus. Auf seine Weise war auch das eine höchst kreative und befreiende Erfahrung.

Im Optimalfall kombiniert die sexuelle Liebe Form und Medium zu einem ästhetischen Ganzen. Ebenso wie ein Künstler, die Vorteile des Materials, mit dem er arbeitet, voll ausnutzend, dessen Grenzen überwinden muß, so muß es auch der künstlerische Liebhaber lernen, die Vorteile der Sexualität vollausschöpfend, deren Grenzen zu minimieren. Das gleiche gilt *mutatis mutandis* für die anderen Emotionen.

Manche Personen ziehen es gewohnheitsmäßig vor, ihren Emotionen eine expressive Prägung zu geben, während andere zu einem minimalistischen Stil neigen. Nietzsche bezeichnete ersteres, nach dem griechischen Gott des Weines und der Fruchtbarkeit, Dionysos (Bacchus), als das »Dionysische«, und letzteres, nach dem griechischen Sonnengott Apollo, der für alles Zivilisierte stand, als das »Apollinische«. Dionysos repräsentiert das Sinnliche und Ungeordnete der menschlichen Natur, Apollo das Rationale und Geordnete.[5] Eine Unterscheidung, die in der modernen Psychologie in der extrovertierten und introvertierten Persönlichkeit ihre Entsprechung findet. Extrovertierte suchen Erregung und Stimulation, insbesondere in der sozialen Interaktion; Introvertierte suchen Ruhe und Stille, vor allem im Alleinsein mit ihren eigenen Gedanken.

Eine lebenslange Entwicklung

Im Leben eines jeden Individuums läßt sich zumindest eine gewisse Weiterentwicklung von der frühen dionysischen zu einer späteren apollinischen Phase ablesen. Eine Weiterentwicklung, wie der Psychiater Anthony Storr sie in ähnlicher Form in den professionellen Arbeiten vieler Künstler sieht. In der Frühphase, wenn der Künstler noch dabei ist zu lernen und zu entdecken, können sich seine Arbeiten zwar durch Impulsivität und Neuartigkeit auszeichnen, es fehlt ihnen aber an Originalität. In der zweiten oder reifen Phase, die den größeren Teil des produktiven Lebens eines Künstlers ausmachen kann, entwickelt er dann einen unabhängigen, individuellen Stil. Auch diese Phase ist nachdrücklich von dem Bedürfnis geprägt, ein möglichst großes Publikum mit der eigenen Kunst anzusprechen und andere von der Validität der eigenen Vision zu überzeugen. Sofern ein Künstler ausreichend lange lebt, ist oftmals eine dritte Phase erkennbar: »Der Künstler blickt in die Tiefe seiner eigenen Seele und kümmert sich nicht darum, ob andere ihm folgen oder ihn verstehen können.«[6] Werke dieser letzten Phase sind in der Regel unkonventionell, aber dennoch (wie Platon es ausdrücken würde) »abgemessen und verhältnismäßig«.

Storr veranschaulicht diese Weiterentwicklung mit einer Analyse von Beethovens Streichquartetten sowie den Werken anderer Komponisten. Ebenso untersuchte er die Novellen Henry James', die insbesondere aus der Sicht der emotionalen Kreativität interessant sind, da sie eine Kombination beider Phasen, der Früh- und der Spätphase, darstellen.

Henry James war Storr zufolge 57, als er *Die Gesandten*

schrieb, »also so alt wie Beethoven zum Zeitpunkt seines Todes. James selbst sah als Herzstück des Buches die Rede von Lambert Strether im zweiten Kapitel von Buch fünf an: Lebe alles, was du leben kannst: es ist ein Fehler, wenn du es nicht tust. Es ist nicht so wichtig, was du im einzelnen machst, solange du nur dein Leben hast. Wenn du das nicht gehabt hast, was hast du dann gehabt?«[7]

James gelang es, wie Storr schreibt, in seinem eigenen Leben nicht, seinen Rat zu befolgen. Er war sexuell gehemmt und zog die intellektuelle der körperlichen Intimität vor. Er war, um bei unserer Terminologie zu bleiben, ein emotionaler Minimalist. Im fortgeschrittenen Alter entdeckte er dann jedoch den Wert des emotionalen Expressionismus, ohne dabei aber seinen apollinischen Stil fallenzulassen. Storr beschreibt diese letzte Phase folgendermaßen:

> »Sein ausgefeilter Stil macht keine Konzessionen, und man kann mit Recht sagen, es gehe ihm nicht um Kommunikation mit dem Leser, er will den Leser weder umwerben noch überzeugen. Muster und Ordnung sind zwar in allen seinen Werken wichtige Komponenten, erlangen jedoch in den Büchern *Die Gesandten* und *Die goldene Schale* eine besondere Bedeutung. Im Unterschied zu den anderen in diesem Kapitel erwähnten Künstlern erforscht James nicht in erster Linie schwer zugängliche Bereiche der Erfahrung jenseits des persönlichen Erlebens. Seine späte Hinwendung zur körperlichen Liebe hat vielmehr seine Arbeit in einer Phase bereichert, in der andere Künstler, die wie Bach diesen Aspekt des Lebens umfassend erfahren hatten, darüber hinausgriffen. In diesem Sinne erreicht James auch eine neue Einheit zwischen auseinanderstrebenden Elementen.«[8]

Storr schließt mit der Feststellung, daß James schließlich erkannte, daß die Kunst ohne Liebe keine Kunst sein kann. Dem möchten wir den Umkehrschluß hinzufügen, daß die Liebe ohne Kunst keine Liebe sein kann.

Der historische Fortschritt

Mitunter wird der Hoffnung Ausdruck gegeben, daß der Mensch sich irgendwann in der Zukunft psychologisch, nicht physisch, soweit entwickelt haben wird, daß er Mißtrauen, Angst und Feindseligkeit überwindet und ein fürsorglicheres und einfühlsameres Wesen wird. Ist ein emotionaler Fortschritt möglich? War ein solcher Fortschritt in der Vergangenheit zu verzeichnen? Sind wir emotional heute besser also vor, sagen wir, eintausend Jahren gerüstet? Auch hier können wir uns zur Orientierung wiederum der Welt der Kunst zuwenden.

Am Maßstab bestimmter Kriterien läßt sich in der Kunst ein Fortschritt feststellen. So wurden zum Beispiel, beginnend mit den florentinischen Künstlern des 15. Jahrhunderts (Brunelleschi insbesondere), Fortschritte im Bereich der realistischen perspektivischen Darstellung, also in der Wiedergabe des dreidimensionalen Raumes auf einer zweidimensionalen Fläche, erzielt. So mancher zeitgenössische Künstler mag die perspektivische Darstellung verwerfen und statt dessen die metaphorischen Extreme der »Primitiven Kunst« oder der »Postmoderne« vorziehen (eine im übrigen aufschlußreiche Terminologie). Aber die Techniken der perspektivischen Darstellung sind nunmehr verfügbar, ob man sie verwendet, ist eine Frage der Wahl.

Von einem ästhetischen Standpunkt aus ist die Frage nach dem Fortschritt in der Kunst schwieriger zu beantworten. Ein Gemälde von Picasso ist nicht unbedingt besser als ein Gemälde von Rembrandt, nur weil es jüngeren Datums ist. Noch ist eine Symphonie Strawinskis der eines Beethoven überlegen. In der Kunst ist »neu« nicht gleichbedeutend mit »verbessert«.

Ähnliches gilt selbstredend für die verschiedenen Kunstformen in allen Kulturen. Ist die Kunst des Westens der des Ostens oder der der Länder der Dritten Welt überlegen? Die Antwort ist ein klares Nein. Trotz aller markanten historischen und kulturellen Unterschiede hat die Kunst eine bestimmte zeitlose Qualität. Wir sind heute reicher durch die Vielfalt der über die Jahrhunderte und in allen Kulturen entstandenen und angehäuften Kunst.

Auch die Emotionen haben sich im Laufe der Zeit verändert, und sie zeigen von Kultur zu Kultur deutliche Unterschiede. Entsprechende Beispiele wurden in den Kapiteln 2 und 3 aufgezeigt, als wir über die Evolution der romantischen Liebe im Westen und die verschiedenen Formen wutähnlicher Emotionen in verschiedenen Kulturen sprachen.

Grob verallgemeinernd könnte gesagt werden, daß die westliche Zivilisation von einem eher dionysischen zu einem eher apollinischen Stil des emotionalen Ausdrucks, vor allem im Bereich der Aggression, »fortgeschritten« ist. Was Nietzsche wohl eher als Regression, denn als Progression bezeichnen würde. Aber wie dem auch sei. Norbert Elias verfolgte diese Veränderung in eloquenten Details. Zum Leben im mittelalterlichen Europa schreibt er: »Raub, Kampf, Jagd auf Menschen und Tiere, das alles gehörte hier unmittelbar zu den Lebensnotwendigkeiten, die dem Aufbau der Gesellschaft entsprechend offen zutage lagen. Und es gehörte demgemäß auch für die Mächtigen und Starken zu den Freuden des Lebens.«[9] In einer Kriegshymne, die dem Minnesänger Bertran de Born zugeschrieben wird, heißt es:

»Je vous dis, que tant ne m'a saveur manger ni boire ni dormier que si j'entends crier: ›A eux!‹ des deux côtés et que j'entends hennir les chevaux sans cavaliers sous l'ombrage et que j'entends crier: ›Aidez! Aidez!‹ et que je vois tomber par les fossés petits et grands sur l'herbage et que je vois les morts aux flancs percés par le bois des lances ornées de bannières.

Nur dann Lust am Leben, am Essen, Trinken, Schlafen haben, wenn man das Kriegsgetümmel vor Augen hat: die Toten mit den aufgerissenen Flanken und die todbringenden Lanzen, die wiehernden Pferde, die ihren Herrn verloren haben, die Schreie: ›Vorwärts!‹ und die Hilfeschreie der Unterliegenden, das gibt selbst im literarischen Niederschlag noch einen Eindruck von der ursprünglichen Wildheit des Gefühls.«[10]

Ein Ritter, Bernard von Cahuzak, wird von einem zeitgenössischen Chronisten, Peter von Vaux-de-Cernay, wie folgt beschrieben:

»Er verbringt sein Leben damit, zu plündern, Kirchen zu zerstören, Pilger anzufallen, Witwen und Waisen zu unterdrükken. Er gefällt sich besonders darin, die Unschuldigen zu verstümmeln. In einem einzigen Kloster, dem der schwarzen Mönche von Sarlat, findet man 150 Männer und Frauen, denen er die Hände abgeschlagen oder die Augen ausgedrückt hat.

Und seine Frau ist ebenso grausam. Sie hilft ihm bei seinen Exekutionen. Ihr macht es selbst Vergnügen, die armen Frauen zu martern. Sie ließ ihnen die Brüste abhauen oder die Nägel abreißen, so daß sie unfähig waren zu arbeiten.«[11]

Diese Freude am Tod und an der Verstümmelung anderer war jedoch mehr als die reine Freisetzung primitiver Impulse. Gefangene bedeuteten für die Häscher eine Last. Sie freizulassen, hätte jedoch nur einen potentiellen Feind gestärkt. So wurden Gefangene umgebracht oder so weit verstümmelt, daß sie, sofern sie befreit würden, körperlich nicht mehr einsatzfähig waren. »Die stärkere Affektivität des Verhaltens war«, Elias zufolge, »bis zu einem gewissen Grade gesellschaftlich notwendig. Man verhielt sich gesellschaftlich zweckmäßig und fand seine Lust dabei.«[12]

Die meisten Menschen empfänden heutzutage Ekel und Abscheu beim Anblick eines durchbohrten Körpers oder einer Frau mit abgehackten Brüsten. Aus einer bestimmten Sicht stellt das einen emotionalen Fortschritt dar. Wollte man jedoch die Entwicklung der Emotionen im Laufe der westlichen Geschichte charakterisieren, so wäre das Ergebnis nicht unbedingt, daß es eine Entwicklung vom »Schlechteren« zum »Besseren« als vielmehr vom Expressionismus zum Minimalismus war. In unserer heutigen Gesellschaft sind die Emotionen aller Art – Mitgefühl ebenso wie Aggression, Pietät ebenso wie Grausamkeit, Liebe ebenso wie Haß, Freude ebenso wie Sorgen – nach Elias' Auffassung gebändigter, gemäßigter und kalkulierter, als sie es in weiten Teilen der früheren Geschichte waren. Aber sind sie in irgendeiner Form besser? Die durch die moderne Kriegsführung angerichteten Blutbäder und die planmäßige Vernichtung ganzer Völker (wie in Nazi-Deutschland) legen den Schluß nahe, daß dem nicht so ist.

Im alten Rom wurde mitunter, wenn ein Stück den Tod eines der Darsteller vorschrieb, ein Mensch (ein Sklave) auf offener Bühne getötet. Was den ästhetischen Wert des Dramas erhöht haben mag, moralisch aber wohl kaum zu rechtfertigen war, zumindest nicht nach heutigen Maßstäben. Ähnlich muß die Kunst der Emotion in einer vernunftgemäßen und moralischen Lebensphilosophie verankert sein. Soweit wir von einem emotionalen »Fortschritt« sprechen können, so liegt dieser primär im Bereich der Moral und nicht im Ausdruck von Emotionen.

Massenkultur

Jenseits der Frage, ob in der Kunst qualitative Fortschritte zu verzeichnen sind, steht fest, daß sie quantitativ enorm gewachsen ist. Heute wird mehr Kunst in allen Formen produziert als je zuvor in der Geschichte. Was im wesentlichen auf zwei Faktoren zurückzuführen ist: Erstens ist die Zahl derjenigen, die die Freiheit haben, künstlerische Karrieren zu verfolgen, sowohl absolut als auch relativ gestiegen; zweitens erleichtern die technologischen Innovationen die weitläufige Verbreitung der Kunst. Zu diesem letzten Faktor bemerkte Rudolf Arnheim in Zusammenhang mit der Literatur: ».. . all dies hat im Verein mit der dadurch bedingten Notwendigkeit, schnell zu lesen, Zeilen zu überfliegen und im Nu zu verarbeiten, zu einer Entwertung der Sprache als einer visuellen, auditiven und syntaktischen Ausdrucksform geführt. Die permanente Fütterung mit im Schnellverfahren hergestellten Wortmassen zwingt den Geist, sich auf den ›Informationsgehalt‹, das heißt das Rohmaterial der Fakten, zu konzentrieren.«[13] Man hat einfach nicht mehr die Zeit, sich mit der Form der geschriebenen Sprache oder ihren poetischen Bildern aufzuhalten. Das Ziel ist, das Material möglichst schnell zu überfliegen, die faktischen Informationen herauszupicken, ohne die Zeit mit Belanglosigkeiten zu verschwenden.

Etwas ähnliches ist im Falle der Emotionen zu beobachten. Mit der in den 60er Jahren einsetzenden Bewegung, die sich die Ausschöpfung des »menschlichen Potentials« zum Ziel gemacht hatte und deren Bemühungen in Trainingsgruppen und anderen Methoden zur »Steigerung des Bewußtseins« ihren Niederschlag fanden, wurde das Ausdrücken von Gefühlen zu einer sehr beliebten und geschätzten Aktivität und jedes Unterdrücken von Emotionen als schmähliche Form der Zensur abgestempelt. Wir möchten mit Sicherheit nicht die Vorteile einer emotional freieren Gesellschaft bestreiten, ebensowenig wie wir die Vorteile einer freien Presse in Frage stellen würden. Unstrittig ist aber auch, daß dabei einiges verlorenging und zu einer gewissen Verderbtheit in der Form, Sensibilität und Qualität der Emotionen führte. »Alles rauszulassen« ist zum Selbstzweck geworden, und es spielt keine Rolle, wie ungeschlacht und unvollkommen Gefühl und Ausdruck in Wirklichkeit sind.

Ein Punkt, der nirgends offensichtlicher als bei der körperlichen

Liebe ist, die allzuoft mit orgasmischer Entspannung gleichgesetzt wird. Weder für einen Mann noch für eine Frau ist es ungewöhnlich, viele »Liebhaber« gehabt zu haben, oft für Beziehungen, die nicht über einen Abend hinausreichten. Beziehungen, in denen es kaum Intimität, kaum Poesie, kaum Subtilität gibt. Nur die Hast, zum Höhepunkt zu kommen und dann des weiteren seiner Wege zu gehen. Das ist das sexuelle Äquivalent dessen, was auf einer anderen Ebene das flüchtige Lesen eines Romans ist, den man rasch bis zur Lösung des Rätsels überfliegt, zwischendurch nur kurz innehält, um einige wenige notwendige Fakten aufzugreifen – um sich dann in einer ignoranten Selbstdarstellung der intellektuellen Prahlerei damit zu brüsten, wieviele Bücher man »gelesen« habe.

Freud sah in der sexuellen Verdrängung die Ursache von Neurosen. Wir leben nicht mehr in einer Zeit der sexuellen Verdrängung und Unterdrückung, dennoch sind wir nicht weniger neurotisch. Wir haben festgestellt, daß der sexuelle Ausdruck ebenso problematisch wie die sexuelle Verdrängung sein kann. Mit der neuen, weniger restriktiven Sexualmoral geriet die Fähigkeit zu lieben zu einem der gravierendsten psychologischen Probleme unserer Zeit.

Was für die Liebe gilt, gilt auch für andere Emotionen. Wieviele Menschen wissen, wie sie angemessen wütend werden können? Fluchen, Vulgaritäten, störrischer Rückzug, körperliche Gewalttätigkeiten – all das kann unmißverständliche Botschaften übermitteln, es sind aber nicht nur ungeschlachte Formen des Ausdrucks, sie reflektieren auch eine Verarmung des Gefühls, einen Mangel an Imagination und ästhetischer Sensitivität. Und so ist die Person eine Seltenheit, die weiß, wie man trauert, stolz oder demütig ist und die feinen, nuancierten Unterschiede zwischen Freude, Fröhlichkeit und Jubilieren kennt und schätzt.

Obwohl (oder vielleicht gerade weil) der Ausdruck von Gefühlen allenthalben so sehr betont und herausgestellt wird, laufen wir Gefahr, uns zu einer Nation der emotionalen Dilettanten zu entwickeln.

Kapitel 24

Emotionale Kreativität und die soziale Ordnung

Ich sagte, es sei wichtig, ungewöhnlichen Dingen einen möglichst freien Spielraum zu gewähren, damit es sich im Laufe der Zeit herausstellt, welche von ihnen sich dazu eignen, Tradition zu werden.

John Stuart Mill,
Über die Freiheit

Vorsicht wird sowohl im Namen der Sitte wie im Namen der Weltklugheit als Pflicht betrachtet mit dem Ergebnis, daß Großzügigkeit und Wagemut zu kurz kommen, wo es sich um innige Beziehungen von Mensch zu Mensch handelt.

Bertrand Russell,
Eroberung des Glücks

Ohne soziales Umfeld kann weder die Kunst noch die Emotion gedeihen. Ein Faktum, das im Falle der Kunst, die ihr Publikum und die institutionelle Unterstützung braucht, evident erscheint. Aber im Falle der Emotionen? Ehe wir uns mit dieser Frage beschäftigen, sollten Sie folgendes bedenken: Es ist nicht so sehr der intellektuelle Inhalt der Ideologien als vielmehr das emotionale Leben der Bürger, das den Unterschied zwischen den Gesellschaften ausmacht. Auf der intellektuellen Ebene können wir zum Beispiel verstehen, *was* ein Ilongot über das Kopfjagen denkt, *liget* (vitale Energie) fühlen könnte aber nur jemand, der wirklich in die Kultur der Ilongot-Gesellschaft hineingewachsen ist.

Emotionen werden, wie gesagt, nach sozialen Regeln konstituiert. Und diese sozialen Regeln sind wiederum eng mit den Werten einer Gesellschaft verbunden. Sofern die Ehrlichkeit einen gesellschaftlichen Wert darstellt, gibt es Regeln, die Betrug und Täuschung vorbeugen; ist Höflichkeit ein gesellschaftlicher Wert, so gibt es entsprechende Regeln der Etikette; und sofern die Ästhetik ein gesellschaftlicher Wertbegriff ist, gibt es Regeln, welche natürliche Schönheiten schützen und den künstlerischen Ausdruck fördern. Besonders eng mit jenen Werten verknüpft sind die zur Konstituierung der Emotionen beitragenden Regeln. So reflektierten etwa die in Kapitel 4 beschriebenen Regeln der höfischen Liebe die für einen Ritter im Mittelalter geltenden Tugenden. Diese Regeln der Liebe mögen sich im Laufe der Jahrhunderte verändert haben – ebenso wie, wenngleich in geringerem Maße, die Werte, die sie verkörperten. Aber nichtsdestoweniger reflektiert die Liebe heute nicht minder als im 12. Jahrhundert die für die Beziehungen zwischen den Geschlechtern geltenden Werte der Gesellschaft. Das gleiche gilt natürlich für Wut, Trauer, Angst und jede andere Emotion. Emotionen sind nicht nur individuelle »Ereignisse«, sie sind die lebendige Verkörperung der gesellschaftlichen Werte.

Paradoxerweise leistet ebendiese Tatsache, daß Emotionen so eng mit den Werten einer Gesellschaft verknüpft sind, dem Umstand Vorschub, daß Emotionen als losgelöst von der Gesellschaft, deren integraler Bestandteil sie sind, oder gar als etwas betrachtet werden, das bereits vorher da war. Etwa im Sinne des in Kapitel 5 erörterten Mythos von der Phylogenese, wonach Emotionen als Relikte unserer animalischen Abstammung gewertet werden. Wenn Emotionen als Teil der unveränderlichen menschlichen Natur behandelt werden, so bedeutet das zumindest, daß die Werte, die sie verkörpern, vor willkürlichen Veränderungen geschützt werden.

Die menschliche Natur und die soziale Ordnung

Jede Gesellschaftstheorie muß auch ihre These über die Natur des Menschen haben. Unsere These ist, daß der Mensch, wenn man so will, mit einer »Weltoffenheit« geboren wird. Was nicht heißt, daß Gene keine Rolle spielten und dem menschlichen Verhalten nicht auch genetisch bedingt Grenzen gesetzt werden, aber die Instinkte, über die wir verfügen, verfügen nicht über uns. Unsere

Gene »flüstern«, wie es in der so oft zitierten Metapher heißt, sie schreien nicht und befehlen nicht.

Viele Verhaltensweisen sind erwiesenermaßen von diesem genetischen Flüstern beeinflußt. So werden beispielsweise die religiösen und politischen Verhaftungen einer Person offensichtlich durch die Kultur und die Familie, in der sie lebt, sowie ihre persönlichen Erfahrungen bestimmt. Ein Kind, das in Irland aufwächst, wird aller Wahrscheinlichkeit nach ein Christ werden, ein Kind, das im Iran groß wird, ein Moslem und ein in Israel erzogenes Kind ein Jude. Einige Christen (Moslems, Juden) sind nun aber religiöser als andere. Die *allgemeine Neigung,* wonach Menschen die traditionellen moralischen und religiösen Glaubensansätze übernehmen, läßt einen beachtlichen genetischen Einfluß erkennen. Konkret: Etwa 50 Prozent der mit Blick auf Traditionalismus und Religiosität bei Amerikanern und Westeuropäern der Mittelschicht ablesbaren Abweichungen können genetischen Faktoren zugeschrieben werden.[1]

Was uns als Spezies auszeichnet, ist die Präadaption für eine soziale Lebensform. Teil dieser Präadaption ist die Neigung, sich gesellschaftlich etablierte Regeln und Konventionen zu eigen zu machen und ihnen zu folgen. Wir sind *Regeln erstellende und Regeln befolgende Wesen.*[2] Es ist in der Tat explizit dieser Charakterzug, der den Menschen zu einem Meister der Adaption macht. Es gibt kaum einen Platz auf der Erde, von den Tropen bis zur Arktis, den der Mensch nicht für sich bewohnbar gemacht hat. Und bald wird wohl auch der Weltraum besiedelt werden. Diese Anpassungsfähigkeit ist nicht nur eine Frage der technischen Innovation, sie ist auch eine Frage der emotionalen Akkommodation.

Verschiedenartige Umgebungen verlangen verschiedenartige emotionale Reaktionen. Bei den Ammassalik-Eskimos kommt es vor, daß ein Gastgeber, will er höflich sein, einem Besucher seine Frau zum Geschlechtsverkehr anbietet. In unserer Kultur hätten die meisten Bürger der Mittelschicht emotional Schwierigkeiten mit dieser Gepflogenheit. In der rauhen und harten Umwelt der Arktis, wo Männer ständig ohne weibliche Begleitung lange Reisen zurücklegen müssen, stellt sie eine Anpassungsreaktion dar.

Weltoffenheit heißt nicht, daß Menschen in einer unstrukturierten Welt überleben können. Es heißt vielmehr, daß Menschen die Welt, in der sie leben, schaffen müssen. Diese Welt ist die

Gesellschaft mit ihren Regeln und Werten und Gepflogenheiten und ihren materiellen Grundlagen. Niemand könnte völlig abgeschieden von der Gesellschaft lange überleben. Selbst der einsame Eremit verläßt sich in bezug auf seine spirituelle und materielle Versorgung auf soziale Unterstützung.

Weil sie für das Überleben so wichtig ist, wird die soziale Welt in der Regel als überwältigend real erfahren. Ein Punkt, der besonders bei kleinen Kindern offensichtlich ist, wenn sie die Welt ihrer Eltern als unveränderlich betrachten. Über diese Neigung wachsen wir nie ganz hinaus. So neigen denn auch die Mitglieder aller gesellschaftlicher Gruppen dazu, ihre spezielle soziale Ordnung als »natürlich« oder gar »gottgegeben« zu betrachten. Wir sind alle Traditionalisten – die einen etwas mehr und die anderen etwas weniger.

Wenn es darum geht, sich selbst und die Menschen im allgemeinen zu bezeichnen, wird in vielen Gesellschaften hierfür ein und dasselbe Wort verwendet. Die Mitglieder anderer Gesellschaften werden hingegen sprachlich etwas anders und mitunter minderwertiger behandelt. Sie sind »Exoten«, »Ungläubige«, »Barbaren« oder »Heiden«, deren Gefühlen im Prinzip nicht mehr als denen eines Hundes Rechnung getragen werden muß. Exoten können demnach nicht so, wie wir, *die Menschen*, es tun, lieben oder hassen, hoffen oder sich fürchten, sich freuen oder trauern.

Vor dem Hintergrund dieser Überlegungen nimmt es nicht wunder, daß jeder Versuch, die Emotionen zu ändern, auf erheblichen Widerstand von seiten der Gesellschaft insgesamt, etwa in Form der zutage tretenden öffentlichen Meinung, stößt. Mit der Konsequenz, daß die emotionale Kreativität, weitaus mehr als die Kreativität in anderen Bereichen, stringenten selektiven Maßnahmen ausgesetzt ist. Ein Thema, das wir noch ausführlicher behandeln werden.

Die soziale Evolution

Die soziale Welt ist nicht statisch. Werte verändern sich und Gesellschaften entwickeln sich weiter. Die Mechanismen, nach denen diese gesellschaftliche Evolution abläuft, sind bis dato nicht völlig klar. Hilfreich in dieser Hinsicht ist eine Analogie, die zwischen der sozialen und biologischen Evolution gezogen werden kann. Die biologische Evolution wird fortgeschrieben, wenn *Varianten* (Organismusveränderungen) sich über Mutationsprozesse bei einer Spezies durchsetzen konnten. Über natürliche *Selektionsprozesse* werden nutzbringende Mutationen (solche, die zu einer Erhöhung des Fortpflanzungspotentials beitragen) in den genetischen »Pool« der Spezies übernommen. Die meisten genetischen Mutationen sind allerdings leider schädlich, nicht nutzbringend. So sind wir alles andere als geneigt, Mutationen zu fördern, im Gegenteil, wir ergreifen eine Fülle von Vorsichtsmaßnahmen, um uns davor zu schützen – etwa indem wir die Quellen von Strahlung und mutagenen Chemikalien möglichst gering halten.

Die sich hinter diesem »Variations-und-Selektionsmodell« verbergende Logik ist relativ allgemeiner Natur. In Kapitel 6 legten wir sie als Maßstab in Zusammenhang mit individuellen kreativen Bemühungen an; und sie ist genauso in bezug auf soziale Veränderungen anwendbar. Wie im Falle der biologischen Mutationen können sich auch soziale Innovationen mehrheitlich eher als schädlich denn als nützlich erweisen. So hat eine Gesellschaft nicht nur das Recht, sondern auch die Pflicht, was Innovationen angeht, selektiv zu sein. Eine Gesellschaft kann aber natürlich auch, und ist es oft, allzu selektiv sein. Gesellschaften, die sich verändernden Bedingungen nicht anpassen, ist der Weg der Dinosaurier beschieden.

Auf der Grundlage dieser Feststellungen können die charakteristischen Merkmale einer emotional kreativen Gesellschaft grob in zwei – teils sogar konkurrierende – Kategorien unterteilt werden: die Quellen der Variante (das Neue) und die Mechanismen der Selektion (die Effizienz).

Quellen der Variante

In Teil IV dieses Buches untersuchten wir eine Reihe von Bedingungen, die dem Hervorbringen von Neuem förderlich sind. Bedingungen, die mehrheitlich sowohl auf der gesellschaftlichen als auch auf der individuellen Ebene zum Tragen kommen. Wichtig ist somit, daß die emotional kreative Gesellschaft ihre Bürger herausfordert oder sie zumindest nicht vor Belastungen jedweder Art bewahrt (Kapitel 14). Indem sie eine ästhetische Sensibilität wie auch intellektuelle Leistungen in den Vordergrund stellt, fördert diese Gesellschaft eine gesunde Ausgewogenheit zwischen dem Streben nach Freude und Vergnügen und dem Tolerieren von Schmerzen (Kapitel 15). Eine solche Gesellschaft achtet das Leben, akzeptiert aber auch den Tod als Teil des Lebens (Kapitel 16). Sie fördert die Fähigkeit zum Alleinsein (Kapitel 17) und akzeptiert und unterstützt gleichzeitig verschiedene Formen intimer Beziehungen (Kapitel 18). Sie ermutigt ihre Bürger, autonom zu sein (Kapitel 19), und gewährt ihnen die Freiheit, sie selbst zu sein und sich auszudrücken (Kapitel 20). Sie schätzt ebenso den phantasiereichen Träumer wie den Pragmatiker (Kapitel 21), und sie trägt über die Kunst und die Literatur zur Förderung und Erziehung der Emotionen bei (Kapitel 22).

Darüber hinaus sind es vor allem vier prinzipielle gesellschaftliche Bedingungen bzw. Einstellungen, die das Hervorbringen von Neuem begünstigen: (1) Streben nach Veränderungen; (2) Tolerierung von Vielfalt; (3) Verfügbarkeit von Rollenmodellen und (4) der Geist einer aufgeklärten Romantik.

Streben nach Veränderungen

Manche Gesellschaften fördern Veränderungen, andere sind bestrebt, die Institutionen so zu bewahren, wie sie sind. Der Häuptling eines in den USA beheimateten Indianerstammes wurde zu einem öffentlichen Vortrag an der University of Massachusetts eingeladen. Er beschrieb relativ detailliert die Bemühungen seines Stammes, ihre einzigartigen Traditionen zu erhalten. Bemühungen, die im übrigen durch die Notwendigkeit forciert wurden, dem durch die US-Gesellschaft insgesamt bedingten Zerfall des Stammes entgegenzuwirken. In seinen Ausführungen wurde jedoch deutlich, daß diese Betonung der Tradition nicht nur eine Frage des Gruppenselbsterhalts, sondern vielmehr ein integraler Bestandteil der Kultur war. Eine Einstellung, die er als Gegensatz zu der in der US-Gesellschaft allgemein vorherrschenden sah: »Mit Ihrer Kultur muß irgend etwas nicht in Ordnung sein«, meinte er, »da Sie ständig danach streben, sie zu verändern.«

Der Häuptling hatte recht, aber nur teilweise. Amerika und die meisten anderen westlichen Gesellschaften haben eine Ideologie der Veränderung. Das heißt aber nicht notwendigerweise, daß etwas nicht in Ordnung ist, es heißt nur, daß etwas besser sein könnte. Konservative raten der Jugend, »innerhalb des Systems« nach Veränderungen zu streben; Radikale propagieren den Sturz des Systems. Aber weder die eine noch die andere Seite stellt die Ideologie des »Fortschritts durch Veränderungen« ernstlich in Frage.

Welchen Verlauf aber eine einmal in Gang gesetzte Veränderung nimmt und was am Ende steht, ist schwer vorhersehbar und in der Regel unabhängig von Ideologien. So kann beispielsweise die Einführung eines neuen Produktes oder einer neuen Technologie zu völlig anderen Konsequenzen als den ursprünglich absehbaren führen. Die Entwicklung eines wirksamen oralen Verhütungsmittels ist in diesem Zusammenhang ein ausgezeichnetes Beispiel. Was sind langfristig die Folgen »der Pille« für die traditionellen sexuellen Beziehungsmuster? Die Antwort auf diese Frage ist alles andere als klar, fest steht jedoch, daß die Folgen zwangsläufig tiefgreifend sind (und es bereits waren). Ein anderes Beispiel: Die Einführung billiger Computer und anderer Datenübermittlungstechnologien beeinflussen so nachhaltig unseren Lebens- und Arbeitsmodus, daß der damit einhergehende Umbruch vielleicht mit dem der ersten industriellen Revolution vergleichbar ist. Emotionale Veränderungen müssen zwangsweise folgen.

Kurz: Gesellschaften, die, gleich auf welchem Gebiet, zu Innovationen und Veränderungen ermutigen, fördern auch die emotionale Kreativität. Die durch Innovationen und Veränderungen bedingten Folgen für die Emotionen müssen weder direkt noch »geplant« sein. Aber jede Innovation, die unseren Umgang mit der Welt und mit anderen verändert, muß zwangsläufig auch Auswirkungen auf unser emotionales Leben haben.

Tolerierung von Vielfalt

Geschichtlich betrachtet ist die Tendenz eines zyklischen Hervortretens der Kreativität erkennbar. So waren zum Beispiel die Zeiten der Klassiker in Griechenland und der Renaissance in Italien Perioden außergewöhnlicher Neuerung im Bereich der Philosophie, Kunst und Politik; andere Perioden waren demgegenüber entsprechend unproduktiv. Es gab zahlreiche Versuche, diesen Clustereffekt zu erklären, die meisten blieben aber höchst spekulativ.[3] Eine Ausnahme ist eine Studie Dean Simontons, auf dessen Ideen über die Mechanismen der Kreativität wir bereits in Kapitel 6 eingegangen sind. Aus der Geschichte, aus Anthologien und aus biographischen Nachschlagewerken identifizierte Simonton rund 5000 kreative Individuen oder anonyme Produkte (aus der Wissenschaft, Philosophie, Literatur und Kunst) aus 25 Jahrhunderten der europäischen Geschichte, von 700 v. Chr. bis ins Jahr 1839. Diese große Zeitspanne unterteilte er in Epochen von zwanzig Jahren oder »Generationen« und ordnete jede kreative Person bzw. jedes kreative Produkt der entsprechenden Generation zu. (Wem zwanzig Jahre für eine ganze Generation etwas kurz erscheinen, dem sei in Erinnerung gerufen, daß die durchschnittliche Lebenserwartung während des Großteils der westlichen Geschichte nicht einmal vierzig Jahre – oder grob zwanzig Jahre im Erwachsenenalter – betrug.)[4]

Simonton stellte bei seinen Analysen fest, daß vor allem zwei Bedingungen, die in einer Generation gegeben waren, maßgeblichen Einfluß auf die Vorhersehbarkeit der Zahl der kreativen Personen oder Produkte in der folgenden Generation hatten. Diese beiden Bedingungen waren kulturelle Vielfalt und, wichtiger noch, die Verfügbarkeit von Rollenmodellen.[5]

Simonton zufolge ist die kulturelle Vielfalt wichtig, weil sie die Interaktion scheinbar widersprüchlicher oder zusammenhangloser Ideen und Gepflogenheiten erlaubt. Und diese kulturelle Vielfalt dürfte für die emotionale Kreativität besonders wichtig sein, da das, was eine Gesellschaft von einer anderen unterscheidet, wie gesagt, nicht so sehr der intellektuelle Inhalt ihrer Ideologien als vielmehr die emotionale Verkörperung ihrer Werte ist. Konkurrierende Wertesysteme verlangen praktisch eine emotional kreative Reaktion.

Und hier treffen wir auf ein weiteres jener Paradoxe, die sich scheinbar allen Verallgemeinerungen über die Kreativität in den Weg stellen. Kulturelle Vielfalt kann Kreativität fördern; aber ebendas vermag auch deren Gegenteil, die gruppenspezifische Identifikation. Kreativität verlangt ein gewisses Maß an Arroganz, ob auf der individuellen oder gesellschaftlichen Ebene. Für eine Gesellschaft, die kreativ sein will, ist es hilfreich, wenn ihre Mitglieder kollektiv von ihrer Einmaligkeit und sogar Überlegenheit überzeugt sind. Nur dann werden sie die Kühnheit zu Innovationen besitzen. Arroganz ist aber leider keine ungeteilte Tugend.

Allzuoft ist der Stolz auf die eigene Kultur von einer Abwertung der Leistungen von Menschen begleitet, die irgendwie als anders empfunden werden. In der heutigen, von wechselseitigen Abhängigkeiten geprägten Welt ist ein derartiger Ethnozentrismus ein Luxus, den sich keine Gesellschaft leisten kann.

Um die mit einem solchen Ethnozentrismus verbundenen Gefahren unterbinden zu helfen, werden derzeit, um kulturelle Vielfalt zu fördern, in den Vereinigten Staaten beispielsweise Schul- und Universitätslehrpläne »reformiert«. Reformen, die Kritiker alarmieren, die Befürworter allerdings mit Hoffnung erfüllen.[6] Beide Haltungen sind teils berechtigt und – unseres Erachtens – teils verbohrt. Besorgniserregend ist, daß jene »Vielfalt« kaum mehr als ein Deckmantel für Ignoranz sein wird, da der Wissensstoff über die geistigen Traditionen des Westens lediglich durch einen oberflächlichen Abriß von Ideen und Artefakten aus der ganzen Welt ersetzt wird; hoffnungsvoll ist, daß die durch die Massenkommunikation und Immigration ermöglichte Vermischung von Kulturen und Traditionen eine neue, tolerantere und kreativere Gesellschaft entstehen lassen wird.

Die Integration von zuvor unterschiedlichen Ideen und Gepflogenheiten muß, parallel zu den so erwachsenden neuen kulturellen Formen, ultimativ bestimmte Verluste in der Vielfalt nach sich ziehen. Die Kreativität hätte im elisabethanischen England niemals so florieren können, wenn die Angelsachsen und Normannen ihre unterschiedlichen Identitäten, Sprachen und Bräuche beibehalten hätten. Reformbefürworter behindern also im Namen des »kulturellen Erhalts« oft Kreativität. Das Ergebnis ist eine kulturelle Verbraucherschutzbewegung und nicht kulturelle Produktion. So werden Sitten wie Gerichte in einem Fastfoodzentrum mit verschiedenen Ständen der amerikanischen, französischen, italienischen, mexikanischen, chinesischen und koreanischen Küche, jedes jeweils nach feststehenden Rezepten zubereitet, serviert.

Was ist die Lösung? Im Kapitel über die Autonomie wurden die auf der individuellen Ebene (intrapsychisch) unausweichlichen Konflikte angesprochen. Die autonome Person zeichnet sich dadurch aus, daß sie konkurrierende Wünsche und Bestrebungen harmonisieren kann. In einem metaphorischen Sinne könnten wir die Autonomie auch als ein Charakteristikum der emotional kreativen Gesellschaft anführen. Eine autonome Gesellschaft zeichnet sich also durch die Akkommodation konkurrierender Gruppen und Subkulturen innerhalb eines breiter gefaßten integrativen Rahmens aus – dem kulturellen Äquivalent des Kantschen kategorischen Imperativs.

Und was sollte dieser kulturelle Imperativ sein? Das hängt von der spezifischen Gesellschaft, ihrer eigenen einmaligen Geschichte und den jeweiligen gesellschaftlichen Gegebenheiten ab. In unserer Gesellschaft könnten zu diesen Prinzipien die Freiheit des Ausdrucks und der Vereinigung gehören, ohne die jede Form der Kreativität ultimativ im Keim erstickt würde, sowie das Recht jedes Individuums, nach Glück zu streben, wie »Glück« auch immer definiert werden mag, vorausgesetzt, die gleichen Rechte anderer werden dabei nicht eingeschränkt. Das sind die »mystischen Saiten der Erinnerung«, das Erbe einer schwierigen Vergangenheit, von dem Abraham Lincoln am Vorabend des amerikanischen Bürgerkrieges sprach. Am Maßstab der Geschichte ist die Autonomie auf der sozialen Ebene schwieriger als auf der individuellen Ebene zu erreichen und zu bewahren.[7]

Verfügbarkeit von Rollenmodellen

Nach den bereits angesprochenen Untersuchungsergebnissen Simontons ist die Präsenz kreativer Individuen in einer Generation für die Vorhersehbarkeit von Kreativität in der nächsten Generation sogar noch wichtiger als kulturelle Vielfalt. Große Wissenschaftler sind oft bei herausragenden Größen ihres Gebietes in die Lehre gegangen; Künstler kopieren oft die Werke großer Meister, ehe sie ihren eigenen Weg gehen; und Schriftsteller eifern den Schreibstilen anderer nach, ehe sie ihren eigenen individuellen Stil finden. Ein extremes Beispiel solchen Nacheiferns ist in Zusammenhang mit Flauberts *Lehrjahre des Herzens* bekannt, ein Werk, das von manchen als der größte französische Roman des 19. Jahrhunderts gewertet wird. So mancher angehende Schriftsteller, wie etwa Henry Céard, erbrachte die bemerkenswerte Leistung, das gesamte Werk – mit insgesamt rund vierhundert Seiten Text – auswendig zu lernen.[8]

Heute wird Nacheifern oft als phantasielose »Fleißarbeit« oder, schlimmer noch, als Plagiieren abqualifiziert bzw. verurteilt. Nacheifern ist jedoch nicht mit Plagiieren zu verwechseln. Diejenigen, die für sich eine absolute Originalität beanspruchen oder diese von anderen erwarten – als ob nie jemand zuvor einen ähnlichen Gedanken gehabt oder einen ähnlichen Satz geprägt oder ein ähnliches Gemälde gemalt habe –, offenbaren damit nur in eklatanter Weise ihre Unkenntnis der Geschichte. Was insbesondere zutrifft, wenn es um die Frage des menschlichen Verhaltens geht, die seit Menschengedenken Gegenstand intensiver Spekulationen ist. Dabei würde ein Tag in einer beliebigen guten Bibliothek genügen, um festzustellen, daß nahezu jedes neue Produkt oder jede Idee irgendeinen Vorläufer hat. Aber daß dem so ist, mindert nicht die Originalität eines Werkes, es ist eine Vorbedingung für Kreativität. Die alten Meister sind dazu da, daß man ihnen nacheifert, nicht ihnen ausweicht. Nur so kann man über sie hinauswachsen. Hier sei nochmals an die in Kapitel 20 angesprochene These Heinz Kohuts von der »Übertragungskreativität« erinnert. Durch die Identifikation mit höchst kreativen Individuen wird der Neuling nicht nur inspiriert und angeleitet, er gewinnt auch den Mut, sich über die mögliche negative öffentliche Meinung hinwegzusetzen.

Gibt es auch so etwas wie ein emotionales Nacheifern? Keine Frage. Rollenmodelle sind im Bereich der Emotion ebenso wichtig wie in jedem anderen Bereich. Da Emotionen aber nun einmal Formen des Verhaltens und der Erfahrung darstellen, haben sie nicht in dem Sinne Bestand wie zum Beispiel eine wissenschaftliche Entdeckung oder ein großes Kunstwerk. Dennoch gibt es einen Weg, auch ohne den sicher vorteilhaften direkten Kontakt am emotionalen Leben anderer teilzuhaben. Dieser Weg ist die Literatur. Anhand von Romanen, Dramen und Gedichten können wir die Emotionen jedes beliebigen Zeitalters und jeder beliebigen Kultur erkunden; wir können die Welt durch die Augen desjenigen sehen, der große Abenteuer erlebte; und wir können die Gefühlstiefen miterleben, in die die kreativsten Personen in der Reihe unserer Ahnen stürzten. Aristoteles sah die Tragödie als ein Mittel zur Reinigung der Emotionen (Katharsis). Vielleicht hätte er besser, wie in Kapitel 22 ausgeführt, sagen sollen, daß die Tragödie, wie die ganze große Literatur insgesamt, ein Mittel zur Erweiterung der Emotionen ist.

Eine Gesellschaft, die nach Veränderungen strebt, fördert, wie gesagt, die emotionale Kreativität. Dabei spielt es keine Rolle, ob diese Veränderungen vorrangig intellektueller Natur, etwa im Bereich der Wissenschaft und Technologie, sind. Intellektuelle Neuerungen machen allerdings fast zwangsläufig neue Formen der Emotion notwendig. Somit wechseln sich in der Regel Perioden intellektuellen Gärens mit Perioden der emotionalen Transformation und Akkommodation ab.

In der westlichen Geschichte ist das 18. Jahrhundert aufgrund des immensen Gewichtes, das dem rationalen Denken als Lösung aller menschlichen Probleme beigemessen wurde, als das Jahrhundert des Rationalismus oder der Aufklärung bekannt. Der Wahlspruch der Aufklärung lautete, wie Kant es formulierte:

»*Sapere aude!* Habe Mut, dich deines eigenen Verstandes zu bedienen!«[9]

Angesichts einer solchen Huldigung des Verstandes überrascht es nicht, daß Kant die Emotionen als die Krankheiten des Geistes betrachtete. Was wohl kaum nach einem Ansporn zu emotionaler Kreativität klingt.

Aber zu der Zeit, als Kant seinen Lobgesang auf die Aufklärung schrieb, war bereits eine Gegenbewegung spürbar. Das Zeitalter der Romantik brach an. Wenn der Wahlspruch der Aufklärung *sapere aude!* – habe den Mut, dich deines Verstandes zu bedienen – war, dann hätte der der Romantik lauten können: *sentire aude!* – habe den Mut, dich deines Gefühls zu bedienen. In seinem (1798 geschriebenen) Gedicht *The Tables Turned* erfaßte Wordsworth den Geist dieses neuen Zeitalters:

Books! 'tis a dull and endless strife:
Come hear the woodland linnet,
How sweet his music! on my life,
There's more wisdom in it.
. . .
Enough of Science and of Art;
Close up those barren leaves;
Come forth, and bring you a heart
That watches and receives.

In der ganzen Geschichte gab es Ären des Rationalismus und der Romantik, wenn man so will. Das 18. und 19. Jahrhundert waren lediglich extreme und herausragende Beispiele. In der jüngeren Zeit waren etwa die 1960er Jahre eine Periode der Romantik, deren Folgewirkungen bis auf den heutigen Tag spürbar sind. Es war eine Periode, die von emotionalen Experimenten und Neuerungen in Form von Selbsthilfegruppen, Trainingsgruppen, Kommunen, offenen Ehen und verschiedenen anderen »alternativen Lebensformen« und Formen der »Bewußtseinssteigerung« geprägt war. Viele dieser Neuerungen wurden inzwischen wieder fallengelassen, andere, insbesondere solche im Bereich der Sexualität und intimer Beziehungen, wurden jedoch Teil der übergreifenderen Kultur.

Aufklärung und Romantik, Vernunft und Emotion: Es sind zwei verschiedene Wege des Umgangs mit der Welt. Sie sind aber nicht unvereinbar miteinander. Sowohl als Gesellschaft wie auch als Individuen sollten wir versuchen, beide zu perfektionieren und beide in nutzbringendster Weise zur Geltung zu bringen. Die emotional kreative Gesellschaft zeichnet sich dadurch aus, daß sie ihre Bürger ermutigt, so rational wie nötig und so leidenschaftlich wie möglich zu sein.

Mechanismen der Selektion

Aufgrund der an früherer Stelle beschriebenen engen Verbindung zwischen Emotionen und Werten stellen neue und andersartige emotionale Reaktionen zwangsläufig eine Bedrohung der sozialen Ordnung dar. Eine neue Emotion durchzusetzen oder die Validität einer akzeptierten Emotion in Frage zu stellen, kommt der Forderung nach einem neuen und andersartigen Wertesystem gleich. Eine solche Forderung stößt, was wohl nicht überrascht, in der Regel auf Widerstand. Dieser Widerstand ist aber nicht nur ein kalkulierbarer, sondern auch ein wünschenswerter Faktor. Denn wie im Bereich der genetischen Mutationen können auch viele gesellschaftliche Neuerungen eher schädlich als nützlich sein. Die Werte einer Gesellschaft haben sich über viele Generationen hinweg nach der empirischen Methode entwickelt. Ihre Zweckmäßigkeit leuchtet nicht immer ein, sie sollten aber dennoch nicht leichtfertig fallengelassen werden.

Soziale Konventionen sollten, selbst wenn sie keine tiefverankerten Werte darstellen, respektiert werden. Es macht keinen qualitativen Unterschied, ob man im Straßenverkehr auf der rechten Seite oder wie in England auf der linken Seite fährt. Ein Ignorieren dieser Konvention, nur um des Andersseinwollens, hätte jedoch katastrophale Folgen. Andere, ebensowenig die Moral tangierende Konventionen ziehen nicht derart gravierende Konsequenzen nach sich. Regeln der Etikette sind ein Beispiel. Ob man beim Essen die Gabel, wie in den Vereinigten Staaten, in der rechten Hand oder, wie in Europa, in der linken Hand hält, macht weder unter dem Aspekt der Gesundheit noch der Sicherheit einen Unterschied. Aber auch solche nachrangigen Regeln der Etikette sollten eingehalten werden, sie schaden zwar eigentlich niemandem oder stören niemanden wirklich, tragen aber zu einer freundlichen und zivilisierten Atmosphäre im gesellschaftlichen Leben bei.

Die Mechanismen, derer sich eine Gesellschaft zum Aussondern unerwünschter Reaktionen bedient, sind vielfältiger Natur. Auf der formalen Ebene gibt es Gerichte oder andere Tribunale. Am entscheidendsten ist aber vielleicht »das Tribunal der öffentlichen Meinung«.

Konventionell orientierte Personen betrachten jede Abkehr von etablierten Gepflogenheiten als eine Kritik an ihrer Person. Mit dem Ergebnis, daß emotional kreative Personen, wie die Beatniks und Hippies in den Sechzigern und Siebzigern, mit Angst und Feindseligkeit beobachtet wurden. Und selbst wenn keine Bedrohung der öffentlichen Ordnung im Spiel ist, kann der, der gegen die Konventionen »sündigt«, die Zielscheibe von Neid sein. In individualistischen Gesellschaften wie der unseren lernen wir zwar, das Glück des anderen zu akzeptieren, vorausgesetzt, es wurde durch harte Arbeit und Talent verdient. Was uns aber nie beigebracht wurde, ist, die emotionalen Freiheiten und Freuden anderer zu akzeptieren, es sei denn, diese entsprechen streng moralischen Konventionen. Im Gegenteil: Emotionale Freiheit, Genuß und Schwelgen werden oft als unverdient betrachtet, und es gibt nichts, das, gestützt von der konventionellen Moral, mehr Entrüstung und Empörung hervorruft.

Mit der ebenso bedrohlichen wie tyrannischen öffentlichen Meinung konfrontiert, ist die richtige Haltung die einer vernünftigen Gleichgültigkeit. *Vernünftig*, weil die konventionelle Moral, wie gesagt, nicht ohne guten Grund ignoriert werden sollte; und *gleichgültig*, weil, wie Bertrand Russell feststellte, »die Allgemeinheit immer despotischer gegen Menschen [ist], denen sie sichtliche Angst einflößt, als gegen solche, die sie mit gleichgültigen Augen betrachten. Jeder Hund bellt lauter und beißt schneller zu, wenn man sich vor ihm fürchtet, als wenn man ihm Verachtung bezeigt, und die große Masse der Menschen benimmt sich nicht viel anders.«[10]

Das bisher Gesagte zusammenfassend, können wir feststellen, daß die emotional kreative Gesellschaft gleichzeitig sowohl liberal als auch konservativ ist. Sie ist liberal, indem sie zu Experimenten ermutigt; sie ist konservativ, indem sie nutzbringende Ergebnisse verlangt. Ein Liberalismus, der nicht vom Konservatismus kontrolliert wird, führt zu Chaos; ein Konservatismus, der nicht vom Liberalismus kontrolliert wird, führt zur Stagnation.

Diese duale Natur der emotional kreativen Gesellschaft kann mit ihrer Förderung der Innovation, aber harten Selektion, das Individuum vor gewaltige Probleme stellen. Mit welchen unmittelbar nutzbringenden Effekten eine neue Emotion für das Individuum auch immer verbunden sein mag, es wird dafür vor dem Tribunal der öffentlichen Meinung zur Rechenschaft gezogen werden. Und aus ebenso schlechten wie aus guten Gründen wird das Urteil aller Wahrscheinlichkeit nach unangenehm sein. Nur jemand mit einem von Sicherheit getragenen Selbstgefühl ist in der Lage, dem standzuhalten. Womit wir zu unserem dritten Kriterium für eine emotional kreative Reaktion, zur Frage der Authentizität kommen.

Das Problem der Authentizität

Die Authentizität ist in einer auf Individualismus eingeschworenen Gesellschaft wie der unseren ein besonders schwieriges Problem. Derjenige, der allzusehr den sozialen Erwartungen entspricht, gilt oft als inauthentisch. Individualität kann jedoch ebensosehr wie die Konformität künstlich und inauthentisch sein. Der Nonkonformist, der einfach um des Anderssseinwollens Konventionen ignoriert, ist nicht authentisch; im Gegenteil, er unterliegt, wenn auch in etwas anders gearteter Form, in sehr starkem Maße weiterhin der Kontrolle der öffentlichen Meinung. Wie ein

Kind, das sich störrisch verhält, um die Aufmerksamkeit anderer zu gewinnen, verbirgt sich hinter dem Verhalten von Nonkonformisten oft nichts weiter, als daß sie die Aufmerksamkeit anderer um jeden Preis gewinnen wollen – gelingt das nicht durch Einhalten »der Regeln«, dann durch Verletzen der Regeln. Authentizität wurzelt nicht in dem Bedürfnis, anders zu sein, sondern in dem Bedürfnis, man selbst zu sein.

Anders ausgedrückt, hat Authentizität weniger etwas mit dem Inhalt eines Verhaltens als vielmehr etwas mit den Gründen für ein Verhalten zu tun. Jemand, der sich an die konventionellen Maßstäbe und Werte hält, kann ebenso authentisch sein wie jemand, der sich darüber hinwegsetzt – ausschlaggebend ist, daß die dem Verhalten zugrundeliegenden Maßstäbe internalisierter Teil des Kern-Selbst sind.

Erinnern Sie sich an den in Kapitel 20 beschriebenen Fall des Regisseurs Andrej Tarkowsky. In der Sowjetunion, so erklärte er, hätten die Zensoren auf seine »Seele gespuckt«. Mit seiner Flucht in den Westen gewann Tarkowsky das Recht des Selbstausdrucks; er verlor jedoch eine bestimmte »innere« oder »spirituelle« Freiheit, die er in seinem Heimatland erfahren hatte. Mit seiner Flucht ließ er nicht nur die Zensoren, sondern auch sein aus der Gemeinschaft bezogenes Selbstgefühl hinter sich. Die Frage der Authentizität geriet somit zum Dauerkampf. Es ist einfacher, in der Gesellschaft, in die man hineingeboren wurde, authentisch zu sein – und damit das Gefühl einer spirituellen Freiheit zu haben –, insbesondere, wenn diese Gesellschaft sich durch Indoktrination und ein gemeinschaftliches Werteverständnis auszeichnet. Indoktrination führt zur Internalisierung, und je intensiver diese Internalisierung ist, desto mehr werden gesellschaftliche Werte Teil des Selbst.

Der Vorrang, der der persönlichen Selbstverwirklichung gegenüber der dogmatischen Konformität eingeräumt wird, ist wohl eines der größten Vermächtnisse der westlichen Kultur. Ein Vermächtnis allerdings, das einen recht hohen Preis fordert.

Aufgrund ihrer engen Verbindung zum Selbst werden Emotionen oft als der Inbegriff von Authentizität gesehen. Das ist aber nur die eine Seite der Medaille. Die Emotionen bilden eine Brücke zwischen dem Selbst und der Gesellschaft. Die Aufforderung »Komm in Kontakt mit deinen Gefühlen« ist zu einem solchen Klischee geworden, daß wir die ihr zugrundeliegenden Einstellungen nur noch selten in Frage stellen. Wie das Wissen brauchen auch die Gefühle irgendeinen Bezugsrahmen, der außerhalb des individuellen Selbst liegt. Einem nicht durch biologische Instinkte geprägten Lebewesen liefert die Gesellschaft diesen Bezugsrahmen. Wenn eine Emotion authentisch sein soll, muß sie in der sozialen Ordnung wie im Selbst verankert sein.

Eine einseitige Betonung des Selbst führt nicht zu einer spirituellen Freiheit, sondern zu Anarchie auf der sozialen Ebene und zu erdrückenden Gefühlen der Angst und Depression auf der individuellen Ebene. Wer nicht weiß, wie er sich verhalten soll und nur wenige Orientierungshilfen für seine Wahl hat, der weiß auch nicht, welche Richtung er einschlagen soll. Im Gegensatz zu den Empfehlungen vieler zeitgenössischer Psychologen ist das Allheilmittel nicht die weitere Introspektion – ein noch tieferes Hineingraben in die Abgründe des Selbst. Diese Empfehlungen führen nur zu noch stärkeren Gefühlen der Entfremdung und Verzweiflung.

Authentisch sein heißt in jedem Fall nicht unbedingt anders sein. Es erfordert mitunter mehr Talent und Anstrengungen, sich auf einem von anderen bereits gründlich erforschten Gebiet hervorzutun, als auf einem neuen und noch unerforschten Gebiet Meriten zu gewinnen. Es ist leicht, durch Anderssein aufzufallen; es ist schwierig, sich durch Bessersein hervorzutun.

Kapitel 25

Schritte zu einem kreativeren emotionalen Leben

Kunst um ihrer selbst willen? – Mein Motto lautet: Kunst um meinetwillen!
Wenn ich schreiben möchte, schreibe ich, und wenn ich nicht möchte, tu'
ich's nicht. Die Schwierigkeit besteht darin, genau die Form zu finden, die
meine Leidenschaft benutzen will – bei mir wird ein Kunstwerk aus Leiden-
schaft geboren.

D. H. Lawrence,
Briefe

Auf Ideen kommt man schnell, das ist die eine Sache; die andere, schwierige,
aber inspirierende und lohnende ist, sie auf die Praxis zu reduzieren.

R. Buckminster Fuller,
Critical Path

Der Schriftsteller D. H. Lawrence betätigte sich einen Großteil
seines Lebens als Amateurmaler und kopierte in der Regel die
Werke anderer. Erst mit Vierzig, plötzlich, als er eine blanke Leinwand vor sich hatte, entdeckte er, daß er selbst ein Bild malen
konnte, wenn er sich nur von seiner Imagination leiten ließ. Das
könnte als Metapher für die Kreativität im allgemeinen übernommen werden. Die leere Leinwand steht für die Zukunft mit ihren
unendlichen Möglichkeiten. Was Lawrence feststellte, heißt
nicht, daß wir, um neu anzufangen, die Vergangenheit ausradie-
ren müssen. Das wäre weder möglich noch erstrebenswert. Wenn
man ein neues Gemälde schafft, eliminiert man weder noch zerstört man die Werke alter Meister, man benutzt sie vielmehr als
Grundlage, auf der man aufbauen und die man möglicherweise
übertreffen kann.

383

Das heißt für die emotionale Kreativität, daß wir nicht notwendigerweise adäquat etablierte Denk- und Gefühlsmodi verwerfen. Jene, die nutzbringend sind, bewahren wir und bauen auf ihnen auf. Andere möchten wir demgegenüber jedoch vielleicht tatsächlich abschütteln, da sie nur jeden weiteren Fortschritt behindern. Die emotionale Kreativität hat etwas mit *Wahl* zu tun. Wir können Emotionen wählen, die unterstützen, oder wir können Emotionen wählen, die einschränken. Aber selbst diese Feststellung ist irreführend. Denn wir sind in unserer Wahl nicht auf bereits etablierte Emotionen beschränkt. Wenn wir den Mut haben, es zu versuchen, können wir aus den durch die Biologie und Gesellschaft verfügbaren Rohmaterialien neue und andersartige, unseren Bedürfnissen und Situationen besser angepaßte Emotionen modellieren.

Zu sagen, daß Emotionen ein Produkt der Wahl sind, ist eine Sache. Es ist leicht, sich emotionale Kreativität vorzustellen; es kann jedoch, um es mit den Worten Fullers zu sagen, eine »andere, schwierige, aber inspirierende und lohnende« Sache sein, sie zu erreichen. In diesem Kapitel möchten wir auf einige dieser Schwierigkeiten eingehen und im spezifischen fünf Schritte zu einem kreativeren emotionalen Leben beschreiben: (1) sich in die Pflicht nehmen; (2) die erforderlichen Kenntnisse erwerben; (3) Selbstbewußtheit erlangen; (4) einen Plan erstellen; und (5) zu Ergebnissen kommen. Diese Schritte sind allgemeine Orientierungshilfen, die viele der in den vorhergehenden Kapiteln besprochenen Ideen beinhalten. Sie sind keine »Malen-Nach-Zahlen«-Vorlage für die Realisierung emotionaler Kreativität. Das wäre ein Widerspruch in sich. Kreativität bedingt, explizit naturgemäß, Neuerung und Veränderung. Und vieles erfordert zwangsläufig ein empirisches Vorgehen.

Schritt 1:
Sich in die Pflicht nehmen

Sich in die Pflicht zu nehmen, ist das Fundament jeder kreativen Leistung. Ein Punkt, der nicht überbetont werden kann. Ohne verbindliches Engagement fehlen die Selbstdisziplin und das Durchhaltevermögen, die mit Veränderungen unweigerlich verbundenen Hindernisse zu überwinden. Eines der Hauptmerkmale kreativer Personen ist, wie in Kapitel 6 beschrieben, daß sie sich selbst als kreativ sehen. *Sie haben sich der Kreativität verschrieben.* Und was bedeutet das? Nach unseren drei Kriterien für Kreativität bedeutet es als erstes, sich in die Pflicht zu nehmen, neue Dinge zu versuchen, sich alten Problemen in neuer Weise zu nähern; es bedeutet zweitens, sich in die Pflicht zu nehmen, herausragende Leistungen zu erzielen; und es bedeutet drittens, sich in die Pflicht zu nehmen, authentisch zu sein.

Dieses In-die-Pflicht-Nehmen ist ein oftmals mißverstandener Begriff. Die kreative Person wird mitunter als »freier Geist«, ungebunden durch Verpflichtungen, dargestellt. Verpflichtung ist aber mitnichten das Gegenteil von Freiheit (ansonsten könnte sich auch niemand der Freiheit verpflichtet fühlen). Hilfreich ist, zwischen Arten von Verpflichtungen zu unterscheiden: die Verpflichtung im Sinne einer Pflichterfüllung und die Verpflichtung im Sinne einer Wunscherfüllung. Ersteres kommt typischerweise bei einem Versprechen oder einem formalen Vertrag zum Tragen. Wenn ich Geld leihe, bin ich verpflichtet, es zurückzuzahlen, ob es mir beliebt oder nicht. Letzteres, die Verpflichtung im Sinne einer Wunscherfüllung, läßt sich am treffendsten am Beispiel der Liebe aufzeigen. Wenn ich jemanden liebe, fühle ich mich dem Wohlergehen dieser Person verpflichtet, nicht im Sinne einer Pflichterfüllung, sondern weil es das ist, was ich möchte und will.

Wenn jemand sagt, er möchte frei von Verpflichtungen sein, so sind damit in der Regel Verpflichtungen im Sinne der Pflichterfüllung gemeint. Solche Verpflichtungen binden eine Person, was eine Einschränkung der negativen Freiheit (die *Abwesenheit* von Zwang oder Beschränkungen) bedeutet. Die Verpflichtung im Sinne der Wunscherfüllung liegt mehr im Bereich der positiven oder »spirituellen« Freiheit (die *Fähigkeit* zu tun, was man möchte). Ebenso wie diese beiden Arten der Freiheit in Konflikt geraten können, können es auch diese beiden Arten der Verpflichtung. Verpflichtungen im Sinne der Pflichterfüllung können Wünsche vereiteln; und Verpflichtungen im Sinne der Wunscherfüllung können Pflichterfüllungen unterminieren.

In der Geschichte der Ethik wurde ersterem im allgemeinen der Vorrang vor letzterem eingeräumt. Erst die Pflicht, dann der Wunsch: Ehre vor Liebe. Eine traditionelle Sicht, die sich in den

bekannten Versen von Richard Lovelaces Gedicht *To Lucasta:*
Going to the Wars widerspiegelt:

I could not love thee, dear, so much
Lov'd I not honor more.

In unserer heutigen Gesellschaft haben sich die Prioritäten ver-
schoben. Für die Mitglieder der »Ich-Generation« ist die höchste
Pflicht die Erfüllung der eigenen Wünsche.[1] Die Zweckmäßigkeit
dieses Prioritätenwandels könnte in Frage gestellt werden, das ist
jedoch nicht unser Ziel. Jede Form der Verpflichtung hat ihre Vorteile, und wie die negative und positive Freiheit, an die sie gebunden sind, kann jede im Extremfall mißliche Konsequenzen nach
sich ziehen.

Die Frage, die wir stellen möchten, ist jedoch eine Frage des
Kontextes, nicht der Priorität: Welche Art der Verpflichtung ist
für die emotionale Kreativität wichtiger? Intuitiv drängt sich die
Antwort auf: »Die Verpflichtung im Sinne der Wunscherfüllung.« Das wäre jedoch irreführend. Viele kreative Anstrengungen (insbesondere im Bereich der emotionalen Kreativität) sind,
wie im letzten Kapitel ausgeführt, antagonistischen Reaktionen
und einer ablehnenden öffentlichen Meinung ausgesetzt. Der
Wunsch allein genügt oft nicht angesichts solcher Widrigkeiten.

Ein Musterbeispiel, was es heißt, sich der Kreativität im allgemeinen (nicht nur der emotionalen Kreativität) verschrieben zu
haben, ist das Leben von R. Buckminster Fuller, jenem »Freund
und Genius des Planeten«, so genannt aufgrund seiner vielen
Konzeptionen und Erfindungen für das (wie er es bezeichnete)
»Raumschiff Erde«. Die geodätische Kuppel ist das vielleicht be-
kannteste von ihm in dieser Hinsicht geschaffene Werk. Die
Nachdrücklichkeit, mit der Fuller sich der Kreativität – obgleich er
diesen Terminus nie benutzte – verschrieben hatte, ist außergewöhnlich.[2]

Das erste Ziel, das er sich setzte, war die Authentizität. Bereits
im Alter von zwölf Jahren, von Robert Burns' Gedichten ange-
spornt und inspiriert, schwor Fuller sich, wie er schrieb, er wolle
sich so »sehen, wie andere es wohl tun, und dieses andere Selbst
mit meinem selbst gesehenen Selbst integrieren«.[3] In einem sporadisch geführten Tagebuch hielt er alle wesentlichen Aktivitäten
und Ereignisse fest. Seine Eintragungen häufig auf der Suche nach

wiederkehrenden, sowohl triumphalen als auch vernichtenden Lebensmustern überprüfend, stellte er fest, daß er sinnlose und widrige Muster nur erkennen konnte, wenn er skrupellos ehrlich zu sich selbst war.

Fullers Leben war anfänglich nicht sonderlich glücklich und einfach. Er war 15, als sein Vater starb. Mit 22 (1917) heiratete er Anne Hewlett, und ein Jahr später wurde eine Tochter geboren, die an Polio und Meningitis spinalis erkrankte und nach schwerem Krankheitsverlauf schließlich am Vorabend ihres vierten Geburtstages starb. Fuller machte sich dann mit einem Baugeschäft selbständig, das er mit von Freunden geliehenen Mitteln finanzierte. Der geschäftliche Erfolg blieb ihm versagt, und 1927 stand er vor dem Bankrott. Er verlor die Investitionen seiner Freunde und war, nach eigenen Worten, »diskreditiert und ohne jeden Pfennig mittellos« und »ein Versager« in der Geschäftswelt.[4] Im gleichen Jahr (1927) wurde eine zweite Tochter geboren. Fuller war jetzt 32, hatte eine Frau und eine neugeborene Tochter zu ernähren und stand ohne Geld, kreditunwürdig und ohne Universitätsabschluß da. Er beschloß, mit seinem Leben, »wie es nur Menschen möglich war, völlig ›neu‹ anzufangen«.[5]

Zu den wichtigsten Vorsätzen, die er an jenem Punkt faßte, gehörte, daß er *etwas tun wollte, was noch niemand zuvor getan hatte,* und *bei allem, was er tun würde, erstklassig sein wollte.* Des weiteren wollte er sich selbst als »wissenschaftliches ›Versuchskaninchen‹« benutzen, um festzustellen, was ein »Durchschnittsmensch« (sofern überhaupt etwas) tun könne, »das große Nationen oder große Privatunternehmen nicht leisten können, um dauerhaft den physischen Schutz und die Unterstützung jeden menschlichen Lebens zu verbessern«.[6] Es sollte keine leichte Aufgabe sein. Zeit seines Lebens fand er es notwendig, sich immer wieder neu in die Pflicht zu nehmen.

> »Das Register meiner Selbstdisziplin mag zu dem Schluß verleiten, daß alles, was ich einmal dazu tun mußte, war, mir diese Disziplin zu verordnen und zu eigen zu machen, Tatsache ist aber, ... *daß ich mich permanent und immer wieder neu in die Disziplin nehmen mußte, um mich in einem produktiven und effizienten Sinne unter Kontrolle zu haben.«*[7]

In den vielen Niederschriften, die er zeit seines langen und produktiven Lebens machte, kam R. Buckminster Fuller immer wieder auf den Punkt zu sprechen, daß die kreative Leistung proportional zum Ausmaß des Engagements und des *neuen* Engagements zu sehen ist. Dem ist wenig hinzuzufügen, außer vielleicht, daß die emotionale Kreativität ein besonders hohes Maß an Engagement verlangt, da sie eine Veränderung im Selbst wie in der äußeren Welt bedingt. Sich mit Blick auf die emotionale Kreativität in die Pflicht nehmen, heißt, sich auf ein Rendezvous mit unbekanntem Ausgang mit dem eigenen möglichen Selbst einzulassen. Es gibt keine Garantie, daß die Wirklichkeit mit der Phantasie übereinstimmen wird.

Schritt 2:
Die erforderlichen Kenntnisse erwerben

Engagement und sich selbst in die Pflicht nehmen genügt allein nicht. Wenn dieses In-die-Pflicht-Nehmen das Fundament aller kreativen Bemühungen ist, dann sind die entsprechenden Kenntnisse der Überbau. Emotional kreativ sein, setzt, wie in Teil II dieses Buches ausgeführt, ein gewisses Verständnis der Emotionen und der Kreativität voraus. Manche vernachlässigen leider dieses »lehrbuchhafte Lernen«, weil es ihnen, gemessen an den unmittelbaren Belangen des täglichen Lebens, zu abstrakt oder losgelöst erscheint. Die natürlichen Feinde der emotionalen Kreativität sind aber Selbstgefälligkeit, Ignoranz und Angst, nicht Wissen. Wissen kann uns vielleicht nicht befreien, aber es ist eine notwendige, wenn nicht gar hinreichende Voraussetzung für Freiheit.

Es heißt mitunter, Emotionen könne man nicht intellektuell verstehen, nur erfahren. Nichts könnte weniger der Wahrheit entsprechen. Wobei es natürlich nicht völlig von der Hand zu weisen ist, daß niemand beispielsweise Liebe oder Angst wirklich verstehen kann, der solche Emotionen nicht erfahren hat. Aber das gleiche ließe sich von den meisten anderen Erfahrungen, denen Menschen ausgesetzt sind, auch sagen. So versteht etwa ein an Krebs leidender Patient den Sinn und die Bedeutung seiner entsetzlichen Krankheit in einer Weise, die sich einem gesunden Arzt entzieht; umgekehrt verfügt der Arzt aber über ein Verständnis der Krankheit, das ultimativ vielleicht die Kontrolle über das Leiden und seine Heilung ermöglicht.

Mit Blick auf die emotionale Kreativität ist es besonders wichtig, jene Mythen zu entkräften, die ein entsprechendes Verständnis blockieren und eine Veränderung behindern. Zu diesem Zweck möchten wir mochmals kurz die in Kapitel 5 erläuterten Mythen über die Emotion rekapitulieren:

Emotionsmythos No. 1: Der Mythos von den Passionen. Die Vorstellung, daß wir von Emotionen »gepackt«, »ergriffen« und »überwältigt« werden, ist das vielleicht größte Hindernis von allen für die emotionale Kreativität, da sie uns im Bereich der Emotionen unsere Freiheit und Wahlmöglichkeiten bestreitet. Die emotionale Kreativität beginnt mit der Bewußtheit, daß unsere Emotionen von uns selbst gemacht, ein Produkt unserer Findigkeit sind.

Emotionsmythos No. 2: Der Mythos von der emotionalen Unschuld. Mit der Freiheit und Wahl kommt die Verantwortlichkeit. Um emotional kreativ zu sein, müssen wir bereit sein, ebenso für unsere Passionen wie für unsere Aktionen die Verantwortung zu übernehmen.

Emotionsmythos No. 3: Der Mythos von der emotionalen Artischocke. Diesem Mythos zufolge haben Emotionen – wie Artischocken – ein »Herz« (die Essenz), das zum Vorschein kommt, sobald man die oberflächlicheren Schichten von Gedanken und Verhaltensweisen entfernt hat. Dieser weitreichende Mythos ist in einer Vielzahl von Formen anzutreffen. Die populärsten Varianten sind die nachfolgenden drei Mythen.

Emotionsmythos No. 4: Der Mythos von den Primär-Emotionen. Nach dieser Variante des Artischocken-Mythos gibt es einige wenige universale oder Primär-Emotionen, die von kulturellen Attributen (den Blättern) verborgen oder überlagert werden und so insgesamt komplexere Emotionen bilden. Die Anhänger dieses Mythos unterstellen im allgemeinen, daß jene Primär-Emotionen, zumindest nicht »in der Essenz«, irgendwelchen Veränderungen unterliegen.

Emotionsmythos No. 5: Der Mythos von den wahren Gefühlen. Dieser zweiten Variante zufolge besteht das Herz der emotionalen Artischocke aus einer bestimmten Art von Gefühl, dessen wir uns bewußt sein können oder auch nicht. Ergänzt wird diese These oft mit dem vermeintlich logischen Zusatz, daß Gefühle anders als Verhaltensweisen nur schwer, wenn überhaupt, zu kontrollieren sind.

Emotionsmythos No. 6: Der Mythos von den viszeral gesteuerten Emotionen. Diese dritte Variante des Artischockenmythos geht davon aus, daß es sich bei Emotionen, in der Essenz, um »Bauchreaktionen« handelt und sie sich folglich der bewußten Kontrolle entziehen. In der Kombination mit Mythos No. 5 heißt das, daß emotionale Gefühle die Wahrnehmung körperlicher Veränderungen sind.

Emotionsmythos No. 7: Der Mythos von der Phylogenese. Dieser Mythos führt den Ursprung der Emotionen auf die Anfänge der menschlichen Evolution zurück. Kombiniert mit Mythos No. 4, begegnen wir dann der üblichen Behauptung, wonach Primär-Emotionen angeboren sind und genetisch bestimmte Reaktionsmuster darstellen.

Emotionsmythos No. 8: Der Mythos von der Pädogenese. Diesem Mythos zufolge entstehen unsere Emotionen, sofern sie nicht angeboren sind, in frühester Kindheit; träfe dies zu, so wäre im Erwachsenenalter kaum ein emotionales Wachsen oder eine emotionale Veränderung möglich.

Emotionsmythos No. 9: Der Mythos von der emotionalen Gleichheit. Dieser Mythos unterstellt, daß alle Menschen in puncto Emotionen über die gleichen Fähigkeiten verfügen.

Dieser letzte Mythos (von der emotionalen Gleichheit) bedarf einer kurzen Erläuterung, da wir in diesem Buch durchgehend Wert auf die Feststellung legten, daß jeder, zumindest bis zu einem gewissen Grad, fähig ist, emotional kreativ zu sein. Insofern teilen wir also die Vorstellung von der emotionalen Gleichheit. Aber ebenso wie Menschen in ihren intellektuellen und künstlerischen Talenten verschieden sind, sind sie auch in ihren emotionalen Fähigkeiten verschieden. Bedingt durch angeborene oder erworbene Temperamentsunterschiede fällt es manchen Personen leichter, eine bestimmte Art von Emotion, im Unterschied zu einer anderen, zu entwickeln. Einige der sich daraus ergebenden Implikationen wurden in Kapitel 11 am Beispiel möglicher emotionaler Unterschiede zwischen den Geschlechtern aufgezeigt. Das Geschlecht (männlich/weiblich) ist nur eine Dimension, im Rahmen derer emotionale Fähigkeiten variieren können. Ohne besondere situative Erfordernis gibt es keinen Grund, nach irgendwelchen emotionalen Erfahrungen zu streben, die nicht zu unserem Temperament passen. So muß jemand, der schüchtern und introvertiert ist, nicht versuchen, Mittelpunkt und Motor jeder Party zu sein; für emotionale Kreativität gibt es jenseits davon jede Menge Spielraum, etwa in der ruhigen Gesellschaft von Freunden oder – für diejenigen, die die Fähigkeit zum Alleinsein entwickelt haben –, auf der Ebene von Selbstbeschäftigungen.

Ein Mythos verdiente es nicht, als solcher bezeichnet zu werden, wenn es nicht Experten gäbe, die ihn entsprechend bekräftigten. Als Beispiel möchten wir einige Ausführungen zweier Psychiater, eines Vater-und-Sohn-Teams, Patrick und Thomas Malone, anführen, deren Arbeit repräsentativ für einen Großteil des derzeit vorherrschenden Meinungsbildes zu den Emotionen ist, das insbesondere in der klinischen Praxis zum Tragen kommt. Die Malones haben in ihrem Buch *The Art of Intimacy* vieles zum Thema emotionale Neuerungen und Veränderungen zu sagen; ihre Analyse hat jedoch die Schwäche, daß sie einige der zuvor genannten Mythen verkörpert, was wir an drei Punkten aufzeigen möchten:[8]

1. Zunächst einmal versäumen es die Malones, faktisch zwischen Emotionen und Gefühlen zu unterscheiden, und verwenden beide Begriffe im Prinzip in einem austauschbaren Sinne. Dann stellen sie die These auf, wir würden mit einer begrenzten Zahl von »Primär-Gefühlen« – wie Freude, Traurigkeit, Wut, Furcht und Sexualität – geboren.
2. Primär-Gefühle entstehen vermeintlich aus unserem »natürlichen« Selbst, was bedingt, daß sie niemandem »beigebracht werden müssen«. Und selbst wenn Primär-Gefühle vermittelt werden könnten, so wäre das nicht wünschenswert, da es »unsere grundlegende Natur verändern könnte«.

3. Primär-Gefühle werden von Sekundär- oder »Metagefühlen«, den Gefühlen über Gefühle, unterschieden. Primär-Gefühle sind gut oder nützlich; Metagefühle (wie Achtung und Höflichkeit) können gut, aber auch »der Stoff« sein, »aus dem neurotische und psychotische Welten gemacht sind«. So ist Wut zum Beispiel »ein natürliches und gesundes [Primär-]Gefühl«, das sich in Feindseligkeit, ein unnatürliches und neurotisches Metagefühl, wandeln kann. Ähnlich kann sich die Sexualität in einen »gewalttätigen Ausdruck von Macht« verkehren, an dessen Ende der Sadomasochismus steht; Traurigkeit kann sich in die »Heuchelei herablassender Weinerlichkeit« und Furcht in »Unterwürfigkeit oder Tyrannei« verkehren; und so weiter und so fort.

Oberflächlich betrachtet, mögen diese Punkte höchst einleuchtend und begründet erscheinen. Aber nehmen wir nur die vermeintliche Identität zwischen Emotionen und Gefühlen sowie die Unterscheidung zwischen (Primär-)Gefühlen und (sekundären) Metagefühlen. Dann listen die Malones Sexualität als ein Primär-Gefühl auf. In welchem Sinne ist Sexualität ein Gefühl (als Unterscheidung von einem Verhalten)? Und in welchem Sinne ist sie primär und nicht sekundär? Es gibt die Geschichte von einer jungen Frau, die, nach dem Unterschied zwischen vorehelichem und ehelichem Geschlechtsverkehr gefragt, antwortete: »Ich weiß nicht; ich habe beides ausprobiert und empfand bei beiden so ziemlich das gleiche.« Natürlich meinen die Malones mit »sexuellen Gefühlen« etwas anderes als die junge Frau in jenem Witz. Was sie meinen, hat etwas mit Liebe zu tun. Aber die Relation zwischen Liebe und Sexualität ist, wie wir in Kapitel 2 sahen, sehr komplex und kulturgebunden. Oder nehmen wir die Wut, ein weiteres Beispiel der von den Malones angeführten Primär-Gefühlen. Wut kann nicht, wie in Kapitel 3 gezeigt, auf den Gefühlsmodus einer Person reduziert werden. Aber wichtiger noch ist die Frage: Warum sollte die Wut im westlichen Kulturkreis eher als *liget* bei den Ilongot oder *song* bei den Ifaluk als »primär« betrachtet werden? Bei allen handelt es sich um gesellschaftlich konstituierte emotionale Symptomenkomplexe, die *innerhalb ihrer jeweiligen Kulturen* als fundamental erachtet werden.

Wir greifen diese Punkte nicht um der Kritik willen heraus, da wir in weiten Teilen mit dem, was die Malones zum Wesen und zur Bedeutung von Intimität sagen, einiggehen. Die Tatsache, daß die Malones Emotionen mit Gefühlen gleichsetzen und einige (Primär-)Gefühle als unveränderlich darstellen, macht jedoch die Omnipräsenz jener Mythen und irrigen Ansichten überdeutlich, die emotionales Wachstum beeinträchtigen und sogar verhindern – ein Wachstum, das die Malones doch gerade zu fördern versuchen.

Es genügt nicht, Mythen zu entkräften. Zusätzlich muß präzises und positiveres Wissen erworben werden. Wer können hier nicht alles, was in Teil 2 dieses Buches zu den Emotionen gesagt wurde, zusammenfassen. Einen Punkt möchten wir aber nochmals gesondert herausgreifen: Wir werden nicht mit einer begrenzten Zahl fixierter, unveränderlicher Emotionen oder Primär-Gefühle geboren. Wir werden mit der Fähigkeit geboren, ein weites Spektrum verschiedener Emotionen zu entwickeln und zu erfahren, genau wie wir mit der Fähigkeit zum Erwerb einer Vielzahl verschiedener Sprachen geboren werden. Die Emotionen, die wir entwickeln, werden in weiten Teilen durch die Kultur, in der wir leben, bestimmt. Aber nur in weiten Teilen, nicht allumfassend. Es gibt einen großen Spielraum mit Blick auf die Art und Weise, wie die Emotionen der eigenen Kultur erworben, vervollkommnet und letztlich transformiert werden.

Schritt 3: Selbstbewußtheit erlangen

Im vorherigen Abschnitt unterschieden wir zwischen »lehrbuchhaftem Lernen« (abstraktem, theoretischem Wissen) und jenem Verständnis, das durch die persönliche Erfahrung gewonnen wird. Mit der Hervorhebung des ersteren wollten wir nicht die Bedeutung des letzteren herunterspielen. Die Emotionen sind nicht mit Krebs vergleichbar, wo das Wissen des Arztes meistenteils ausschlaggebender für eine Veränderung des Zustandes ist als die direkte Erfahrung des Patienten. Entgegen dem Mythos von den Passionen sind Emotionen nicht etwas, das uns widerfährt oder das wir erleiden, sie sind etwas, das wir tun. Entscheidend für die emotionale Kreativität ist folglich, daß wir eine Bewußtheit von unseren eigenen Gedanken, Gefühlen und Reaktionen haben.

Ein Blinder wird wohl kaum ein guter Maler, ebensowenig wie ein Tauber ein guter Musiker – wie groß ihr Wissen auch sein mag. Viele Menschen sind überraschend blind und taub, was ihre eigenen Emotionen angeht. Viele unserer selbstzerstörerischsten Handlungen erwachsen aus dem blinden oder fehlgeleiteten Bemühen, unsere eigenen emotionalen Erfahrungen zu leugnen.

Marvins Frau amüsierte sich in Bars und blieb oft ganze Nächte weg, während er zu Hause bei den Kindern war. Gelegentlich kam sie auch tagelang nicht nach Hause. Er behauptete, er sei nicht wütend, nur gestreßt. Seine Handlungen widerlegten aber seine Worte: Er trank zuviel, fing Auseinandersetzungen am Arbeitsplatz an, fuhr rücksichtslos und demolierte Gegenstände. Er kam nur zur Therapie, weil sein Arbeitsplatz in Gefahr war.

Gelegentlich versuchen wir alle, uns selbst und unsere Beziehungen durch Leugnen bestimmter Emotionen zu schützen – in Marvins Fall die Wut auf seine Frau. Hinzu kommt, daß ein wenig Selbsttäuschung mitunter recht wertvoll sein kann. Sie hilft uns über die Schlaglöcher in unserem Leben hinweg und läßt uns Ziele verfolgen, die uns ansonsten unerreichbar erscheinen könnten.[9] Wichtig in diesem Zusammenhang ist jedoch, daß nur eine Emotion, die erkannt und eingestanden wurde, bewußt vervollkommnet und transformiert werden kann, sofern dies erstrebenswert ist. Mit der Bewußtheit kommt die Wahl.

Wie kann jemand sich seiner Emotionen bewußter werden? Es gibt kein allgemein verbindliches Rezept. Hilfreich sind allerdings folgende Richtlinien:

1. *Achten Sie auf Ihre körperlichen Reaktionen.* Wenn sie auch nicht, wie der Mythos von den viszeral gesteuerten Emotionen uns weismachen will, das *sine qua non* der Emotion sind, so sind körperliche Reaktionen doch oft der Schlüssel für die Emotionen, die wir erfahren. Für jemanden, der seit langem den »Kontakt« zu seinen Emotionen verloren hat, können körperliche Reaktionen sogar der einzige verfügbare Schlüssel sein. Der Körper erinnert sich oft an Dinge, die der Kopf vorzugsweise vergißt oder ignoriert.

Wir neigen alle dazu, in einfühlsamer Weise den emotionalen

Ausdruck anderer nachzuahmen. Ein prägnantes Beispiel dieser Nachahmung ist die Interaktion zwischen Müttern und Kindern – wenn das Kind lächelt, lächelt die Mutter; wenn das Kind gähnt, gähnt die Mutter – und umgekehrt. In der Psychotherapie kann diese natürliche Neigung zur Nachahmung gezielt genutzt werden. Wenn ein Klient das, was er fühlt, nicht artikulieren kann, kann der Therapeut eine Haltung und einen Ausdruck annehmen, die denen des Klienten ähneln. Indem er seinen eigenen Körper sozusagen als Wandler benutzt, kann der Therapeut Einsicht in den Gemütszustand des Klienten gewinnen.

2. *Achten Sie darauf, wie andere auf Sie reagieren.* Unsere Handlungen sind oft wechselseitige Spiegelbilder: Meine Feindseligkeit gegen dich kann ein Spiegel deiner Feindseligkeit gegen mich sein, ebenso wie meine Nervosität in deiner Gegenwart ein Spiegel deiner Nervosität in meiner Gegenwart sein kann, und wie meine Zuneigung zu dir ein Spiegel deiner Zuneigung zu mir sein kann.

Forschungsergebnisse belegen, daß emotionale kreative Personen nicht nur äußerst bestrebt sind, die Bedeutung ihrer eigenen emotionalen Erfahrungen zu ergründen, sondern auch sehr darauf achten, wie ihr Verhalten andere berührt; wohingegen weniger emotional kreative Personen sich in der Regel auf sich selbst und die hedonistische Prägung (angenehm/unangenehm) ihrer Erfahrungen konzentrieren.[10]

3. *Achten Sie darauf, was Sie zu sich selbst und anderen sagen.* Wir können mehr erfahren, als wir sagen, aber oft sagen wir auch mehr, als wir tatsächlich wahrnehmen.

Wenn wir unsere Emotionen verbal ausdrücken, so tun wir das oft indirekt, auf Metaphern oder eine sehr bilderreiche (statt auf eine sachlich direkte) Sprache zurückgreifend. Diese Verwendung von Metaphern, die scheinbar auch andersartige Erfahrungen beinhalten, ist für die emotionale Kreativität besonders wichtig. Worte sind, wenn man so will, die Gerinnungsmittel des Bewußtseins; sie transformieren sozusagen die Fluidität der empfundenen Erfahrung in eine verständliche, greifbare Masse. Folglich müssen wir unsere Worte sorgfältig und in kreativer Weise wählen. Nicht übersehen werden darf jedoch, daß Metaphern und eine bildliche Sprache sowohl verbergen als auch offenbaren können. So kann die Formulierung, »ich hab' dich zum Fressen lieb«, abhängig von der Person und dem Kontext eine starke Zuneigung, eine verdeckte Feindseligkeit oder auch eine gewisse Ambivalenz ausdrücken. Ebenso erkennen müssen wir die Bedeutung der Ruhe. So kann es insbesondere während der ersten Phasen einer sich neu entwickelnden emotionalen Reaktion ratsam sein, die Erfahrung nicht in Worten auszudrücken, sondern es dabei zu belassen, das Gefühl in seinem fluiden Zustand auszukosten.

4. *Der vielleicht wichtigste Schritt: Identifizieren Sie die gesellschaftlichen und persönlichen Regeln, die bei der Konstituierung Ihrer emotionalen Reaktionen eine Rolle spielen.* Wie wir immer wieder betonten, sind die Regeln der Emotion kein vorherbestimmtes Fixum, sie können geändert werden. Davon hängt die emotionale Kreativität ab.

Es ist nicht leicht, diese Regeln zu identifizieren. So kann jemand fließend eine Sprache sprechen, aber dennoch nicht imstande sein, die entsprechenden Grammatikregeln zu identifizieren. Das gleiche gilt für die Regeln der Emotion. Regeln manifestieren sich in den Regularitäten des Verhaltens, aber nicht alle Regularitäten sind von Regeln bestimmt. So sind etwa bei motorischen Reflexaktivitäten (dem eigenen Herzschlag) und Abhängigkeiten (Rauchen, Kaffeetrinken usw.) Verhaltensregularitäten im Spiel, die aber nicht im üblichen Sinne von Regeln bestimmt werden. Ebensowenig muß jemand, der täglich die gleiche Strecke zur Arbeit fährt, einer Regel folgen; in diesem Fall kann die Regularität einfach das Ergebnis von Gewohnheit sein. Eine Regel impliziert Wahl – man kann sie befolgen oder verletzen; eine Regel bedingt auch Sanktionen – Belohnungen, wenn man sie befolgt, oder Bestrafungen, wenn man sie verletzt. Regeln sind die »Tu es« und »Tu es nicht« des Verhaltens.

George hatte mit Liebesbeziehungen Schwierigkeiten. Wann immer er ernsthaft ein Verhältnis mit einer Frau einging, dachte er fortwährend an sie, so sehr, daß andere Beschäftigungen und schließlich die Beziehung selbst in Mitleidenschaft gezogen wurden.

Folgte George einer Regel? Um von Regeln bestimmte Verhaltensweisen von anderen Verhaltensregularitäten (Abhängigkeiten, zwanghaft-besessene Reaktionen usw.) zu unterscheiden, ist es hilfreich festzustellen, inwieweit die betreffende Person willens und bereit ist, diese Reaktion zu verallgemeinern. So wird zum Beispiel ein abhängiger Raucher (der mit dem Rauchen aufhören möchte) nicht behaupten, daß andere auch rauchen sollten, ebensowenig wie der Hypochonder mit seinen zwanghaften von Krankheit und Tod besetzten Gedankenmustern glaubt, daß andere so besorgt sein sollten.

George litt unter seinen zwanghaften Gedanken, und er wollte sie stoppen. Unter Druck gesetzt, gestand er aber dennoch, ja, er glaube, daß er ständig an die Frau, die er liebt, denken *sollte*, wenn er sie *wirklich* liebt. Außerdem war er, was in diesem Fall noch wichtiger ist, der Überzeugung, daß sie auch ständig an ihn denken sollte. Tat sie es nicht und wollte sie mit anderen zusammensein (Familie, Freunden, Kollegen), so wurde er wütend, warf ihr vor, daß ihr die Beziehung egal sei und wurde sogar körperlich gewalttätig. George folgte streng einer persönlichen und für ihn fehlangepaßten Regel der Liebe.

Die Tatsache, daß eine Reaktion auf einer Regel beruht, heißt natürlich nicht, daß es einfach ist, sie zu ändern. Das Einhalten von Regeln kann zwanghaft sein und das aus Gründen, die wenig mit der Regel selbst zu tun haben, ebenso wie umgekehrt ein Zwang, um seiner Legitimierung willen, zur Formulierung einer Regel führen kann. Das heißt, die reine Identifizierung einer Regel bedingt nicht notwendigerweise auch eine Beeinflussung des Verhaltens. Bei Personen, die nicht an tiefgreifenden psychopathologischen Symptomen leiden, sondern nur nach einem befriedigenderen emotionalen Leben streben, kann die Identifizierung ihrer Regeln der Emotion allerdings ausreichend sein, um Veränderungen zu initiieren.

Schritt 4:
Ziele setzen

Bei der in Schritt 3 besprochenen emotionalen Bewußtheit geht es um die Gegenwart: Welche Emotionen erfahre ich jetzt? Bei der emotionalen Kreativität geht es um die Zukunft: Welche Emotionen möchte ich in fünf Monaten oder in fünf Jahren erfahren? Die emotionale Kreativität bedingt, daß wir uns Ziele setzen. Die Feststellung, »Ich werde emotional kreativ sein«, genügt nicht. Mit welchen Mitteln und mit welchem Ziel? Es bedarf einer Spezifizierung.[11]

Dem Mythos von den Passionen zufolge entziehen Emotionen sich unserer Kontrolle. Demzufolge wäre es abwegig, sich spezifische Ziele mit Blick auf spezifische Emotionen setzen zu wollen. Aber, wie schon so oft gesagt, Emotionen widerfahren uns nicht einfach. *Emotionen stellen zweckmäßige, zielgerichtete Handlungen dar.* Dahinter verbirgt sich in einem gewissen Sinne eine banale Wahrheit. Die wütende Person *möchte* ein vermeintliches Unrecht korrigieren; die ängstliche Person *möchte* einer Gefahr entkommen; der Liebende *möchte* mit der von ihm geliebten Person zusammensein. Es sind aber Ziele, die unmittelbar und kurzfristig sind. Die Frage, um die es wirklich geht, ist, ob Emotionen auch in einem perspektivisch weiter gefaßten Sinne zweckmäßig, also auch längerfristigen Zielen und Werten dienlich sind.

Den Worten Robert Solomons zufolge »ist jede Emotion auch eine Ideologie, ein Forderungskatalog, ›wie die Welt sein sollte‹«.[12] Das mag übertrieben sein, aber im Grunde stimmen wir dem zu. Emotionen treten nicht isoliert zutage. Sie sind mit dem Lebensgefüge einer Person verwoben. Die einzige Frage ist, ob sie gut oder schlecht verwoben sind.

In Kapitel 19 sprachen wir über die Autonomie als Voraussetzung für emotionale Kreativität. Autonomie ist die Fähigkeit, konkurrierende Wünsche so miteinander zu harmonisieren, daß wichtige Ziele sich gegenseitig möglichst minimal behindern. Eine solche ausgewogene Koordination erfordert einen realistischen Lebensansatz und ein kohärentes Wertesystem. Nur auf dieser Grundlage ist eine vernünftige und grundsätzliche Wahl zwischen widerstrebenden Zielen möglich. Sinnvolle Prioritäten kann sich nur derjenige setzen, der willens oder in der Lage ist, in die Zukunft hineinzuplanen.

Schritt 5:
Zu Ergebnissen kommen

Der letzte Schritt zu einem kreativeren emotionalen Leben ist, daß wir Ergebnisse erzielen, die mit unseren Zielsetzungen übereinstimmen. Und hierfür gibt es nur eine Kardinalregel: *Übung, Übung, Übung*. Anfänglich mag die Reaktion etwas künstlich erscheinen, einen Mangel an Gefühlen aufweisen. Daran ist nichts auszusetzen. Mit zunehmender Übung werden Gefühl und Ausdruck zu einem kohärenten Ganzen integriert. Mit jedem Mal, wo wir in einer bestimmten Weise handeln oder denken, wird die Erfahrung »natürlicher«. Wichtig ist, flexibel zu bleiben und das Ergebnis konsequent und regelmäßig neu zu bewerten. Die emotionale Kreativität bedingt – wie die Kreativität auf jedem anderen Gebiet – ein hohes Maß an Versuch und Irrtum. Vor diesem Irrtum haben manche Menschen soviel Angst, daß sie jeden Mißerfolg als Entschuldigung dramatisieren, um nicht weitermachen zu müssen. Dennoch lernen wir in der Regel mehr aus unseren negativen als aus unseren positiven Erfahrungen.

Wir müssen eine Emotion, um sie zu üben, nicht ausdrücken, so daß wir die tatsächlichen Fehlschläge auf ein Minimum reduzieren können. Mittels unserer Imagination können wir eine emotionale Episode durchspielen, genau wie ein Sportler einen Wettbewerb oder wie ein Musiker einen Auftritt vor seinem geistigen Auge durchspielt. In Kapitel 21 sprachen wir über die Wesensmerkmale und Funktionen der Imagination; und in Kapitel 22 wurde aufgezeigt, inwieweit die Kunst und Literatur Modelle kreativer emotionaler Reaktionen bieten. Im Prinzip mag damit alles zu diesem Thema gesagt sein. Aber, was nicht überbetont werden kann, ist, daß die Nutzbarmachung der Imagination eine Fertigkeit ist, die genau wie jede andere Fertigkeit geschliffen und perfektioniert werden muß. Hilfreich in diesem Sinne ist ein Trainer oder Mentor, jemand, der im Einsatz der Imagination bereits geübt und geschickt ist; die wichtigsten Voraussetzungen sind allerdings Zeiten des Alleinseins und bewußte, gezielte Anstrengungen.[13]

Stellen Sie sich vor Ihrem geistigen Auge die spezifischen Reaktionen, die Sie in einer bestimmten Situation hervorbringen möchten, vor, und auch, wie diese Reaktionen andere berühren könnten. Es ist das, womit Liebende, oft in genüßlichen Details, ebenso wie auf einer anderen Ebene Rachedürstige ständig beschäftigt sind. Aber nicht jeder ist gleichermaßen geschickt im Umgang mit der Imagination.

Im Rahmen einer Versuchsreihe forderte John Wallace die Versuchspersonen (Studenten der Stanford University) auf, die

»sexuell erregendste« Geschichte, die sie sich vorstellen könnten, zu schreiben. [14] Manche Geschichten waren fade und so vorsichtig formuliert, als seien sie für irgendein Hausfrauenjournal geschrieben worden; andere waren demgegenüber so anschaulich im Detail, daß sie in jugendfreien Magazinen nicht hätten erscheinen dürfen. Ähnliche individuelle Unterschiede zeigten sich, als die Versuchspersonen Geschichten über feindseliges Verhalten schreiben sollten. Wallace zufolge sind diese schriftlich von den Versuchspersonen zutage geförderten »Maximalreaktionen« ein besserer Indikator für die Absehbarkeit des Folgeverhaltens als die in den herkömmlichen Persönlichkeitstests ermittelten »typischen Reaktionen«. Eine These, die im übrigen von weiteren, von Lee Willerman und Kollegen an der University of Texas durchgeführten Versuchsreihen unterstützt wird. [15]

Diese »Maximalreaktionsmethode« ist in einer etwas abgewandelten Form, wie wir finden, eine in der Psychotherapie nützliche Technik. Konkret: Die Klienten werden aufgefordert, verbal oder schriftlich, möglichst kreativ ausgestaltet, jene Arten von emotionalen Reaktionen zu beschreiben, die sie gerne erwerben möchten. Diese Beschreibungen werden dann vervollkommnet und, sofern angebracht, transformiert, um so die imaginären Reaktionen (zumindest für die betreffende Person) neuartiger und effizienter zu machen.

Mit Hilfe der Imagination können unsere Emotionen aber nicht nur neuartiger und effizienter, sie können auch authentischer werden. Die kreative Imagination strebt nach Integration. Die verschiedenen Teile des Selbst werden in den Kontext eines größeren Ganzen gestellt – vorausgesetzt, wir verkehren nicht ein Teil zum Ganzen (was wir, in der Tradition Lynchs, als die »Absolutheitstendenz« bezeichneten). [16] Mit der Integration in die Ganzheit unseres Selbst sind Emotionen denn auch keine fremden Kräfte (Passionen) mehr, die wir irgendwie kontrollieren müssen, geschweige denn, daß sie uns kontrollieren könnten. Sie werden vielmehr der Ausdruck unserer inneren Visionen und Wünsche, die Manifestation dessen, was wir sind und was wir sein möchten.

Irgendwann müssen neue Emotionen natürlich zum Ausdruck gebracht werden, um sie im Ergebnis an der Realität und nicht nur in der Phantasie zu messen. Eine nicht immer leichte Aufgabe, da unsere Vorstellungen über das, was wir tun können und was persönliche Hemmungen oder soziale Konventionen uns erlauben, hinausgehen können. Wenn es um die Umsetzung der Produkte unserer Imagination in die Praxis geht, bedarf es oft der Unterstützung einfühlsamer Freunde oder Partner; ebenso kann ein kompetenter Berater oder Psychotherapeut eine große Hilfe sein.

Aber jenseits der Frage der Hilfestellung ist die Idee, daß eine neugebildete Emotion an der Realität gemessen werden sollte, mit einem Problem behaftet. An welcher Realität soll sie gemessen werden? Eine Emotion ist, wie Sartre versichert, »eine Transformation der Welt«.[17] Es liegt in der Natur von Emotionen, daß sie zur Schaffung der Realität, an der sie gemessen werden sollen, selbst beitragen. Dies ist ein Grund, warum es für eine verliebte Person so schwierig ist, die Liebe einfach zu beenden, oder warum es jemandem, der wütend ist, so schwerfällt, der Wut ein Ende zu setzen. Die unseres Erachtens beste Lösung für dieses Dilemma ist, sich eine spielerische Haltung zu eigen zu machen. Es liegt in der Natur des Spiels, daß es nicht real ist. Oder präziser wäre es vielleicht zu sagen, daß über das Spiel neue Realitäten geschaffen werden, in denen neue Arten der Erfahrung zur »zweiten Natur« und neue Muster zwischenmenschlicher Beziehungen eingegangen werden können. Das alles fordert aber seinen Preis. Sofern eine spielerische Haltung eine Herausforderung für die traditionellen Werte und Sichtweisen der Realität darstellt, wird sie zweifellos Mißtrauen und Verdammung ernten. Der Psychoanalytiker Erik Erikson wies in diesem Zusammenhang auf eine gewisse »Kluft« in unserer Gesellschaft hin:

»Sie [die Kluft] besteht zwischen der unerbittlichen Entschlossenheit auf der einen Seite, etablierte und entzweiende Rollen, Funktionen und Kompetenzen bis zum bitteren Ende auszuspielen, und jenen neuen von absoluter Verspieltheit geprägten Formen von Gruppenleben auf der anderen Seite, eine Verspieltheit, die eine weitreichende (oft drogen-induzierte) Imagination, sexuelle und sinnliche Freiheit und eine verbale Offenheit simuliert, die oftmals die integrativen Möglichkeiten des Individuums, ganz zu schweigen von den technologischen und ökonomischen Realitäten, übersteigen.«[18]

Erikson zufolge ist das »Ausspielen« die natürlichste und heilsamste Maßnahme, die die Kindheit bietet und aus der wir nie ganz herauswachsen sollten. Er warnt jedoch vor reinem Schauspielern, das mit echter Verspieltheit nichts zu tun hat. Denn allzuviele Menschen simulieren Natürlichkeit, Aufrichtigkeit und Intimität und »enden damit, daß sie jeder und dennoch niemand und in Kontakt mit allen und dennoch niemandem nahe sind«.[19] Obwohl Drogen, wie Erikson andeutet, mitunter der Verspieltheit förderlich sein können, so sind sie der wahren Kreativität in der Regel aber doch eher abträglich: Drogen können manchmal zu Neuem beitragen, selten zur Effizienz und noch seltener zur Authentizität.

Im vorherigen Kapitel beschrieben wir die emotional kreative Gesellschaft als liberal in ihrer Förderung von Experimenten, aber als konservativ in ihrer Forderung nach Meriten. Ebensogut hätten wir sagen können, die emotional kreative Gesellschaft fördere eine spielerische Haltung, verlange im Gegenzug aber herausragende Leistungen. Das gleiche gilt für das emotional kreative Individuum.

Die Vergangenheit muß nicht der Auftakt sein

Es gibt vielleicht kein anderes Gebiet in der Psychologie, das Gegenstand von mehr Verwirrung und Diskussionen ist als das Thema der Emotionen. In einem Punkt besteht jedoch weitestgehend Einigkeit: Die Emotionen sind für das individuelle Selbstgefühl und Wohlbefinden von fundamentaler Bedeutung. Einem weitverbreiteten Mythos zufolge stellen die Emotionen – zumindest die »fundamentalen« Emotionen – unveränderliche Reaktionsmuster dar, die wir kaum kontrollieren können. Ein Mythos, der seinen Widerhall in einigen psychologischen Theorien findet, wonach Emotionen als Relikte der biologischen Evolution – als das Animalische in der menschlichen Natur – betrachtet werden. Im Gegensatz dazu behaupten wir, daß Emotionen soziale und individuelle Konstrukte, aber nichtsdestoweniger ein vitaler Bestandteil der menschlichen Natur sind. Unseres Erachtens sprechen die in Teil I und II dieses Buches angeführten empirischen Beweise für unsere Theorie. Es liegt in der Macht von Individuen und Gesellschaften im positiven wie im negativen Sinne, neue Formen der emotionalen Erfahrung und des emotionalen Ausdrucks zu entwickeln. Aber das, was in der Theorie, wie wir glauben, möglich ist, kann extrem schwierig in die Praxis umzusetzen sein. Emotionale Kreativität kann nicht vorprogrammiert werden, und niemand kann das, was am Ende dabei herauskommt, vorhersagen. Vorhersehbar sind demgegenüber allerdings die Konsequenzen, wenn die Herausforderung der emotionalen Kreativität nicht angenommen wird: Stagnation und Entfremdung vom eigenen Selbst und von anderen.

Zur Veranschaulichung der in diesem Kapitel skizzierten fünf Schritte zu einem kreativeren emotionalen Leben möchten wir den Fall von John, einem 90jährigen Schmied in einer texanischen Kleinstadt, schildern. Johns Beruf schien zugleich sein Leben zu symbolisieren – eine langsam verlorengehende Bedeutung bzw. ein langsam verlorengehender Sinn in der sich verändernden Welt. John war 65 Jahre, allerdings wenig glücklich und zufrieden, verheiratet. Als er folgendes erzählte (wie von seiner Schwiegertochter berichtet), lag er krebskrank, dem Tode nahe, im Krankenhaus.

Ich habe mich in meinem eigenen Haus nie wohlgefühlt, und ich konnte es ihr [seiner Frau] nie recht machen. Jeden Tag hielt ich mich einfach an den Gedanken, es würde schon besser werden, oder ich würde etwas daran ändern. Die Kinder kamen und gingen, und ehe ich es so recht gewahr wurde, war ich 70. Dann sagte ich zu mir: ›John, du bist jetzt zu alt, um noch irgend etwas anders zu machen.‹ Es stimmte aber nicht. Rückblickend weiß ich, es ist nie zu spät, das zu tun, was man möchte. Warum, als ich 70 war, konnte ich noch immer hart arbeiten und gutes Geld verdienen. Selbst als ich 80 war, blieben noch einige gute Jahre. Unter dem Strich heißt es: Wenn ich mich entschlossen hätte, mein Leben irgendwie anders zu leben, wäre ich glücklicher gewesen. Ich habe das Gefühl, für nichts und wieder nichts Opfer gebracht und verzichtet zu haben. Wäre ich glücklicher gewesen, so wären auch andere um mich herum glücklicher gewesen. Heute sage ich: Das Leben ist zerbrechlich; tut, was euch Freude macht.

John hielt seine Schmiede bis kurz, ehe er ins Krankenhaus ging, geöffnet. Seit seiner Jugend hatte er hart gearbeitet und war ehrlich gewesen, aber dennoch schien sein Leben etwas zu sein, das ihm widerfuhr, nicht etwas, das er tatsächlich *lebte*. Er war das Musterbeispiel eines unemotionalen Mannes.

John war zu tiefen Emotionen fähig. Eine Fähigkeit, die aber nie realisiert wurde, denn er versäumte es, irgendeinen der fünf in diesem Kapitel erläuterten Schritte zu unternehmen. Erstens nahm John sich nie in die Pflicht, etwas zu ändern. Seine Haltung war: »Wenn es nicht besser wird, dann werde ich etwas daran ändern.« Es wurde nie besser, und er änderte nie etwas daran. Zweitens war John, trotz seiner Intelligenz, kaum daran interessiert, Wissen zu erwerben. Er nahm es mit dem Leben auf; aber er hinterfragte es nicht und versuchte nicht, es zu verstehen. Drittens hatte John kaum eine Selbstbewußtheit. Er wußte, er war unglücklich, es war aber ein vages und unartikuliertes Gefühl. Selbstbewußtheit ist mehr als Unzufriedenheit. Viertens hatte John nur wenige Träume oder Visionen für die Zukunft. Er wollte etwas anderes im Leben, wußte aber nicht was. Wenn die Dinge schlimmer wurden, vergrub er sich einfach in seine Arbeit und widersetzte sich weiteren Veränderungen. Und schließlich zeigte John selten irgendeine Emotion. Er jammerte und beklagte sich nicht; und wenn er lachte, so war es ein leeres, falsches Lachen. Niemand, nicht einmal seine Familie, hatte das Gefühl, ihn wirklich zu kennen. Er äußerte wenige Bedürfnisse, Wünsche oder Hoffnungen und erhielt so auch wenig Rückkoppelung von anderen.

Emotionale Kreativität beginnt damit, daß wir uns in die Pflicht nehmen, uns über individuelle Gewohnheiten oder gesellschaftliche Konformitäten hinwegsetzen, wenn diese uns nicht mehr dienlich sind, uns auf der affektiven wie auch intellektuellen Ebene zu perfektionieren und in allem, was wir tun, authentisch zu sein. Das setzt Wissen und Selbstbewußtheit voraus; es erfordert eine wohlgeordnete Liste von Prioritäten und Werten; und es verlangt in der Umsetzung eine durch kritische Selbstdisziplin gemäßigte spielerische Haltung. Viele Menschen geben sich statt dessen – wie John – mit einem eingeschränkten Leben zufrieden und verwerfen die Möglichkeiten für eine offenere Zukunft. Wenn wir uns nur auf den Augenblick konzentrieren, ist es oft leichter, den Pfad zu wählen, der zu Leere und Ressentiments führt, statt sich einzugestehen, daß es durchaus auch Alternativen gibt.

In zunehmendem Maße liegt die Wahl aber nicht mehr alleine bei uns. Die Kreativität in anderen Bereichen – wissenschaftliche und technologische Innovationen zum Beispiel – verändert die Art und Weise, wie wir arbeiten, sie verändert die Art und Weise, wie wir miteinander umgehen, und die Art und Weise, wie wir leben und sterben. Und das Tempo beschleunigt sich. Wir sind als Individuen und als Gesellschaft zum Scheitern verurteilt, wenn wir nicht im Bereich der Emotion gleichermaßen kreativ sind und wenn die einzigen Reaktionsweisen, die wir kennen, die sind, die zu den Gegebenheiten in der Vergangenheit paßten.

Anmerkungen

Kap. 1 – Emotionen und Kreativität

1 Nietzsche, Friedrich, »Ecce Homo«, Zum Entstehen von ›Also sprach Zarathustra‹, Werke in drei Bänden, Bd. II, München 1966, S. 1131 f.
2 Potter, S. H., »The cultural construction of emotion in rural Chinese social life«, Ethos, 16, 1988, S. 181 ff.
3 Ebenda, S. 206.
4 Der Wandel des Selbst im Laufe der westlichen Geschichte war gerade in jüngster Zeit Gegenstand zahlreicher Studien. Der hier wiedergegebene kurze Abriß stützt sich auf folgende Quellen: Analysen der alten griechischen Konzeptionen des Selbst, von Homer bis zu den Klassikern (z. B. Platon, Aristoteles) sind in A. W. H. Adkins, »From the many to the one«, London 1970, sowie in B. Snell, »The discovery of mind: The Greek origins of European thought«, New York 1960, zu finden. Julian Jaynes, »The origin of consciousness in the breakdown of the bicameral mind«, Boston 1976, befaßt sich, allerdings in einem spekulativeren und kontroverseren Sinne, mit dem gleichen Thema. Eine besonders interessante Diskussion über die Frühphase des Mittelalters, als das Individuum (und der Individualismus) aus dem Schatten der dunklen Jahrhunderte hervortrat, findet sich in C. Morris, »The discovery of the individual: 1050–1200«, New York 1972. Mit Blick auf die späteren Entwicklungen ist R. F. Baumeister, »Identity: Cultural change and the struggle for self«, New York 1986, eine ausgezeichnete Quelle. Für die Frage der Unterscheidung zwischen dem privaten und dem öffentlichen Selbst und das Problem der Authentizität siehe auch L. Trilling, »Das Ende der Aufrichtigkeit«, Frankfurt 1989.
Das Standardwerk für die Geschichte der Emotions*theorien* ab der Zeit der Griechen ist H. M. Gardiner, R. C. Metcalf und J. G. Beebe-Center, »Feeling and emotion: A history of theories«, New York 1937. Es handelt sich hierbei allerdings um die Geschichte der Emotionskonzepte, nicht um die Geschichte der Emotionen per se. Theorien sind in der Regel zu abstrakt und ideologisch untermauert, als daß sie mehr als einen indirekten Einblick in die Art und Weise vermitteln könnten, wie Emotionen tatsächlich während irgendeines spezifischen Jahrhunderts erfahren wurden. Für weitere Ausführungen zu diesem Thema siehe Norbert Elias, »Über den Prozeß der Zivilisation«, Frankfurt 1977.
5 Rorty, Richard, »Kontingenz, Ironie und Solidarität«, Frankfurt 1991, S. 50.
6 Wordsworth, W., »Preface to second edition of lyrical ballads«. In: B. Ghiselin (Hg.); »The creative process«, Berkeley 1952, S. 83 f.

Kap. 2 – Romantische Liebe

1 Hunt, Morton M., »Der siebte Himmel. Eine Naturgeschichte der Liebe von Homer bis Kinsey«, Berlin 1963, S. 135.

2 Elster, Hanns Martin, »Des königlich fränkischen Kaplans Andreas 3 Bücher über die Liebe«, Dresden 1924, S. 108.

3 Ebenda, S. 222.

4 Ebenda, S. 223.

5 Ebenda, S. 303.

6 Beigel, H. G., »Romantic love«, *American Sociological Review*, 16, 1961, S. 327 ff.

7 Ebenda, S. 149.

8 Zur Geschichte der Troubadoure und ihrer Possen siehe F. Hueffer, »The troubadours: A history of Provencal life and literature in the middle ages«, London 1878.

9 Finck war von 1881 bis 1923 Musikkritiker der New York *Evening Post*. Im Laufe seiner langen und ereignisreichen Laufbahn veröffentlichte er insgesamt 18 Bücher, nicht nur über die Musik, sondern zu den verschiedensten Themen wie Reisen, Gastronomie und Gartenbau. Seine beiden Bücher, »Romantische Liebe und persönliche Schönheit‹, Breslau 1891, und »Primitive love and love stories«, New York 1899, sind eine verwirrende Mischung aus großer Gelehrsamkeit, naivem Darwinismus und unfundierten Vorurteilen. Dennoch lohnt es sich, sie heute zu lesen. Finck verdient es schon deshalb, besonders erwähnt zu werden, weil er als erster klar erkannte, daß die romantische Liebe, wie wir sie heute kennen, nicht biologisch begründet, sondern ein soziales Konstrukt ist.

10 Reynolds, B., »Introduction to *Dante: La Vita Nuova*«, Baltimore 1969, S. 16.

11 Ebenda.

12 Durant, Will, »Die Geschichte der Zivilisation«, vierter Band: Das Zeitalter des Glaubens, Bern 1952, S. 1124.

13 Der hier folgende Bericht über die historischen Entwicklungen stützt sich im wesentlichen auf H. G. Beigel, »Romantic love«, *American Sociological Review*, 16, 1951, S. 327 ff.

14 »My Everlasting Love«, Musik und Text von Rick Sandler, Jeanne Fitz-Simmons und Con Cowan.

15 Trotz der hohen Scheidungsrate gibt es keinerlei Anzeichen, daß die Ehe als gesellschaftliche Institution in ihrer Beliebtheit nachläßt. Die Wiederverheiratungsquoten sind ebenfalls hoch, so daß der Prozentsatz der Verheirateten, gemessen an der Gesamtbevölkerung, gleichgeblieben bzw. im Laufe des letzten Jahrhunderts sogar gestiegen ist (C. R. Ahrons und R. H. Rodgers, »Divorced families«, New York 1987).

16 Den vorliegenden Forschungsergebnissen zufolge verlieben sich nur etwa 5% bis 10% der Personen in einer Weise, die in etwa dem romantischen Ideal entspricht, wohingegen allerdings ungleich mehr Personen es im nachhinein als dementsprechend interpretieren (J. R. Averill und

P. Boothroyd, »On falling in love in conformance with the romantic ideal«, *Motivation and Emotion*, 1, 1977, S. 235 ff.).

17 Greenfield, S. M., »Love and marriage in modern America: A functional analysis«, *Sociological Quarterly*, 6, 1965, S. 361 ff.

18 Rosenblatt, P. C., »Marital residence and the functions of romantic love«, *Ethnology*, 6, 1967, S. 471 ff.

Kap. 3 – Über wildgewordene Schweine und ähnliche Dinge

1 In unseren Ausführungen verwenden wir den Begriff *Wut* ohne Anführungszeichen, wenn er sich auf den in der westlichen Kultur vorherrschenden emotionalen Symptomenkomplex bezieht; und wir sprechen von »Wut« mit Anführungszeichen im Zusammenhang mit wutähnlichen Symptomenkomplexen in anderen Kulturen.

2 Newman, P. L., »›Wild man‹ behavior in a New Guinea highlands community«, *American Anthropologist*, 66, 1964, S. 1 ff.

3 Rosaldo, M. Z., »Knowledge and passion: Ilongot notions of self and social life«, Cambridge 1980; »Toward an anthropology of self and feelings«, in: R. A. Schweder und R. A. LeVine (Hg.), »Culture theory: Essays on mind, self, and emotion«, Cambridge 1984, S. 137 ff.

4 Rosaldo, M. Z., »Knowledge and passion: Ilongot notions of self and social life«, Cambridge 1980, S. 55.

5 Ebenda, S. 264.

6 Lutz, C. A., »Warring emotions: The cultural construction and deconstruction of emotion in war«, 1983. Aufsatz vorgelegt anläßlich der 82. Jahresversammlung der American Anthropological Association, Chicago. Sowie: »Unnatural emotions: Everyday sentiments on a Micronesian atoll and their challenge to Western theory«, Chicago 1988.

7 Lutz, C. A., »Unnatural emotions: Everyday sentiments on a Micronesian atoll and their challenge to Western theory«, Chicago 1988, S. 160.

8 Für weitere Einzelheiten siehe J. R. Averill, »Anger and aggression: An essay on emotion«, New York 1982, und C. Tavris, »Anger: The misunderstood emotion«, überarbeitete Ausgabe, New York 1989.

9 Die Bibel, Einheitsübersetzung, Freiburg 1980, S. 230 f.: Deuteronomium 29,19.

10 »Unser Recht. Große Sammlung deutscher Gesetze«, München 1982, Strafgesetzbuch, Sechzehnter Abschnitt, Straftaten gegen das Leben, S. 883.

11 Averill, J. R., »Anger and aggression: An essay on emotion«, New York 1982.

Kap. 4 – Die Natur der Emotionen

1 Jacobelis v. Ohio, 1965.
2 Wittgenstein, Ludwig, »Philosophische Untersuchungen«, Frankfurt 1971, S. 57.
3 Fehr, B. und J. A. Russell, »Concept of emotion viewed from a prototype perspective«, Journal of Experimental Psychology: General, 113, 1984, S. 464 ff. Und: J. A. Russell, »In defense of a prototype approach to emotion concepts«, Journal of Personality and Social Psychology, 60, 1991, S. 37 ff.
4 Mayer, E., »The nature of the Darwinian revolution«, Science, 176, 1972, S. 981 ff.
5 Ghiselin, M. T., »The triumph of the Darwinian method«, Berkeley 1969, S. 52. Für ein entsprechendes Argument gegen den Essentialismus in der Biologie siehe E. Mayer, »The nature of the Darwinian revolution«, Science, 176, 1972, S. 981 ff.
6 Sartre, Jean-Paul, »Skizze einer Theorie der Emotionen«, in: Die Transzendenz des Ego, Philosophische Essays 1931–1939, Hamburg 1982, S. 295 f.
7 Ebenda.
8 Pascal, Blaise, »Gedanken«, Stuttgart 1956, S. 128.
9 Tinklepaugh, O. L., »The self-mutilation of a male Macacus rhesus monkey«, Journal of Mammalogy, 9, 1928, S. 293 ff.
10 Hunt, Morton M., »Der siebte Himmel. Eine Naturgeschichte der Liebe von Homer bis Kinsey«, Berlin 1963, S. 19 f.
11 Money, J., »Love and love sickness«, Baltimore 1980.
12 Freud, Sigmund, »Eine Kindheitserinnerung des Leonardo da Vinci«, in: Gesammelte Werke, achter Band, Werke aus den Jahren 1909–1913, Frankfurt 1973, S. 168 ff.
13 Jung, C. G., »Die Beziehungen zwischen dem Ich und dem Unbewußten«, München 1991, S. 74 ff.
14 Reik, Theodor, »Von Liebe und Lust«, Frankfurt 1985, S. 41 ff., 46.
15 Orlinski, D. E., »Love relationships in the life cycle: A developmental interpersonal perspective«, in: H. O. Otto (Hg.), »Love today: A new exploration«, New York 1972, S. 135 ff.
16 Frankl, Viktor E., »Man's search for meaning«, New York 1984; »Der Mensch vor der Frage nach dem Sinn«, München 1985, S. 92 ff., 169 f.
17 Gaylin, Willard, »Gefühle. Unsere lebenswichtigen Signale«, München 1988, S. 207.
18 Ebenda, S. 13.
19 Skinner, B. F., »Was ist Behaviorismus?«, Hamburg 1978, S. 188.
20 Rosaldo, M. Z., »Toward an anthropology of self and feelings«, in: R. A. Schweder und R. A. LeVine (Hg.), »Culture theory: Essays on mind, self, and emotion«, Cambridge 1984, S. 137 ff.
21 Elster, H. M., »Des königlich fränkischen Kaplans Andreas 3 Bücher über die Liebe«, Dresden 1924, S. 147 f.

22 Ebenda, S. 338 ff.
23 Buscaglia, L., »Leo Buscaglia's golden rules of love«, *Woman's Day*, 28. Juni 1988, S. 42.
24 *Words and phrases*, Band 3, St. Paul 1953, S. 653.
25 Averill, J. R., »Anger and aggression: An essay on emotion«, New York 1982.
26 Lederer, R., »Anguished English«, Charleston 1987, S. 105.

Kap. 5 – Mythen der Emotionen

1 Solomon, R. C., »The passions«, Garden City 1976.
2 Schafer, Roy, »Eine neue Sprache für die Psychoanalyse«, Stuttgart 1982, S. 27 ff., 217 ff.
3 Plutchik, R., »Emotion: A psychoevolutionary synthesis«, New York 1980.
4 Panksepp, J., »Toward a general psychobiological theory of emotions«, *The Brain and Behavioral Sciences*, 5, 1982, S. 407 ff.
5 Jampolsky, Gerald G., »Lieben heißt die Angst verlieren«, München 1991, S. 27.
6 Plutchik, R., »Emotion: A psychoevolutionary synthesis«, New York 1980.
7 Hochschild, Arlie Russel, »Das gekaufte Herz. Zur Kommerzialisierung der Gefühle«, Frankfurt 1990, S. 30 f.
8 Die symbolische Bedeutung physiologischer Strukturen und Reaktionen wird diskutiert in: Mary Douglas, »Ritual, Tabu und Körpersymbolik«, Frankfurt 1974; R. B. Onians, »The origins of European thought about the body, the mind, the sould, the world, time, and fate«, Cambridge 1951; sowie T. Thass-Thienemann, »Symbolic behavior«, New York 1968. Die Geschichte des psychophysiologischen Symbolismus in Relation zu den Emotionstheorien wird in J. R. Averill, »An analysis of psychophysiological symbolism and its influence on theories of emotion«, *Journal for the Theory of Social Behavior*, 4, 1974, S. 147 ff., behandelt. Die konkrete Rolle, die physiologische Reaktionen bei Emotionen spielen, ist seit mehr als 100 Jahren, seit William James (»The principles of psychology«, New York 1890) seine berühmte Theorie publizierte, wonach emotionale Gefühle nichts weiter als die Wahrnehmung der eigenen körperlichen Reaktionen sind, Gegenstand zahlreicher wissenschaftlicher Forschungen und Diskussionen. Der Theorie James' zufolge ist jede Emotion mit einem anderen physiologischen Reaktionsmuster verbunden. Seine Thesen wurden, empirisch begründet, hart kritisiert, als erstes von W. B. Cannon (»Wut, Hunger, Angst und Schmerz: eine Physiologie der Emotionen«, München 1975; Originalausgabe 1929) und später von Stanley Schachter (»Emotion, obesity, and crime«, New York 1971). Die Debatte dreht sich um eines der wohl unerschöpflichen Dauerthemen der Psychologie, nämlich, ob verschiedenartige Emotionen auch entsprechend mit verschiedenartigen physiologi-

schen Erregungsmustern verbunden sind. Selbst oberflächlich betrachtet ist offensichtlich, daß die beispielsweise mit Trauer verbundenen physiologischen Reaktionen andere als die sind, die in der Regel im Zusammenhang mit Furcht oder Wut auftreten. Ebenso offensichtlich ist, daß jede beliebige Emotion (von Trauer, Furcht oder Wut) in zahlreichen Variationen zum Ausdruck gebracht werden kann. So kann zum Beispiel eine trauernde Person in Tränen ausbrechen, wütend werden oder ängstlich reagieren, stoisch gefaßt bleiben, sich in Arbeit oder anderweitige ablenkende Aktivitäten (einschließlich promiskuitive sexuelle Aktivitäten) stürzen. Die Liste ist beliebig, fast endlos fortzuführen. Ähnlich kann eine wütende Person typische Symptome der Trauer (Weinen), der Angst (Rückzug) oder gar der Lust (Rache) erfahren. Die physiologischen Reaktionen bei Emotionen sind nicht minder variabel als das von ihnen unterstützte offen zutage tretende Verhalten. Kurz: es sind modale Unterschiede in den physiologischen Reaktionsmustern, welche die verschiedenen Emotionen charakterisieren; diese Unterschiede sind allerdings höchst variabel, und sie stellen für das Spektrum und die Kombination der Emotionen, die erfahren werden können, nur eine bedingte und weitestgehend irrelevante Beschränkung dar (R. Reisenzein, »The Schachter theory of emotion: Two decades later«, *Psychological Bulletin*, 94, 1983, S. 239 ff.).

9 Veith, I., »Hysteria: The history of a disease«, Chicago 1965.

10 Yap, P. M., »Koro – a cultural-bound depersonalization syndrome«, *British Journal of Psychiatry*, 111, 1965, S. 43 ff.

11 Freud, Sigmund, »Selbstdarstellung«, Frankfurt 1989, S. 47.

12 Genaugenommen bezieht Voodoo oder *vodou* sich auf die Volksreligion Haitis. *Vodou* ist eine Mischung von Christentum, dem Glauben und den Bräuchen afrikanischer Eingeborener sowie Elementen der haitianischen Geschichte und Kultur. Diese Religion beinhaltet unter anderem den Glauben, daß bestimmte Zauberer oder Hexenmeister bewirken können, daß eine Person von den Geistern eines Toten besessen sind. Wird diese Besessenheit nicht durch Exorzismus beendet, so kann der Betreffende erkranken oder sogar sterben (E. Bourguignon, »Possession«, San Francisco 1976). Obwohl diese Art von Zauberei nur eine relativ unbedeutende Komponente der *vodou*-Religion ist, setzte sich dennoch der Begriff »Voodoo« zur Bezeichnung ähnlicher Glaubensansätze auf der ganzen Welt durch. Die klassische Abhandlung über den Voodoo-Tod aus medizinischer Sicht ist der Aufsatz Walter B. Cannons, »›Voodoo‹ death«, *American Anthropologist*, 44 (S. 169 ff.), aus dem Jahr 1942. Cannon führte den so bewirkten Tod auf einen Schockzustand zurück, ausgelöst durch eine Übererregung des sympathischen Nervensystems als Ergebnis »ominöser und anhaltender« Furcht. Zumindest aus physiologischer Sicht dürfte diese Erklärung unzutreffend sein (C. P. Richter, »On the phenomenon of sudden death in animals and man«, *Psychosomatic Medicine*, 19, 1957, S. 191 ff.). Daß weitreichende Veränderungen auftreten, ist offensichtlich, da die besessene

Person ihren Tod nicht vorheuchelt. Die tatsächliche Todesursache dürfte jedoch von Gesellschaft zu Gesellschaft, abhängig von spezifischen Glaubensansätzen, variieren. Psychologisch scheint der Voodoo-Tod mehr mit Hoffnungslosigkeit als mit Angst zu tun zu haben (M. E. P. Seligman, »Erlernte Hilflosigkeit«, München 1986). Auf der sozialen Ebene neigen die übrigen Mitglieder der Gruppe dazu, die verhexte Person wie jemanden zu behandeln, der im Sterben liegt, mit der Konsequenz, daß sie ihr die materielle Versorgung und die soziale Unterstützung entziehen und so beschleunigt den Tod herbeiführen. Phänomene, die gewisse Ähnlichkeiten mit dem Voodoo-Tod aufweisen, aber einer expliziten gesellschaftlichen Anerkennung oder Legitimation entbehren, wurden bei Kriegsgefangenen beobachtet, die sich »freiwillig« zurückziehen und, ohne daß sichtliche physiologische Funktionsstörungen vorliegen, sterben, und ebenso bei Personen in Krankenhäusern oder Pflege- und Altersheimen, die einfach »aufgeben« und sterben. In Kapitel 16 werden wir ausführlich die Implikationen von Tod und Sterben für die emotionale Kreativität behandeln. Für eine allgemeine Erörterung des Themas Hoffnungslosigkeit bzw. Optimismus vor dem Hintergrund der Gesundheit siehe C. Peterson und L. M. Bossio, »Health and optimism«, New York 1991.

13 Platon, »Timaios«, Hamburg 1989, S. 211 f.

14 Siehe R. Nozik, »Philosophical explanations«, Cambridge 1981, als Diskussionsbeispiel aus jüngerer Zeit.

Kap. 6 – Die Natur der Kreativität

1 Ghiselin (»The creative process«, Berkeley 1952) stellte eine sehr hilfreiche Anthologie mit Berichten über kreative Bemühungen aus erster Hand zusammen; ein Fundus, auf den wir des öfteren zurückgreifen werden. Anekdotische Berichte als solche beweisen natürlich nichts; sie machen das im übrigen abstrakte Thema jedoch interessanter und geben ihm Substanz.

2a Arnheim, Rudolf, »Neue Beiträge«, Köln 1991, S. 166, 363 f.

2b Arnheim, Rudolf, »Zur Psychologie der Kunst«, Köln 1977, S. 265 f.

3 Siehe zum Beispiel L. Hudson, »The cult of the fact«, New York 1972, S. 64 f., und D. N. Perkins, »Der zündende Funke: jeder ist kreativ«, Berlin 1984.

4 Medawar, Peter B., »Die Kunst des Lösbaren«, Göttingen 1972, S. 116.

5 MacKinnon, D. W., »The nature and nurture of creative talent«, *American Psychologist*, 17, 1962, S. 484 ff.; und »Creativity and images of the self«, in: R. W. White (Hg.), »The study of lives«, New York 1963, S. 251 ff.

6 Siehe für entsprechende Arbeiten F. Barron und D. Harrington, »Creativity, intelligence, and personality«, in: M. R. Rosenzweig und L. W. Porter (Hg.), *Annual Review of Psychology*, 32, Palo Alto 1981, S. 439 ff.; R. S. Mansfield und T. V. Busse, »The psychology of creati-

vity and discovery«, Chicago 1981; und D. K. Simonton, »Scientific genius: A psychology of science«, Cambridge 1988.

7 Jung, Carl G., »Über das Phänomen des Geistes in Kunst und Wissenschaft«, Olten 1971, S. 116.

8 Roe, A., »A psychological study of physical scientists«, *Genetic Psychology monographs*, 1951, S. 233.

9 Torrance, E. P., »The nature of creativity as manifest in its testing«, in: R. J. Sternberg (Hg.), »The nature of creativity«, Cambridge 1988, S. 68.

10 Amabile, T. M., »Children's artistic creativity: Detrimental effects of competition in a field setting«, *Personality and Social Psychology Bulletin*, 8, 1982, S. 573ff.

11 Dieses Charakteristikum wurde besonders hervorgehoben von R. S. Albert und M. A. Runco, »The achievement of eminence: A model based on a longitudinal study of exceptionally gifted boys and their families«, in: R. J. Sternberg und J. E. Davidson (Hg.), »Conceptions of giftedness«, New York 1986, S. 332ff.

12 Barron, F., »Creative person and creative process«, New York 1969, S. 75.

13 James, William, »The will to believe and other essays in popular psychology and human immortality«, New York 1956 (Erstausgabe 1896), S. 216.

14 Ebenda, S. 247.

15 Freud, Sigmund, »Formulierungen über die zwei Prinzipien des psychischen Geschehens«, Studienausgabe, Band II, Frankfurt 1975.

16 Guilford, J. P., »Creativity«, *American Psychologist*, 5, 1950, S. 444ff.

17 Koestler, A., »Der göttliche Funke«, München 1966, S. 25ff.

18 Wichtig ist, zu betonen, daß die Einordnung von Gedankenprozessen nach einer intuitiven bzw. diskursiven Dimension nicht die Funktionsweise der Prozesse erklärt. Im Sinne einer Analogie wäre es vergleichbar damit, Motoren nach der Dimension von Pferdestärken einzuordnen. Das sagt jedoch nichts darüber aus, ob es sich bei dem Motor um einen Verbrennungsmotor, um eine durch Wasserkraft angetriebene Turbine oder was auch immer handelt.

19 Perkins (»Der zündende Funke: jeder ist kreativ«, Berlin 1984, S. 5) spricht bei dieser speziellen Prozeßsicht der Kreativität von der »Mausefallen-Theorie«, weil sie eine bessere Handhabe zum Einfangen von Ideen postuliert. Freud, Guilford und Koestler sind drei der prominenteren Mausefallensteller. Jenseits von Perkins' ausgezeichnetem Buch bietet R. W. Weisberg (»Creativity: Genius and other myths«, New York 1986) eine kritische Analyse dieser speziellen Prozeßtheorien. Für eine spezifische Kritik an Freuds Unterscheidung zwischen Primär- und Sekundärprozeß siehe Z. Giora, »The unconscious and the theory of psychoneuroses«, New York 1989. Ebenfalls relevant für diese besondere Prozeßsicht ist der Beitrag von H. A. Simon und seinen Kollegen, »A mechanism for social selection and successful altruism«, *Science*, 250, 1990, S. 1665ff.; P. Langley, H. A. Simon, G. L. Bradshaw und J. M.

Zytkow, »Scientific discovery«, Cambridge 1987. Diese Forscher entwikkelten Computerprogramme, die, mit den entsprechend eingefütterten Daten, relativ gut einige der klassischen wissenschaftlichen Erfindungen wie das Keplersche Gesetz über die elliptischen Planetenbahnen simulieren. Im Gegensatz zu den Computerprogrammierern sind Computerprogramme mitnichten für ihre »Kreativität« bekannt. Fairerweise muß gesagt werden, daß diese besonderen Prozeßtheorien auch ihre Anwälte haben. So argumentiert zum Beispiel der Mathematiker Roger Penrose (»Computerdenken«, Heidelberg 1992), daß die heutigen Computer *im Prinzip* zur Simulation kreativer Gedanken nicht in der Lage sind; er ist der Überzeugung, daß es weiterer Fortschritte in der physikalischen Theorie (insbesondere in der Quantenmechanik) bedarf, um voll verstehen zu können, wie das Gehirn bei kreativen Aktivitäten funktioniert. So geht die Diskussion also weiter.

20 Wallas, G., »The art of thought«, New York 1926.

21 Ghiselin, B. (Hg.), »The creative process«, Berkeley 1952.

22 Westfall, R. A., »Never at rest: A biography of Isaac Newton«, Cambridge 1980, S. 110.

23 Für konkrete Beispiele siehe S. Spender, »The making of a poem«, in: B. Ghiselin (Hg.), »The creative process«, Berkeley 1952, S. 113. Schillers Gewohnheit, faule Äpfel in seinem Schreibtisch liegen zu haben, ist vielleicht nicht so exzentrisch, wie es auf Anhieb erscheinen mag. Aus der Forschung ist bekannt, daß Düfte und Aromata verschiedenster Art die Stimmung heben, die Bewußtheit steigern und die Produktivität am Arbeitsplatz erhöhen können. Ob der Geruch fauler Äpfel den günstigen Gerüchen zuzuordnen ist, entzieht sich unserer Kenntnis; der Duft der Zitrone ist es jedenfalls. So hat denn auch ein japanisches Unternehmen, die Shimizu Corporation, bereits mit dem Vertrieb von Duftabgabesystemen für kommerzielle Gebäude begonnen (T. Adler, »Studies sniff out fragrance affects«, *APA Monitor*, Mai 1991, S. 18).

24 Piaget, Jean, »Das Erwachen der Intelligenz beim Kinde«, Stuttgart 1975, S. 246 ff.

25 Courthion, Pierre, »Georges Rouault«, Köln 1980, S. 11 f.

26 Poincaré, Henri; zitiert aus: Rollo May, »Der Mut zur Kreativität«, Paderborn 1987, S. 58.

27 Poincaré, Henri; zitiert aus: Robert W. Weisberg, »Kreativität und Begabung«, Heidelberg 1989, S. 34.

28 Siehe zum Beispiel K. S. Bowers, G. Regehr, C. Balthazard und K. Parker, »Intuition in the context of discovery«, *Cognitive Psychology*, 22, 1990, S. 72 ff.

29 Simonton, D. K., »Creativity, leadership, and chance«, in: R. J. Sternberg (Hg.), »The nature of creativity«, Cambridge 1988, S. 393.

30a Poincaré, Henri, »Der Wert der Wissenschaft«, Leipzig 1906, S. 199.

30b Poincaré, Henri; zitiert aus: Rollo May, »Der Mut zur Kreativität«, Paderborn 1987, S. 62 f.

31 Wolfe, Thomas, »Die Geschichte eines Romans«, München 1951, S. 52, 54 f.
32 Siehe zum Beispiel A. Storr, »The dynamics of creation«, New York 1972.
33 Ein Punkt, der unter anderem von A. Maslow, »Self-actualizing people«, in: G. B. Levitas (Hg.), »The world of psychology«, Bd. 2, 1963, S. 527 ff., betont wird.
34 Miller, Henry, »Reflections on writing«, in: B. Ghiselin (Hg.), »The creative process«, Berkeley 1952, S. 178.
35 Perkins, D. N., »Der zündende Funke: jeder ist kreativ«, Berlin 1984, S. 106 ff.

Kap. 7 – Mythen der Kreativität

1 Die Bibel, Einheitsübersetzung, Freiburg 1980, S. 5: Genesis 1,1–1,5.
2a Einstein, Albert, »Autobiographical notes«, in: P. A. Schilpp (Hg.), »Albert Einstein: Philosopher-scientist«, Evanston 1949, S. 17. Hierbei bezieht Einstein sich auf sein Studium am Polytechnischen Institut in Zürich, das er mit 17 Jahren begann. Der Fairneß halber sei angemerkt, daß Einstein auch versicherte, am Institut hervorragende Lehrer gehabt zu haben, und daß er in der Schweiz weitaus weniger, als dies andernorts der Fall sei, unter Zwängen, die jeden wirklichen wissenschaftlichen Impuls ersticken, zu leiden hatte.
2b Einstein, Albert, »Mein Weltbild«, Berlin 1964, S. 23 f.
3 Nelson, W. (zusammen mit Bud Shrake), »Willie: An autobiographie«, American Way, 15. August 1988, S. 30.
4 Hayes, J. R., »The complete problem solver«, Philadelphia 1981.
5 Nietzsche, Friedrich, »Ecce Homo«, Zum Entstehen von ›Also sprach Zarathustra‹, Werke in drei Bänden, Bd. II, München 1966, S. 1131.
6 Richards, R., D. S. Kinney, I. Lunde, M. Benet und A. P. C. Merzel, »Creativity in mani-depressives, cyclothymes, their normal relatives, and control subjects«, Journal of Abnormal Psychology, 97, 1988, S. 281 ff.

Kap. 8 – Emotionale Kreativität

1 Weisberg, Robert W., »Kreativität und Begabung«, Heidelberg 1989, S. 155.
2 Bertocci, P. A., »The person and primary emotions«, New York 1988.
3 Dostojewski, Fjodor, »Aufzeichnungen aus dem Kellerloch«, Stuttgart 1984, S. 9.
4 Piaget, Jean, »Das Erwachen der Intelligenz beim Kinde«, Stuttgart 1975, S. 241 ff.
5 Bucke, Richard Maurice, »Die Erfahrung des kosmischen Bewußtseins«, Freiburg 1988, S. 19.
6 Siehe A. M. Greeley, »Ecstasy: A way of knowing«, Englewood Cliffs

1974, hinsichtlich der Ergebnisse und Analysen einer US-weiten Erhebung über Häufigkeit und Zusammenhänge mystikähnlicher Erfahrungen.

7 Zitiert von C. Landis und F. Metler, »Varieties of psychopathological experience«, New York 1964, S. 241 f.

8 Nietzsche, Friedrich, »Also sprach Zarathustra«, Stuttgart 1992, S. 10.

9 Beispiele relevanter Forschungen über Schmerzen und Hypnose finden Sie in E. R. Hilgard, »The problem of divided consciousness: A neodissociation interpretation«, *Annals of the New York Academy of Sciences*, 296, 1977, S. 48 ff.; und in N. P. Spanos und E. C. Hewett, »The hidden observer in hypnotic analgesia: Discovery or experimental creation?«, *Journal of Personality and Social Psychology*, 39, 1980, S. 1201 ff.

Kap. 9 – Was emotionale Kreativität nicht ist

1 Russell, Bertrand, »Eroberung des Glücks. Neue Wege zu einer besseren Lebensgestaltung«, Frankfurt 1977, S. 110 f.

2 Huxley, Aldous, »Die Pforten der Wahrnehmung – Himmel und Hölle«, München 1991, S. 11, 15 ff.

3 Zitiert von M. Zwerin, »The reformed David Crosby, ›Yes, I can‹«, *International Herald Tribune*, 17. März 1989, S. 18.

4 Ebenda.

5 Diese Beobachtungen sprechen eigentlich für sich, so daß sie nicht eigens zusätzlich kommentiert werden müssen. Dennoch sei angemerkt, daß Psychologen vor kurzem die Erforschung jener Mechanismen, über die die Stimmung die Kreativität beeinflußt, in Angriff genommen haben. Aus wissenschaftlichen Versuchsreihen ist bekannt, daß glückliche Individuen eher zu weithergeholten Assoziationen neigen und Materialien weitreichenderen und umfassenderen Kategorien zuordnen können – beides Merkmale kreativen Denkens. Depressive Individuen neigen demgegenüber eher zu einer analytischeren Orientierung und konzentrieren sich auf die Details der unmittelbar anstehenden Aufgabe – ein Phänomen, das gemeinhin als »depressiver Realismus« bekannt ist. Für weitere Einzelheiten siehe A. Isen, »The influence of positive and negative affect on cognitive organization: Some implications for development«, in: N. L. Stein, B. Leventhal und T. Trabasso (Hg.), »Psychological and biological approaches to emotions«, Hillsdale 1990, S. 75 ff.; und N. Schwarz und H. Bless, »Happy and mindless, but sad and smart? The impact of affective states on analytic reasoning«, in: J. P. Forgas (Hg.), »Emotion and social judgments«, Oxford 1991, S. 55 ff. Bei der Bewertung solcher Ergebnisse sind zwei Kriterien zu beachten. Erstens, ein analytisches Urteilsvermögen kann für die Kreativität ebenso wichtig wie ein umfassendes Denkvermögen sein, insbesondere in den Phasen der Vorbereitung und Verifikation. Zweitens, diese Laboruntersuchungen sparen eine der Hauptdeterminanten der Kreativität, die Motivation,

aus. Wie in Kapitel 6 besprochen, ist Kreativität jedoch ebensosehr eine Frage der Absicht wie des Prozesses. Typisch für die depressive Stimmung ist ein Mangel an Motivation, und so kann eine depressive Stimmung ebensosehr wie irgend etwas anderes nachteilig für die Kreativität sein.

Kap. 10 – Transformationen des Selbst

1 Der hl. Simeon ist noch bekannter dafür, daß er 30 Jahre lang auf einer rund 20 Meter hohen Säule saß. Von dort predigte er den Gläubigen, die ihn über eine Leiter mit Nahrungsmitteln versorgten und Abfälle entsorgten. Die Säulenoberfläche hatte einen Durchmesser von etwa 1 Meter, und ein Geländer verhinderte, daß er während des Schlafens herunterfiel.

2 Diese Untersuchungen wurden von Buss überprüft (»Selfconsciousness and social anxiety«, San Francisco 1980, Kap. 5).

3 Mahoney, M. J., »Human change processes: The scientific foundations of psychotherapy«, New York 1991, S. 301 ff.

4 Johannes vom Kreuz, »Dunkle Nacht«, zweiter Band, Sämtliche Werke in fünf Bänden, München 1992, S. 34.

5 Ebenda, S. 35 f.

6 Für detaillierte Beschreibungen derartiger Katastrophen- oder Angstreaktionen, und inwieweit sie sich von normalen Angstreaktionen unterscheiden, siehe J. R. Averill, »Emotion and anxiety: Sociocultural, biological, and psychological determinents«, in: M. Zuckerman und C. D. Spielberger (Hg.), »Emotion and anxiety: New concepts, methods, and applications«, New York 1976, S. 87 ff.; K. Goldstein, »On emotions: Considerations from the organismic point of view«, Journal of Psychology, 31, 1951, S. 37 ff.; und K. Menninger, »Regulatory devices of the ego under major stress«, International Journal of Psychoanalysis, 35, 1954, S. 412 ff. Weitere Ausführungen über solche Reaktionen finden Sie in Kapitel 13 über die Psychopathologie.

7 Moberg, D. O., »Subjective measures of spiritual wellbeing«, Review of Religious Research, 25, 1984, S. 351.

8 Eliade, Mircea, »Das Heilige und das Profane«, Frankfurt 1990, S. 17.

Kap. 11 – Emotionale Kreativität bei Männern und Frauen

1 Die Bibel, Einheitsübersetzung, Freiburg 1980, S. 7: Genesis 3,16.

2 Terman, L. und C. Miles, »Sex and personality«, New York 1936, S. 451.

3 Shields, S. A., »Women, men, and the dilemma of emotion«, in: P. Shaver und C. Hendricks (Hg.), »Review of Personality & Social Psychology«, Bd. 7, Sex and gender, Beverly Hills 1987, S. 229 ff.

4 Hall, J. A., »Nonverbal sex differences: Communication accuracy and expressive style«, Baltimore 1984.

5 Manstead, A. S. R., »Gender differences in emotion«, in: M. A. Gale und M. W. Eysenck (Hg.), »Handbook of individual differences: Biological perspectives«, Chichester, derzeit in Druck.

6 Condry, J. und S. Condry, »Sex differences: A study of the eye of the beholder«, *Child Development*, 47, 1976, S. 812 ff.

7 Malatesta, C. und J. Haviland, »Learning display rules: The socialisation of emotion expression in infancy«, *Child Development*, 57, 1982, S. 316 ff.

8 Diese Beispiele stammen von Bernard, »The female world«, New York 1981, S. 376 f.

9 Weitere Einzelheiten über den Prozeß und die Rolle psychologischer Erkenntnisse vor dem Hintergrund geschlechtsspezifischer Stereotypen finden Sie in S. T. Fiske, D. N. Bersoff, E. Borgida, K. Deaux und M. E. Heilman, *American Psychologist*, 46, 1991, S. 1049 ff.

10 Nickerson, E., »Learned helplessness and depression: Traditional mothering as a depressing life style«, in: R. F. Levant und E. T. Nickerson (Hg.), »Mothering and fathering: Dispelling myths creating alternatives«, Weston 1979, S. 3.

11 Kolata, G., »!Kung hunter-gatherers: Feminism, diet, and birth control«, *Science*, 185, 1974, S. 932 ff.

12 Patrick, G. W. T., »The psychology of women«, in: J. Williams (Hg.), »Psychology of women; Selected readings«, New York 1979 (Erstausgabe 1895), S. 7.

13 Siehe zum Beispiel Simone de Beauvoir, »Women and creativity«, in: T. Moi (Hg.), »French feminist thought«, Oxford 1987, S. 17 ff.

14 Woolf, Virginia, »Ein Zimmer für sich allein«, Frankfurt 1989.

15 Blom, J. J., »Descartes: His moral philosophy and psychology«, New York 1978, S. 111.

16 Unveröffentlichte Studie, von J. R. Hayes zitiert in: »The complete problem solver«, Philadelphia 1981.

17 Reiss, Ira L., »Freizügigkeit, Doppelmoral, Enthaltsamkeit. Verhaltensmuster der Sexualität«, Hamburg 1970, S. 69.

18 Arieti, »Creativity: The magic synthesis«, New York 1976, S. 319.

19 Die Einzelheiten dieser Studie, einer Magisterarbeit von Thomas-Knowles, werden in J. R. Averill und C. Thomas-Knowles, »Emotional creativity«, in: K. T. Strongman (Hg.), »International review of studies in emotion«, Bd. 1, New York 1991, S. 269 ff., berichtet. Nachfolgend finden Sie eine Kurzbeschreibung der Tests zur Bewertung der emotionalen und intellektuellen Kreativität. Der Fragebogen zur Messung der emotionalen Kreativität (*Emotional Creativity Inventory*) bestand aus 32 Punkten, die die Fähigkeit einer Person in ungewöhnlicher, aber effizienter Weise zu reagieren, beschrieben (z. B. »Ich liebe Kunst, Musik, Tänze und Gemälde, die neue und ungewöhnliche emotionale Reaktionen wecken«; »Ich kann meine Emotionen effizient entsprechend einer gegebenen Situation abwandeln«). In dem *Emotional Consequences Test* wurden die Versuchspersonen gebeten, alle für sie denkbaren möglichen

Konsequenzen von vier emotionalen unmöglichen Situationen aufzulisten. (Ein Punkt lautete zum Beispiel: »Welche Konsequenzen hätte es, wenn Menschen am Morgen nur positive Emotionen und am Nachmittag nur negative Emotionen erfahren könnten?«) Dieser Test war eine Abwandlung eines von Torrance entwickelten Standardtests zur Messung der kognitiven Kreativität (»The Torrance tests of creative thinking: Norms-technical manual«, Lexington 1974). Im Rahmen des *Emotional Triads Test* wurden die Versuchspersonen aufgefordert, Geschichten zu schreiben, in denen drei unvereinbare emotionale Zustände (z. B. »heiter/verwirrt/impulsiv«) zu einer einzigen Erfahrung integriert werden. Vier verschiedene Dreiergruppen waren vorgegeben. Die Geschichten wurden in bezug auf die emotionale Kreativität nach den Kriterien des Neuen, der Effizienz und der Authentizität bewertet.

Zur Unterscheidung der emotionalen von der intellektuellen Kreativität wurde den Versuchspersonen darüber hinaus ein Fragebogen zur Messung der kognitiven Kreativität (*Cognitive Creativity Inventory*) vorgelegt und überdies ein *Cognitive Consequences Test* durchgeführt. Beides zeigte enge Parallelen zu den entsprechenden Tests zur Messung der emotionalen Kreativität, hatte aber keinen emotionalen Gehalt. Die Validität der verschiedenen Tests wurde an den Maßstäben eines adaptiven emotionalen Verhaltens und akademischer Leistungen verifiziert.

Bei keinem der Tests zur Messung der intellektuellen Kreativität wurden irgendwelche stichhaltigen Unterschiede zwischen den Geschlechtern festgestellt. Allerdings erreichten die Frauen bei den beiden entsprechenden Tests zur Messung der emotionalen Kreativität, dem *Emotional Creativity Inventory* sowie dem *Emotional Consequence Test*, erheblich höhere Werte als die Männer. Bei dem *Emotional Triads Test* waren keine Unterschiede zwischen den Geschlechtern zu beobachten.

20 Streng wissenschaftlich betrachtet, weist diese Untersuchung erhebliche Mängel auf. Der wichtigste ist vielleicht, daß sie sich nur auf einen Therapeuten und eine Gruppe von Klienten stützt, so daß es fraglich ist, inwieweit diese Ergebnisse verallgemeinert werden können. Darüber hinaus sind die Bewertungen der Kreativität der Klienten zwangsläufig subjektiv, da sie, einzig auf der Grundlage von Erinnerungen und schriftlichen Notizen zustande gekommen, keine Verifikationsmöglichkeiten der faktischen Beurteilungsgrundlagen bieten. Aber trotz dieser Mängel sind die Ergebnisse höchst aufschlußreich. Wir präsentieren sie eher als Hypothese für weitere Untersuchungen denn als hinreichend fundierte Schlußfolgerungen.

21 Der mit Blick auf die Phase oder die Art der emotionalen Kreativität zwischen Männern und Frauen ermittelte Unterschied war statistisch höchst signifikant: x^2 (s) = 135.1, p < .001.

22 Freud, Sigmund, »Neue Folge der Vorlesungen zur Einführung in die Psychoanalyse«, Frankfurt 1991, S. 132.

23 Tannen, Deborah, »Du kannst mich einfach nicht verstehen«, Hamburg 1991, S. 12, 161.

24 Scher, M., »Men in hiding: A challenge for the counselor«, *Personnel and Guidance Journal*, 60, 1981, S. 199.

Kap. 12 – Sprache, Selbst und Emotion

1 Garwood, G. S., »First-name stereotypes as a factor in self concept and school achievement«, *Journal of Educational Psychology*, 68, 1976, S. 482 ff.; V. O. Leirer, D. I. Hamilton und S. Carpenter, »Common first names as cues for inference about personality«, *Personality and Social Psychology Bulletin*, 8, 1982, S. 712 ff.

2 Harré, R., »The discursive production of selves«, *Theory & Psychology*, 1, 1991, S. 51 ff.; P. Muhlhausler und R. Harré, »Pronouns and people: The linguistic construction of social and personal identity«, Oxford 1990.

3 La Rochefoucauld, »Maximen und Reflexionen«, Stuttgart 1988, S. 21, Nr. 136.

4 Averill, J. R., »A semantic atlas of emotional concepts«, JSAS *Catalog of Selected Documents in Psychology*, 5, 1975, S. 330 (Ms. No. 1103); C. Storm und T. Storm, »A taxonomic study of the vocabulary of emotions«, *Journal of Personality and Social Psychology*, 53, 1987, S. 805 ff.

5 Bush, L. E., »Empirical selection of adjectives denoting feelings«, JSAS *Catalog of Selected Documents in Psychology*, 2, 1972, S. 67 (Ms. No. 155).

6 Averill, J. R., »On the paucity of positive emotions«, in: K. Blankstein, P. Pliner und J. Polivy (Hg.), »Advances in the study of communication and affect: Vol. 6. Assessment and modification of emotional behavior«, New York 1980, S. 7 ff.

7 Argyle, M., »The psychology of happiness«, London 1987.

8 Boswell, James, »Das Leben Samuel Johnsons«, München 1985, S. 342.

9 Arieti, Silvano, »Creativity: The magic synthesis«, New York 1976.

10 Wittgenstein, Ludwig, »Philosophische Untersuchungen«, Frankfurt 1971, S. 19 f.

11 Die Bibel, Einheitsübersetzung, Freiburg 1980, S. 897: Jeremia 23,29.

12 Die Feststellung, daß zwischen Sprache und Verhalten / Erfahrung eine dialektische bzw. wechselseitige Beziehung besteht, wird der Komplexität des Themas nicht wirklich gerecht. Die Sprache beeinflußt nicht einfach das Verhalten oder umgekehrt. Die Sprache ist Teil des Verhaltens. Wenn ich sage: »Ich bin wütend«, so benenne oder beschreibe ich damit nicht nur unabhängig existierende Gefühle; ich *drücke* meine Wut *aus*. Die Sprache ist Teil der Emotion, nicht etwas, das ihr hinzugefügt wird. Mit anderen Worten, die gleichen Regeln, die Emotionen konstituieren helfen, tragen auch zur Bestimmung der Bedeutung (Verwendung) emotionaler Konzepte bei.

13 Bazin, G., »A concise history of art«, 3. Ausgabe, London 1964.

14 Keller, Helen, »Geschichte meines Lebens«, Bern 1955, S. 33 f.

15 Einstein, Albert, »Mein Weltbild«, Berlin 1964, S. 38; Albert Einstein, in: B. Ghiselin (Hg.), »The creative process«, Berkeley 1952, S. 43.

16 Arieti, Silvano, »Creativity: The magic synthesis«, New York 1976.

17 Henry (»The linguistic expression of emotion«, *American Anthropologist*, 38, 1936, S. 250ff.) liefert eine detaillierte Analyse des Kaingang *to nu*-Konzeptes. Was wohl eigentlich nicht eigens der Erwähnung bedarf, ist, daß ein Endozept, welches Merkmale der Wut, wie wir sie kennen, und der Angst, wie wir sie kennen, miteinander kombiniert, kein Äquivalent von *to nu* wäre. Genau wie *liget* bei den Ilongot und der Zustand des »wildgewordenen Schweines« bei den Gururumba (siehe Kapitel 2) kann *to nu* nicht abhängig von der Kultur, zu der es gehört, umfassend verstanden, geschweige denn erfahren werden. Ähnlich würde ein voll entwickeltes Angst/Wut-Konzept eine für unsere Kultur einmalige Emotion darstellen, obgleich dieses Konzept dann wohl enger mit *to nu* verwandt wäre als einzeln genommen mit der Wut oder Angst, wie sie heute als Emotionen empfunden werden und konstituiert sind.

Kap. 13 – Emotionale Kreativität und Psychopathologie

1 Kant, Immanuel, »Anthropologie in pragmatischer Hinsicht«, Stuttgart, UB 754 (Originalausgabe 1798).

2 Platon, »Phädrus«, Leipzig, S. 39, 42.

3 Seneca, »Von der Ruhe der Seele«, München 1991, S. 261.

4 Lombroso, Cesare, »Der geniale Mensch«, Hamburg 1890, S. 7ff.

5 Ebenda, S. 437.

6 Andreasen, N. C., »Creativity and mental illness: Prevalence rates in writers and their first-degree relatives«, *American Journal of Psychiatry*, 144, 1987, S. 1288ff.

7 Siehe zum Beispiel R. Richards, D. K. Kinney, M. Benet und A. P. C. Merzel, »Assessing everyday creativity: Characteristics of the Lifetime Creativity Scales and validation with three large samples«, *Journal of Personality and Social Psychology*, 54, 1988, S. 476ff.

8 Arieti, Silvano, »Creativity: The magic synthesis«, New York 1976.

9 Freud, Sigmund, »Vorlesungen zur Einführung in die Psychoanalyse«, Frankfurt 1991, S. 342–359.

10 Rank, Otto, »Wahrheit und Wirklichkeit«, Leipzig 1929, S. 13, 38, 51ff., 67ff.

11 Zum Beispiel A. Angyal, »Neurosis and treatment: A holistic theory«, New York 1965.

12 Es gibt zahlreiche Biographien über Cavendish. Wilsons Biographie (»The life of the Honorable Henry Cavendish«, London 1851) stützt sich, wie die hier wiedergegebene Anekdote, auf Erzählungen aus erster Hand über Cavendish' exzentrisches Benehmen.

13 Wir müssen vorsichtig sein, die Verfassung einer Person nicht übermäßig zu »psychologisieren«. Dank der modernen Technologie, die uns beispielsweise mit der Computertomographie und der Positronenemissionstomographie zur Verfügung steht, können wir heute die Funktionsweise des Gehirns wie nie zuvor untersuchen. So wurde mittels dieser

Technologie festgestellt, daß Störungen, die bisher ausschließlich als psychologisch begründet galten, durchaus neurologische Ursachen haben und oft medikamentös behandelt werden können. Zum Beispiel zeigten sich bei manchen Personen mit zwanghaft-besessenen Störungen Abnormalitäten im Bereich der Stirnlappen und der Großhirnganglien, und diese Störungen sind mitunter mit spezifischen neurologischen Krankheiten wie Epilespie, dem Tourette-Syndrom und Veitstanz verbunden (J. Rapoport, »Der Junge, der sich immer waschen mußte«, München 1990). Andererseits müssen wir ebenso darauf bedacht sein, die Verfassung einer Person nicht übermäßig zu »physiologisieren«. Selbst wenn ein neurotisches Syndrom auf irgendeine physiologische Funktionsstörung zurückzuführen sein mag, kann eine psychologische Behandlung dennoch die einzige – oder angemessenste – Möglichkeit der Abhilfe darstellen. Daß die Einstellungen und Emotionen einer Person mit tiefgreifenden Effekten selbst für das Immunsystem und damit für Krankheiten verbunden sind, die, wie Krebs, primär einen physiologischen Ursprung haben, ist hinreichend und fundiert belegt.

14 Jung, Carl G., »Psychologie und Religion«, München 1991, S. 79.

15 Detailliertere Ausführungen über die Relation zwischen den Regeln der Emotion und emotionalen Störungen finden Sie in J. R. Averill, »Disorders of emotion«, *Journal of Social & Clinical Psychology*, 8, 1988, S. 247 ff.

16 Friday, Nancy, »Wie meine Mutter«, Frankfurt 1992, S. 387.

17 American Psychiatric Association, »Diagnostic and statistical manual of mental disorders« (3., überarbeitete Ausgabe), Washington 1987 (DSM-III-R), S. 252 f.

18 Die hier dargestellte Sicht der Angst ist nicht die einzige, die es in der Literatur gibt. »Angst« ist ein etwas verwaister Begriff, der von Theoretikern verschiedenster Couleur jeweils mit einer etwas anderen Bedeutung verwendet wird. Die der Angst hier beigemessene Bedeutung (ein Zustand, der den tatsächlichen oder drohenden Zusammenbruch des Kern-Selbst reflektiert) stützt sich auf eine Reihe verschiedener, im einzelnen anderweitig erläuterter Theorien (J. R. Averill, »Emotion and anxiety: Sociocultural, biological, and psychological determinents«, in: A. Zuckerman und C. D. Spielberger (Hg.), »Emotion and anxiety: New concepts, methods, and applications«, New York 1976, S. 87 ff.; und J. R. Averill, »Disorders of emotion«, *Journal of Social & Clinical Psychology*, 8, 1988, S. 247 ff.). Die Angst ist zu unterscheiden von gewöhnlichen Furchtreaktionen, die ein hinreichend entwickeltes Selbstgefühl voraussetzen, und Panikattacken, welche auf traumatische Gegebenheiten und/oder eine momentane physiologische Störung zurückzuführen sein können. Alle drei Syndrome (Angst, Furcht und Panik) haben viele gemeinsame Symptome (ebenso wie beispielsweise sämtliche Atemwegserkrankungen viele Symptome gemeinsam haben), aber sie unterscheiden sich in bezug auf die Ätiologie und Prognose wie auch in ihrer Relation zum Selbst.

Kap. 14 – Herausforderungen und begünstigende Faktoren

1 Frankl, Viktor E., »Der Mensch vor der Frage nach dem Sinn«, München 1985, S. 164 ff.; sowie: »Man's search for meaning«, New York 1984.

2 Frankl, Viktor E., »Der Mensch vor der Frage nach dem Sinn«, München 1985, S. 167 ff.; sowie: »Man's search for meaning«, New York 1984, S. 55.

3 Frankl, Viktor E., »Der Mensch vor der Frage nach dem Sinn«, München 1985, S. 169.

4 Ebenda, S. 160–175; sowie: »Man's search for meaning«, New York 1984, S. 88.

5 Maslow, A., »Self-actualizing people«, in: G. B. Levitas (Hg.), »The world of psychology«, Bd. 2, New York 1963, S. 539 f.

6 Becker, Ernest, »Dynamik des Todes«, München 1981.

7 Rilke, Rainer Maria, »Briefe an einen jungen Dichter«, Frankfurt 1991, S. 39.

8 Fromm, Erich, »Die Furcht vor der Freiheit«, München 1991, S. 8.

9 Nietzsche, Friedrich, »Menschliches, Allzumenschliches«, Frankfurt 1982, S. 10.

10 Baudelaire, Charles, »Mein entblößtes Herz«, Frankfurt 1992, S. 45.

Kap. 15 – Schmerz und Freude

1 Epikur, »Fragmente«, in: Schriften – Über die irdische Glückseligkeit, München, S. 110, Nr. 43.

2 Epikur, »Aphorismen und Fragmente«, in: Philosophie der Freude, Stuttgart 1965, S. 70, Nr. 13.

3 Mencken, H. L., »Editorial: Comfort for the ailing«, American Mercury, 19, 1930, S. 288.

4 Zitiert nach I. G. Kidd, »Cyrenaics«, in: P. Edwards (Hg.), »The encyclopedia of philosophy«, Bd. 2, New York 1967, S. 287.

5 Zeller, Eduard, »Geschichte der griechischen Philosophie«, Neuauflage der im Jahr 1883 erschienenen Erstausgabe, Stuttgart, S. 124.

6 James, William, »Die Vielfalt religiöser Erfahrung«, Zürich 1982, S. 343, 345.

7 Bougaud, zitiert von William James, »Die Vielfalt religiöser Erfahrung«, Olten 1979, S. 294.

8 Baumeister, R. F., »Masochism and the self«, Hillsdale 1989.

9 Walsh, B. W. und P. M. Rosen, »Self-mutilation: Theory, Research, and treatment«, New York 1988, S. 10.

10 Brown, N. P., »Life against death: The psychoanalytic meaning of history«, New York 1959.

11 O'Flaherty, W. D., »Asceticism and eroticism in the mythology of Siva«, New York 1973.

12 Zimmer, Heinrich, »Philosophie und Religion Indiens«, Zürich 1961, S. 48.

13 Diener, E., R. J. Larsen, S. Levine und R. A. Emmons, »Intensity and frequency: Dimensions underlying positive and negative affect«, *Journal of Personality and Social Pychology*, 48, 1985, S. 1253 ff.

Kap. 16 – Tod und Sterben

1 Diese statistischen Daten stammen von Albert (»Family positions and the attainment of eminence. A study of special family positions and special family experiences«, *Gifted Child Quarterly*, 24, 1980, S. 87 ff.). Was ist ausschlaggebend dafür, daß jemand, der als Waisenkind aufwuchs, in seinem späteren Leben durch glänzende Leistungen statt durch deviantes bzw. kriminelles Verhalten auffällt? Albert ermittelte zwei Faktoren: Der eine ist das Talent auf seiten des Kindes; der zweite ist das besondere Interesse, das ein Erwachsener an der Entwicklung dieses Kindes nimmt. Zu dem ersten Faktor braucht wenig gesagt zu werden. Klar, daß jemand, der nicht auf einem besonderen Gebiet talentiert ist, auch keine herausragenden Leistungen erreicht. Ähnlich scheint der von Albert genannte zweite Faktor, das Interesse und die Ermutigung, die ein Kind in seinem Leben von seiten der Erwachsenen erfährt, ebenso banal wie selbstverständlich zu sein. Ein wichtiger und oft übersehener Punkt ist dem jedoch hinzuzufügen. Was vielleicht etwas überrascht, ist, daß dieses Interesse und diese Ermutigung nicht mit einer intensiven emotionalen Nähe zu dem Kind verbunden sein müssen. Die verfügbaren wissenschaftlichen Forschungen über begabte Individuen (nicht ausschließlich solche, die als Waisen aufwuchsen) lassen folgende Verallgemeinerung zu: Die Eltern (oder Pflegepersonen) kreativer Kinder sind in der Regel liebevoll und unterstützend, gleichzeitig aber auch etwas zurückhaltend und unkonventionell. Es sind Charakteristika, die typischerweise die Unabhängigkeit und Eigeninitiative auf seiten des Kindes fördern.
Zusätzliche Daten und zahlreiche Beispiele von kreativen Individuen, die in der Kindheit Halb- oder Vollwaisen wurden, finden sich in M. Eisenstadt, A. Haynal, P. Rentchnik und P. de Senarclens, »Parental loss and achievement«, Madison 1989; sowie in G. H. Pollock, »The mourning process, the creative process, and the creation«, in: D. R. Dietrich und P. C. Shabad (Hg.), »The problem of loss and mourning«, Madison 1989, S. 27 ff. Diese Autoren nehmen einen hauptsächlich psychoanalytischen Standpunkt hinsichtlich der Auswirkungen des Verlustes von Elternteilen in der Kindheit für die Kreativität ein. Eine soziologische Sicht über die Relation zwischen einem todbedingten Verlust und der damit verbundenen Trauer (nicht nur in der Kindheit) und kreativen Bemühungen aller Art bietet P. Marris, »Loss and change«, Garden City 1975.

2 Breuer, Josef und Sigmund Freud, »Studien über Hysterie«, Frankfurt 1991, S. 42 ff.

3 Ebenda. Inzwischen steht fest, daß Anna O. einen psychotischen Zusammenbruch erlitt, der durch das Trauma des Todes ihres Vaters verschärft

wurde (M. Rosenbaum und M. Muroff, »Anna O. Fourteen contemporary reinterpretations«, New York 1984). Das mindert jedoch weder die Ernsthaftigkeit und Echtheit ihrer Trauer noch die Neuartigkeit ihrer Reaktionen. Wie in Kapitel 13 verdeutlicht, sind Kreativität und Psychopathologie keineswegs unvereinbar.

4 Mit dem schwindenden Einfluß der Religion, Familie und anderer sozialer Einrichtungen, die traditionell die Trauernden auffingen und sich um sie kümmerten, ist die »Trauertherapie« zu einem wachsenden Betätigungsfeld von Gesundheitsexperten geworden. Die Folgen dieser »Medizinisierung« der Trauer sind nicht völlig klar, fest steht aber, daß sie tiefgreifend sind (J. R. Averill und E. P. Nunley, »Grief as an emotion and as a disease«, *Journal of Social Issues*, 44, 1988, S. 79 ff.).

5 James, William, »Die Vielfalt religiöser Erfahrung«, Zürich 1982, S. 142.

6 Albert Heim, zitiert aus: Maria Brockmann-Jerosch, Arnold und Helene Heim, »Albert Heim. Leben und Forschung«, Basel 1952, S. 7 f. (Gekürzt übernommen aus: »Notizen über den Tod durch Absturz«, Jahrbuch des Schweiz. Alpenklub, 1892.).

7 Ebenda.

8 Der Begriff wurde von Raymond A. Moody (»Leben nach dem Tod«, Reinbek 1977), der wesentlich zur Popularisierung der Nahtod-Erfahrungen beitrug, geprägt.

9 Gallup, G. Jr., »Begegnungen mit der Unsterblichkeit«, Berlin 1990.

10 Für eine Zusammenfassung relevanter Forschungsarbeiten, siehe B. Greyson und C. P. Flynn (Hg.), »The near-death experience: Problems, prospects, perspectives«, Springfield 1984.

11 Siehe zum Beispiel B. A. van der Kolk, M. S. Greenberg, S. P. Orr und R. K. Pitman, »Endogenous opioids, stress induced analgesia, and posttraumatic stress disorder«, *Psychopharmacology Bulletin*, 25, 1989, S. 417 ff.

12 Zaleski, C., »Otherworld journeys: Accounts of near-death experience in medieval and modern times«, New York 1987.

13 Allerton, W. S., »Army psychiatry in Viet Nam«, in: P. G. Bourne (Hg.), »The psychology and physiology of stress«, New York 1969, S. 1 ff.

14 Lutz, C. A., »Warring emotions: The cultural construction and deconstruction of emotion in war«, anläßlich der 82. Jahresversammlung der American Anthropological Association in Chicago vorgelegter Aufsatz, 1983.

15 Holloway, H. C. und R. J. Ursano, »The Vietnam veteran: memory, social context, and metaphor«, *Psychiatry*, 47, 1984, S. 103 ff.

16 Freud, Sigmund, »Eine Kindheitserinnerung des Leonardo da Vinci«, in: Gesammelte Werke, achter Band, Werke aus den Jahren 1909–1913, Frankfurt 1973, S. 151.

17 Zu den prähistorischen bis zu den heutigen durchschnittlichen Lebenserwartungen siehe G. Acsadi und J. Nemeskeri, »History of human life span and mortality«, Budapest 1970; sowie L. I. Dublin, A. J. Lotka und

M. Spiegelman, »Length of life: A study of the life table« (überarbeitete Ausgabe), New York 1949. Mehrheitlich lag die Lebenserwartung im Mittelalter bei 30 bis 35 Jahren, was eine geringfügige Steigerung gegenüber den alten Griechen und Römern darstellte. Eine detaillierte Geschichte der westlichen Einstellungen und Bräuche im Umfeld des Todes liefert Philippe Ariès in seinem Buch »Geschichte des Todes«, München 1982. Das Mittelalter war, wie er es nannte, von dem »gezähmten Tod« geprägt, einem Tod, der von vertrauten Ritualen umgeben war und dem man mit einer Mischung aus Resignation und nahezu mystischem Vertrauen gegenüberstand. Wenn Ariès einerseits den Begriff »gezähmt« verwendet, so bedeutet das andererseits nicht, daß er damit sagen will, der Tod sei vorher wild gewesen. Dieser Gegensatz besteht eher zu der Gegenwart. Verglichen mit der Vergangenheit ist der Tod heute »verwildert« – eine Quelle großer Unsicherheit und Furcht.

18 Foos-Graber, Anya, »Deathing. Den Tod bewußt erleben«, München 1991, S. 38 f. Das ist ein Beispiel der vielen im Buchhandel und in Bibliotheken erhältlichen Ratgeber zum Thema Sterben.

19 Der Volkszählung von 1990 zufolge sind derzeit rund 13,1 Millionen Amerikaner (5,3 % der Gesamtbevölkerung) 75 Jahre alt oder älter. Das entspricht einer Steigerung von über 30 Prozent innerhalb von zehn Jahren (d. h., verglichen mit der Erhebung von 1980). Die biologische Grenze der durchschnittlichen Lebenserwartung wird, sofern alle wesentlichen exogenen Krankheiten (Herz-/Kreislauf-Erkrankungen, arterielle Verschlußkrankheiten, Diabetes und Krebs) kontrolliert werden könnten, auf 85 Jahre geschätzt. 1990 lag das höchste feststellbare Alter bei einer Person bei 120 Jahren, was wahrscheinlich der denkbaren maximalen Lebenserwartung entspricht. Mit Umstellungen in der Ernährung und anderen Maßnahmen, um endogene (degenerative) Krankheiten unter Kontrolle zu bringen, dürfte sich die durchschnittliche Lebenserwartung der Bevölkerung insgesamt auf annähernd 100 Jahre erhöhen. Für weitere Einzelheiten siehe S. J. Olshansky, B. A. Carnes und C. Cassel, »In search of Methuselah: Estimating the upper limits to human longevity«, Science, 250, 1990, S. 634 ff.

20 Zwei Ereignisse aus jüngerer Zeit machen den potentiellen Konflikt zwischen dem technologischen und dem emotionalen »Fortschritt« in Zusammenhang mit Tod und Sterben überdeutlich. Das erste ist die Empfehlung eines vom nationalen Institute of Medicine ernannten Komitees, wonach die Forschungen zur Entwicklung eines implantierbaren künstlichen Herzens weiter vorangetrieben werden sollen. Es würde, so die Schätzung, das Leben des durchschnittlichen Patienten um 4,4 Jahre verlängern; die hierfür anfallenden Kosten beliefen sich auf über 100 000 Dollar pro Jahr. Die Frage, wie eine derartig teure neue Technologie, vor allem angesichts der großen Zahl potentieller Patienten, finanziert werden sollte, wurde nicht behandelt. Die Finanzierung der Forschung und Entwicklung, so der Entscheid des Komitees, solle ausschließlich nach technischen Machbarkeiten und Zweckmäßigkeiten er-

folgen (E. Marshall, »Artificial heart: The beat goes on«, *Science*, 253, 1991, S. 500ff.). Das zweite Ereignis war die Veröffentlichung eines auflagestarken Ratgebers für ältere Menschen über ärztlicherseits unterstützten Selbstmord (D. Humphrey, »Final exit«, Eugene 1991). Das Buch wurde sofort zum Bestseller und sorgte für heftige Kontroversen. Wann sollte die medizinische Technologie genutzt werden, um Leben zu verlängern, wann, um den Tod zu erleichtern, und zu welchem Preis – finanziell, ethisch und psychologisch? Ein Thema, das nicht unendlich hinausgeschoben werden kann.

Kap. 17 – Alleinsein

1 Strube, M. J., »The decision to leave an abusive relationship: Empirical evidence and theoretical issues«, *Psychological Bulletin*, 104, 1988, S. 236 ff.
2 Storr, Anthony, »Die schöpferische Einsamkeit. Das Geheimnis des Genies«, Darmstadt 1990, S. 58 ff.
3 Francis, R., »Travelling in Amherst: A poet's journal, 1931–1954«, Boston 1986, S. 5 f.
4 Ebenda, S. 83 f.
5 Ebenda, S. 75.
6 May, Rollo, »Der Mut zur Kreativität«, Paderborn 1987, S. 61.
7 Ebenda, S. 89.
8 Poe, Edgar A., »Alone«, in: F. Stovall (Hg.), »The poems of Edgar Allan Poe«, Charlottesville 1965 (das Gedicht wurde ca. 1830 geschrieben und erstmals im September 1875 im *Scribner's Magazine* veröffentlicht).
9 Zitiert von V. W. Grant, »Great abnormals: The pathological Genius of Kafka, van Gogh, Strindberg and Poe«, New York 1968, S. 205.

Kap. 18 – Intimität

1 Morris, C., »The discovery of the individual: 1050–1200«, New York 1972, S. 102.
2 Ebenda.
3 Nisbet, R., »Prejudices«, Cambridge 1982, S. 203. *Ecrasez l'infame* (vernichte das Infame) war ein Lieblingsspruch Voltaires, den er mit Vorliebe im Zusammenhang mit der katholischen Kirche und allem, was er als Aberglauben betrachtete, verwendete.
4 Prior, Matthew, aus: *An Epitaph*.
5 Murray, H. A., »Vicissitudes of creativity«, in: H. H. Anderson (Hg.), »Creativity and its cultivation«, New York 1959, S. 113 f.
6 Gibran, Khalil, »Der Prophet«, Freiburg 1992, S. 15.

Kap. 19 – Autonomie

1 Moustakas, C., »Creative life«, New York 1977, S. 58.
2 Skinner, B. F., »Jenseits von Freiheit und Würde«, Hamburg 1973, S. 205.
3 Ebenda.
4 Kant, Immanuel, »Grundlegung zur Metaphysik der Sitten«, Stuttgart 1991, S. 95.
5 Ebenda.
6 Erikson, Erik H., »Kind und Gesellschaft«, Stuttgart 1991, S. 6, 245 ff.
7 Shapiro, D., »Autonomy and rigid character«, New York 1981, S. 5.
8 Emerson, Ralph W., »Essays«, Stuttgart, S. 12.

Kap. 20 – Freiheit

1 Amabile, T. M., »Children's artistic creativity: Detrimental effects of competition in a field setting«, *Personality and Social Psychology Bulletin*, 8, 1982, S. 573 ff.
2 Spinoza, Baruch de, »Die Ethik«, Hamburg 1976, S. 186.
3 Mozart, Amadeus Wolfgang, in: B. Ghiselin (Hg.), »The creative process«, Berkeley 1952, S. 44 f.
4 Shelley, *Queen Mab*, Canto ix, 1. 76.
5 Folkhart, B. A., »Director Andrei Tarkowsky dies at 54«, *Los Angeles Times*, Teil II, 30. Dezember 1986, S. 6.
6 Berlin, I., »Two concepts of liberty«, in: »Four essays on liberty«, New York 1969, S. 118 ff.
7 Es bedarf wohl nicht eigens der Erwähnung, daß ein Bürger des Westens, wenn er plötzlich nach Rußland verbracht würde, den gleichen Verlust »spiritueller Freiheit« erfahren könnte. Es ist weniger eine politische als eine kulturelle Frage. Ein gewisser Verlust positiver Freiheit ist praktisch unausweichlich, wenn jemand von seiner vertrauten Kultur in eine unvertraute wechselt.
8 Nietzsche, Friedrich, »Götzen-Dämmerung«, Werke in drei Bänden, Bd. II, München 1966, S. 1015.
9 Regis, Ed, »Einstein, Gödel & Co. – Genialität und Exzentrik – Die Princeton-Geschichte«, Basel 1989, S. 291.
10 Fromm, Erich, »Die Furcht vor der Freiheit«, München 1991, S. 114, 122.
11 Epiktet, »Handbüchlein der Moral«, Zürich 1987, S. 13.
12 Kohut, H., »Self psychology and the humanities«, New York 1985.

Kap. 21 – Imagination

1 Kant, Immanuel, »Kritik der Urteilskraft«, Stuttgart 1963, S. 246. Die Feststellung, daß die Imagination zu den freiesten menschlichen Aktivitäten gehört, bezieht sich, wie im vorherigen Kapitel ausgeführt, hauptsächlich auf die negative Freiheit. Wie eingeengt und gehemmt wir umständehalber auch sein mögen, mit unserer Imagination können wir alles sein, alles tun, überall hingehen. Wie steht es aber um die positive Freiheit, die inneren Ressourcen bzw. die Fähigkeit zur Imagination? Die Imagination ist eine Ressource, die, wie in diesem Kapitel noch ausgeführt wird, nicht allen Menschen in gleichem Umfang verfügbar ist, so daß folglich in diesem Sinne auch nicht alle über das gleiche Maß an Freiheit verfügen. Aber wie jede andere Fertigkeit kann auch die Imagination mittels Übung geschliffen und geschärft werden. Wir können alle phantasiereicher sein, als wir es in der Regel sind.

2 Fechner, Gustav Theodore, »Nanna oder über das Seelenleben der Pflanzen«, Hamburg 1908, S. 294.

3 Wilson, S. C. und T. X. Barber, »Vivid fantasy and hallucinatory abilities in the life histories of excellent hypnotic subjects (›somnambules‹): Preliminary report with female subjects«, in: E. Klinger (Hg.), »Imagery: Vol. 2. Concepts, results, and applications«, New York 1981, S. 138 f.

4 Hobson, J. A., »The dreaming brain«, New York 1988, S. 18.

5 Lynch, W. F., »Images of hope: Imagination as healer of the hopeless«, Notre Dame 1974.

6 Lombroso, Cesare, »Der geniale Mensch«, Hamburg 1890, S. 21, 39.

7 Huizinga, Johan, »Homo Ludens. Vom Ursprung der Kultur im Spiel«, Hamburg 1991, S. 16, 18 f., 230.

8 Rahner, Hugo, »Der spielende Mensch«, Einsiedeln 1990, S. 59.

9 Das ist beispielsweise die von Sartre präsentierte und in Kapitel 4 besprochene Sicht der Emotion (»Skizze einer Theorie der Emotionen«), in: Die Transzendenz des Ego, Philosophische Essays 1931–1939, Hamburg 1982; siehe auch R. C. Solomon, »The passions«, Garden City 1976.

10 Dies ist eine Beschreibung Hillmans (»Emotion«, Evanston 1964, S. 181). Laut Hillman folgen einige östliche Meditationstechniken ähnlichen Richtlinien. Siehe auch Gendlins Technik des »Fokussierens« (»Focusing«, Stuttgart 1992).

Kap. 22 – Kunst, Dramen und die kathartische Methode

1 Platon, »Philebos«, Hamburg 1989, S. 136.

2 Plotin, »Die Stufen der Wirklichkeit«, Frankfurt 1958, S. 38 f.

3 Voltaire, »Handbuch der Vernunft«, Zürich 1945, S. 117.

4 Aristoteles, »Poetik«, Stuttgart 1991, S. 19.

5 John Morley (»Diderot and the encyclopaedists«, Bd. 1, London 1886, S. 340). Wenige Seiten später macht Morley eine weitere Beobachtung,

die für unsere Diskussion von besonderer Relevanz ist: »Gewöhnliche Gefahren versetzen uns nicht in Aufruhr; es ist die Gefahr, die sich in irgendeiner ungewöhnlichen Form, in irgendeiner neuen Kombination, in irgendeinem frischen Zusammenspiel von Motiv und Passion präsentiert, die jene angenehme Furcht und das Mitgefühl beschleunigen, die das Ende eines Stückes hervorbringen sollen« (S. 344).

6 Whitehead, A. N., »Abenteuer der Ideen«, Frankfurt 1971, S. 485.
7 Freud, Sigmund und Josef Breuer, »Studien über Hysterien«, Frankfurt 1991, S. 322.
8 Eine Ausnahme ist Scheff, der nicht nur klarstellt, was er mit Katharsis meint, sondern auch der Überzeugung ist, es sei falsch gewesen, daß Freud die »kathartische Methode« fallenließ (»Explosion der Gefühle«, Weinheim 1983).
9 Goldstein, J. H., »Aggression and crimes of violence« (2. Ausgabe), New York 1986, S. 85 ff.

Kap. 23 – Emotionen als eine Form der Kunst

1 Whitehead, A. N., »Abenteuer der Ideen«, Frankfurt 1971, S. 473 f.
2 Hervorragend wird dieses Thema erörtert in L. Krukowski, »Art and concept: A philosophical study«, Amherst 1987.
3 Plotin, »Anweisung zur Schau«, Frankfurt 1958, S. 58.
4 Ebenda, S. 56 f.
5 Nietzsche, Friedrich, »Die Geburt der Tragödie«, Frankfurt 1987, S. 27.
6 Storr, Anthony, »Die schöpferische Einsamkeit«, Darmstadt 1990, S. 253.
7 Ebenda, S. 261.
8 Ebenda, S. 266.
9 Elias, Norbert, »Über den Prozeß der Zivilisation«, erster Band, Wandlungen des Verhaltens in den weltlichen Oberschichten des Abendlandes, Frankfurt 1977, S. 266.
10 Ebenda. Der vollständige Text dieser Kriegshymne ist veröffentlicht in D. W. Paden Jr., T. Sankovitch und P. H. Stäblein (Hg.), »The poems of the troubadour Bertran de Born«, Berkeley 1986. In der Strophe, die unmittelbar auf die zitierte folgt, wendet de Born sich dem Thema Liebe zu und gelangt zu dem Fazit, daß eine Dame, die verschlagen lüge, damit frei von all ihren Sünden sei. Nicht jeder sympathisierte mit de Borns Idealen. Für Dante gehörte er in die neunte Hölle, aber mehr wegen seiner politischen Intrigen als wegen seiner Kriegslüsternheit. In Wirklichkeit ereilte ihn ein angenehmeres Schicksal: Er starb in hohem Alter, nachdem er in ein Kloster eingetreten war.
11 Elias, Norbert, »Über den Prozeß der Zivilisation«, erster Band, Frankfurt 1977, S. 267 f.
12 Ebenda, S. 269.
13 Arnheim, Rudolf, »Neue Beiträge«, Köln 1991, S. 124 f.

Kap. 24 – Emotionale Kreativität und die soziale Ordnung

1 Tellegen, A., D. T. Lykken, T. J. Bouchard Jr., K. J. Wilcox, N. L. Segal und S. Rich, »Personality similarity in twins reared apart and together«, *Journal of Personality and Social Psychology*, 54, 1988, S. 1031 ff.; N. G. Waller, B. A. Kojetin, T. J. Bouchard Jr., D. T. Lykken und A. Tellegen, »Genetic and environmental influences on religious interests, attitudes, and values: A study of twins reared apart and together«, *Psychological Science*, 1990, S. 138 ff.

2 Simon (»A mechanism for social selection and successful altruism«, *Science*, 250, 1990, S. 1665 ff.) bezeichnet diese Neigung als »Fügsamkeit« mit dem buchstäblichen Attribut der »Gelehrsamkeit«. Diese Füg- und Gelehrsamkeit ermöglicht nicht nur den Erwerb von Kenntnissen und Fertigkeiten, die nützlich im Leben sind, sie unterstützt auch die Akquisition von Zielen, Werten und Haltungen, die von der Gesellschaft als angemessen betrachtet werden. Nach Simons Analyse kann diese Fügsamkeit ein weites Spektrum sozialer Verhaltensweisen erklären, die für die individuellen Reproduktionsfähigkeiten oft höchst abträglich, für die Gruppe aber nichtsdestoweniger höchst wertvoll sind. Beispiele solcher Verhaltensweisen sind die Loyalität zu Organisationen, das Streben nach Macht und Ruhm sowie altruistische und selbstaufopfernde Handlungen.

3 Siehe zum Beispiel C. E. Gray, »A measurement of creativity in Western civilization«, *American Anthropologist*, 68, 1966, S. 1384 ff.; und A. Kroeber, »Configurations of culture growth«, Berkeley 1944.

4 Simonton, D. K., »Sociocultural context of individual creativity: A transhistorical time-series analysis«, *Journal of Personality and Social Psychology*, 32, 1975, S. 1119 ff.

5 Demgegenüber wirkte politische Instabilität (angezeigt durch Mord, Militärputsch und ähnliches) sich in der Folge negativ auf die Kreativität aus. Was, wie Simonton mutmaßt, möglicherweise auf den mit politischen Instabilitäten oft einhergehenden Verlust von Freiheit und persönlicher Kontrolle zurückzuführen ist.

6 Gegenwärtig scheinen die Befürworter einer »multikulturellen« Gesellschaft (ein im übrigen unglücklicher Begriff, der oft sowohl rassische, geschlechtsspezifische und sexuelle Präferenzen wie auch ideologische und kulturelle Unterschiede beinhaltet) in der akademischen Welt die Oberhand zu haben; aber auch die Kritiker verschaffen sich zunehmend Gehör – siehe zum Beispiel A. Bloom, »Der Niedergang des amerikanischen Geistes«, Hamburg 1988; D. D'Souza, »Illiberal education: The politics of race and sex on campus«, New York 1991; und R. Kimball, »Tenured radicals: How politics has corrupted higher education«, New York 1990.

7 Lincoln, Abraham, zitiert nach Carl Sandburg, »Abraham Lincoln«, München 1984, S. 233. Der volle Wortlaut, mit dem er seine erste Inaugurationsrede schloß, lautet: »Wir sind keine Feinde, sondern Freunde.

Wir dürfen keine Feinde sein. Auch die gespannte Leidenschaft darf unsere Bande der Liebe nicht brechen. Die mystischen Saiten der Erinnerung, die von jedem Schlachtfeld und jedem Grab eines Patrioten zu jedem lebenden Herzen und Herdfeuer im ganzen Land führen, werden immer noch den Chor der Union erklingen lassen, sobald sie wieder – und sie werden es sicherlich – von unseren guten Schutzgeistern angeschlagen werden.« Es war der direkte Appell an die Südstaaten, nicht aus der Union auszuscheren, wie einige es für den Fall seiner Wahl zum Präsidenten angedroht hatten. Leider sollte sich die Harmonie, nach der er strebte, nicht einstellen. Mehr als eine Million Menschen wurden in dem sich alsbald entfachenden Bürgerkrieg getötet, verwundet oder zu Invaliden gemacht (etwa ein Zehntel der militärpflichtigen Nordstaatler und ein Viertel der militärpflichtigen Südstaatler). Natürlich waren die Ursachen der Unstimmigkeit, der Lincoln sich gegenübersah, örtlich und zeitlich einmalig. Aber dennoch gibt es, wie Lincoln klar erkannte, eine Lektion daraus zu lernen, nämlich die, ob irgendeine Gesellschaft unterschiedliche und konkurrierende Elemente akkommodieren kann, ohne in sich gegenseitig bekämpfende Fraktionen zu zerfallen oder sich einer totalitären Kontrolle zu unterwerfen.

8 Baldick, R., »Introduction to Flaubert's *Sentimental education*«, Harmondsworth 1964.

9 Kant, Immanuel, »Was ist Aufklärung?«, Göttingen 1985, S. 55.

10 Russell, Bertrand, »Eroberung des Glücks«, Frankfurt 1977, S. 91.

Kap. 25 – Schritte zu einem kreativeren emotionalen Leben

1 Bindung und Engagement sind ethische Begriffe, in die Begriffe wie »Pflicht«, »Ehre«, »Loyalität«, »Hingabe«, »Ergebenheit« und »Zuneigung« miteinfließen. Obgleich es keine strikte Trennungslinie gibt, so beziehen sich Pflicht, Ehre und Loyalität eher auf ein Engagement oder eine Verpflichtung im Sinne der Pflichterfüllung, wohingegen Hingabe, Ergebenheit und Zuneigung eher in den Bereich der Verpflichtungen im Sinne der Wunscherfüllung fallen. Kant (»Grundlegung zur Metaphysik der Sitten«, Stuttgart 1991, S. 129) machte die Pflicht zum Eckpfeiler seiner Moralphilosophie. Jeder erkenne, wie er meinte, den Unterschied, ob man etwas aus einem Wunsch heraus oder aus Pflicht heraus tue. Handlungen, die im Sinne der Wunscherfüllung vorgenommen werden, seien austauschbar und vergänglich, wohingegen Handlungen, die aus Pflichterfüllung vorgenommen werden, über die örtlichen und zeitlichen Besonderheiten hinausgingen. Überdies seien Pflichten hierarchisch strukturiert. Wie in Kapitel 19 ausgeführt, handelt die autonome Person (im Sinne Kants) nach den höchsten und allgemeingültigsten Prinzipien – nach dem »kategorischen Imperativ«.

2 Fuller, R. B., »Critical path«, New York 1981.

3 Ebenda, S. 124.

4 Ebenda.

5 Ebenda.

6 Ebenda, S. 124 f.

7 Ebenda, S. 150 (Hervorhebung durch die Autoren).

8 Malone, T. P. und P. T. Malone, »The art of intimicy«, New York 1987, insbesondere S. 77 ff., 234 f.

9 Für eine Übersicht über bedeutsame Forschungen, siehe S. E. Taylor und J. D. Brown, »Illusion and well-being: A social psychological perspective on mental health«, *Psychological Bulletin*, 103, 1988, S. 193 ff.

10 Averill, J. R. und C. Thomas-Knowles, »Emotional creativity«, in: K. T. Strongman (Hg.), »International review of studies on emotion«, Bd. 1, New York 1991, S. 269 ff.

11 Während der letzten Jahrzehnte war die Motivation, insbesondere die Motivation der Zielerreichung, Gegenstand zahlreicher Forschungsarbeiten von Psychologen. Die emotionale Kreativität kann ebenfalls als eine Form der Zielerreichung betrachtet werden. Auf die Erfahrungen der von ihm durchgeführten Workshops gestützt, skizzierte McClelland (»Toward a theory of motive acquisition«, *American Psychologist*, 20, 1965, S. 321 ff.) ein Zwölf-Punkte-Programm zur Förderung der Zielerreichungsmotivation. Viele seiner Punkte wurden in diesem wie in den vorhergehenden Kapiteln aufgenommen. E. A. Locke und G. P. Latham (»Work motivation and satisfaction: Light at the end of the tunnel«, *Psychological Science*, 1, 1990, S. 249 ff.) haben eine knappe, aber hervorragende Übersicht über die wissenschaftlichen Forschungen zur Motivation am Arbeitsplatz geliefert. Diese Forschungsergebnisse belegen, wie es ist, spezifische Ziele zu haben und entsprechend den Fortschritten in der Erreichung dieser Ziele eine Rückkoppelung zu erhalten. Wenn Personen einfach angewiesen werden, gut zu arbeiten oder ihr Bestes zu geben, bleiben sie in ihrem Leistungsniveau im allgemeinen unterhalb ihrer Fähigkeiten, und sofern sie keine Rückkoppelung erhalten oder ihre Fortschritte nicht überwachen können, läßt die Motivation nach.

12 Solomon, R. C., »The passions«, Garden City 1976, S. 280.

13 Die Psychotherapie ist ein erstklassiges Beispiel für eine Anleitung zur Imagination, zumindest soweit es dabei um die Emotionen geht. Viele der psychotherapeutischen Methoden hängen in bezug auf ihre Effizienz von der Imagination ab. Hierzu zählen etwa Rollenspiele, Hypnose, verschiedene Formen von Entspannungsübungen (insbesondere autogenes Training) sowie Desensitivierungstechniken, um nur einige wenige der gängigsten Techniken zu nennen. Wenn wir solche Übungen ausnehmen, die auf die unmittelbare Erhöhung der sensorischen Bewußtheit abzielen oder die Akquisition spezifischer Reaktionen (wie bei der Gegenkonditionierung) erleichtern, so bleibt kaum eine psychotherapeutische Technik, die sich nicht in irgendeiner Form auf die Imagination stützt. Daß dem so ist, ergibt sich zwangsläufig aus der therapeutischen Situation, die ein unterstützendes, aber begrenztes Umfeld bedingt (die Praxis des Therapeuten), in dem nur wenige Gegebenheiten direkt erfahren werden können. Aber diese Einschränkung ist auch eine Stärke, da

eine der wichtigsten Fertigkeiten, die ein Klient in der Psychotherapie lernen kann, die Nutzbarmachung seiner Imagination ist.

14 Wallace, J., »An abilities conceptions of personality: Some implications for personality measurement«, *American Psychologist*, 21, 1966, S. 132 ff.

15 Willerman, L., R. G. Turner und M. Peterson, »A comparison of the predictive validity of typical and maximal personality measures«, *Journal of Research in Personality*, 10, 1976, S. 482 ff.

16 Zur Frage der »Absolutheitstendenz«, siehe W. F. Lynch, »Images of hope: Imagination as healer of the hopeless«, Notre Dame 1974, sowie Kapitel 21.

17 Die Behauptung Sartres (»Die Transzendenz des Ego«, Philosophische Essays 1931–1939, Hamburg 1982, S. 294), daß Emotionen die Welt transformieren, bedarf, wie in den Kapiteln 4 und 8 erläutert, der Präzisierung. Sie veranschaulicht aber nichtsdestoweniger treffend die Schwierigkeit, die emotionale Reaktion durch Appelle an die »reale« Welt zu validieren (siehe auch R. C. Solomon, »The passions«, Garden City 1976).

18 Erikson, E. H., »Play and actuality«, in: R. Lifton und E. Olson (Hg.), »Explorations in Psychohistory«, New York 1974, S. 134 f.

19 Ebenda, S. 135.

Motti

18   Pearl S. Buck, *Und fänden die Liebe nicht*, München 1957, S. 100.
        Dag Hammarskjöld, *Zeichen am Weg*, München 1965, S. 18.
19   Luther, *Auf dem Reichstag von Worms*, Menden 1986, S. 287.
        Blaise Pascal, *Gedanken*, Stuttgart 1956, S. 28.
20   Thomas Hobbes, *Leviathan*, Stuttgart 1970, S. 187.
        John Locke, *Versuch über den menschlichen Verstand*, Bd. I, Hamburg 1981, S. 318.
21   Immanuel Kant, *Kritik der Urteilskraft*, Stuttgart 1963, S. 246.
        Blake, *Auguries of Innocence*.
22   Susanne Langer, *Feeling and Form*.
23   Byron, *Childe Harolds Pilgerfahrt*, in: »Sämtliche Werke«, Bd. 1, München, S. 74.
        A. N. Whitehead, *Abenteuer der Ideen*, Frankfurt 1971, S. 472.
24   John Stuart Mill, *Über die Freiheit*, Stuttgart 1974, S. 93.
        Bertrand Russell, *Eroberung des Glücks*, Stuttgart 1977, S. 127.
25   D. H. Lawrence, *Briefe*, Zürich 1982, S. 9.
        R. Buckminster Fuller, *Critical Path*.

Literaturnachweis

Acsadi, G. und J. Nemeskeri, »History of human life span and mortality«, Budapest 1970.

Adkins, A. W. H., »From the many to the one«, London 1970.

Adler, T., »Studies sniff out fragrance effects«, *APA Monitor*, Mai 1991.

Ahrons, C. R. und R. H. Rodgers, »Divorced families«, New York 1987.

Albert, R. S., »Family positions and the attainment of eminence: A study of special family positions and special family experiences«, *Gifted Child Quarterly*, 24, 1980.

Albert, R. S. und M. A. Runco, »The achievement of eminence: A model based on a longitudinal study of exceptionally gifted boys and their families«, in: R. J. Sternberg und J. E. Davidson (Hg.), »Conceptions of giftedness«, New York 1986.

Allerton, W. S., »Army psychiatry in Viet Nam«, in: P. G. Bourne (Hg.), »The psychology and physiology of stress«, New York 1969.

Amabile, T. M., »Children's artistic creativity: Detrimental effects of competition in a field setting«, *Personality and Social Psychology Bulletin*, 8, 1982.

– »The social psychology of creativity«, New York 1983.

American Psychiatric Association, »Diagnostic and statistical manual of mental disorders«, dritte, überarbeitete Ausgabe, Washington 1987.

Andreasen, N. C., »Creativity and mental illness: Prevalence rates in writers and their first-degree relatives«, *American Journal of Psychiatry*, 144, 1987.

Angyal, A., »Neurosis and treatment: A holistic theory«, New York 1965.

Argyle, M., »The psychology of happiness«, London 1987.

Ariès, P., »Geschichte des Todes«, München 1982.

Arieti, S., »Creativity: The magic synthesis, New York 1976.

Aristoteles, »Poetik«, Stuttgart 1991.

– »Metaphysik«, Stuttgart 1970.

Arnheim, R., »Zur Psychologie der Kunst«, Köln 1977.

– »Neue Beiträge«, Köln 1991.

Averill, J. R., »An analysis of psychophysiological symbolism and its influence on theories of emotion«, *Journal for the Theory of Social Behavior*, 4, 1974.

– »A semantic atlas of emotional concepts«, JSAS *Catalog of Selected Documents in Psychology*, 5, (Ms. No. 1103), 1975.

– »Emotion and anxiety: Sociocultural, biological, and psychological determinents«, in: M. Zuckerman und C. D. Spielberger (Hg.), »Emotion and anxiety: New concepts, methods, and applications«, New York 1976.

– »On the paucity of positive emotions«, in: K. Blankstein, P. Pliner und

J. Polivy (Hg.), »Advances in the study of communication and affect: Vol. 6. Assessment and modification of emotional behavior«, New York 1980.

– »Anger and aggression: An essay on emotion«, New York 1982.

– »Disorders of emotion«, *Journal of Social & Clinical Psychology*, 8, 1988.

Averill, J. R. und P. Boothroyd, »On falling in love in conformance with the romantic ideal«, *Motivation and Emotion*, 1, 1977.

Averill, J. R. und E. P. Nunley, »Grief as an emotion and as a disease«, *Journal of Social Issues*, 44, 1988.

Averill, J. R. und C. Thomas-Knowles, »Emotional creativity«, in: K. T. Strongman (Hg.), »International review of studies on emotion«, Bd. 1, New York 1991.

Baldick, R., »Introduction to Flaubert's *Sentimental education*«, Harmondsworth 1964.

Barron, F., »Creative person and creative process«, New York 1969.

Barron, F. und D. Harrington, »Creativity, intelligence, and personality«, in: M. R. Rosenzweig und L. W. Porter (Hg.), »Annual Review of Psychology«, 32, Palo Alto 1981.

Barzun, J., »The use and abuse of art«, Princeton 1974.

Baudelaire, Ch., »Mein entblößtes Herz«, Frankfurt 1992.

Baumeister, R. F., »Identity: Cultural chance and the struggle for self«, New York 1986.

– »Masochism and the self«, Hillsdale 1989.

Bazin, G., »A concise history of art«, 3. Ausgabe, London 1964.

Becker, E., »Dynamik des Todes«, München 1981.

Beigel, H. G., »Romantic love«, *American Sociological Review*, 16, 1951.

Berlin, I., »Two concepts of liberty«, in: »Four essays on liberty«, New York 1969.

Bernard, J., »The female world«, New York 1981.

Bertocci, P. A., »The person and primary emotions«, New York 1988.

Bibel, Die, Einheitsübersetzung, Freiburg 1980.

Blom, J. J., »Descartes: His moral philosophy and psychology«, New York 1978.

Bloom, A., »Der Niedergang des amerikanischen Geistes. Plädoyer für die Erneuerung der westlichen Kultur«, Hamburg 1988.

Boswell, J., »Das Leben Samuel Johnsons«, München 1985.

Bourguignon, E., »Possession«, San Francisco 1976.

Bowers, K. S., G. Regehr, C. Balthazard und K. Parker, »Intuition in the context of discovery«, *Cognitive Psychology*, 22, 1990.

Breuer, J. und S. Freud, »Studien über Hysterie«, Frankfurt 1991.

Brown, N. O., »Zukunft im Zeichen des Eros«, Pfullingen 1962.

Bucke, R. M., »Die Erfahrung des kosmischen Bewußtseins«, Freiburg 1988.

Buscaglia, L., »Leo Buscaglia's golden rules of love«, *Woman's Day*, 28. Juni 1988.

Bush, L. E., »Empirical selection of adjectives denoting feelings«, JSAS *Catalog of Selected Documents in Psychology*, 2, (Ms. No. 155), 1972.

438

Buss, A. H., »Self-consciousness and social anxiety«, San Francisco 1980.

Camus, A., »Der Fremde«, Hamburg 1992.

Cannon, W. B., »Wut, Hunger, Angst und Schmerz: eine Physiologie der Emotionen«, München 1975.

– »Voodoo‹ death«, *American Anthropologist*, 44, 1942.

Condry, J. und S. Condry, »Sex differences: A study of the eye of the beholder«, *Child development*, 47, 1976.

Courthion, P., »Georges Rouault«, Köln 1980.

Crosby, D. und C. Gottlieb, »Long time gone«, New York 1988.

de Beauvoir, S., »Women and creativity«, in: T. Moi (Hg.), »French feminist thought«, Oxford 1987.

Diener, E., R. J. Larsen, S. Levine und R. A. Emmons, »Intensity and frequency: Dimensions underlying positive and negative affect«, *Journal of Personality and Social Psychology*, 48, 1985.

Dostojewski, F., »Aufzeichnungen aus dem Kellerloch«, Stuttgart 1984.

Douglas, M., »Ritual, Tabu und Körpersymbolik«, Frankfurt 1974.

Drye v. State, 184 S. W. 2d, 10 (Oberster Gerichtshof Tennessees 1944).

D'Souza, D., »Illiberal education: The politics of race and sex on campus«, New York 1991.

Dublin, L. I., A. J. Lotka und M. Spiegelman, »Length of life: A study of the life table«, überarbeitete Ausgabe, New York 1949.

Durant, W., »Kulturgeschichte der Zivilisation«, Vierter Band, Das Zeitalter des Glaubens, Bern 1952.

Einstein, A., »Autobiographical notes«, in: P. A. Schilpp (Hg.), »Albert Einstein: Philosopher-scientist«, Evanston 1949.

– »Letter to Jacques Hadamard«, in: B. Ghiselin (Hg.), »The creative process«, Berkeley 1952.

– »Mein Weltbild«, Berlin 1964.

Eisenstadt, M., A. Haynal, P. Rentchnick und P. de Senarclens, »Parental loss and achievement«, Madison 1989.

Eliade, M., »Das Heilige und das Profane«, Frankfurt 1990.

Elias, N., »Über den Prozeß der Zivilisation«, Frankfurt 1977.

Elster, H. M., »Des königlich fränkischen Kaplans Andreas 3 Bücher über die Liebe«, Dresden 1924.

Emerson, R. W., »Essays«, Stuttgart, o. Jahresangabe.

Epiktet, »Handbüchlein der Moral«, Zürich 1987.

Epikur, »Fragmente«, in: »Schriften – Über die irdische Glückseligkeit«, München ohne Jahresangabe.

– »Aphorismen und Fragmente«, in: Philosophie der Freude, Stuttgart 1965.

Erikson, E. H., »Kindheit und Gesellschaft«, Stuttgart 1991.

– »Play and actuality«, in: R. Lifton und E. Olson (Hg.), »Explorations in Psychohistory«, New York 1974.

Fechner, G. T., »Nanna oder das Seelenleben der Pflanzen«, Hamburg 1908.

Fehr, B. und J. A. Russell, »Concept of emotion viewed from a prototype perspective«, *Journal of Experimental Psychology: General*, 113, 1984.

Finck, H. T., »Romantische Liebe und persönliche Schönheit«, Breslau 1891.
– »Primitive love and love stories«, New York 1899.
Fiske, S. T., D. N. Bersoff, E. Borgida, K. Deaux und M. E. Heilman, *American Psychologist*, 46, 1991.
Folkhart, B. A., »Director Andrei Tarkovsky dies at 54«, *Los Angeles Times*, Teil II, 30. Dezember 1986.
Foos-Graber, A., »Deathing. Den Tod bewußt erleben«, München 1991.
Francis, R., »Travelling in Amherst: A poet's journal, 1931–1954«, Boston 1986.
Frankl, V. E., »Man's search for meaning«, New York 1984.
– »Der Mensch vor der Frage nach dem Sinn«, München 1985.
Freud, S., »Vorlesungen zur Einführung in die Psychoanalyse«, Frankfurt 1982.
– »Eine Kindheitserinnerung des Leonardo da Vinci«, in: Gesammelte Werke, Achter Band, Werke aus den Jahren 1909–1913, Frankfurt 1973.
– »Beiträge zur Psychoanalyse des Liebeslebens«, Frankfurt 1989.
– »Formulierungen über die zwei Prinzipien des psychischen Geschehens«, Studienausgabe, Bd. III, Frankfurt 1975.
– »Selbstdarstellung«, Frankfurt 1985.
– »Neue Folge der Vorlesungen zur Einführung in die Psychoanalyse«, Frankfurt 1991.
Friday, N., »Wie meine Mutter«, Frankfurt 1992.
Fromm, E., »Die Furcht vor der Freiheit«, München 1991.
Fuller, R. B., »Critical path«, New York 1981.
Gallup, G. Jr., »Begegnungen mit der Unsterblichkeit«, Berlin 1990.
Gardiner, H. M., R. C. Metcalf und J. G. Beebe-Center, »Feeling and emotion: A history of theories«, New York 1937.
Garwood, G. S., »First-name stereotypes as a factor in self concept and school achievement«, *Journal of Educational Psychology*, 68, 1976.
Gaylin, W., »Gefühle. Unsere lebenswichtigen Signale«, München 1988.
Gendlin, E. T., »Focusing«, Stuttgart 1992.
Ghiselin, B. (Hg.), »The creative process«, Berkeley 1952.
Ghiselin, M. T., »The triumph of the Darwinian method«, Berkeley 1969.
Gibran, K., »Der Prophet«, Freiburg 1992.
Giora, Z., »The unconscious and the theory of psychoneuroses«, New York 1989.
Goldstein, J. H., »Aggression and crimes of violence«, 2. Ausgabe, New York 1986.
Goldstein, K., »On emotions: Considerations from the organismic point of view«, *Journal of Psychology*, 31, 1951.
Grant, V. W., »Great abnormals: The pathological genius of Kafka, van Gogh, Strindberg and Poe«, New York 1968.
Gray, C. E., »A measurement of creativity in Western civilization«, *American Anthropologist*, 68, 1966.
Greeley, A. M., »Ecstasy: A way of knowing«, Englewood Cliffs 1974.

Greenfield, S. M., »Love and marriage in modern America: A functional analysis«, *Sociological Quarterly*, 6, 1965.

Greyson, B. und C. P. Flynn (Hg.), »The near-death experience: Problems, prospects, perspectives«, Springfield 1984.

Guilford, J. P., »Creativity«, *American Psychologist*, 5, 1950.

Hall, J. A., »Nonverbal sex differences: Communication accuracy and expressive style«, Baltimore 1984.

Harré, R., »The discursive production of selves«, *Theory & Psychology*, 1, 1991.

Hayes, J. R., »The complete problem solver«, Philadelphia 1981.

Heim, Albert, zitiert aus: Marie Brockmann-Jerosch, Arnold und Helene Heim, »Albert Heim. Leben und Forschung«, Basel 1952.

Henry, J., »The linguistic expression of emotion«, *American Anthropologist*, 38, 1936.

Hesiod, »Theogonie«, München 1991.

Hilgard, E. R., »The problem of divided consciousness: A neodissociation interpretation«, *Annals of the New York Academy of Science*, 296, 1977.

Hillman, J., »Emotion«, Evanston 1964.

Hobson, J. A., »The dreaming brain«, New York 1988.

Hochschild, A. R., »Das gekaufte Herz. Zur Kommerzialisierung der Gefühle«, Frankfurt 1990.

Holloway, H. C. und R. J. Ursano, »The Vietnam veteran: Memory, social context, and metaphor«, *Psychiatry*, 47, 1984.

Hudson, L., »The cult of the fact«, New York 1972.

Hueffer, F., »The troubadours: A history of Provencal life and literature in the middle ages«, London 1878.

Huizinga, J., »Homo Ludens. Vom Ursprung der Kultur im Spiel«, Hamburg 1991.

Humphrey, D., »Final exit«, Eugene 1991.

Hunt, M. M., »Der siebte Himmel«, Berlin 1963.

Huxley, A., »Die Pforten der Wahrnehmung – Himmel und Hölle«, München 1991.

Isen, A., »The influence of positive and negative affect on cognitive organization: Some implications for development«, in: N. L. Stein, B. Leventhal und T. Trabasso (Hg.), »Psychological and biological approaches to emotions«, Hillsdale 1990.

Jacobelis v. Ohio, 378 U. S. 184, 1965.

James, W., »The principles of psychology«, Bd. 2, New York 1890.

– »The will to believe and other essays in popular psychology and human immortality«, New York 1956.

– »Die Vielfalt religiöser Erfahrung«, Zürich 1982, Olten 1979.

Jampolsky, G. G., »Lieben heißt die Angst verlieren«, München 1991.

Jaynes, J., »Der Ursprung des Bewußtseins durch den Zusammenbruch der bikameralen Psyche«, Hamburg 1988.

Johannes vom Kreuz, »Dunkle Nacht«, Bd. 2, München 1992.

Jung, C. G., »Die Beziehungen zwischen dem Ich und dem Unbewußten«, München 1991.

- »Über das Phänomen des Geistes in der Kunst und Wissenschaft«, Olten 1971.
- »Psychologie und Religion«, München 1991.
Kant, I., »Grundlegung zur Metaphysik der Sitten«, Stuttgart 1991.
- »Anthropologie in pragmatischer Hinsicht«, Stuttgart.
- »Was ist Aufklärung?«, Göttingen 1985.
- »Kritik der Urteilskraft«, Stuttgart 1963.
Keller, H. A., »Geschichte meines Lebens«, Bern 1955.
Kidd, I. G., »Cyrenaics«, in: P. Edwards (Hg.), »The encyclopedia of philosophy«, Bd. 2, New York 1967.
Kimball, R., »Tenured radicals: How politics has corrupted higher education«, New York 1990.
Koestler, A., »Der göttliche Funke: Der schöpferische Akt in Kunst und Wissenschaft«, München 1966.
Kohut, H., »Self psychology and the humanities«, New York 1985.
Kolata, G., »!Kung hunter-gatherers: Feminism, diet, and birth control«, Science, 185, 1974.
Kroeber, A., »Configurations of culture growth«, Berkeley 1944.
Krukowski, L., »Art and concept: A philosophical study«, Amherst 1987.
Landis, C. und F. Metler, »Varieties of psychopathological experience«, New York 1964.
Langley, P., H. A. Simon, G. L. Bradshaw und J. M. Zytkow, »Scientific discovery«, Cambridge 1987.
La Rochefoucauld, »Maximen und Reflexionen«, Stuttgart 1988.
Lederer, R., »Anguished English«, Charleston 1987.
Leirer, V. O., D. L. Hamilton und S. Carpenter, »Common first names as cues for inferences about personality«, Personality and Social Psychology Bulletin, 8, 1982.
Locke, E. A. und G. P. Latham, »Work motivation and satisfaction; Light at the end of the tunnel«, Psychological Science, 1, 1990.
Lombroso, C., »Der geniale Mensch«, Hamburg 1890.
Lutz, C. A., »Parental goals, ethnopsychology, and the development of emotional meaning«, Ethos, 11 : 4, 1983.
- »Warring emotions: The cultural construction and deconstruction of emotion in war«; anläßlich der 82. Jahresversammlung der American Anthropological Association, Chicago, präsentierter Aufsatz.
- »Unnatural emotions: Everyday sentiments on a Micronesian atoll and their challenge to Western theory«, Chicago 1988.
Lynch, W. F., »Images of hope: Imagination as healer of the hopeless«, Notre Dame 1974.
MacKinnon, D. W., »The nature and nurture of creative talent«, American Psychologist, 17, 1962.
- »Creativity and images of the self«, in: R. W. White (Hg.), »The study of lives«, New York 1963.
Mahoney, M. J., »Human change processes: The scientific foundations of psychotherapy«, New York 1991.

Malatesta, C. und J. Haviland, »Learning display rules. The socialization of emotion expression in infancy«, *Child Development*, 57, 1982.

Malone, T. P. und P. T. Malone, »The art of intimacy«, New York 1987.

Mansfield, R. S. und T. V. Busse, »The psychology of creativity and discovery«, Chicago 1981.

Manstead, A. S. R., »Gender differences in emotion«, in: M. A. Gale und M. W. Eysenck (Hg.), »Handbook of individual differences: Biological perspectives«, Chichester, in Druck.

Marris, P., »Loss and change«, Garden City 1975.

Marshall, E., »Artificial heart: The beat goes on«, *Science*, 253, 1991.

Maslow, A., »Self-actualizing people«, in: G. B. Levitas (Hg.), »The world of psychology«, Bd. 2, New York 1963.

May, Rollo, »Der Mut zur Kreativität«, Paderborn 1987.

Mayer, E., »The nature of the Darwinian revolution«, *Science*, 176, 1972.

McClelland, D., »Toward a theory of motive acquisition«, *American Psychologist*, 20, 1965.

Medawar, P. B., »Die Kunst des Lösbaren«, Göttingen 1972.

Mencken, H. L., »Editorial: Comfort for the ailing«, *American Mercury*, 19, 1930.

Menninger, K., »Regulatory devices of the ego under major stress«, *International Journal of Psychoanalysis*, 35, 1954.

Miller, H., »Reflections on writing«, in: B. Ghiselin (Hg.), »The creative process«, Berkeley 1952.

Moberg, D. O., »Subjective measures of spiritual well-being«, *Review of Religious Research*, 25, 1984.

Money, J., »Love and love sickness«, Baltimore 1980.

Moody, R., »Leben nach dem Tod«, Reinbek 1977.

Morley, J., »Diderot and the encyclopaedists«, Bd. 1, London 1886.

Morris, C., »The discovery of the individual: 1050–1200«, New York 1972.

Moustakas, C., »Creative Life«, New York 1977.

Mozart, W. A., in: B. Ghiselin (Hg.), »The creative process«, Berkeley 1952.

Muhlhausler, P. und R. Harré, »Pronouns and people: The linguistic construction of social and personal identity«, Oxford 1990.

Murray, H. A., »Vicissitudes of creativity«, in: H. H. Anderson (Hg.), »Creativity and its cultivation«, New York 1959.

Nelson, W., »Willie: An autobiography«, *American Way* (zusammen mit Bud Shrake), 15. August 1988.

Newman, P. L., »›Wild man‹ behavior in a New Guinea highlands community«, *American Anthropologist*, 66, 1964.

Nickerson, E., »Learned helplessness and depression: Traditional mothering as a depressing life style«, in: R. F. Levant und E. T. Nickerson (Hg.), »Mothering and fathering: Dispelling myths creating alternatives«, Weston 1979.

Nietzsche, F., »Götzen-Dämmerung«, Werke Bd. II, München 1966.

– »Ecce Homo«, Werke in 3 Bd., Bd. II, München 1966.

– »Die Geburt der Tragödie«, Frankfurt 1987.

– »Also sprach Zarathustra«, Stuttgart 1992.
– »Menschliches, Allzumenschliches«, Frankfurt 1982.
Nisbet, R., »Prejudices«, Cambridge 1982.
Noyes, R., »The experience of dying«, *Psychiatry*, 35, 1972.
Nozick, R., »Philosophical explanations«, Cambridge 1981.
O'Brien, E., »The essential Plotinus«, New York 1964.
O'Flaherty, W. D., »Asceticism and eroticism in the mythology of Siva«, New York 1973.
Olshansky, S. J., B. A. Carnes und C. Cassel, »In search of Methuselah: Estimating the upper limits to human longevity«, *Science*, 250, 1990.
Onians, R. B., »The origins of European thought about the body, the mind, the soul, the world, time, and fate«, Cambridge 1951.
Orlinski, D. E., »Love relationships in the life cycle: A developmental interpersonal perspective«, in: H. A. Otto (Hg.), »Love today: A new exploration«, New York 1972.
Paden, W. D. Jr., T. Sankovitch und P. H. Stäblein (Hg.), »The poems of the troubadour Bertran de Born«, Berkeley 1986.
Panksepp, J., »Toward a general psychobiological theory of emotions«, *The Brain and Behavioral Sciences*, 5, 1982.
Pascal, G., »Gedanken«, Stuttgart 1956.
Patrick, G. W. T., »The psychology of women«, in: J. Williams (Hg.), »Psychology of women: Selected readings«, New York 1979.
Penrose, R., »Computerdenken«, Heidelberg 1992.
Perkins, D. N., »Der zündende Funke: jeder ist kreativ«, Berlin 1984.
Peterson, C. und L. M. Bossio, »Health and optimism«, New York 1991.
Piaget, J., »Das Erwachen der Intelligenz beim Kinde«, Stuttgart 1975.
Platon, »Timaios«, Hamburg 1989.
– »Phaedrus«, Leipzig ohne Jahresangabe.
– »Philebos«, Hamburg 1989.
Plotin, »Die Stufen der Wirklichkeit«, Frankfurt 1958.
– »Anweisung zur Schau«, Frankfurt 1958.
Plutchik, R., »Emotion: A psychoevolutionary synthesis«, New York 1980.
Poe, E. A., »Alone«, in: F. Stovall (Hg.), »The poems of Edgar Allan Poe«, Charlottesville 1965.
Poincaré, Henri, »Mathematical creation«, in: B. Ghiselin (Hg.), »The creative process«, Berkeley 1952.
– »Der Wert der Wissenschaft«, Leipzig 1906.
Pollock, G. H., »The mourning process, the creative process, and the creation«, in: D. R. Dietrich und P. C. Shabad (Hg.), »The problem of loss and mourning«, Madison 1989.
Potter, S. H., »The cultural construction of emotion in rural Chinese social life«, *Ethos*, 16, 1988.
Rahner, H., »Der spielende Mensch«, Einsiedeln 1990.
Rank, O., »Wahrheit und Wirklichkeit«, Leipzig 1929.
Rapoport, J., »Der Junge, der sich immer waschen mußte«, München 1990.

Regis, E., »Einstein, Gödel & Co. – Genialität und Egozentrik – Die Princeton-Geschichte«, Basel 1989.

Reik, T., »Von Liebe und Lust«, Frankfurt 1985.

Reisenzein, R., »The Schachter theory of emotion: Two decades later«, Psychological Bulletin, 94, 1983.

Reiss, I., »Freizügigkeit, Doppelmoral, Enthaltsamkeit. Verhaltensmuster der Sexulität«, Hamburg 1970.

Reynolds, B., »Introduction to Dante: La Vita Nuova«, Baltimore 1969.

Richards, R., D. K. Kinney, M. Benet und A. P. C. Merzel, »Assessing everyday creativity: Characteristics of the Lifetime Creative Scales and validation with three large samples«, Journal of Personality and Social Psychology, 54, 1988.

Richards, R., D. S. Kinney, I. Lunde, M. Benet und A. P. C. Merzel, »Creativity in manic-depressives, cyclothymes, their normal relatives, and control subjects«, Journal of Abnormal Psychology, 97, 1988.

Richter, C. P., »On the phenomenon od sudden death in animals and man«, Psychosomatic Medicine, 19, 1957.

Rilke, R. M., »Briefe an einen jungen Dichter«, Frankfurt 1991.

Roe, A., »A psychological study of physical scientists«, Genetic Psychology monographs, 43, 1951.

Rorty, R., »Kontingenz, Ironie und Solidarität«, Frankfurt 1989.

Rosaldo, M. Z., »Knowledge and passion: Ilongot notions of self and social life«, Cambridge 1980.

– »Toward an anthropology of self and feelings«, in: R. A. Schweder und R. A. LeVine (Hg.), »Culture theory: Essays on mind, self, and emotion«, Cambridge 1984.

Rosenbaum, M. und A. Muroff, »Anna O. Fourteen contemporary reinterpretations«, New York 1984.

Rosenblatt, P. C., »Marital residence and the functions of romantic love«, Ethnology, 6, 1967.

Russell, B., »Eroberung des Glücks«, Frankfurt 1977.

Russell, J. A., »In defense of a prototype approach to emotion concepts«, Journal of Personality and Social Psychology, 60, 1991.

Sandburg, C., »Abraham Lincoln«, München 1984.

Sartre, J.-P., »Skizze einer Theorie der Emotionen«, in: Transzendenz des Ego, Philosophische Essays 1931-1939, Hamburg 1982.

Schachter, S., »Emotion, obesity, and crime«, New York 1971.

Schafer, R., »Eine neue Sprache für die Psychoanalyse«, Stuttgart 1982.

Scheff, T. J., »Explosion der Gefühle. Über die kulturelle und therapeutische Bedeutung kathartischen Erlebens«, Weinheim 1983.

Scher, M., »Men in hiding: A challenge for the counselor«, Personnel and Guidance Journal, 60, 1981.

Schwarz, N. und H. Bless, »Happy and mindless, but sad and smart? The impact of affective states on analytic reasoning«, in: J. P. Forgas (Hg.), »Emotion and social judgments«, Oxford 1991.

Seligman, M. E. P., »Erlernte Hilflosigkeit«, München 1986.

Seneca, »Von der Ruhe der Seele«, München 1991.

Shapiro, D., »Autonomy and rigid character«, New York 1981.

Shields, S. A., »Women, men, and the dilemma of emotion«, in: P. Shaver und C. Hendrick (Hg.), »Review of Personality & Social Psychology. Vol. 7. Sex and gender«, Beverly Hills 1987.

Simon, H. A., »Creativity and motivation: A response to Csikszentmihalyi«, *New Ideas in Psychology*, 6, 1988.

– »A mechanism for social selection and successful altruism«, *Science*, 250, 1990.

Simonton, D. K., »Sociocultural context of individual creativity: A transhistorical time-series analysis«, *Journal of Personality and Social Psychology*, 32, 1975.

– »Scientific genius: A psychology of science«, Cambridge 1988.

– »Creativity, leadership, and chance«, in: R. J. Sternberg (Hg.), »The nature of creativity«, Cambridge 1988.

Skinner, B. F., »Jenseits von Freiheit und Würde«, Hamburg 1973.

– »Was ist Behaviorismus?«, Hamburg 1978.

Snell, B., »Die Entdeckung des Geistes«, Göttingen 1986.

Solomon, R. C., »The passions«, Garden City 1976.

Spanos, N. P. und E. C. Hewett, »The hidden observer in hypnotic analgesia: Discovery or experimental creation?«, *Journal of Personality and Social Psychology*, 39, 1980.

Spender, S., »The making of a poem«, in: B. Ghiselin (Hg.), »The creative process«, Berkeley 1952.

Spinoza, B. de, »Die Ethik«, Hamburg 1976.

Storm, C. und T. Storm, »A taxonomic study of the vocabulary of emotions«, *Journal of Personality and Social Psychology*, 53, 1987.

Storr, A., »The dynamics of creation«, New York 1972.

– »Die schöpferische Einsamkeit«, Darmstadt 1990.

Strube, M. J., »The decision to leave an abusive relationship: Empirical evidence and theoritical issues«, *Psychological Bulletin*, 104, 1988.

Tannen, D., »Du kannst mich einfach nicht verstehen«, Hamburg 1991.

Tavris, C., »Wut: das mißverstandene Gefühl«, Hamburg 1992.

Taylor, S. E. und J. D. Brown, »Illusion and well-being: A social psychological perspective on mental health«, *Psychological Bulletin*, 103, 1988.

Tellegen, A., D. T. Lykken, T. J. Bouchard Jr., K. J. Wilcox, N. L. Segal und S. Rich, »Personality similarity in twins reared apart and together«, *Journal of Personality and Social Psychology*, 54, 1988.

Terman, L. und C. Miles, »Sex and personality«, New York 1936.

Thass-Thienemann, T., »Symbolic behavior«, New York 1968.

Tinklepaugh, O. L., »The self-mutilation of a male Macacus rhesus monkey«, *Journal of Mammalogy*, 9, 1928.

Torrance, E. P., »The Torrance tests of creative thinking: Norms-technical manual«, Lexington 1974.

– »The nature of creativity as manifest in its testing«, in: R. J. Sternberg (Hg.), »The nature of creativity«, Cambridge 1988.

Trilling, L., »Das Ende der Aufrichtigkeit«, Frankfurt 1989.

Twain, M., »Der Prinz und der Bettelknabe«, Zürich 1987.

Upanishads, Baltimore 1965.

van der Kolk, B. A., M. S. Greenberg, S. P. Orr und R. K. Pitman, »Endogenous opioids, stress induced analgesia, and posttraumatic stress disorder«, *Psychopharmacology Bulletin*, 25, 1989.

Vâtsjâjana, »Das Kamasutra des Vatsyayana«, Schmiden 1968.

Veith, I., »Hysteria: The history of a disease«, Chicago 1965.

Voltaire, »Handbuch der Vernunft«, Zürich 1945.

Wallace, J., »An abilities conceptions of personality: Some implications for personality measurement«, *American Psychologist*, 21, 1966.

Wallas, G., »The art of thought«, New York 1926.

Waller, N. G., B. A. Kojetin, T. J. Bouchard Jr., D. T. Lykken und A. Tellegen, »Genetic and environmental influences on religious interests, attitudes and values: A study of twins reared apart and together«, *Psychological Science*, 1, 1990.

Walsh, B. D. und P. M. Rosen, »Self-mutilation; Theory, Research, and treatment«, New York 1988.

Weisberg, R. W., »Kreativität und Begabung«, Heidelberg 1989.

Westfall, R. S., »Never at rest: A biography of Isaac Newton«, Cambridge 1980.

Whitehead, A. N., »Abenteuer der Ideen«, Frankfurt 1971.

Willerman, L., R. G. Turner und M. Peterson, »A comparison of the predictive validity of typical and maximal personality measures«, *Journal of Research in Personality*, 10, 1976.

Wilson, G., »The life of the Honorable Henry Cavendish«, London 1851.

Wilson, S. C. und T. X. Barber, »Vivid fantasy and hallucinatory abilities in the life histories of excellent hypnotic subjects (›somnambules‹): Preliminary report with female subjects«, in: E. Klinger (Hg.), »Imagery: Vol. 2. Concepts, results, and applications«, New York 1981.

Wittgenstein, L., »Philosophische Untersuchungen«, Frankfurt 1971.

Wolfe, T., »Die Geschichte eines Romans«, München 1951.

Woolf, V., »Ein Zimmer für sich allein«, Frankfurt 1989.

Words and phrases, Bd. 3, St. Paul 1953.

Wordsworth, W., »Preface to second edition of lyrical ballads«, in: B. Ghiselin (Hg.), »The creative process«, Berkeley 1952.

Yap, P. M., »Koro – a culture-bound depersonalization syndrome«, *British Journal of Psychiatry*, 111, 1965.

Zaleski, C., »Otherworld journeys: Accounts of near-death experience in medieval and modern times«, New York 1987.

Zeller, E., »Geschichte der griechischen Philosophie«, Stuttgart 1883.

Zimmer, H., »Philosophie und Religion Indiens«, Zürich 1961.

Zwerin, M., »The reformed David Crosby, ›Yes, I can‹«, *International Herald Tribune*, 17. März 1989.

Personenregister

(* = Angaben beziehen sich auf jeweils angegebene Fußnoten)

Acsadi, G., S. 289*.
Adkins, A. W. H., S. 25*.
Adler, T., S. 125*.
Ahrons, C. R., S. 42*.
Aischylos, S. 342.
Alacoque, St. M.-M., S. 272.
Albert, R. S., S. 120*, 277*.
Allerton, W. S., S. 286*.
Amabile, T. M., S. 318*.
Andreasen, N. C., S. 228.
Angyal, A., S. 232*.
Anna O. (Bertha Pappenheim),
    S. 278f.
Argyle, M., S. 217*.
Aries, P., S. 289*.
Arieti, S., S. 205, 219, 224f.,
    229*.
Aristippos, S. 270.
Aristoteles, S. 26, 189, 227, 265,
    292, 341, 345, 376.
Arnheim, R., S. 112ff., 364.
Augustinus, Hl., S. 59.
Averill, J. R., S. 43*, 56*, 83*,
    101*, 188*, 206*, 216f.*, 238*,
    247*, 279*, 395*.

Bach, J. S., S. 360.
Baldick, R., S. 375*.
Balthazard, C., S. 127*.
Barber, T. X., S. 331f.
Bardi, Simone dei, S. 40.
Barron, F., S. 117*, 121.
Baudelaire, C., S. 266.
Baumeister, R. F., S. 25*, 272.
Bazin, G., S. 222.
Becker, E., S. 261, 263.
Beebe-Center, J. G., S. 25*.
Beethoven, L., S. 132, 294, 355,
    359ff.

Beigel, H. G., S. 38, 41*.
Benet, M., S. 228*.
Berlin, I., S. 320.
Bernard, J., S. 195, 198.
Bernard von Cahuzak,
    S. 362.
Bernard de Clairvaux, S. 300.
Bersoff, N., S. 199*.
Bertocci, P. A., S. 145.
Blake, W., S. 326.
Bless, H., S. 169*.
Blom, J. J., S. 202*.
Bloom, A., S. 374*.
Boothroyd, P., S. 43*.
Borgida, E., S. 199*.
Bossio, L. M., S. 103*.
Boswell, J., S. 217*.
Bouchard, T. J., Jr., S. 368*.
Bougaud, E., S. 272*.
Bourguignon, E., S. 103*.
Bowers, K. S., S. 127*.
Bradshaw, G. L., S. 124*.
Breuer, J., S. 278f.
Brown, J. D., S. 394*.
Brown, N. O., S. 274.
Brunelleschi, S. 361.
Buck, P. S., S. 299.
Bucke, R. M., S. 151f., 154.
Burns, R., S. 386.
Buscaglia, L., S. 81.
Bush, L. E., S. 216.
Buss, A. H., S. 181*.
Busse, T. V., S. 117*.
Byron, G. N. G., S. 349.
Byrd, R. E., S. 294.

Caesar, J., S. 227.
Camus, A., S. 155.
Cannon, W. B., S. 191*, 103*.

449

Sachregister

Absolutheitstendenz S. 333 f., 400.
– s. a. Imagination
Aggression S. 47 ff., 54, 57, 83 f.,
130, 200, 230, 238, 241, 243, 257,
345 f., 362 f., 365.
– s. a. Wut, Zustand des wildgewordenen Schweines, *liget, song,
to nu.*
Akquisition von Emotionen S. 21,
88, 146 ff., 207 f., 215, 237, 245,
248 f., 336, 351, 393.
Alleinsein (und Einsamkeit)
S. 148, 176, 182, 236 f., 240, 253,
255, 261 ff., 266, 283, 290 ff.,
302, 305, 307, 312, 372, 391,
399.
Angst S. 9, 15, 18 ff., 24, 65 ff.,
75 f., 97, 101, 113, 121, 147,
153 ff., 163 f., 175, 184 f., 187 f.,
198, 209, 224, 231 f., 234, 240,
243, 245 ff., 258, 261, 263, 266,
268 f., 281, 283 f., 292, 294,
301 f., 322, 324, 333, 338, 353,
359, 361, 367, 379 f., 382, 388,
398 f.
– Dynamik der S. 234.
– im Unterschied zu Furcht und
Panik S. 22, 234.
– und das Selbst S. 179.
Apollonischer Stil S. 359 f., 362.
Askese S. 11, 177 f., 191 f., 268 f.,
271, 273 ff., 309, 356.
– s. a. Masochismus
Ästhetik S. 111 f., 129, 254, 265,
330, 332, 335, 338 f., 351 ff., 358,
361, 363, 365, 367, 370.
Atman S. 187 f.
– s. a. Selbst
Authentizität S. 77, 108, 120 f., 181,
254, 316, 385 f., 402, 404.
– emotionale Kreativität und

S. 132 f., 145, 157 ff., 162 f., 167,
171, 308, 316, 400.
– gesellschaftlich begünstigende
Faktoren S. 380 ff.
– kreative Produkte und S. 110,
112 ff., 120 f., 334.
– kreative Prozesse und S. 130 ff.
– Neurose und S. 231, 233, 236 f.,
244.
Autonomie S. 116, 120, 192, 262 f.,
307 ff., 371, 374 f., 398.
– blockierte S. 313 ff.
– Hyperautonomie S. 313 ff., 330.
– Hypoautonomie S. 313 f., 316.

Depression S. 68, 97, 163 f., 181 f.,
228, 242 f., 245, 254, 278, 281,
284, 293, 382.
– s. a. Trauer, Selbstmord
– manisch-depressive Psychose
S. 228 f.
– Stimmung und Kreativität S. 20,
169.
Dionysischer Stil, S. 231, 358 f.,
362.
Dramen S. 136, 253, 265, 338 ff.
– s. a. Kunst
Drogen S. 150, 156, 165 ff., 171,
191, 264, 282, 286, 401 f.

Effizienz S. 119, 254, 370, 402.
– emotionale Kreativität und
S. 132 f., 145, 154 ff., 159, 164,
336, 400.
– kreative Produkte und S. 110 ff.
– kreative Prozesse und S. 121 f.,
128 ff.
– Neurose und S. 231, 233, 235 f.,
238, 244.
Egoismus S. 170 f.
Einsamkeit – s. Alleinsein

Wir leben in einer „schamlosen" Zeit, in einer Leistungsgesellschaft, die alle Schamgefühle mit einem Tabu belegt. Doch verdrängte Scham ist vielfach die Ursache für Suizide, Alkoholismus, Depressionen und gescheiterte Psychotherapien.

Scham zu verstehen, ist der erste Schritt, um sinnvoll mit ihr umgehen zu können.

Offene Ehe? Freie Liebe? One-night-stands? Klingt das nicht ein wenig überholt, gerade in einer Zeit, in der flüchtige sexuelle Begegnungen tödlich sein können? Dieses Buch plädiert rigoros für das Ideal einer ehrlichen, monogamen Zweierbeziehung – ohne moralischen Zeigefinger. Die Liebe fürs Leben ist möglich.

Der Mensch: vollkommen?

Der Mensch sieht sich als Endpunkt, als „Krone der Schöpfung", nur seinem Verstand und Gott verpflichtet. Ist das wirklich so? In seinem hinreißenden Buch geht William Jordan dieser Frage nach.

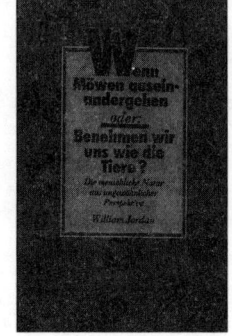

William Jordan
Wenn Möwen auseinandergehen Oder: Benehmen wir uns wie die Tiere?
Die menschliche Natur aus ungewöhnlicher Perspektive
240 Seiten
geb., DM 34,–

Die Gedanken sind frei

Erlauben Sie jemandem, zwei Minuten an alles mögliche denken zu dürfen, nur nicht an Eisbären. Sie werden die erstaunliche Feststellung machen, daß dieser Jemand vor allen Dingen an Eisbären denkt und erst dann an alles mögliche. Der Autor untersucht an Fallstudien, wie wir jene Gedanken, die uns immer wieder heimsuchen, erfolglos verdrängen.

Daniel M. Wegner
Die Spirale im Kopf
Von der Hartnäckigkeit unerwünschter Gedanken – Die Psychologie der mentalen Kontrolle
240 Seiten, br., DM 29,80

Was andere über uns wissen

Ein erstaunliches und amüsantes „Nachschlagewerk" über unser Verhalten, basierend auf Tausenden von weltweit erhobenen Studien. Verblüffend und lehrreich sind die Ergebnisse!

Bernard Asbell /
Karen Wynn
Du bist durchschaut!
Die wichtigsten, überraschendsten und
witzigsten Ergebnisse der Forschung
über den Menschen und sein Verhalten
416 Seiten, geb., DM 46,–

John M. Oldham und
Louis B. Morris
**Ihr Persönlichkeits-
Portrait**
Warum Sie genau so denken, lieben und sich verhalten, wie Sie es tun
496 Seiten, geb., DM 48,–

Entdecke dich selbst

Seit Jahren gibt es eine in der ganzen Welt akzeptierte Klassifikation zur Persönlichkeitspsychologie (DSM-III-R). Nun haben Wissenschaftler, die diese Klassifikation mit erarbeitet haben, das faszinierende Material für den interessierten Laien aufbereitet. Anhand des Tests kann der Leser seinen eigenen Persönlichkeitsstil erkennen und auch seine Mitmenschen besser verstehen.